高等学校创新性数智化应用型经济管理规划教材（会计系列）

总主编 / 李雪　主审 / 徐国君

行业会计比较（第二版）

李雪◎主编

徐伟丽　孙美杰　秦桂兰◎副主编

立信会计出版社
LIXIN ACCOUNTING PUBLISHING HOUSE

图书在版编目(CIP)数据

行业会计比较 / 李雪主编. —2版. —上海：立
信会计出版社，2023.1(2025.1重印)
    ISBN 978 - 7 - 5429 - 7227 - 9

Ⅰ.①行… Ⅱ.①李… Ⅲ.①部门经济—会计—对比
研究—高等学校—教材 Ⅳ.①F235 - 03

中国国家版本馆 CIP 数据核字(2023)第 008321 号

策划编辑　　　方士华
责任编辑　　　孙　勇
美术编辑　　　吴博闻

行业会计比较(第二版)

HANGYE KUAIJI BIJIAO

出版发行	立信会计出版社			
地　　址	上海市中山西路 2230 号		邮政编码	200235
电　　话	(021)64411389		传　　真	(021)64411325
网　　址	www.lixinaph.com		电子邮箱	lixinaph2019@126.com
网上书店	http://lixin.jd.com		http://lxkjcbs.tmall.com	
经　　销	各地新华书店			

印　　刷	上海华业装璜印刷有限公司
开　　本	787 毫米×1092 毫米　　　1/16
印　　张	19.25
字　　数	468 千字
版　　次	2023 年 1 月第 2 版
印　　次	2025 年 1 月第 4 次
书　　号	ISBN 978 - 7 - 5429 - 7227 - 9/F
定　　价	49.00 元

如有印订差错,请与本社联系调换

总　序

　　教材是高校实现人才培养目标的重要载体，教材及教材建设对高校发展具有举足轻重的作用。与培养模式相对应的教材是培养合格人才的基本保证，是实现培养目标的重要工具。由于历史的原因，在财经类教材的出版方面，相关出版社出版研究型本科或者高职高专、中等职业等层次的教材较多，应用型本科教材较少。虽然近年来一些应用型本科教材也陆续出版，但总体而言，这些教材还是缺乏权威性、普适性、实用性、创新性。造成这种状况的原因主要在于：出版社对财经类应用型本科教材的出版还不够重视，没有进行有效的组织；财经类应用型本科院校多为新建院校，教材建设相对滞后，主观上也较愿意使用研究型本科教材；在教材使用中存在比较严重的混用现象，教材目标读者群不明确，如不少教材既适用于研究型本科院校又适用于应用型本科院校，或者既适用于本科院校又适用于高职高专院校。

　　由于目前财经类应用型本科教材种类和数量匮乏或质量欠佳，财经类应用型本科院校不得不沿用传统研究型教材。这些教材本身的质量很好、级别很高，但是并不适用于应用型本科院校的教学，教师和学生普遍反映不好用。即使在全国范围看，也还没有相对成套、成熟的适合财经类应用型本科院校的教材。现有教材存在的主要问题包括：①教材的定位和要求过高；②教材的内容偏多、难度偏大；③教材着重于理论解释，相关案例、实训等内容较少，缺乏普适性、实用性。

　　与此同时，信息技术的快速发展使学生的学习习惯和阅读习惯发生了改变，不断朝个性化、自主学习的方向发展，传统的单一纸质教材已经无法适应这种变化。翻转课堂、慕课、微课等网络课程的兴起，混合式教学的不断推进，也对立体化教材建设提出了新的要求。教材作为一种课堂上的教学工具、一种传播媒介，理应顺势而为，随课堂形式、学生学习方式的改变而改变，朝着数字化、立体化、可视化的方向发展。因此，需要编写适应学生水平、便于学生接受的立体化财经类应用型本科教材。

　　我们组织具有多年应用型人才培养经验的优秀教师和实务界专家编写了这套教材。本系列教材有《会计基本技能》《出纳实务》《基础会计》《中级财务会计》《成本会计》《管理会计》《会计信息系统》《财务管理》《审计学》《高级财务会计》《商业分析》《税法》《经济法》《金融学》等品种。为了保证教材的质量，本系列教材聘请了知名高校的专家教授进行专门指导和审核。每本教材至少有一名本学科的知名专家或学科带头人提出审核指导意见，至少有一名高等院校教学一线的高级职称教师组织编写，至少有一名行业协会、实务界专家或教学研究机构人员提出编写建议。

　　本系列教材的特色如下。

1. 应用性

应用型本科的教材建设应坚持培养应用型本科人才的定位,充分吸收和借鉴传统的普通本科教材与高职高专类教材建设的优点和经验,以就业为导向,做到理论上高于高职高专类教材、动手能力的培养上高于传统的本科院校教材。本系列教材体现了应用型本科的定位,体现了素质教育和"以学生发展为本"的教育理念,遵循了高等教育教学基本规律,重视知识、能力和素质的协调发展,根据应用型人才培养模式对学生的创新精神、实践能力和适应能力的要求,在内容选材、教学方法、学习方法、实验和实训配套等方面突出了应用性特征。

2. 针对性

本系列教材的编写符合会计学、财务管理和审计学等专业的培养目标、培养需求、业务规格和教学大纲的基本要求,与各专业的课程结构和课程设置相对应,与课程平台和课程模块相对应。教材在结构纵横的布局、内容重点的选取、示例习题的设计等方面符合教改目标和教学大纲的要求,把教师的备课、试讲、授课、辅导答疑等教学环节有机地结合起来。

3. 立体化

本系列教材为立体化教材,实现了由传统纸质教材向"纸质教材+数字资源"的转变,通过技术手段将晦涩难懂的理论知识转变为直观的具体知识,以立体化、数字化的方式呈现,包括图文、动画、音频、视频等多种形式,生动、有趣且易懂,不仅可以激发学生的学习兴趣,还有利于教学效果的提升。

4. 趣味性

本系列教材注重趣味性,使用了大量的例题和案例,每章都加入了"思政育人""相关思考""延伸阅读"等内容,使读者能够加深理解,便于掌握相关内容。在案例、例题等的设计选用上重点突出趣味性,易于引发读者的共鸣。

5. 先进性

本系列教材反映了应用型会计人才教育教学改革的内容,能够反映学科领域的新发展。教材的整体规划、每一种教材的内容构建等均体现了创新性。教材还强调了系列配套,包括了教材、学习参考书、教学课件等。立体化教材在内容修订上更具有明显优势,线上资源可以随时根据政策法规、理论知识或工作实务等的变化进行调整,更有利于保持教材内容的先进性。

6. 基础性

本系列教材将打破传统教材自身知识框架的封闭性,尝试多方面知识的融会贯通,注重知识层次的递进,体现每一门科目的基本内容,同时在具体内容上突出实际运用能力,做到"教师易教,学生乐学,技能实用"。

7. 易于自学

自学能力是大学生的一项基本能力。学生只有具备了自主学习的能力,才能最终建立起终身学习的保障体系,这也是应用型本科人才培养的客观要求。应用技术型高校的生源素质与普通高校相比存在一定的差距,除了一部分是高考发挥失误的学生,还有一部分学生在学习习惯、基础知识等方面存在一定的欠缺,这就要求教材能够调动这部分学生的学习积极性,在理论方面尽量通俗易懂,在实践方面尽量采用案例式教学。为了有利于学生课后自主学习,本系列教材配套了学习指导书和教学课件。

因此,本系列教材的定位准确,特色明显,适用于应用型本科院校教学,容易得到学生和市场的认可,便于学生的自学和教师的教学。

"十四五"高等学校创新性数智化应用型经济管理规划教材凝聚了众多领导、教授和专家多年来的经验和心血。当然,由于我们的经验和人力有限,教材中难免存在不足,我们期待着各位同行、专家和读者的批评指正。我们将伴随着经济发展和会计环境的变迁不断修订教材,以便及时反映学科的最新发展和人才培养的最新变化。

本系列教材自 2014 年出版后,得到市场的认可,深受广大高校师生的欢迎。为了更好地回馈读者,本系列教材从 2017 年起启动第二版的修订工作,2019 年启动第三版的修订工作,2021 年启动第四版的修订工作。各种教材的修订版将陆续出版。我们会一如既往地做好教材修订和相关服务工作,希望广大读者对本套系列教材继续给予支持。

李 雪

2022 年 12 月

第二版前言

本书为"十四五"高等院校创新性数智化应用型经济管理规划教材(会计系列)之一,具有应用性、针对性、先进性、基础性、易于自学性的特点,在充分吸收和借鉴传统的普通本科教材与高职高专类教材建设的优点和经验的基础上,以就业为导向,做到理论上高于高职高专类教材、动手能力的培养上高于传统的本科院校教材。

随着我国经济体制改革的不断深化,各行业蓬勃发展,不同行业的经营业务千差万别,其业务内容和会计核算方法存在明显差异。《企业会计准则》是以工业企业为主,兼顾其他行业制定的一套通用的、统一的会计规范,对各行业会计的确认、计量、记录、报告全过程中的共性部分作出了规定。但各行业因经营特点不同,其在管理上对会计信息的要求也不同,《企业会计准则》不可能、也没必要作出具体详细的规定。

本书共分为13章,每章都结合相关案例对重点内容进行讲解,在编写时加入"思政育人""延伸阅读""特别提示""相关思考"等内容,实现价值引领与知识传授、能力提升与素质养成的有机融合,并且与实务工作紧密结合,以培养学生的分析能力和创新能力。本书增加了视频讲解的内容,以增强学生理论与实务相结合的能力;同时借助于图、表等方式进行讲解,便于学生理解掌握。

对于会计专业的学生来说,他们踏入工作岗位后会就职于房地产开发企业、运输企业、商业企业、金融企业等不同行业,因此,在校期间进行各行业会计比较的学习非常重要,以储备行业专业知识,提高自身的就业核心竞争力,为将来适应各行业对高层次会计人才的需求打下坚实基础。另外,社会就职人员可以通过本书,高效率地学习所就职行业经济业务的会计处理方法。

介于以上原因,我们组织了多位优秀教师和实务界专家共同编写本书,包括教授、高级会计师、注册会计师等。

本书具有以下编写特点:

(1) 本书以最新《企业会计准则》和行业会计制度为依据,紧跟财税改革。

(2) 本书重点突出会计实务,尽量完美地将理论知识与实务相结合,并穿插实务典型案例,通俗易懂;重视知识、能力和素质的协调发展,以培养应用型人才为目的,并提高学生的创新精神、实践能力和适应能力。

(3) 在编写过程中,对于复杂的知识,本书尽量用图、表等工具及"相关思考""特别提示""延伸阅读"等方式进行讲解,图文并茂,易于理解;并增加了视频讲解的内容,便于学生自学。

(4)本书针对各行业特有的经济业务及其会计处理存在差异的地方,均作了特别的说明,便于使用者清晰明了地掌握差异之处。

(5)本书配套资料丰富,配有教学大纲、教学课件、配套试卷等辅助资料。

本书由李雪主编,徐伟丽、孙美杰、秦桂兰副主编,具体分工如下:

第一章由李雪、孙美杰编写,第二章由陈德英编写,第三章由李小林编写,第四章由徐伟丽编写,第五章由李雪、孙美杰编写,第六章由蔡素兰编写,第七章由陈莎编写,第八章由李艳花、孙美杰编写,第九章由李雪、孙美杰编写,第十章由徐伟丽编写,第十一章由高金清编写,第十二章由张文娟、秦桂兰编写,第十三章由高金清、秦桂兰编写。

本书在编写的过程中参考了大量相关教材和论著,在此向有关作者致以深深的谢意!

另外,会计法规、税收法规在不断修订和完善中,如本书编写的法规内容与新发布的法规不一致,应以新法规为准。

本书的编写先后经过多次讨论研究,力求内容编排合理、避免错误,但难免存在考虑不周、表达不妥当的地方,敬请读者批评指正。

编 者

2023 年 2 月

目　录

第一章　总　　论

内容提要

本章主要讲解产业与行业的分类、行业会计的定义、行业会计的分类和各行业会计核算的异同。

重点难点

本章重点为行业会计的分类;难点为各行业会计核算的异同。

学习目标

通过本章学习,学生应掌握我国产业的划分、行业的划分、业务特点及会计核算特点。

知识框架

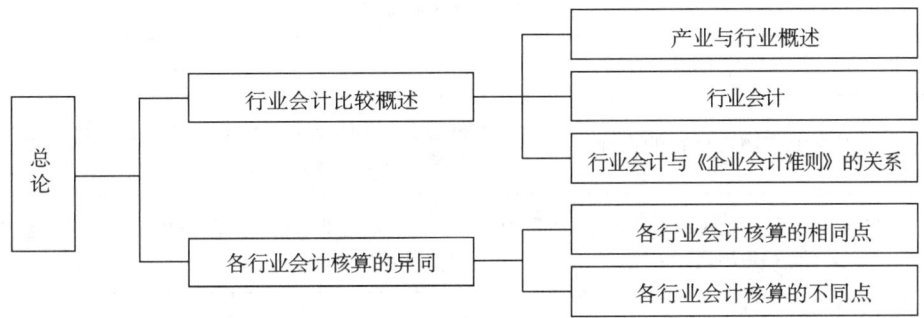

思政育人　充分认识《企业会计准则》在行业会计中的地位

我国的行业可以分为经济部门和非经济部门两大类,其中经济部门分为工业、农业、商品流通业、物流管理业、交通运输业、邮电通信业、建筑安装业、房地产开发业、旅游饮食业、金融保险业,非经济部门分为事业单位、行政单位。

我国现行会计体系按行业划分可分为企业会计和非企业会计,其中企业会计包括工业企业会计、商品流通企业会计、农业企业会计、施工企业会计、房地产开发企业会计、旅游饮食服务企业会计、交通运输企业会计、邮电通信企业会计、物业管理企业会计、物流企业会计、金融企业会计和新闻出版企业会计等,非企业会计主要指政府与非营利组织会计。

《企业会计准则》是针对所有企业会计核算的共性部分制定了一套通用的、统一的会计准则,对企业会计确认、计量、记录、报告全过程作出了规范,使会计核算与管理工作又增加了新的内容和思想,对加强企业会计核算的管理、整顿会计核算工作秩序、保障企业会计工作依法顺利进行和推进会计国际化有着重要的意义。同时我们也要看到,由于不同行业具有其业务特点,《企业会计准则》无法兼顾到所有行业特殊业务的会计核算,行业会计则是在遵循统一的《企业会计准则》前提下,根据本行业的经营特点及强化内部控制的要求,来研究如何对特有的业务进行核算。例如,农业企业是从事农、林、牧、渔、采集等生产经营活动的企业,其特点是利用植物、动物的生长过程获取产品,其自然生产过程与社会再生产过程紧密相连,生产周期长、受自然条件影响大,所在农业企业会计就是用来管理农业企业经济活动的一种专业会计,其在遵循《企业会计准则》的基础上,结合本行业的特点,运用会计学的基本理论和基本方法来研究该行业的具体理论和具体方法。

因此,我们需要在掌握《企业会计准则》的基础上,认真学习行业会计,结合各行业特点,进行准确的核算与监督。

资料来源:中国会计网.会计准则[EB/OL].(2022-02-28)[2022-11-24].http://www.canet.com.cn/fagui/zhunze/.

第一节 | 行业会计比较概述

一、产业与行业概述

(一)产业的划分

1. 世界各国的产业划分

随着社会经济的不断发展,出现了不同门类的产业和行业。世界各国根据联合国使用的分类方法将产业划分为3类,如表1-1所示。

表1-1 世界各国的产业划分

产业分类	简述	包括内容
第一产业	指提供生产物资材料的产业	种植业、林业、畜牧业、水产养殖业等直接以自然物为对象的生产部门
第二产业	指加工产业,利用基本的生产物资材料进行加工并出售的产业	制造业、采掘业、建筑业和公共工程、上下水道、煤气、卫生部门
第三产业	指服务业	商业、金融保险业、不动产业、运输业、通信业、餐饮业、行政、家庭服务及其他非物质生产部门

这三大产业相互依赖,相互制约:

(1)第一产业为第二、第三产业奠定基础。

(2)第二产业是三大产业的核心,对第一产业有带动作用。

(3)第一、第二产业为第三产业创造条件,第三产业的发展促进第一、第二产业的进步。

2. 我国的产业划分

我国的产业划分如表1-2所示。

表1-2　　　　　　　　　　　　　　　我国的产业划分

产业分类	简述	包括内容	
第一产业	农业	林业、畜牧、狩猎、渔业等	
第二产业	工业和建筑业	制造业、采掘业、自来水、电力、蒸汽、热水、煤气等	
第三产业	服务业（除了第一、第二产业的其他各产业，主要包括流通业和服务业两大类）	第一层次	指流通部门，主要包括交通运输业、邮电通信业、商业饮食、物资供销业和仓储业
		第一层次	指为生产生活服务的部门，主要包括金融业、保险业、房地产业、公用事业、居民服务业、旅游业、地质普查业、咨询信息服务业和各类技术服务业等
		第三层次	指为提高科学文化水平和居民素质服务的部门，主要包括教育文化、广播电视事业、卫生、体育、科学研究事业和社会福利事业等
		第四层次	指为社会公共需要服务的部门，主要包括国家机关、政党机关、社会团体、军队和警察等

（二）行业的划分

我国的行业可以分为经济部门和非经济部门两大类，如表1-3所示。

表1-3　　　　　　　　　　　　　　　我国的行业分类

行业分类	包　括
经济部门	工业、商品流通业、物流管理、交通运输业、邮电通信业、建筑安装业、房地产开发业、物业管理、旅游饮食业、金融保险业、农业
非经济部门	事业单位、行政单位

1. 经济部门行业的划分

经济部门主要指企业。我国企业按大的行业划分，一般可分为以下几类：

（1）工业企业。它是指从事工业性产品（或劳务）生产经营的企业，具体包括采掘工业企业和加工业企业。它是国民经济中的主导产业之一，担负着国民经济各部门需要的各种技术装配的生产制造，为社会生产和人民生活需要提供各种物资，是国民经济生产的物质技术基础。其主要特点是：大规模采用机器和机器体系进行生产，并系统地将科学技术应用于生产；劳动分工精细，协作关系极为复杂和严密；生产过程具有高度的比例性、均衡性、适应性和连续性；生产社会化程度高，有广泛、密切的外部联系。

（2）商品流通企业。它是指专门负责组织各类商品流通的企业，包括商、粮、贸等企业。它在国民经济中发挥着十分重要的作用，是联系生产、分配和消费的桥梁与纽带，只有正确地组织商品的流通才能不断地满足社会生产和人民生活的需要。商品流通企业的特点是在商品经营中运用机器设备等为商品流转服务；对劳动力有较强的吸纳的能力；进入与退出障碍低，竞争激烈；行业集中度较低，规模经济性不明显。大范围的信息传递、严密的经营管理是商品流通企业存在和取得经济效益的重要基础。

（3）物流管理企业。它是指从事物流活动的经济组织，是独立于生产领域之外，专门从事与商品流通有关的各种经济活动的企业。它以物流为主体功能，同时必然伴随有商流、资金流和信息流，包括仓储业、运输业、批发商业和外贸行业。现代物流企业的特点是：物流过程一体化，物流技术专业化、物流管理信息化、物流服务社会化和物流活动国际化等。

（4）交通运输企业。它是指利用运输工具专门从事运输生产或直接为运输生产服务的企业，包括铁路、公路、水上、民航等运输企业。运输企业是社会再生产的前提和条件。其特点是：运输生产过程只对劳动对象改变空间位置，即发生物理位移；没有新的物质产品生成；其生产过程具有流动性、分散性，并且是只消耗劳动工具，不消耗劳动对象。

（5）邮电通信企业。它是指通过邮政和电信传递信息，办理通信业务的企业。它是国民经济的一个重要物质生产部门，它可以将社会生产、分配、交换和消费有机地联系起来，特别是在当今信息社会中，邮电企业的作用更加重要和突显。从广义上讲，它属于运输企业范畴。邮电通信企业的特点是：其产品不具有实物形态，向消费者提供的是一种特殊服务。其质量是通过服务质量和信息质量来考核评价的。

（6）建筑安装企业（即施工企业）。它是指从事土木建筑和设备安装工程施工的企业。它是国民经济中重要的支柱产业之一，它所提供的产品都是国民经济各部门和人民生活的重要物质基础。建筑安装企业的特点是：必须按建设单位的设计要求组织施工生产，其提供的产品均有指定的用途和目的；企业施工生产具有流动性、规模大、价值高、生产周期较长和受自然条件影响较大等特点。

（7）房地产开发企业。它是指从事房地产开发、经营、管理和服务的企业。它是国民经济中一个重要的支柱产业，为人们的政治、经济、文化和生活提供了一定的空间地域。没有房地产开发就没有良好的城市建设。房地产开发企业涉及生产和流通两个领域，具体包括规划设计、土地开发、工程施工、经营销售等各方面。其特点是：一方面，房地产开发企业具有发展不平稳、易受经济波动影响、开发周期长、资金投入多、变现难度大、风险高等特点；另一方面，房地产开发企业又具有社会责任重、受政府政策影响程度高、与相关行业联动性强等特点。

（8）物业管理企业（也称"物业管理公司"）。它是指受物业所有人的委托，依据物业管理合同，对物业的房屋建筑及公共设备、市政公用设施、绿化、卫生、交通、治安和环境容貌等管理项目进行维护、修缮和整治，并向物业所有人和使用人提供综合性有偿服务的企业。其主要职能是通过对物业的管理和提供的多种服务，确保物业正常使用，为业主和物业使用人创造一个舒适、方便、安全的工作和居住环境。物业管理企业本身并不制造实物产品，它主要是通过日常性的公共服务、延伸性的专项服务、随机性的特约服务、委托性的代办服务和创收性的经营服务等项目，尽可能地实现物业的保值和增值。其物业管理服务具有社会化、专业化和市场化等特点。

（9）旅游、饮食企业。它是指利用旅游资源或服务设施向消费者提供劳务的服务性企业，具体包括旅游业、宾馆业、餐饮业、娱乐业、美发业、洗染业及照相业等。它需要通过交通运输业、工业、商业、手工业等相关行业的密切配合才能顺利发展。它具有投资少、利润多、收效快的特点，素有"绿色无烟工业"之称，是发展经济的一个重要手段，可加强我国与世界各国的友好往来，扩大国内就业范围。

（10）金融保险企业。它是指专门经营货币和信用业务的企业，主要包括银行业、信托业、证券业和保险业。金融保险类企业通过信用中介，将社会各方面的闲散资金汇聚起来，并提供给企业有偿使用。它通过货币信贷业务，提高整个社会的资金利用率，促进资本周转,保证经济快速发展对资金的需求。金融企业在不断发展的市场经济中具有举足轻重的作用。其特点是:主要通过有偿转让资金使用权获取经营利润,即存贷款利息差额,企业经营风险较大。

(11)农业企业。它是指从事农、林、牧、渔、采集等生产经营活动的企业。它是我国国民经济的基础。农业不仅为人类提供赖以生存的农副产品,同时也为经济建设提供所需的工业原料、市场、劳动力、资金和外贸物资等。其特点是:利用植物、动物的生长过程获取产品;其自然生产过程与社会再生产过程紧密相连,生产周期长、受自然条件影响大。

2. 非经济部门行业的划分

(1)事业单位。它是指为提高科学文化水平和居民素质服务的非经济部门,主要包括教育、文化、科学研究事业、卫生、广播电视事业、体育和社会福利事业等。事业单位不以营利为目的,为社会提供产品、劳务和公共服务,其目的在于谋求最广泛的社会效益。

(2)行政单位。它是指为社会公共需要服务的非经济部门,包括国家机关、政党机关、社会团体以及军队和警察等。行政单位履行其政府管理职能,为社会提供公共管理和服务。

二、行业会计

(一)行业会计的含义

行业会计是以货币为主要计量单位,采用专门的方法对本行业的经济活动进行核算与监督的一项经济管理活动,它是一种反映、监督不同行业生产及经营活动的专门会计。

? 相关思考 1-1 ....

各行业会计之间的关系

各行业会计之间的关系既有共性,又有特性。共性是指行业会计作为一种管理活动,都要以《企业会计准则——基本准则》为共同的基本规范,因此其会计原理、会计核算方法都是相同的。特性是指不同行业的生产技术特点和经营特点都有其特殊性,因此,行业会计又要结合各行业的特点,对各行业经济活动中的特殊业务采用特殊方法进行核算,只有这样,才能适应企业经济发展多元化的趋势。

(二)行业会计的分类

我国现行会计体系按行业划分可分为企业会计和非企业会计。

1. 企业会计

企业会计是核算和监督企业的资金运用、资金来源,企业的成本和费用,以及经营所得的财务成果,借以分析得失,改善经营管理,提高经济效益的一种管理活动。其具体内容随企业的性质和经济业务的繁简而异。

企业会计包括工业企业会计、商品流通企业会计、农业企业会计、施工企业会计、房地产开发企业会计、旅游饮食服务企业会计、交通运输企业会计、邮电通信企业会计、物业管理企业会计、物流企业会计、金融企业会计和新闻出版企业会计等。

这些企业会计在会计原理、会计核算方法、会计科目和会计报表的格式和编制等方面有许多相同之处。但是,由于经济特点的不同,客观存在着各自行业特殊的业务,仍然有很大的行业痕迹。各行业会计,即使在会计账户设置、报表格式上基本一致,但是,现阶段行业会计制度仍未完全趋于一致,我国的行业会计制度只是完成了形式上的统一,在具体内容上还存在很多明显不同之处。对这些业务的核算与管理正是行业会计的研究内容。

2．非企业会计

非企业会计主要指政府与非营利组织会计。行政、事业单位会计是各级各类行政、事业单位以货币为计量单位，对单位各项经济业务和活动进行全面、系统、连续的核算和监督的专业会计。非企业会计与企业会计在会计核算和管理上有较大的区别，理解和掌握非企业会计的核算方法和管理要求也是十分必要的。

三、行业会计与《企业会计准则》的关系

行业会计制度是对行业会计的规范，《企业会计准则》能够取代行业会计制度中各行业会计共性的部分，它针对所有企业会计核算的共性部分制定了一套通用的、统一的会计准则，对企业会计确认、计量、记录、报告全过程作出了规范，使会计核算与管理工作又增加了新的内容和思想，对加强企业会计核算的管理、整顿会计核算工作秩序、保障企业会计工作依法顺利进行和推进会计国际化有着重要的意义。

《企业会计准则》无法兼顾所有行业特殊业务的会计核算。尽管《企业会计准则》在强调企业会计核算共性要求的同时，适度地兼顾了一些行业特色，但它无法满足各行各业的特殊经济业务对会计核算的具体要求。且不说被明确排除在《企业会计准则》应用范围之外的金融保险企业，就是商业与运输业的成本核算也相去甚远，运输业与施工企业的存货核算方法也无法相互替代等。因此，只要国民经济中存在着各行各业的经济实体，行业会计的区别就将随之永远存在。《企业会计准则》是对各行业共有的会计业务在确认、计量和信息揭示等方面所作的规范。而行业会计则是在遵循统一的《企业会计准则》前提下，根据本行业的经营特点及强化内部控制的要求，来研究如何对特有的业务进行核算。

第二节 | 各行业会计核算的异同

各行业企业经济活动、业务范围、生产经营特点各有不同，所以各行业企业会计反映和监督的内容也不尽相同。因此在准确确定各行业企业会计核算对象的前提下，各行业会计要正确进行会计核算。

一、各行业会计核算的相同点

（一）各行业会计核算方法

不同行业都要将会计对象按相同的会计要素进行划分，按照相同类型的会计要素和相同的资产类型对外报告，资产计价、收益确认、净利润的计算要有一致的口径等。会计方法相同则表现为各行业都使用统一的记账方法，都按《企业会计准则》的规定选取适合本单位实际情况的会计处理方法。当然核算方法并不是"完全相同"，即各个行业的核算方法会因自身的行业特点而略显不同。

（二）各行业会计核算要素的划分

各行业会计都按会计准则的要求将资产分为流动资产和非流动资产，都将负债分为流动负债和非流动负债，都将所有者权益划分为实收资本（或股本）、资本公积、盈余公积、未分配利润和其他综合收益等，对相同的会计要素给出了大体相同的确认、计量标准。各行业会

计的直接费用、间接费用、期间费用的划分界限也很清晰明确,确定了大体一致的会计科目和大致相同的会计科目使用范围。

(三)各行业财务报表的名称、格式、内容及编制方式

各行业财务报表基本统一为资产负债表、利润表、现金流量表和所有者权益变动表,且采用的格式都是账户式的资产负债表、多步骤式的利润表和以直接法表现的现金流量表,为会计反映的经济信息内容的基本一致打下了坚实基础。

二、各行业会计核算的不同点

1-2视频:
行业会计核
算的差异

(一)存货的核算

存货是指企业在日常活动中持有以备出售的产成品或商品、处在生产过程中的在产品、在生产过程或提供劳务过程中耗用的材料和物料等。

由于不同行业的企业单位从事不同的生产经营活动需要有不同类型的存货,存货比较能够反映行业生产经营的特点。例如,制造业企业主要生产经营活动是将一种产品生产为另一种产品,因此它既要储备用来生产的原材料存货,又会有处于生产过程和生产阶段的在产品存货,还会有已经完成制造过程、待发出、待销售的产成品存货等;商品流通企业的主要经营活动是购入货物和销售货物,基本没有生产制造过程,因此它的存货主要是购入待销售的商品,也包括为生产经营而准备的自身耗用的材料物资;交通运输企业主要从事公路、民航、铁路等的运输活动,其存货主要为各类燃料及修理交通运输工具的备品备件,没有或者有很少的在产品和产成品存货。有的行业的在产品存货时间周期较长,如房地产开发企业的建造、待售房屋,大型机械制造的未完工项目(如轮船、成套设备)等;也有的行业存货很少,如旅游业、管理咨询业企业等。

(二)成本费用的核算

费用是指企业日常活动中发生的、会导致所有者权益减少的、与向所有者分配利润无关的经济利益的总流出。企业为生产产品、提供劳务等发生的可归属于产品成本、劳务成本等的费用应当在确认产品销售收入、劳务收入等时,将已销售产品、已提供劳务的成本计入当期损益。

成本费用伴随着企业的生产经营活动而产生,是按配比原则,根据企业取得的收入确定下来。例如,制造业企业的成本费用一般体现为所制造产品耗用的原材料、燃料及动力、直接人工费用、制造费用,以及与产品生产经营有关的销售费用、管理费用、财务费用和相关的税费支出;商品流通企业的成本费用则一般表现为所销售商品的进价成本,耗用物料、支付的人工费用等经营费用和相关的税费;旅游、饮食企业的成本费用则主要是为游客支付的住宿费、餐饮费、车费、导游服务费、机构人员工资以及其他相关费用等。由此可见,成本费用的不同应归根于各行业的经营内容,是各行业经营内容不同在成本费用上的反映。虽然会计的共性决定了无论哪种行业都要用相同的方式计算、结转发生的成本费用,但是,各行业经营管理的个性又决定了成本费用的不同构成内容和相对稳定的构成比例。

(三)收入的核算

我国会计准则对收入的确认、计量给予了全面、细致的规定。例如,销售商品形成的收入主要是制造业企业和商品流通企业;提供劳务形成的收入主要是服务业企业,如出现在制造业企业,则很多表现为其他业务收入;而他人使用本企业资产的收入虽可以与所有企业、单位的投资业务有关,但其所指最主要的内容应为金融企业从事货币资金信贷业务取得的收入。各行业一般采用权责发生制原则确认收入。

1-3 扫一扫
看课件

本章小结

　　本章主要学习了产业与行业的分类、行业会计的定义、行业会计的分类、行业会计比较的内容及行业会计比较的方法。通过本章的学习,我们掌握了我国产业的划分、行业的划分、业务特点及会计核算特点。

1-4 扫一扫
练一练

本章重要概念

产业的划分　行业的分类　行业会计　行业会计分类　行业会计的核算

1-5 扫一扫
练一练答案

本章练习

1. 我国现行的行业划分有几种?
2. 什么是行业会计?
3. 简述各行业会计在存货、收入、成本费用核算内容上的不同。

第二章　商业企业会计

内容提要

本章主要讲解了商业企业的含义、特点,商品流通的核算方法及批发业务、零售业务的会计核算,商品流通过程中批发业务库存商品的核算方法,商品购进与销售的业务流程,商品购进、销售和储存的账务处理,商品销售成本的计算和结转,会计核算时账簿的设置等。

重点难点

本章的重点是商业企业的含义、特点、批发业务及零售业务购进、销售及储存业务的内容,批发业务及零售业务的核算方法;难点是批发业务及零售业务购进、销售及储存业务的具体会计核算。

学习目标

通过本章学习,学生应了解商业企业及商业企业会计的含义、商业企业及会计核算的特点;掌握商品流通过程中几种不同商品核算方法及批发业务、零售业务在购进、销售、储存各环节的会计核算,零售业务售价金额核算法和已销商品进销差价的计算,以及调价、削价、鲜活商品进价记账、盘存计销的内容等的账务处理。

知识框架

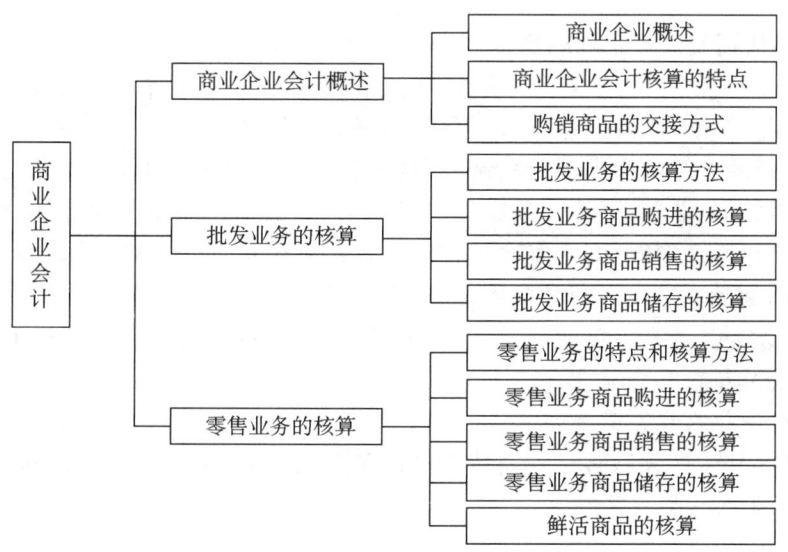

思政育人　　　　　　采购人员的职业道德

采购工作人员必须遵守采购工作的职业道德。采购工作的职业道德主要体现在以下几个方面：

一是"爱岗敬业"。"爱岗敬业"是做好任何一项工作的出发点，也是采购人员首先应当具备的最基本的"职业道德"，采购人员只有热爱本职岗位工作，并在本职岗位上尽心尽力、尽职尽责，才能全身投入采购工作。

二是"诚实守信"。"诚实守信"是采购人员做好采购工作的根本前提，是做人、处事、干工作的基本准则，具体来说，采购人员只有具备了言行一致、做老实人、说老实话、办老实事，不弄虚作假、不欺上瞒下的品质，才能在具体的采购工作中，严格地履行好自己的权利和义务。

三是"廉洁自律"。采购从业人员清正廉洁，自觉构筑思想防线，是抵制各种违法乱纪行为的重要前提。因此，必须要求采购人员自我约束、自我规范、自我控制、自觉树立高尚的觉悟、自觉增强抵制不正之风的能力，在不义之财面前不动心，才有助于采购宗旨的充分实现。

四是"客观公正"。"客观公正"是采购人员的职业灵魂，它要求采购人员必须要公平正直，没有偏袒，工作中既不得掺杂个人的主观意愿，也不能被他人的意见所左右。在实际工作中，其要求采购人员要严格按照规定的条件和程序实施操作，对所有的供应商都一视同仁，不得有任何歧视性的条件和行为，这是每位采购人员应当具备的工作态度，也是做好采购工作应当具备的一种思想境界。

五是"坚持原则"。"坚持原则"就是要求采购人员在工作中，严格依照规定的操作程序进行操作，不以自己主观或他人强加的意志所转移。坚持原则是每位采购人员必须要具备的基本素质要求，不能坚持原则，就不能干好采购工作。

六是"优质服务"。采购人员一定要时刻树立"优质服务"的风格，对来自任何地区的供应商都应当一视同仁，做到态度温和、语言文明、尊重事实、谦虚谨慎、团结协作。在实际工作中，必须以理服人，不以貌取人，不以势压人。

资料来源：佚名.采购工作职业道德学习体会.[EB/OL].(2022-03-16)[2022-11-24].https://www.fwsir.com/xinde/html/xinde_20210104203951_648210.html.

第一节　｜　商业企业会计概述

一、商业企业概述

（一）商品流通及商业企业的概念

商品流通是指社会产品通过货币结算，由生产领域转移到消费领域的过程。

2-1 商品流通和物物交换的区别

商业企业是组织商品流通业务，以营利为目的的经济实体。它是商品经济的产物。商品流通核算是反映和控制商品购、销、调、存的业务活动及其成果的核算方法。它必须适应不同商品购销活动的需要，因为商品购销活动是通过"货币—商品—货币"的形式循环周转进行的，从价值运动角度看，商品流通过程同时也是资金运动过程，它们是同一商品流通过程的两个方面，商品流通决定商品核算，同时商品核算对商品流通起促进作用，两者紧密结合。无论是批发业务还是零售业务，在资金周转过程中，都会发生商品流通的主要业务，包括商品购进、商品销售和商品储存三个环节。

（二）商业企业的业务特点

要完成商品从生产领域转移到消费领域的整个流通过程，一般要经过批发商品流通和零售商品流通两个环节。

1. 批发商品流通业务的特点

批发商品流通是商业企业从生产企业购进商品出售给零售企业以便继续转卖，或出售给生产企业继续加工的商品交易活动。它处于商品流通的起点。

批发商品流通又称批发商品流转，是指批发企业向工农业生产企业采购商品，然后供应零售企业转卖或供应生产企业做生产性消费的商品流通活动。

批发企业担负着组织货源、储备商品、调节供求及安排市场等重要任务，在整个商品流通过程中处于枢纽地位。它是商品从生产领域到消费领域转移的起点环节。

批发企业一般设置于交通方便的商品集散地，有一定的经营资金和必要的经营设施，有较完善的内部职能机构和管理机构，可以通过自身的业务活动把采集的大量商品按合理流向，源源不断地供应给生产部门、社会集团和零售企业。因此，批发商品流通业务具有如下特点：经营规模大、专业性强、内部分工细；交易量大、交易关系比较稳定；库存量大；交易均需填制发票。

2. 零售商品流通业务的特点

零售商品流通是商业企业从批发企业或生产单位购进商品售予城乡居民和工厂、机关、团体、学校等集体消费单位，以进行直接消费的商品交易活动。它是商品流通的最后环节。从事批发商品流通的企业称为批发企业，从事零售商品流通的企业称为零售企业。

零售企业是直接为群众生活服务的基层单位。零售商品流通与批发商品流通相比，有如下特点：

（1）经营的商品品种多和规格复杂，库存量一般不大。

（2）销售对象为广大消费者；交易数量零星；交易额小而次数频繁；购销关系不稳定。

（3）交易方式一般是一手交钱一手交货，除了少数贵重商品和社会集团消费需要填制销货发票，一般不需填制销货发票。

（4）经营方式灵活，服务项目较多，如批零兼营、代修代卖、租赁服务等。

（5）业务上要求勤进快销，结算上方便及时，营业员既管商品又管钱。

二、商业企业会计核算的特点

商业企业会计是商业企业经济核算的中心环节。它是以货币为主要计量单位，对商业企业经济活动过程进行核算和监督的一种管理活动。商业企业会计与其他企业会计相比，有如下特点。

（一）核算范围较广

商业企业包括商业、粮食、物资供销、供销合作社、对外贸易、医药（石油、烟草）商业、图书发行等企业，因此，商业企业会计核算范围即为上述企业的经济业务，其核算范围较其他企业会计要广。

（二）核算对象分为批发和零售

商品流通分为批发商品流转和零售商品流转，因此，其核算对象分为批发和零售。而批发商品流转与零售商品流转的经营特点和管理要求又各不相同，因此，两者的核算方法也各不相同。

（三）核算内容以商品流转为核心

商品流转业务主要包括商品购进、商品销售和商品储存 3 个环节。

　　商品购进是指商业企业为了销售或加工后销售,通过货币结算取得商品所有权的交易行为,它是商品流转的起点。商品购进过程也就是货币资金转变为商品资金的过程。

　　商品销售是指商业企业通过货币结算而售出商品的交易行为,它是商品流转的终点。商品销售过程也就是商品资金转变为货币资金的过程。

　　商品储存是指商业企业购进的商品在销售以前在企业的停留状态。它以商品资金的形态存在于企业之中。商品储存是商品购进和商品销售的中间环节,也是商品流转的重要环节。商品储存包括库存商品、受托代销商品、分期收款发出商品和购货方拒收的代管商品等。

　　商品流转的3个环节是商业企业的主要业务内容,自然也就构成了商业企业会计核算的核心内容。

(四)商品核算方法以进价核算和售价核算为主

1. 进价核算

　　进价核算是指以库存商品的购进价格来反映和控制商品购进、销售和储存的一种核算方法。其具体可分为以下两种方法:

　　(1)进价金额核算法。进价金额核算法是指库存商品总分类账和明细分类账都只反映商品进价金额,不反映实物数量的一种核算方法。采用这种方法,由于缺乏实物数量记载,企业必须通过对库存商品进行实地盘点,计算出期末结存金额后,才能倒挤出主营业务成本,这种方法也称为进价记账、盘存计销。

　　(2)数量进价金额核算法。数量进价金额核算法是指库存商品总分类账和明细分类账除了均按商品进价金额反映,同时明细分类账还必须反映商品实物数量的一种核算方法。采用这种方法,企业可以根据已销商品的数量按进价结转主营业务成本。

2. 售价核算

　　售价核算是指以库存商品的销售价格来反映和控制商品购进、销售和储存的一种核算方法。其具体可分为以下两种方法:

　　(1)售价金额核算法。售价金额核算法是指库存商品总分类账和明细分类账都只反映商品售价金额,不反映实物数量的一种核算方法。

　　(2)数量售价金额核算法。数量售价金额核算法是指库存商品总分类账和明细分类账除了均按商品售价金额反映,同时明细分类账还必须反映商品实物数量的一种核算方法。

　　商品流通的四种核算方法比较如表2-1所示。

表2-1　　　　　　　　　　　　　　商品流通的四种核算方法比较

方法	优、缺点	适用情况
数量进价金额核算法	全面反映商品进、销、存的数量和金额,便于管理和控制。记账工作量大,手续繁多	规模和批量较大而交易次数不多的大中型批发企业
进价金额核算法	手续简便,工作量小,但管理手续不严谨,平日无法掌握库存情况,不利于对损耗和差错控制	鲜活商品的核算
数量售价金额核算法	便于商品日常管理和控制,但核算工作量较大	经营规模小、业务量少的批发企业以及零售企业中贵重商品的核算
售价金额核算法	简化核算手续,减少工作量。但平日无法控制进、销、存数量,盘点发现差错不易查明原因	除了鲜活商品、贵重商品的零售商品流转业务核算

（五）收入、成本的核算内容因交易性质不同而不同

商品交易可能是批发，也可能是零售，因而各种交易的收入、成本核算的内容也有所区别。批发销售核算的收入即为批发价，其销售成本为已销商品的原进价；而零售销售核算的收入则为零售价（零售价一般高于批发价），其销售成本为零售收入与已销商品分摊的进销差价之差额。

三、购销商品的交接方式

（一）提货制

提货制又称取货制，是购货方派专人或委托他人到供货方仓库或指定地点提取商品的一种商品交接方式。

（二）送货制

送货制是供货方将商品送到购货方仓库或指定地点交货的一种商品交接方式。

（三）发货制

发货制是供货方根据合同或要货函件所规定的日期、商品品种、规格、数量，将商品委托运输部门发运至购货方所在地的车站、码头、或指定地点交货的一种商品交接方式。当购货方接到运输部门的到货通知后，凭承运部门提货单到车站或码头提货，然后检验入库。

？ 相关思考2-1

商业企业购进商品的成本

某商业企业采用数量进价金额核算，发生了如下经济业务：购进洗衣粉2 000箱，每箱40元，计货款80 000元，增值税税额为10 400元，运费为1 000元，增值税税额为90元，采用托收承付结算方式。财会部门收到开户银行转来的托收凭证、增值税专用发票、运费凭证，审核无误后，当即承付货款。仓储部门已将商品验收入库。

请分析购进的该批洗衣粉的成本应如何确定。

解析：

购进的该批洗衣粉的成本＝80 000＋1 000＝81 000（元）。

第二节 ｜ 批发业务的核算

一、批发业务的核算方法

商业企业的会计核算方法主要有数量进价金额核算法、数量售价金额核算法、售价金额核算法和进价金额核算法。批发企业广泛采用数量进价金额核算法，零售企业广泛采用售价金额核算法。

数量进价金额核算法是对库存商品总分类核算实行按进价金额核算和监督的同时，对库存商品的明细核算既提供各种商品的进价金额指标也反映其实物数量指标的核算方法。其基本内容如下：

（1）进价记账。会计部门对库存商品总账和明细账的进、销、存金额均按进价记载。

（2）在库存商品总账控制下，按商品的品名、规格、等级和编号分户进行明细核算。库存商品明细账对每种库存商品的增减和结存情况,既反映金额又反映数量。如果企业经营的规模较大,同种库存商品存放地点不一,还可同时按商品存放的地点分户记载。

(3)采用适当方法随时或定期结转销售商品成本。

数量进价金额核算法对商品实物数量和进价金额实行双重控制,有利于满足业务部门开展销售业务、会计部门加强资金管理、保管部门明确责任和保护商品的安全。但这种核算方法要求每笔购销业务均提供数量和金额的收付凭证,并逐笔登记明细账,工作量较大。此方法适用于能按商品品种提供收回数量及金额的商业企业。目前,批发企业广泛采用此方法。有的零售企业经营品种较单纯,可取得销售商品品种数量金额凭证也采用此方法。

商品批发是指商业经营者购进商品后,再将购进的商品用于销售的一种商业经营活动。它是整个流通过程的起点和中间环节,具有商品进销量大、经营品种复杂、商品储存量多、保管地点分散、商品购销对象面广、购销方式多样等特点,为此在核算上要求有严密的手续制度,从价值上、数量上全面反映商品流通全过程,填制和接受能反映商品品名、数量、金额等内容的各种凭证,以控制和反映商品购销活动。

批发商品流通过程包括商品购进、销售和储存三个环节。商品购进是商品流通的起点,为商品销售、储存提供物质基础。

批发商品购进的渠道有向工农业生产企业购进,向其他商业企业购进、进口等。购进的方式有本地购进、异地购进、预付货款购进、分期付款购进、延期付款购进等。由于批发商品购进的渠道、方式、交接货手续的不同,其业务程序和核算方法也有所不同。

❓ 相关思考2-2

商业企业购进商品发生的运杂费如何处理

根据《企业会计准则》,商业企业在采购商品过程中发生的运输费、装卸费、保险费以及其他可归属于存货采购成本的费用等进货费用,应计入所购商品成本。在实务中,企业也可以将发生的运输费、装卸费、保险费以及其他可归属于存货采购成本的费用等进货费用先进行归集,期末,按照所购商品的存销情况进行分摊。对于已销售商品的进货费用,计入主营业务成本;对于未售商品的进货费用,计入期末存货成本。商业企业采购商品的进货费用金额较小的,可以在发生时直接计入当期销售费用。

2-2视频:
批发业务购进的一般核算

二、批发业务商品购进的核算

(一)批发业务购进一般情况的核算

在通常情况下,商业企业购进的商品按取得商品时所支付的价税款扣除按规定计算的进项税额,作为商品购进的入账价格,具体分以下几种情况:

(1)从生产单位购进商品,将生产单位的出厂价作为商品购进的入账价格。从国内其他企业购入的商品,以实际支付的批发价作为商品购进入账价格。

(2)收购免税农副产品,将购入农业产品的买价扣除按规定计算的进项税额后的数额作为商品的入账价格。

(3)委托外贸单位代理进口商品,将实际支付给外贸单位的全部价税款扣除按规定计算的进项税额后的数额作为商品的入账价格。

(4)进口的商品,将进口商品国外进价(一般为到岸价)加上关税、消费税后,作为商品购进的入账价格。如果是离岸价,则按离岸价加到岸前运费、保险费计算。

（5）委托加工商品,将加工过程中的实际成本作为加工商品的入账价格。实际成本包括原材料、加工费及应负担的运杂费、支付的税金等。

批发企业购进商品时,如果付款与验收商品入库同日完成,则直接记入"库存商品"账户;如果先付款、后验收商品入库,则付款时先记入"在途物资"账户,验收入库时再转入"库存商品"账户。

【例2-1】 华夏公司从本地购进一批商品,共6 000件,单价为30元,计货款180 000元,增值税税额为23 400元,款项已通过银行转付。

如果商品验收入库和支付货款不是同时进行的,有两种情况:

（1）支付货款,商品未到,其会计分录如下:

借：在途物资	180 000
应交税费——应交增值税(进项税额)	23 400
贷：银行存款	203 400

同时,作会计分录如下:

借：库存商品	180 000
贷：在途物资	180 000

（2）商品验收入库,货款采用商业汇票结算方式,则其会计分录如下:

借：库存商品	180 000
应交税费——应交增值税(进项税额)	23 400
贷：应付票据	203 400

如果是小规模纳税企业,所支付的不可抵扣的增值税进项税额计入所购商品的成本。其会计分录如下:

借：库存商品	203 400
贷：银行存款	203 400

【例2-2】 华夏批发企业为一般纳税人,增值税税率为13%,本月20日采购一批商品10 000千克,进货单价为10元,取得的增值税专用发票注明的价款为100 000元,增值税税额为13 000元。

同时取得的运费增值税专用发票注明的运费为5 000元,增值税税额为450元,款项均以银行存款支付,商品同时验收入库,本月共出售该商品8 000千克,月末结存2 000千克,则华夏批发企业对运杂费的会计分录如下:

借：库存商品	100 000
应交税费——应交增值税(进项税额)	13 450
进货费用	5 000
贷：银行存款	118 450

月末按存销比例分摊进货费用时:

月末已销商品分摊的运杂费＝5 000×8 000÷10 000＝4 000(元)

月末结存商品分摊的运杂费＝5 000×2 000÷10 000＝1 000(元)

借：库存商品   1 000
　主营业务成本   4 000
　贷：进货费用   5 000

【例2-3】　华夏批发企业自营进口商品一批，到岸价为90 000美元，关税税率为20％，海关完税凭证注明增值税税率为13％。当日汇率为6.70元。

（1）按照国外发票原币金额支付折合人民币计算为603 000元，另以人民币计算应交关税为120 600元，增值税税额为94 068元[603 000×（1＋20％）×13％]，支付价款时，作会计分录如下：

借：在途物资——进口商品采购[90 000×6.70×（1＋20％）]   723 600
　应交税费——应交增值税（进项税额）   94 068
　贷：银行存款   817 668

如果该批进口商品属于应交纳消费税的商品，则应将消费税计入该项商品的成本，用人民币支付。其会计分录如下：

借：在途物资——进口商品采购
　贷：银行存款

如果进口商品是按离岸价成交，则用外汇支付的运费、保险费应折合人民币，按实际支出计入进口商品采购成本。

（2）以银行存款支付检验费500元，银行手续费200元。其会计分录如下：

借：在途物资——检验费   500
　财务费用——银行手续费   200
　贷：银行存款   700

（3）结转进口商品采购成本，作会计分录如下：

借：库存商品——进口商品   724 100
　贷：在途物资——进口商品采购   724 100

2-3 会计人
员职业道德

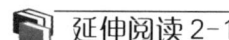延伸阅读2-1 ....

工程物资

为建造固定资产等各项工程而储备的各种材料，虽然同属于材料，但是由于用于建造固定资产等各项工程，不符合存货的定义，不能作为企业存货，而是作为工程物资进行核算，记入"工程物资"账户。在资产负债表中，"工程物资"项目反映企业尚未使用的各项工程物资的实际成本，这一项目应记入"在建工程"项目。

【例2-4】　华夏批发企业购进免税农业产品，取得（开具）农产品销售发票或收购发票的，以发票上注明的农产品买价和9％的扣除率计算。华夏批发企业收购免税A农业产品，计价80 000元，以银行存款支付，作会计分录如下：

借：库存商品——A农产品[80 000×（1－9％）]   72 800
　应交税费——应交增值税（进项税额）（80 000×9％）   7 200
　贷：银行存款   80 000

延伸阅读2-2 ·····

固定资产的含义

《企业会计准则第4号——固定资产》给固定资产作了明确定义,固定资产是指同时具有下列特征的有形资产:为生产商品提供劳务、出租或经营管理而持有的;使用寿命超过一个会计年度。以下资产作为固定资产进行管理:

(1)属于生产经营主要设备的物品,使用寿命超过一个会计年度,无单价限制。

(2)不属于生产经营主要设备的物品,使用年限超过2年,单位价值在2 000元以上。

(二)购进商品溢余和短缺的核算

商品购进后,企业应严格验收数量和质量。在验收时如发现实收数多于或少于应收数量,即为购进商品溢余和短缺。

购进商品发生溢余和短缺的原因很多,有的是由于商品本身性能和自然条件的变化造成的商品升溢或损耗;有的是由于供货单位的工作差错,多发或少发;也有的是由于运输单位的失职造成的丢失、破坏等事故。

购进商品发生溢余和短缺情况,应由验收部门会同运输单位作出详细记录和鉴定证明,并填制商品溢余(短缺)报告单(表2-2)报有关部门作为清查和处理的依据。

表2-2 商品溢余(短缺)报告单

年 月 日　　　　　　　编　号:

收货单位:　　　　　供货单位:　　　　　　　发货单位编号:

货号	规格及品名	单位	应收数量	实收数量	溢余短缺	数量	单价	金额	增减进项税额	
									税率	税额
原因										
处理意见	领导批示		财会部门意见				经办人意见			

购进商品发生溢余和短缺,在未查明原因以前,先按商品实收数入库,并根据商品溢余(短缺)报告单将溢余或短缺商品先以"待处理财产损溢——待处理流动资产损溢"账户处理,"待处理财产损溢"账户一般不考虑增加增值税进项税额;但若购进商品发生毁损与短缺,属于正常性的情况,可以减少增值税进项税额,属于非正常性的情况,则不得抵扣。

"待处理财产损溢"账户属资产类账户。用来核算企业已经发生而未查明原因等待处理的各项资产的盘盈、盘亏、溢余和短缺。其下设"待处理固定资产损溢"和"待处理流动资产损溢"两个明细账户。"待处理财产损溢——待处理流动资产损溢"账户的借方登记商品短缺发生数和商品溢余转销数;贷方登记商品溢余发生数和商品短缺转销数;借方余额表示尚未处理的商品短缺数额;贷方余额表示尚未处理的商品溢余数额。

1. 购进商品发生溢余的核算

【例2-5】 某商业企业从外地购进白砂糖2 000千克,每千克为3元,计价款为6 000元,增值税税率为13%,增值税税额为780元,供货方垫付装卸费90元,采用托收承付结算方式结算货款。

(1) 收到银行转来托收凭证,经审核无误,承付货款及装卸费。作会计分录如下:

借:在途物资——白砂糖 6 090

应交税费——应交增值税(进项税额) 780

贷:银行存款 6 870

(2) 商品运到,经点验,实收数量为2 050千克,溢余50千克,计价150元,原因待查。作会计分录如下:

借:库存商品——白砂糖 6 240

贷:在途物资——白砂糖 6 090

待处理财产损溢——待处理流动资产损溢 150

(3) 经查明原因,上项白砂糖溢余,其中20千克属自然升溢,30千克属供货单位多发,经与对方联系,同意补作购进,货款已汇出。按规定,运输途中商品自然升溢,应作为本单位收益,作销售费用处理。如属供货单位多发,应与对方联系,同意作为本企业购进的,根据供货方补来的增值税专用发票补付货款及进项税额;如果不同意本企业购进,则转为代管商品。按白砂糖溢余原因,作会计分录如下:

借:待处理财产损溢——待处理流动资产损溢 150.0

应交税费——应交增值税(进项税额) 11.7

贷:销售费用 60.0

银行存款 101.7

2. 购进商品发生短缺的核算

【例2-6】 承[例2-5],设点验商品,实收数量为1 950千克,短缺50千克,原因待查。

(1) 收到银行转来托收凭证,经审核无误,承付货款及装卸费。作会计分录如下:

借:在途物资——白砂糖 6 090

应交税费——应交增值税(进项税额) 780

贷:银行存款 6 870

(2) 商品运到,经点验实收数量为1 950千克,短缺50千克,计价150元,原因待查,作会计分录如下:

借:库存商品——白砂糖 5 940

待处理财产损溢——待处理流动资产损溢 150

贷:在途物资——白砂糖 6 090

(3) 经查明原因,上项白砂糖短缺,其中20千克系运输途中自然损耗;15千克为供货方少发。经与对方联系,同意补发商品(商品已运到);另15千克属运输单位责任事故,经联系,同意赔偿损失。按规定,运输途中商品自然损耗,作经营费用处理;供货单位少发商品,经与对方联系,要求补发商品或退还货款;事故损失属于运输部门责任,应由运输单位赔偿;如属责任人事故,应由责任人负责赔偿,转入"其他应收款"账户;属于本企业责任,应由企业作管理费用处理。按白砂糖短缺原因,作会计分录如下:

借：管理费用——自然损耗　　　　　　　　　　　　　　　　　　　　67.80

　　库存商品——白砂糖　　　　　　　　　　　　　　　　　　　　　45.00

　　其他应收款——运输单位　　　　　　　　　　　　　　　　　　　50.85

　　贷：待处理财产损溢——待处理流动资产损溢　　　　　　　　　　150.00

　　　　应交税费——应交增值税(进项税额转出)　　　　　　　　　　13.65

短缺商品属于本企业作为费用或损失处理的或由其他单位或责任人赔偿的,其价值应包括增值税在内,同时要转出抵扣的进项税额。

(三)购货业务发生拒付货款和拒收商品的核算

商业企业从异地购进商品,采用发货制和托收承付结算方式。在承付货款和商品验收过程中,如发现发票和商品与合同规定的品种、规格、数量、质量不符,可以按合同规定,有权拒付全部或部分货款;拒收全部或部分商品。拒付货款和拒收商品一般有以下两种情况,应分别进行处理。

1. 货款未付的处理

企业接到银行转来的托收凭证和发票联、结算联等单据,经与合同核对,如发现商品的品种、规格、数量、质量不符,可向银行提出"拒绝承付理由书",拒付全部或部分货款,在会计核算上不作处理。当拒付货款的商品到达时,作为拒收商品,代供货单位暂行保管。在会计核算上,未付货款的拒收商品,也不作处理。

如果托收凭证未到,商品先到,验收时发现商品的品种、规格、数量、质量与合同不符,应予拒收。待收到银行转来托收凭证时,再填制"拒绝付款理由书",通过银行予以拒付。在会计核算上,也均不作处理。

【例2-7】 华夏企业向外地购进6尺床单1 000条,单价为26元,计货款26 000元,增值税税率为13%,增值税税额为3 380元,价税合计29 380元,供货单位代付运费200元,取得增值税专用发票。

(1)商品先到,发现其中有4尺床单100条,单价为16元,与合同规格不符,拒绝收货,暂作代管,其余900条均已验收入库,待收到银行转来托收凭证,办理部分拒付手续,作会计分录如下:

借：在途物资——6尺床单　　　　　　　　　　　　　　　　　　　　23 600

　　应交税费——应交增值税(进项税额) (26×900×13%＋200×9%)　3 060

　　贷：银行存款　　　　　　　　　　　　　　　　　　　　　　　　26 660

同时：

借：库存商品——6尺床单　　　　　　　　　　　　　　　　　　　　23 600

　　贷：在途物资——6尺床单　　　　　　　　　　　　　　　　　　23 600

(2)接供货单位函告100条4尺床单系错发,要求企业购进。企业同意寄去扣税证明单办理更正手续。今接供货单位寄来红字增值税专用发票及4尺床单发票联据以转账。每条14元,增值税税率照旧,价税合计1 582元,代管100条4尺床单点验入库,并汇出货款,其会计分录如下:

借：在途物资——4尺床单　　　　　　　　　　　　　　　　　　　　1 400

　　应交税费——应交增值税(进项税额)　　　　　　　　　　　　　182

　　贷：银行存款　　　　　　　　　　　　　　　　　　　　　　　　1 582

同时：

借：库存商品——4尺床单   1 400

  贷：在途物资——4尺床单   1 400

同时，注销代管商品记录。

2. 货款已承付的处理

企业接到银行转来托收凭证和发票联、结算联等单据，经与合同核对无误，已全数承付货款，并已入账。待商品到达后，在验收时发现商品与合同规定的品种、规格、数量、质量不符，可以向供货单位提出拒收全部或部分商品。在会计核算上，财会部门应将拒收商品的金额和运杂费，从"在途物资"账户和"销售费用"账户转入"应收账款"账户，同时将拒收商品作代管处理。

【例2-8】 华夏百货公司向外地购入羊毛毯200条，每条进价为230元，增值税税率为13％，价税合计51 980元。

（1）接银行转来托收凭证及发票联、结算联等单据，经与合同核对无误，承付全部货款，其会计分录如下：

借：在途物资——羊毛毯   46 000

  应交税费——应交增值税（进项税额）   5 980

  贷：银行存款   51 980

（2）商品运到后，验收发现其中50条质量不符合同规定要求，作拒收商品处理，并相应扣减增值税1 495元，经与供货单位联系，同意退回拒收商品，其余150条验收入库。根据供货单位红字发票，其会计分录如下：

借：库存商品——羊毛毯   34 500

  应收账款——×单位   12 995

  贷：在途物资——羊毛毯   46 000

    应交税费——应交增值税（进项税额）   1 495

（3）商品已发运，货款亦已收到，作会计分录如下：

借：银行存款   12 995

  贷：应收账款——×单位   12 995

（四）进货退出的核算

企业购进的商品，在已承付货款并验收入库以后，发现商品的规格、品种、质量与合同不符，在征得供货单位的同意后，可以作为进货退出处理。办理退货时，应取得当地税务部门开具的进货退出证明单，送交销货方凭以开具红字增值税专用发票作为扣减进项税额的凭证，并由业务部门填制"进货退出发货单"或红字"收货单"作附件通知储运部门将商品发运给供货单位。财会部门应根据上述凭证转销"库存商品"账户借方数额。

【例2-9】 华夏百货公司从浙江康健热水器有限公司购进康健牌饮水机30台，每台680元，货款总计20 400元，增值税税额为2 652元，运费为2 700元，增值税税额为243元，货款和增值税及运费已付。该批商品到货后，发现型号不符，经与供货方联系后，对方同意退货。

对上述业务，财会部门应作如下处理：

（1）收到浙江康健热水器有限公司退货的红字增值税专用发票，开列退货款 20 400 元，退增值税 2 895 元（2 652＋243），并收到业务部门转来的"进货退出单"（结算联）时：

借：应收账款——浙江康健热水器有限公司　　　　　　　　　　　　　　　25 995
　　贷：库存商品——康健牌饮水机　　　　　　　　　　　　　　　　　　　23 100
　　　　应交税费——应交增值税（进项税额）　　　　　　　　　　　　　　　2 895

同时，以银行存款垫付退货运费 2 700 元：

借：应收账款——浙江康健热水器有限公司　　　　　　　　　　　　　　　　2 700
　　贷：银行存款　　　　　　　　　　　　　　　　　　　　　　　　　　　　2 700

（2）浙江康健热水器有限公司如约退回全部货款和增值税及运费，收到银行转来的收款凭证时：

借：银行存款　　　　　　　　　　　　　　　　　　　　　　　　　　　　28 695
　　贷：应收账款——浙江康健热水器有限公司　　　　　　　　　　　　　　28 695

（五）进货退、补价的核算

企业购进商品，有时因供货单位的计价错误或按暂作价计算等原因，商品的进价与实际进价发生差异。退价或补价时，应由供货单位填制专用发票及附件"销货更正单"据以办理退、补价手续。

1. 进货退价

进货退价是指应计的进价低于已结算的进价，应由供货单位退还给进货单位的差价款。在会计核算上，当收到退价款时，应区别以下两种情况：

（1）商品尚未售出或虽已售出但尚未结转商品销售成本。根据供货单位的红字专用发票及"销货更正单"作会计分录如下：

借：银行存款
　　贷：库存商品——××商品（采购成本）
　　　　应交税费——应交增值税（进项税额）

（2）商品已售出，并已结转商品销售成本，根据供货单位的红字专用发票及"销货更正单"作会计分录如下：

借：银行存款
　　贷：主营业务成本（采购成本）
　　　　应交税费——应交增值税（进项税额）

【例 2-10】　华夏百货公司 4 月 6 日从某公司购入空调 100 台，单价为 3 100 元，共计价款 310 000 元，应支付增值税税额为 40 300 元，价税合计 350 300 元。

（1）接银行转来的托收凭证及增值税专用发票发票联、抵扣联等有关单据，经与合同核对无误后，承付全部款项，记账如下：

借：在途物资　　　　　　　　　　　　　　　　　　　　　　　　　　　310 000
　　应交税费——应交增值税（进项税额）　　　　　　　　　　　　　　　40 300
　　贷：银行存款　　　　　　　　　　　　　　　　　　　　　　　　　　350 300

（2）商品到达，验收入库，据有关凭证记账如下：

借：库存商品——空调　　　　　　　　　　　　　　　　　　　　　　　310 000
　　贷：在途物资　　　　　　　　　　　　　　　　　　　　　　　　　　310 000

（3）接某公司通知，100台空调单价每台进价多计100元，增值税每台多计13元，收到卖方的红字专用发票及附件"销货更正单"，款项同时退回收存银行。经查50台空调已售并已结转销售成本；另50台在库。据有关凭证记账如下：

借：银行存款　　　　　　　　　　　　　　　　　　　　　　　　　　　11 300
　　贷：库存商品——空调　　　　　　　　　　　　　　　　　　　　　　5 000
　　　　主营业务成本　　　　　　　　　　　　　　　　　　　　　　　　5 000
　　　　应交税费——应交增值税（进项税额）　　　　　　　　　　　　　1 300

进货折扣与折让的会计处理与进货退价同。

2. 进货补价

进货补价是指应计的进价高于已结算的进价，应由进货企业补付货款差额。在会计核算上，两种不同账务处理如下：

（1）商品尚未售出，或已售出但尚未结转商品销售成本，根据供货单位专用发票及"销货更正单"补付货款时，作会计分录如下：

借：库存商品——××商品
　　应交税费——应交增值税（进项税额）
　　贷：银行存款

（2）商品已售出，并已结转商品销售成本，根据供货单位的增值税专用发票及"销货更正单"补付货款时，作会计分录如下：

借：主营业务成本
　　应交税费——应交增值税（进项税额）
　　贷：银行存款

【例2-11】　华夏百货公司4月6日从某公司购入空调100台，单价为3 100元，共计价款310 000元，应支付增值税税额为40 300元，价税合计350 300元。

对上述业务，财会部门应作如下处理：

（1）接银行转来的托收凭证及增值税专用发票发票联、抵扣联等有关单据，经与合同核对无误后，承付全部款项，记账如下：

借：在途物资　　　　　　　　　　　　　　　　　　　　　　　　　　310 000
　　应交税费——应交增值税（进项税额）　　　　　　　　　　　　　　40 300
　　贷：银行存款　　　　　　　　　　　　　　　　　　　　　　　　　350 300

（2）商品到达，验收入库，据有关凭证记账如下：

借：库存商品——空调　　　　　　　　　　　　　　　　　　　　　　　310 000
　　贷：在途物资　　　　　　　　　　　　　　　　　　　　　　　　　　310 000

（3）接某公司通知，100台空调每台进价少计100元，增值税每台少计13元，收到卖方填制的专用发票及附件"销货更正单"，款项同时通过银行支付。经查50台空调已售并已结转销售成本；另50台在库。据有关凭证记账如下：

借：库存商品——空调   5 000

  主营业务成本   5 000

  应交税费——应交增值税(进项税额)   1 300

  贷：银行存款   11 300

三、批发业务商品销售的核算

批发商品销售是指商业企业通过货币结算将本单位经营的商品销售给批发企业、零售企业和生产企业。其商品销售方式有库存商品销售、直运商品销售、分期收款销售和预收货款销售等。由于批发商品销售的对象和方式不同,核算方法也不尽相同。

(一)批发业务销售一般情况的核算

【例 2-12】 华夏商业企业将一批大米批发给本地的一家零售企业,价税合计79 100元,其中货款为70 000元,增值税税额为9 100元。款项已存入银行。已知华夏商业企业采购这批大米的成本为60 000元。

销售大米取得货款时:

借：银行存款   79 100

  贷：主营业务收入   70 000

    应交税费——应交增值税(销项税额)   9 100

同时,结转大米的销售成本:

借：主营业务成本   60 000

  贷：库存商品——大米   60 000

如果是小规模纳税企业,适用的增值税税率为3%,本日销售收入含税价为72 100元[70 000×(1+3%)]。作会计分录如下:

借：银行存款   72 100

  贷：主营业务收入   70 000

    应交税费——应交增值税   2 100

同时,结转大米的销售成本:

借：主营业务成本   60 000

  贷：库存商品——大米   60 000

(二)直运商品销售的核算

直运商品销售是指企业将商品直接由供货单位调运给购货单位,不经过企业仓库的销售。其优点是:可以减少商品出入库手续,有利于加速商品流转,节约商品流通费用。直运商品销售的核算具有如下特点:

(1)批发商品购进与销售同时进行,企业一方面根据银行转来的结算凭证向销货单位支付进货款,作商品购进的账务处理;另一方面又根据销货单位或企业采购人员向购货单位发货,并向购货单位办理托收销货款手续后转给批发企业的直运商品收发货单位,作托收销货款及取得商品销售收入的账务处理。

(2)商品直运不经过批发企业仓库,在核算上不通过"库存商品"账户,直接在"在途物

2-4 视频:
直运商品销
售的核算

资"账户核算。

（3）直运商品销售是整批购进直接销售，在商品销售的同时可按商品进价逐笔结转商品销售成本，即在作商品销售账务处理的同时，作结转销售成本的会计分录。直运商品销售由于批发企业收到银行转来销货单位结算进货款凭证的时间会不一致，在核算上也就会出现三种情况：先支付进货款，后托收销货款；先托收销货款，后支付进货款；支付进货款与托收销货款同日办妥。

（4）发运商品的运费由批发企业与购货单位共同负担。

【例 2-13】 华夏商业企业向杭州刀剪厂订购剪刀 10 000 把，每把 1.88 元，直运给福州五金公司，供应价为每把 2 元，购进、销售的增值税税率均为 13%，杭州刀剪厂垫付由杭州到福州的运费 200 元，购销合同规定运费由福州五金公司负担。

（1）先承付进货款，后托收销货款。

① 根据银行转来杭州刀剪厂的托收凭证，内附专用发票，开列剪刀货款 18 800 元、增值税税额 2 444 元，运费凭证 200 元，经审核无误，当即承付，作会计分录如下：

```
借：在途物资——杭州剪刀                           18 800
    应交税费——应交增值税（进项税额）              2 444
    应收账款——代垫运费                            200
    贷：银行存款                                    21 444
```

② 直运销售剪刀 10 000 把，每把 2 元，货款为 20 000 元，增值税税额为 2 600 元，连同垫付的运费 200 元，一并向福州五金公司托收，根据专用发票（记账联）及托收凭证（回单联），作会计分录如下：

```
借：应收账款——福州五金公司                       22 800
    贷：主营业务收入——刀类                        20 000
        应交税费——应交增值税（销项税额）          2 600
        应收账款——代垫运费                        200
```

同时结转商品销售成本，作分录如下：

```
借：主营业务成本——刀类                           18 800
    贷：在途物资——杭州剪刀                        18 800
```

（2）先托收销货款，后承付进货款。

① 根据供货单位采购员向购货单位托收货款及运费的托收凭证回单联，办理托收销货款入账手续，作会计分录如下：

```
借：应收账款——福州五金公司                       22 800
    贷：主营业务收入——刀类                        20 000
        应交税费——应交增值税（销项税额）          2 600
        应付账款——代垫运费                        200
```

同时结转商品销售成本，作分录如下：

```
借：主营业务成本——刀类                           18 800
    贷：在途物资——杭州剪刀                        18 800
```

② 根据银行转来供货单位的托收凭证、专用发票、发货单及代垫运费清单等单据时，承

付货款及运费,作会计分录如下:

```
借:应付账款——代垫运费                          200
    在途物资——杭州刀剪                        18 800
    应交税费——应交增值税(进项税额)            2 444
    贷:银行存款                                        21 444
```

③ 收到银行转来向购货单位托收货款及运费的收款通知单时,作会计分录如下:

```
借:银行存款                                    22 800
    贷:应收账款——福州五金公司                        22 800
```

(3)承付进货款与托收销货款在同一天内办妥。

① 根据托收凭证回单联及有关凭证办理托收货款手续,作会计分录如下:

```
借:应收账款——福州五金公司                    22 800
    贷:主营业务收入——刀类                            20 000
      应交税费——应交增值税(销项税额)              2 600
      应收账款——代垫运费                              200
```

② 同时根据银行转来供货单位的托收凭证及有关单据,承付货款及运费,作会计分录如下:

```
借:主营业务成本——刀类                        18 800
    应交税费——应交增值税(进项税额)            2 444
    应收账款——代垫运费                          200
    贷:银行存款                                        21 444
```

在以上直运商品销售核算中,商品的运费是全部由购货单位负担的。若合同规定运费由购销双方各负担一部分,那么,批发企业在支付供货单位垫付的运费时,对应由购货单位负担的部分,通过“应收账款”账户核算,对应由批发企业负担的部分,则列入“销售费用”账户。批发企业采用直运商品销售,可以将商品及时供应给工农与生产部门和城乡消费市场,防止迂回运输,加速商品流转,降低商品损耗,节约经营费用,增加企业利润,加快流动资产的周转速度。

(三)出口商品的核算

按照《企业会计准则》的规定,出口销售的商品,陆运以取得承运货物的收据或铁路联运的运单,海运以取得出口装船单,空运以取得运单,并向银行办理交单后作为收入的实现。预收货款不通过银行交单,取得以上提单、运单之后,作为收入的实现。援外出口以取得铁路联运单或出口装船或交接凭证,开出结算委托书向银行交单时,作为收入的实现。

按照制度的规定,出口商品的销售收入一律以离岸价(FOB 价)作为入账的基础。如按到岸价(CIF 价)对外成交的,在商品离境后所发生的应由我方负担的国外运费、保费、佣金(包括暗佣和明佣)和银行财务费等,以红字冲减收入;不易按商品认定的累计佣金收支,可以计入销售费用。

为了鼓励货物出口,按《中华人民共和国增值税暂行条例》的规定,实行出口货物零税率的优惠政策,即企业销售商品不计算销项税额,而且规定商品出口后,将按照一定的退税率退还企业购进商品时支付的进项税额,即“出口退税”。

【例 2-14】 某商业企业出口一批商品到 W 公司,售价为到岸价 CIF30 000 美元,商品发出时,支付国外运费 400 美元,支付国外运输保险费 350 美元,企业采用当月 1 日的汇率记账,当月 1 日的汇率为 6.7 元。该批商品的进价成本为 140 000 元。已知该商品适用的出口退税率为 9%。

(1)收到有关结算单据确认销售收入时:

借:应收账款——W 公司(30 000×6.7)　　　　　　　　　　　201 000
　　贷:主营业务收入(30 000×6.7)　　　　　　　　　　　　　　201 000

(2)支付国外运费、保险费 750 美元(400+350)时:

借:主营业务收入(750×6.7)　　　　　　　　　　　　　　　　5 025
　　贷:银行存款——美元户(750×6.7)　　　　　　　　　　　　5 025

(3)结转商品的销售成本时:

借:主营业务成本　　　　　　　　　　　　　　　　　　　　140 000
　　贷:库存商品　　　　　　　　　　　　　　　　　　　　　140 000

(4)收到出口退税款 12 600 元(140 000×9%)时:

借:银行存款　　　　　　　　　　　　　　　　　　　　　　12 600
　　贷:应交税费——应交增值税(出口退税)　　　　　　　　　12 600

(四) 销售折扣与折让的核算

在会计核算上,销货折扣与销货折让有总额法和净额法两种记账方法。

总额法,即主营业务收入按未扣除折扣、折让数的总额记账;净额法,即主营业务收入按扣除折扣、折让数的净额记账。

1. 销售折扣的核算

销货折扣是指企业采用赊销方式销售商品时,为了鼓励购货单位在一定期限内(信用期限)尽快付款,往往规定一个短于信用期限的折扣期限,如果购货单位能在期限内付款,就可能得到一定的现金折扣,即从应支付的货款总额扣除一定比例的金额及税款。

【例 2-15】 华夏商业企业将一批 A 商品批发给 H 公司,含税售价为 12 000 元,议定的折扣率为 5%。实收销售货款 11 400 元[12 000×(1-5%)]已存入银行。根据有关单证,按净额法核算,该批商品的进货成本为 10 000 元。

取得销售收入时:

借:银行存款　　　　　　　　　　　　　　　　　　　　　11 400.00
　　贷:主营业务收入　　　　　　　　　　　　　　　　　　　10 088.5
　　　　应交税费——应交增值税(销项税额)　　　　　　　　　1 311.5

结转商品销售成本时:

借:主营业务成本　　　　　　　　　　　　　　　　　　　　10 000
　　贷:库存商品——商品　　　　　　　　　　　　　　　　　10 000

2. 销售折让的核算

销货折让是指在商品购销活动中,供货单位由于商品的品种、质量不符合合同或协议规定,或品种、质量有问题时,为了避免对方拒付货款、退货或索赔而给予购货方一定的货款折让。

【例2-16】 某商业企业出售不足1米的零头布若干块,计50米,每米原含税零售价10元,现折让(6折)售出,取得含税收入300元,零头布的进价成本为500元。

借:库存现金 300.00
    贷:主营业务收入 265.49
        应交税费——应交增值税(销项税额) 34.51

同时,结转主营业务成本:

借:主营业务成本 500
    贷:库存商品 500

(五)销货退回的核算

批发商品售出后,由于品种、规格、质量不符合购销合同规定,购货单位要求退货,经企业同意,可以办理退货手续。销售退回可能发生在企业确认收入之前,也可能发生在企业确认收入之后。如果发生在收入确认之前,应减少发出商品的数量;如果发生在收入确认之后,实际发生的销售退回,不论是属于本年度还是以前年度销售的,均应该冲减本月的主营业务收入,并冲减当月的主营业务成本。

【例2-17】 华夏商业企业将一批男衬衫出售给H公司,衬衫数量为1 000件,批发价为8元(不含税价),H公司收货后声称有质量问题,要求全部退回。

华夏商业企业派出销售员去验货,发现确实存有质量问题,同意全部退回。已知华夏商业企业从厂家进货时的采购成本为5元,增值税适用税率为13%。

H公司退货后,财会部门根据专用发票支付货款时:

借:主营业务收入 8 000
    应交税费——应交增值税(销项税额) 1 040
    贷:银行存款 9 040

同时用红字冲销库存商品明细账中的销售数量。

退回商品入库时:

借:库存商品 5 000
    贷:主营业务成本 5 000

延伸阅读2-3

商业折扣和现金折扣

1. 商业折扣

商业折扣是指企业为促进商品销售而给予的价格扣除。商业折扣的目的是鼓励购货方多购商品,通常根据购货方不同的购货数量而给予不同的扣除比率。

商业折扣在销售时即已发生,并不构成最终成交价格的一部分。企业销售商品涉及商业折扣的,应当按照扣除商业折扣后的金额确定销售商品收入金额。

2. 现金折扣

现金折扣是指债权人为鼓励债务人在规定的期限内付款而向债务人提供的债务扣除。现金折扣一般用符号"折扣率/付款期限"表示,如"2/10,1/20,N/30"表示:销货方允许客户最长的付款期限为30天,如果客户在10天内付款;销货方可按商品售价给予客户2%的折扣;如果客户在20天内付款,销货方可按商品售价给予客户1%的折扣;如果客户在21天至30天内付款,将不能享受现金折扣。

现金折扣发生在企业销售商品之后,企业销售商品后现金折扣是否发生以及发生多少要视买方的付款情况而定,企业在确认销售商品收入时不能确定现金折扣金额。因此,企业销售商品涉及现金折扣的,应当按照扣除现金折扣前的金额确定销售商品收入金额。现金折扣实际上是企业为了尽快回笼资金而发生的理财费用,应在实际发生时计入当期财务费用。

(六)销货退款、补价的核算

批发商品销售,由于计价错误或因销售价未定,先按暂作价计算等原因,造成多计或少计货款,发生实际售价与原结算售价的差异,需要办理退价和补价手续。

【例2-18】 某商业企业售给一超市女衬衫100件,批发价为每件78元,发票误写成了87元,多收货款900元。财会部门根据红字专用发票和销货更正单将多收的货款汇还给购货单位,增值税税率为13%。作会计分录为:

借:主营业务收入 900
  应交税费——应交增值税(销项税额) 117
  贷:银行存款 1 017

【例2-19】 承[例2-18],如每件批发价某商业企业售给一超市女衬衫100件,批发价为每件87元,发票误写成了78元,少收货款900元。财会部门根据专用发票和销货更正单向购货单位补收货款,作会计分录为:

借:应收账款 1 017
  贷:主营业务收入 900
    应交税费——应交增值税(销项税款) 117

四、批发业务商品储存的核算

商品储存是指商业企业购进的商品在销售以前在企业的停留状态,是保证商品销售的基础。批发商品储存量大,占用资金多,核算任务繁重,应本着简化和节约的原则,及时正确反映各种商品增减变动情况,掌握商品储存数量,准确计算和结转商品销售成本,以满足企业内部各个部门对商品储存核算资料的需要。

批发企业各部门应配合财会部门做到库存结构合理、商品保管完好、收发制度严密、定期盘点商品,以达到账实相符,并正确计算和结转商品销售成本,以保证企业利润核算的准确性。

(一)商品销售成本的计算和结转

1. 商品销售成本的计算

商品销售成本是指已销商品的进价成本。由于批发商品的进货渠道、进货批量、进货时间和付款条件的不同,同种规格的商品,前后进货的单价也可能不同。除了能分清批次的商品可以按原进价直接确定商品销售成本,在一般情况下,出售的商品都要采用一定的方法来确定一个适当的进货单价,以计算销售成本和确定库存价值,据以核算商品销售损益,以反映经营成果。

商品销售成本按照计算的程序,可分为顺算法和倒算法两种。顺算法是先计算各种商品的销售成本后,再计算各种商品的期末结存金额的方法。该方法一般逐日结转,工作量大。倒算法是先计算各种商品的期末结存金额,然后再据以计算商品的销售成本的方法。

该方法一般采用定期结转,工作量较少。

顺算法的计算公式如下:

$$本期销售商品成本=本期商品销售数量×进货单价$$
$$期末结存商品金额=期末结存商品数量×进货单价$$

倒算法的计算公式如下:

$$期末结存商品金额=期末结存商品数量×进货单价$$
$$本期销售商品成本=期初结存商品金额+本期收入商品金额-本期非销售商品金额-期末结存商品金额$$

按照以上计算方法和商品的不同特点,企业可以采用的商品销售成本的计算方法主要有个别计价法、加权平均法、移动平均法、先进先出法和毛利率法。前4种方法在"中级财务会计"课程中已学过,这里不再赘述,下面仅介绍毛利率法。

商业企业可以根据实际情况从中选择一种计算方法作为商品销售成本核算的方法,但一经确定,在同一个会计年度内不得随意变更。如需变更,必须在财务报表附注中予以说明。

毛利率法是根据本月实际商品销售收入净额和本季计划或上季实际毛利率,推算出本月商品销售毛利,再据以计算本月商品销售成本的方法。毛利率计算法是按大类或全部商品计算商品销售成本,所以计算手续比较简便,但计算结果往往不够准确。因此,这种方法一般为经营品种较多,采用其他方法计算销售成本有困难的企业,在每季度的第一、第二两个月采用,到季末,需选用其他合理方法,计算出全季度的商品销售成本,即为第三个月应结转的商品销售成本。这样,保证了全季度商品销售成本计算比较准确。其计算公式如下:

$$毛利率=商品的销售毛利÷商品的销售净额×100\%$$
$$销售净额=商品销售收入-销售退回与折让$$
$$销售毛利=销售净额×销售毛利率$$
$$本期销售商品成本=本期的销售净额-本期的销售毛利$$

2. 商品销售成本的结转

商品销售成本的结转方法,有分散结转和集中结转两种:

(1)分散结转。分散结转方式是指在库存商品明细账上,逐户计算并登记销售成本和库存商品的金额,然后将各明细账的商品销售成本加总,求得大类商品或全部商品的销售成本后,作为结转销售成本的会计分录,并据以在库存商品的二级账和总账上进行登记的方式。这种方式计算工作量较大,但能提供每个品种的商品销售成本详细资料。

(2)集中结转。集中结转方式是指只在库存商品明细账上逐户计算并登记期末库存商品的金额,而不逐户计算和登记销售成本,然后将各户的结存金额加总,或按大类汇总求出期末库存商品的总金额或大类商品结存金额的方式。根据总账或类目账资料,倒挤出已经销售的商品成本,作结转分录,并据以登记库存商品二级账和总账。这种方式工作简化,但不能提供每一种商品的销售成本。

结转商品销售成本的会计分录如下:

借:主营业务成本
　　贷:库存商品

【例2-20】 华夏商场采用毛利率法进行核算,2×22年4月1日针织品库存余额18 000 000元,本月购进30 000 000元,本月销售收入34 000 000元,上季度该类商品毛利率为25%。本月已销商品和月末库存商品的成本计算如下:

销售毛利＝34 000 000×25%＝8 500 000(元)

本月销售成本＝34 000 000－8 500 000＝25 500 000(元)

月末库存商品成本＝18 000 000＋30 000 000－25 500 000＝22 500 000(元)

相关思考2-3 ....

后进先出法是以后入库的存货先发出这一存货成本流转假设为前提,对先发出的存货成本计量按后入库的存货单位成本计价,后发出的存货成本计量按先入库的存货单位成本计价,据以确定本期发出存货和期末结存存货成本的一种方法。

按照后进先出法,期末存货的成本是按早期购货成本确定的,因此脱离了目前市场价值,不能真实反映资产(存货)状况。

因此我国《企业会计准则》规定不允许采用后进先出法。

(二)库存商品清查的核算

1. 库存商品清查

库存商品清查是对库存商品的数量和质量进行清点和检查。批发商品在储存过程中,由于自然条件的影响、人为的过时和其他原因,往往会发生数量上的溢缺,造成商品的实存数量与账存数量不符。为了保证账实相符,及时发现业务经营和商品管理中的问题,必须加强商品盘点工作。

批发商品盘点,可以分为定期盘点和不定期的临时盘点。在进行盘点前,要做好准备工作,包括确定参加盘点人员、核对账目、整理商品、检查度量衡器等。

盘点结束后,应填制商品盘点表,如表2-3所示,以反映清查盘点的结果。如有盘盈、盘亏情况,还要填制商品溢余(短缺)报告单,按规定审批程序报请处理。在盘点中,如发现商品残损变质及其他有问题商品时,应查明数量、变质程度和发生原因及责任,单独列表说明。

表2-3

商品盘点表

年 月 日

编号	品名	规格	单位	单价	实存数量	账存数量	溢 余		短 缺		备 注
							数量	金额	数量	金额	

部门负责人: 监盘人: 商品负责人: 制表:

2. 库存商品溢缺的核算

库存商品盘点溢缺的账务处理与商品购进发生溢缺的账务处理基本相同,在溢缺的原因未查明之前,应先通过"待处理财产损溢"账户进行核算,调整"库存商品"账户的账面记录,查明原因之后再根据不同的情况从"待处理财产损溢"账户转入各有关账户。

【例2-21】 华夏商场在2×22年10月31日的存货清查中发现盘盈一批服装,重置成本为 8 000 元。

（1）发现盘盈：

借：库存商品——服装   8 000

    贷：待处理财产损溢——待处理流动资产损溢   8 000

（2）经批准，进行会计处理：

借：待处理财产损溢——待处理流动资产损溢   8 000

    贷：管理费用   8 000

【例 2-22】 华夏商场在 2×22 年 10 月 31 日的存货清查中发现盘亏一批茶叶，账面成本为 20 000 元。

（1）发现盘亏：

借：待处理财产损溢——待处理流动资产损溢   20 000

    贷：库存商品——茶叶   20 000

（2）查明原因，报经批准，进行会计处理：

借：管理费用   22 600

    贷：待处理财产损溢——待处理流动资产损溢   20 000

      应交税费——应交增值税（进项税额转出）   2 600

（三）商品削价的核算

商品削价有残损变质商品削价和冷背呆滞商品削价两种。残损变质商品是指进销环节及保管过程中，因运输装卸不慎、保管不当、包装不善等原因，而造成残次损坏或霉烂变质的商品。对此，企业应及时查明商品残损变质的程度和数量，以及发生的原因和责任。冷背呆滞商品是指花色、品种、质量不适合当时当地消费市场需要的商品。这主要是由于企业经营不善、信息不灵、盲目采购等。当这两类商品需要削价时，应由有关部门填制商品削价报告单，并按规定的审批权限，报经有关职能部门批准后再进行处理。

（四）库存商品跌价的核算

企业应当定期或者至少于每年年度终了，对库存商品进行全面清查，如由于商品遭受毁损、全部或部分陈旧过时或销售价格低于成本等原因，使库存商品成本高于可变现净值。应按库存商品成本高于可变现净值部分提取存货跌价准备。可变现净值是指在日常活动中，存货的估计售价减去至完工时估计将要发生的成本、估计的销售费用以及相关税费后的金额。

资产负债表日，企业应首先确定存货的可变现净值，在确定存货可变现净值的基础上，将存货可变现净值与存货成本进行比较，确定本期存货的减值金额，其次再将本期存货的减值金额与"存货跌价准备"账户原有的余额进行比较，按下列公式计算确定本期应计提的存货跌价准备金额：

某期应计提的存货跌价准备＝当期可变现净值低于成本的差额－"存货跌价准备"账户的原有余额

通过存货跌价准备的公式可知，要得出某期应计提的存货跌价准备金额，需先求出当期可变现净值低于成本的差额，再与"存货跌价准备"科目原有的余额进行比较。一般会出现以下几种情况：

（1）如果计提存货跌价准备前，"存货跌价准备"账户无余额，应按本期存货可变现净值低于成本的差额计提存货跌价准备。

（2）如果本期存货可变现净值低于成本的差额大于"存货跌价准备"账户原有贷方余额，应按两者之差补提存货跌价准备。

（3）如果本期存货可变现净值低于成本的差额等于"存货跌价准备"账户原有贷方余额，不需要计提存货跌价准备。

（4）如果本期存货可变现净值低于成本的差额小于"存货跌价准备"账户原有贷方余额，表明以前引起存货减值的影响因素已经部分消失，存货的价值又得以部分恢复，企业应当相应地恢复存货的账面价值，即按两者之差冲减已计提的存货跌价准备。

（5）如果本期存货可变现净值高于成本，表明以前引起存货减值的影响因素已经完全消失，存货的价值全部得以恢复，企业应将存货的账面价值恢复至账面成本，即将已计提的存货跌价准备全部转回。

【例 2-23】 华夏批发公司 2×22 年 6 月 30 日甲商品的成本为 85 000 元，其可变现净值为 79 000 元。根据上述业务，编制会计分录如下：

借：资产减值损失——计提的存货跌价准备　　　　　　　　　　　　　6 000
　　贷：存货跌价准备　　　　　　　　　　　　　　　　　　　　　　　　　6 000

【例 2-24】 华夏批发公司 2×22 年 12 月 31 日甲商品的成本为 62 000 元，其可变现净值为 58 000 元。根据上述业务，编制会计分录如下：

借：存货跌价准备　　　　　　　　　　　　　　　　　　　　　　　　　4 000
　　贷：资产减值损失——计提的存货跌价准备　　　　　　　　　　　　　4 000

📚 **延伸阅读2-4** ....

已售存货计提的存货跌价准备的处理

对已售存货计提了存货跌价准备的，还应结转已计提的存货跌价准备，冲减当期主营业务成本或其他业务成本，实际上是按已售产成品或商品的账面价值结转主营业务成本或其他业务成本。企业按存货类别计提存货跌价准备的，也应按比例结转相应的存货跌价准备。

第三节 ｜ 零售业务的核算

一、零售业务的特点和核算方法

（一）零售业务的特点

零售商品流通是企业通过买卖方式，从生产部门或其他商业企业购进商品，再销售给最终消费者的一种活动。零售企业的流通是商品流转的最终环节。零售企业与其余商业企业相比较，在管理和业务经营上有自己的特点：

（1）经营商品品种繁多，规格型号比较复杂。

（2）交易次数频繁而且数量零星，销售对象主要是广大消费者。

（3）销售时一般是现货交易,成交的时间短,并不一定要填写销货凭证。

（4）销售部门对其所经销的商品负有物资保管责任。

（二）售价金额核算法的主要内容

（1）建立实物负责制。零售企业采用售价金额核算法,库存商品明细账只记金额,不记数量,不利于加强库存商品实物的管理。为了避免这一缺陷,需要按照经营和保管商品的品种类别,划分若干不同的营业柜组,对其所经营的全部商品的数量、质量负责。

（2）库存商品按售价金额入账。库存商品总账按照售价金额登记,按售价金额总括反映库存商品的增减变化及其结果。库存商品明细账按营业柜组设置,并用售价金额控制营业柜组所经营和保管的商品。

（3）设置"商品进销差价"账户。零售企业库存商品采用售价金额核算时,应设置"商品进销差价"账户,该账户是"库存商品"账户的调整账户,用来核算售价与进价之间的差额。该账户贷方登记由于购入、加工收回以及销售退回等增加的库存商品售价大于进价之间的差额;借方登记当期销售商品分摊的商品进销差价。该账户明细账的设置应与库存商品明细账的设置一致,按营业柜组设置并进行明细核算。

（4）加强实地盘点制度。由于库存商品只有总金额指标,没有具体数量指标,商品发生溢缺的数额,只有通过盘点才能确定,为此,一般应定期或不定期进行盘点,以确定商品实存数额,将各营业柜组所经营的各种商品盘存数量分别乘以各该商品售价与账面核对相符,以考核各营业柜组岗位责任制执行情况和加强对库存商品实物的管理。

（5）建立健全各业务环节手续制度,明确经济责任,加强管理。零售企业要建立健全商品购进、销售、调价、盘点、升送、损耗等各项业务手续制度,并填制有关的业务凭证加强物价管理、商品管理和销货款管理。大件、贵重商品要建立数量账,以弥补售价金额核算的不足。

相关思考2-4

零售行业日常流转业务为什么采用售价金额核算法?

二、零售业务商品购进的核算

（一）零售商品购进的一般业务的核算

与批发企业商品购进一样,零售企业商品购进的方式可以分为同城商品购进、异地商品购进、预付款商品购进等。目前大多数企业的处理是:在商品购进时按不含税进价记入"在途物资"账户;按进项税额记入"应交税费——应交增值税（进项税额）"账户;按支付的全部价款记入"银行存款"等账户。商品入库时,按商品含税售价记入"库存商品"账户;按含税进销差价确认"商品进销差价"账户,同时转销"在途物资"账户中的金额。

【例2-25】 华夏商业公司为增值税一般纳税人,是以家电零售为主的商贸企业,2×23年1月发生以下经济业务:

（1）2×23年1月2日,华夏商业公司从本市立茂公司购进电冰箱50台,每台6 000元,共计300 000元,增值税税额为39 000元。财务部门签发支票一张承付货款。

借：在途物资——家电组（电冰箱）　　　　　　　　　　　　　　　　300 000

　　应交税费——应交增值税（进项税额）　　　　　　　　　　　　　 39 000

　　　　贷：银行存款　　　　　　　　　　　　　　　　　　　　　　　 　339 000

（2）华夏公司每台电冰箱零售价为 7 200 元,商品由家电组验收入库。

借：库存商品——家电组（电冰箱） 360 000
　　贷：商品进销差价——家电组 60 000
　　　　在途物资——家电组（电冰箱） 300 000

（二）购进商品发生溢余和短缺的核算

企业在组织商品购进过程中,由于自然因素和差错事故等因素,发生商品溢余和短缺。应及时按规定转入"待处理财产损溢"账户,查明原因,进行处理。

1. 购进商品溢余的核算

购进商品发生溢余,先按实收数入库,将溢余数按不含税进价转入"待处理财产损溢"账户;查明原因后,再分情况进行处理。如系供货单位多发,在企业同意作为购进情况下,由供货单位补开发货单,补付货款;如系运输途中自然升溢,作减少商品损耗处理,冲减销售费用。

【例 2-26】 2×23 年 1 月 15 日,华夏商业公司从致民糖厂购进散装白糖 500 千克,进价为 10 元/千克,进项税额为 650 元,开出转账支票。白糖运到食品组验收时,发现溢余 15 千克,原因待查,该白糖含税售价 15 元/千克。

（1）收到结算凭证,确认购进。

借：在途物资——食品组（散装白糖） 5 000
　　应交税费——应交增值税（进项税额） 650
　　贷：银行存款 5 650

（2）商品运到,验收时实收 515 千克,溢余 15 千克,原因待查。

借：库存商品——食品组（散装白糖） 7 725
　　贷：在途物资——食品组（散装白糖） 5 000
　　　　商品进销差价——食品组 2 575
　　　　待处理财产损溢 150

（3）根据调查,其中 10 千克溢余是由于对方多发货,经协商同意作购进处理,货款以银行存款支付;剩余 5 千克溢余是由于运输过程中的自然原因导致的升溢,冲减"销售费用"账户。

借：待处理财产损溢 100
　　应交税费——应交增值税（进项税额） 13
　　贷：银行存款 113

借：待处理财产损溢 50
　　贷：销售费用 50

2. 购进商品短缺的核算

购进的商品发生短缺,原因查明前通过"待处理财产损溢"账户核算。查明原因后,如果是定额内的损耗,可不进行会计处理;如果属于自然损耗,应列作销售费用;如果是供货方少发商品,经与供货方协商,可由供货方补付商品或者退还货款;如果是属于运输途中的事故,应该由保险部门、运输部门或有关责任人员赔偿,作为"其他应收款"账户处理;自然灾害造成的损失,扣除保险赔款及残料价值后的余额列作"营业外支出"账户。购进的商品发生毁损与短缺,属于正常情况的,增值税进项税额可以抵扣;属于非正常情况的,则不得抵扣。

【例2-27】 承[例2-26],若验收商品时发现白糖短缺20千克,实收480千克。

(1)根据"收货单"填制"商品溢余短缺报告单",原因待查。

```
借:库存商品——食品组(散装白糖)                              7 200
   待处理财产损溢                                            200
   贷:在途物资  ——食品组(散装白糖)                        5 000
      商品进销差价——食品组                               2 400
```

(2)经调查,短缺的20千克,其中10千克是供货方少发,5千克是运输部门责任导致损耗,5千克是自然损耗。

```
借:库存商品——食品组(散装白糖)                               150
   贷:待处理财产损溢                                        100
      商品进销差价——食品组                                 50

借:其他应收款                                                56.5
   贷:待处理财产损溢                                         50.0
      应交税费——应交增值税(进项税额转出)                   6.5

借:销售费用                                                  56.5
   贷:待处理财产损溢                                         50.0
      应交税费——应交增值税(进项税额转出)                   6.5
```

(三)购进商品退补价的核算

购进商品退补价亦称进货退补价,是指在购进商品过程中,其实际进价低于或高于原来结付的价款,而由供货方退回(退价)或补给供货方的货款(补价)。其产生的原因是:因供货方价格计算差错,或发货时先按暂定价格结算,价格确定后对价格进行调整等原因造成。

进货退补价只是金额的增减,不涉及库存商品数量的变动。发生进货退补价时,一般应由供货单位填制销货更正单(或退补价通知单)送交购货单位,由购货单位业务部门审核后,填制进货更正凭证,送财会部门据以进行账务处理。发生进货退补价时,应调整"库存商品"账户金额。采用售价金额核算法时,购进商品退补价只需调整"商品进销差价"账户,商品的销售价格不变。

【例2-28】 华夏商业公司商场部从北京某工艺品公司购进旅游工艺品一批,共10件,每件进货单价300元,零售单价为450元,商品已验收入库。今收到该工艺品公司的更正发票,发票列明每件进货单价350元,应补足货款500元,补增值税税额65元,编制会计分录如下:

```
借:商品进销差价                                              500
   应交税费——应交增值税(进项税额)                            65
   贷:应付账款——北京某工艺品公司                             565
```

若收到的更正发票列明每件单价为250元,应补收货款500元,补增值税税额65元,货款尚未收到,编制分录如下:

借：应收账款——北京某工艺品公司 565
　　贷：商品进销差价 500
　　　应交税费——应交增值税(进项税额) 65

三、零售业务商品销售的核算

(一)零售业务商品销售日常的核算

零售企业商品流转的方法一般采用售价金额核算法。"库存商品"账户按含税零售价核算,其售价及销项税额与进价的差额在"商品进销差价"账户中反映。

1. 主营业务收入的核算

为了简化核算手续,实行售价金额核算法的企业,商品销售后,平时在"主营业务收入"账户中反映含税的销售收入,期末再将其调整为真正的商品销售额,即不含税销售额。因此,一般在每日营业终了时,各实物负责人要清点当天销货款并送存银行或交财务部门集中送存银行,财务部门应根据有关凭证按售价反映商品销售收入和银行存款的增加,借记"银行存款"账户,贷记"主营业务收入"账户。

2. 主营业务成本的核算

零售企业在确认销售收入的同时,应按售价随时结转已销库存商品的成本,以注销库存商品,反映实物负责人所经管商品的实存金额,明确其所承担的经济责任。由于零售企业库存商品是按售价反映的,转销库存商品的金额同反映商品销售收入增加的金额是一致的。

【例2-29】 2×23年1月10日,华夏商业公司财务部门收到当日的销货款(含税),其中,百货组销货款为565 000元,服装组销货款为113 000元,食品组销货款为226 000元。销货款当日送存银行。

(1)根据收到款项,确认当日的销售收入。其会计分录如下:

借：银行存款 904 000
　　贷：主营业务收入——百货组 565 000
　　　　　　　　　　——服装组 113 000
　　　　　　　　　　——食品组 226 000

(2)同时,在售价金额核算法下结转主营业务成本。其会计分录如下:

借：主营业务成本 904 000
　　贷：库存商品——百货组 565 000
　　　　　　　　——服装组 113 000
　　　　　　　　——食品组 226 000

◁))) 特别提示2-1 ⋯⋯⋯⋯⋯⋯⋯⋯⋯⋯⋯⋯⋯⋯⋯⋯⋯⋯⋯⋯⋯⋯⋯⋯⋯⋯⋯⋯⋯

实行售价金额核算法的零售企业,平时的零售企业"主营业务收入"账户和"主营业务成本"账户,并不反映真正的收入和成本,也不能反映出日常的销售毛利。

月末,零售企业要作两笔调整账务处理:

(1)销项税额的计算与商品销售收入的调整。将平时含税的销售收入分解为全月不含税的销售收入,并将其中的销项税额转入"应交税费——应交增值税(销项税额)"账户。销项税额计算公式为：

$$不含税销售额＝含税销售额÷(1＋增值税税率或征收率)$$
$$销项税额＝不含税销售额×增值税税率或征收率$$
$$＝含税销售额÷(1＋增值税税率或征收率)×增值税税率或征收率$$

（2）已销商品进销差价的计算与商品销售成本的调整。月末一次计算并分摊当月已销商品的进销差价，将已销商品按含税售价计算的销售成本还原为不含增值税的进价成本。由于平时的销售成本是按售价结转的，当结转已销商品的销售成本时，理应同时转销已销商品的进销差价，从而求得商品销售成本。

【例 2-30】 承[例 2-29]，2×23 年 1 月 31 日，华夏商业公司"主营业务收入"账户中反映的含税销售额共计 904 000 元，其中，百货组为 565 000 元，服装组为 113 000 元，食品组 226 000 元。

（1）月末，将"主营业务收入"账户中含税销售额分解为不含税销售额，并确认该月增值税税额。

$$百货组应确认的增值税税额＝565\,000÷(1＋13\%)×13\%＝65\,000(元)$$
$$服装组应确认的增值税税额＝113\,000÷(1＋13\%)×13\%＝13\,000(元)$$
$$食品组应确认的增值税税额＝226\,000÷(1＋13\%)×13\%＝26\,000(元)$$

借：主营业务收入——百货组	65 000
——服装组	13 000
——食品组	26 000
贷：应交税费——应交增值税(销项税额)	104 000

期末，"主营业务收入"账户中的增值税经转出后，该账户列示的金额为不含税销售收入，也就是企业应确认的收入。

（2）假设华夏商业公司 1 月份的商品进销差价率为 10%，计算已销商品进销差价。

$$已销商品进销差价＝销售收入×进销差价率＝904\,000×10\%＝90\,400(元)$$

借：商品进销差价	90 400
贷：主营业务成本	90 400

相关思考 2-5

商业企业购进商品的成本

实行售价金额核算法的企业，"主营业务收入"账户和"主营业务成本"账户的核算内容和按照数量进价金额核算的企业有何不同？和一般的工业企业有何区别？

3. 已销商品进销差价的计算

实行售价金额核算的企业，正确计算已销商品进销差价，对于正确计算库存商品的真实价值和计算企业经营成果具有十分重要的意义。因此，企业应按照本单位实际情况和核算要求，选择适当的计算方法。已销商品进销差价的计算方法有综合差价率计算法、分类(组)差价率计算法和盘存差价计算法三种。

第一，综合差价率计算法。综合差价率计算法是根据企业经营的全部商品存、销比例，平均分摊进销差价的一种方法。其具体计算步骤是：

（1）计算综合平均差价率。用月末调整前"商品进销差价"账户的余额除以本月已销售的商品总额加"库存商品"账户月末余额之和，其计算公式为：

$$综合差价率（含税）＝月末调整前"商品进销差价"账户余额÷\left(月末"库存商品"账户余额＋期末"受托代销商品"账户余额＋本月"商品销售收入"账户贷方发生额\right)×100\%$$

（2）计算已销商品进销差价。用综合差价率乘以本月已销售的商品总额，其计算公式为：

$$本期已销商品进销差价＝本期商品销售收入×综合差价率$$

（3）根据计算出来的已销商品应分摊的进销差价作会计处理：

借：商品进销差价
　　贷：主营业务成本

【例 2-31】 2×23 年 1 月 31 日，华夏商业公司有关账户的资料如表 2-4 所示。

表 2-4　　　　　　　　　　2×23 年 1 月 31 日有关账户汇总表　　　　　　　　　单位：元

账户名称	账户余额
库存商品	505 800
受托代销商品	48 000
主营业务收入	485 600
商品进销差价结转前	234 510

用综合差价率计算法计算并结转已销商品进销差价：

$$综合差价率＝234\ 510÷(505\ 800＋48\ 000＋485\ 600)×100\%＝22.56\%$$

$$本期已销商品进销差价＝485\ 600×22.56\%＝10\ 951.36（元）$$

借：商品进销差价　　　　　　　　　　　　　　　　　　　　　　　　10 951.36
　　贷：主营业务成本　　　　　　　　　　　　　　　　　　　　　　　　10 951.36

由于商品进销差价中包含有增值税，在分摊结转商品销售成本后，企业平时结转的含税的售价成本就被调整为不含税的实际成本，仍然是传统的售价成本核算方法，并符合增值税的核算要求。

在正常情况下，本月已销商品总额按"主营业务收入"账户贷方发生额计算，但如企业有商品转批、折价销售等情况，因其价格不同，应以"主营业务成本"账户的借方发生额计算。

企业的商品进销差价各月之间如果比较平衡，也可采用上月的差价率计算。但为了真实地反映库存商品和销售商品的进销差价，正确核算盈亏，年末对商品进销差价进行一次核实调整。

用综合差价率计算法计算简便，但不适宜经营品种繁多的企业。因为各种商品的进销差价不一，每期各种商品销售比重又不尽相同，容易出现偏高或偏低的情况，影响商品销售毛利及库存商品价值的正确性。特别是一些价格上下浮动商品，更不适用综合差价率计算法。

第二，分类（组）差价率计算法。分类（组）差价率计算法是根据企业的各类（组）商品存销比例,平均分摊进销差价的一种方法。计算方法与综合差价率计算法基本相同,只是计算的范围已缩小,各类(组)的差价率计算出来以后加以汇总,即形成企业全部商品的进销差价。

【例 2-32】 华夏商业公司采用分组差价率计算法,2×23 年 1 月 31 日有关各明细账户的资料如表 2-5 所示,计算各柜组已销商品进销差价应结转的金额并作出相应的会计处理。

表 2-5 各明细账户月末分摊情况 单位:元

营业柜组名称	月末商品进销差价余额	月末库存商品余额	本月主营业务收入发生额
服装组	16 000	38 800	19 800
百货组	18 900	43 200	57 020
食品组	5 800	4 850	9 200
合计	40 700	89 850	86 020

财务部门根据上述资料编制零售商品进销差价计算分摊表,如表 2-6 所示。

表 2-6 零售商品进销差价计算分摊表
2×23 年 1 月 31 日 单位:元

营业柜组名称 ①	月末商品进销差价余额 ②	月末库存商品余额 ③	本月主营业务收入发生额 ④	本期存销商品合计额 ⑤=③+④	差价率 ⑥=②÷⑤	已销商品进销差价 ⑦=④×⑥	期末商品进销差价 ⑧=②-⑦
服装组	16 000	38 800	19 800	58 600	27.30%	5 405.40	
百货组	18 900	43 200	57 020	100 220	18.85%	10 748.27	
食品组	5 800	4 850	9 200	14 050	41.28%	3 797.76	
合计	40 700	89 850	86 020	175 870	—	—	

根据以上计算结果,作如下会计处理:

借:商品进销差价——服装组 5 405.40
　　　　　　　　——百货组 10 748.27
　　　　　　　　——食品组 3 797.76
　　贷:主营业务成本——服装组 5 405.40
　　　　　　　　——百货组 10 748.27
　　　　　　　　——食品组 3 797.76

第三,盘存差价计算法。盘存差价计算法又称实际差价计算法,是通过实际盘点,求得已销商品进销差价的一种方法。其计算程序为:

(1)月末,通过库存商品实地盘点,得出各种商品实际盘存数量,分别乘以最后各种商品的原进价或最后进价,求得全部商品的进价总额。

(2)按零售价计算各种商品的售价总金额。

(3)用全部库存商品的售价减去全部商品的进价,得出库存商品的进销差价。

(4)用"商品进销差价"账户月末余额减去库存商品进销差价,得出已销商品进销差价。

其计算公式如下：

月末库存商品应保留的进销差价＝月末库存商品售价总金额－月末库存商品进价总金额
已销商品进销差价＝月末调整前"商品进销差价"账户余额－月末库存商品应保留的进销差价

【例2-33】 华夏商业公司采用实际进销差价计算法，2×23年1月31日根据各营业柜组的库存商品盘点表和受托代销商品盘点表编制商品盘点汇总表，如表2-7所示。

表2-7　　　　　　　　　　　　　商品盘存汇总表　　　　　　　　　　　　　　单位:元

营业柜组	库存商品售价金额	受托代销商品售价金额	受托代销商品进价金额	盘存商品进销差价	结转前商品进销差价
服装组	387 090	67 900	57 070	129 020	239 000
百货组	456 980	25 000	18 430	85 452	98 340
食品组	256 980	—	—	91 090	109 300
合计	1 101 050	92 900	75 500	305 562	446 640

财务部门根据上述资料编制零售商品进销差价计算分摊表，如表2-8所示。

表2-8　　　　　　　　　　　　零售商品进销差价计算分摊表　　　　　　　　　　单位:元

营业柜组	结转前商品进销差价	盘存商品进销差价	本期销售商品应结转的商品进销差价
服装组	239 000	129 020	109 980
百货组	98 340	85 452	12 888
食品组	109 300	91 090	18 210
合计	446 640	305 562	141 078

计算各营业柜组本期销售商品应结转的商品进销差价过程如下：

服装组本期销售商品应结转的商品进销差价＝239 000－129 020＝109 980(元)
百货组本期销售商品应结转的商品进销差价＝98 340－85 452＝12 888(元)
食品组本期销售商品应结转的商品进销差价＝109 300－91 090＝18 210(元)

根据以上计算结果，作如下会计处理：

借：商品进销差价——服装组　　　　　　　　　　　　　　　　　　　　109 980
　　　　　　　　——百货组　　　　　　　　　　　　　　　　　　　　12 888
　　　　　　　　——食品组　　　　　　　　　　　　　　　　　　　　18 210
　　贷：主营业务成本——服装组　　　　　　　　　　　　　　　　　　109 980
　　　　　　　　　——百货组　　　　　　　　　　　　　　　　　　　12 888
　　　　　　　　　——食品组　　　　　　　　　　　　　　　　　　　18 210

盘存差价计算法计算结果比较准确，因为它不受已销商品中各种不同差价率和所占销售比重的影响；但工作量较大，要对全部经营品种逐一进行实际盘点、计价，一般在年度终了，对全年进销差价进行核实时使用。

（二）零售企业商品销售的特殊业务的核算

1. 零售兼营批发销售的核算

零售兼营批发业务是指零售企业从批发企业或生产单位购进商品后批发给集体或个体商的一种销售业务。

零售兼营批发业务的核算一般分零售商品与批发商品统一管理和零售商品与批发商品分开管理两种方法。

（1）零售商品与批发商品统一管理的核算。统一管理即统一购进，分别销售和统一储存管理。商品购进时，按含税零售价记入实物负责人账户；商品销售后，零售商品部分按零售价批发商品部分按批发价分别记入"主营业务收入"账户，并对"主营业务收入"账户和"主营业务成本"账户按零售和批发业务设专户进行核算。

【例 2-34】 华夏百货公司兼营批发业务，由外地工厂进货一批，进价为 20 000 元，增值税税额为 2 600 元，价税款项已以银行存款支付，该批商品由百货柜验收。商品的含税售价为 28 080 元。商品现已全部出售，其中 50% 商品为零售业务，含税销售收入为 13 560 元；另 50% 商品为批发业务，批发价为 11 200 元，并收取价外增值税 1 456 元。价款已全部送存银行。根据有关凭证，分别作会计分录如下。

（1）购进时：

借：在途物资　　　　　　　　　　　　　　　　　　　　　　　　　　20 000
　　应交税费——应交增值税(进项税额)　　　　　　　　　　　　　　2 600
　　　贷：银行存款　　　　　　　　　　　　　　　　　　　　　　　　22 600

（2）商品验收入库时：

借：库存商品——百货柜　　　　　　　　　　　　　　　　　　　　　28 080
　　　贷：在途物资　　　　　　　　　　　　　　　　　　　　　　　　20 000
　　　　商品进销差价——百货柜　　　　　　　　　　　　　　　　　　8 080

（3）商品销售时：

借：银行存款　　　　　　　　　　　　　　　　　　　　　　　　　　26 216
　　　贷：主营业务收入——零售[13 560÷(1+13%)]　　　　　　　　　12 000
　　　　　　　　　　　　——批发　　　　　　　　　　　　　　　　11 200
　　　　应交税费——应交增值税(销项税额)　　　　　　　　　　　　　3 016

同时按售价结转销售成本，注销库存商品：

借：主营业务成本——零售　　　　　　　　　　　　　　　　　　　　14 040
　　　　　　　　　　——批发　　　　　　　　　　　　　　　　　　14 040
　　　贷：库存商品——百货柜　　　　　　　　　　　　　　　　　　　28 080

（2）零售商品与批发商品分开管理，要求设置批发专户核算批发业务。对于批发商品，采用数量进价金额核算。财会部门应对"库存商品""主营业务收入""主营业务成本"账户分别设批发专户进行核算，批发部按商品品名、规格设置数量金额明细账进行明细分类核算。

【例 2-35】 华夏百货公司从外地购入 800 件商品，每件进价为 10 元，批发价为 14 元，已交批发验收。日后，将 500 件商品批发给个体户，售价为 7 000 元，价款已送存银行。

(1) 财会部门根据发货票及其他有关凭证,作会计分录如下:

借:在途物资 8 000
　　应交税费——应交增值税(进项税额) 1 040
　　贷:银行存款 9 040

(2) 商品验收入库,根据商品验收单,作会计分录如下:

借:库存商品——批发部 8 000
　　贷:在途物资 8 000

(3) 商品销售,根据发票注明销售及增值税销项税额,作会计分录如下:

借:银行存款 7 910
　　贷:主营业务收入——批发部 7 000
　　　　应交税费——应交增值税(销项税额) 910

月末结转销售成本:

借:主营业务成本——批发部 5 000
　　贷:库存商品——批发部 5 000

2. 折扣与折让销售商品的核算

销售中会发生现金折扣与销售折让。现金折扣是企业为销售及早收回货款而给予买方的货款优惠,销售折让是企业因为销售商品品种、质量等原因而给予买方的价格减让。现金折扣作为可变对价处理,即体现为收入的减少;销售折让则应作冲减收入处理。

【例2-36】 华夏百货公司6月20日销售商品一批,含税价为8 000元,按收款条件,现金折扣分别为"2/10,1/20,n/30",计算现金折扣时不考虑增值税。

(1) 商品销售后,根据委托收款回单及发票,作会计分录如下:

借:应收账款 8 000.00
　　贷:主营业务收入——批发部 7 079.65
　　　　应交税费——应交增值税(销项税额) 920.35

同时,按库存商品的含税价结转销售成本,注销库存商品:

借:主营业务成本 8 000
　　贷:库存商品 8 000

(2) 6月28日,收到货款时,根据银行进账单,作会计分录如下:

借:银行存款 7 858
　　主营业务收入 142
　　贷:应收账款 8 000

四、零售业务商品储存的核算

(一) 库存商品调价的核算

商品调价是指零售企业根据市场供需情况或国家物价政策,对某些正常商品价格进行适当地调高或调低。实行售价金额核算法的零售企业,库存商品按售价金额核算,商品销售价格的变动会直接影响库存商品的金额。商品价格调高,库存商品账面价值增加,同时应确认"商品进销差价"账户。

因此,对于因调价而增值或减值的金额,应在"库存商品"明细账中作增减记录。通常情况下,应在规定调价日期的前一天营业结束后,由核价人员、财务人员和各营业柜组对调价商品进行详细盘点,按照实际库存数量由营业柜组填制"商品调价差额调整单"一式数联,其中一联交财务部门,其余联次交付有关部门(表2-9)。财务部门复核无误后,对调高售价金额的库存商品,借记"库存商品"账户,贷记"商品进销差价"账户;在调低售价金额时,则借记"商品进销差价"账户,贷记"库存商品"账户。

表2-9

商品调价差额调整单

填报部门:　　　　　　　　　　　年　月　日

品名	计量单位	盘存数量	零售价格		调整单位差价		调高金额	调低金额
			新价	原价	增加	减少		
合计								

【例2-37】　华夏商业公司根据市场价格变化,将部分商品价格从2×23年1月1日起调整零售价格,甲实物小组经过盘点,编制商品调价差额调整表,如表2-10所示。

表2-10

商品调价差额调整单

填报部门:甲实物小组　　　　　　　2×23年1月1日　　　　　　　单位:元

品名	计量单位	盘存数量	零售价格		调整单位差价		调高金额	调低金额
			新价	原价	增加	减少		
保温杯	个	100	55	50	5		500	
雨伞	个	150	30	25	5		750	
合计	—	—	—	—	—		1 250	

财务部门根据收到的甲实物负责小组的"商品调价差额调整单"作以下会计处理:

借:库存商品——百货组　　　　　　　　　　　　　　　　　　　1 250
　　贷:商品进销差价——百货组　　　　　　　　　　　　　　　　1 250

❓ **相关思考2-6**

假设[例2-37]中雨伞的零售价格调低为20元,应如何作账务处理?

(二)商品削价的核算

商品削价是对库存中呆滞、冷背、残损、变质的商品所作的降价处理。造成零售企业商品销价的原因有很多,如运输、保管过程中的管理不当,进货不对路,库存过多等。一旦发生商品残损变质等情况,就会影响商品内在与外观的质量。为了减少商品损失,财会部门应根据商品呆滞积压情况或残损变质的程度,按照规定的审批权限,报经批准后进行削价处理。商品削价处理时,必须进行商品盘点,查明数量,确定削价幅度,并由实物负责小组负责人填制"商品削价报告单"一式数联,报经有关领导批准后削价处理。

商品削价后,如果可变现净值(即不含增值税的新售价减去预计销售费用后的金额)高于成本,则根据削价减值金额借记"商品进销差价"账户,贷记"库存商品"账户,以调整其账面价值。商品削价后,可变现净值低于成本时,除了根据削价减值金额借记"商品进销差价"账户,贷记"库存商品"账户,以调整其账面价值,还应计提存货跌价准备。

【例 2-38】 华夏商业公司服装组因季节交替,2×23 年 1 月 12 日有 100 件购入的女士裙子削价处理,该服装原售价为 113 元,经批准削价为 70 元。原进价为 90 元,销售费用为 1 元/件,增值税税率为 13%,对该服装削价进行会计处理。

女士裙子削价后不含税售价＝70×100÷1.13＝6 194.69(元)
女士裙子可变现净值＝6 194.69－100×1＝6 094.69(元)
女士裙子可变现净值低于成本价格的差额＝90×100－6 094.69＝2 905.31(元)

(1)根据削价减少的售价,调整库存商品的账面价值。其会计分录如下:

借:商品进销差价——服装组　　　　　　　　　　　　　　　　　　4 300
　　贷:库存商品——服装组　　　　　　　　　　　　　　　　　　　　　4 300

(2)同时,根据可变现净值低于商品成本的差额计提存货跌价准备。

借:资产减值损失——存货跌价准备　　　　　　　　　　　　　　　2 905.31
　　贷:存货跌价准备　　　　　　　　　　　　　　　　　　　　　　　　2 905.31

【例 2-39】 承[例 2-38],2×23 年 1 月 15 日销售削价服装 20 件,收入现金 1 400 元。

(1)确认收入。其会计分录如下:

借:库存现金　　　　　　　　　　　　　　　　　　　　　　　　　1 400
　　贷:主营业务收入——服装组　　　　　　　　　　　　　　　　　　　1 400

(2)结转已销商品成本。其会计分录如下:

借:主营业务成本——服装组　　　　　　　　　　　　　　　　　　1 400
　　贷:库存商品——服装组　　　　　　　　　　　　　　　　　　　　　1 400

(3)转销已销商品计提的存货跌价准备。其会计分录如下:

借:存货跌价准备　　　　　　　　　　　　　　　　　　　　　　　581.06
　　贷:资产减值损失——存货跌价准备　　　　　　　　　　　　　　　　581.06

◁))) 特别提示 2-2 ─────────────────────────────────────

[例 2-38]中,月末还需要作两笔调整分录:一笔确认当月增值税(销项税额);另一笔要调整本月已销商品进销差价。

(三)库存商品盘点溢余短缺的核算

零售商品在按售价金额核算的条件下,一般没有数量记载。对商品库存的盘点可使"库存商品"账户所反映的售价金额正确控制实存数量。零售商品在销售和储存过程中,由于商品性质不同以及经营管理方面等主客观因素,往往使商品的实存数量与账面数量发生差异,出现溢余或短缺的情况。

1. 库存商品盘点溢余的核算

商品盘点溢余是指商品盘存金额大于账面价值结存金额的差额。发生库存商品盘点溢余时,应记入"待处理财产损溢"账户,及时查明原因,报请管理层批准后做相应处理。对于商品盘点溢余,如果属于销售单位多发,则应作为商品补货作购进处理;如果属于储存过程中的自然升溢,则应冲减"管理费用"账户。

【例2-40】 华夏商业公司丁2×23年1月30日进行商品盘点时发现食品组溢余200元,填制商品盘点溢余短缺报告单,如表2-11所示。

表2-11　　　　　　　　　　　**商品盘点溢余短缺报告单**

部门:食品组　　　　　　　　　　　2×23年1月30日　　　　　　　　　　　单位:元

账存金额	37 690	溢余价格	200.00		
实存金额	37 890	短缺价格			
上月本柜组差价率			23%	溢余短缺原因	自然升溢
溢余商品差价	46	溢余商品进价	154		
短缺商品差价		短缺商品进价			
领导批复		部门意见		要求作管理费用处理	

(1)财务部门收到零售商品盘点表和商品盘点溢余短缺报告单等原始凭证,作以下账务处理:

借:库存商品——食品组　　　　　　　　　　　　　　　　　　　　　200
　　贷:待处理财产损溢——食品组　　　　　　　　　　　　　　　　　154
　　　　商品进销差价——食品组　　　　　　　　　　　　　　　　　　46

(2)31日,经相关调查批复,将商品溢余冲减当期管理费用,作会计分录如下:

借:待处理财产损溢——食品组　　　　　　　　　　　　　　　　　　154
　　贷:管理费用　　　　　　　　　　　　　　　　　　　　　　　　154

2. 库存商品盘点短缺的核算

商品盘点短缺是指商品盘存金额小于账面结存金额的差额。造成短缺的原因也是多方面的,包括商品自然损耗,少收、多付的差错,以及贪污、盗窃等因素。在未查明原因以前,为使账货相符,财会部门应先调整账面,按短缺商品售价记入"库存商品"账户,同时按上月末进销差价率计算短缺商品的进价、进项税额、进销差价金额,分别记入"应交税费——应交增值税(进项税额)""待处理财产损溢""商品进销差价"账户。待查明原因后,再从"待处理财产损溢"账户转入有关账户。

在实际工作中,为简化核算手续,对商品盘点中发生的溢余和短缺,在未查明原因前,也可先按售价金额转入"待处理财产损溢"账户;待查明原因后,再转入"商品进销差价"账户。

【例2-41】 华夏商业公司2×23年1月30日进行盘点,实物负责小组盘点后百货组实际库存商品金额小于账面结存金额180元,按上月月末进销差价率15%计算,进项税率为

13％,进销差价金额为 27 元,原因待查,作会计分录如下:

借:待处理财产损溢——百货组   176.4

  商品进销差价   27.0

  贷:库存商品——百货组   180.0

    应交税费——应交增值税(进项税额转出) 23.4

上项短缺商品经查明属于定额范围内自然损耗,经批准作增加经营费用支出处理,作会计分录如下:

借:管理费用   176.4

  贷:待处理财产损溢——百货组   176.4

如果上项短缺商品原因属于自然灾害造成的损失,应将扣除残料价值和保险公司赔款后的净损失作"营业外支出——非常损失"处理。

五、鲜活商品的核算

(一)鲜活商品的特点

商业企业经营零售商品中有一部分属于农副业生产的鲜活商品,包括蔬菜、瓜果、肉类、禽蛋、鱼虾等。在经营上,鲜活商品具有以下一些特点:

(1)商品时新鲜嫩,容易变质,损耗大。

(2)经营过程中,经常发生质量等级变化,需要及时清选整理,数量和售价变动频繁。

(3)季节性较强,一般大批进货,零星出售,逢节假日,购买力集中,需要组织人力,加强各环节之间协作,给实行售价记账实物负责制带来一定的困难。

因此,为简化手续,便利销售,节约人力、物力,适应鲜活商品的特点,一般采用进价金额核算法。

进价金额核算法又称"进价记账、盘存计销"核算法,是指以进价金额控制实物负责柜组经营商品进、销、存情况的一种核算方法。其核算特点有:商品购进后,登记按照实物负责人设置的"库存商品"明细账,只记金额,不记数量;商品销售后,按照实际取得的销售收入,确认"主营业务收入"账户,平时不结转已销商品成本,定期进行实地盘点,查明实存数量,用倒挤的方法计算并结转商品销售成本。

相关思考 2-7

为什么经营鲜活商品的零售业宜采用进价金额核算法?

(二)鲜活商品的核算方法

1.鲜活商品购进的核算

经营鲜活商品的零售企业,主要是向批发企业购进商品,也可以直接向农村专业户采购商品。商品的交接方式,一般采用"提货制"或"送货制"。货款结算方式主要采用转账支票结算。

商品购进的业务程序一般是:由购货单位委派采购员到供货单位采购商品,由供货单位填制专用发票。在采用"提货制"的情况下,采购员取得专用发票后,当场据以验收商品。商品运回后,由实物负责人(或柜组)根据采购员带回的专用发票,对商品进行复验。在采用

"送货制"的情况下,则由采购员取回专用发票,直接交与实物负责人(或柜组),由其负责验收。

不论采用何种商品交接方式,实物负责人(或柜组)验收商品后,都要填制"收货单",一式数联,其中一联连同供货单位的专用发票一并送交财会部门。财会部门审核无误后,根据专用发票和转账支票存根联,借记"在途物资"账户和"应交税费"账户,贷记"银行存款"账户;根据收货单,借记"库存商品"账户,贷记"在途物资"账户。库存商品一般按经营类别进行明细分类核算。

【例2-42】 鲜果副食品商厦于2×23年1月10日向立达水果批发公司购进各种水果一批,货款为1 075元,税款为96.75元,共1 171.75元以银行存款支付,商品由生鲜组验收后,填制收货单,如表2-12所示。

表2-12

收货单

收货部门:生鲜组   2×23年1月10日   单位:元

品名	计量单位	实收数量	单价	金额
苹果	kg	100	3	300
香蕉	kg	150	2.5	375
西瓜	kg	200	2	400
合计	—	—	—	1 075

(1)收到销售单位开具的增值税专用发票,签发转账支票,作以下账务处理:

借:在途物资——立达公司   1 075.00

    应交税费——应交增值税(进项税额)   96.75

  贷:银行存款   1 171.75

(2)生鲜组转来"收货单",财务部门审核入账,作以下账务处理:

借:库存商品——生鲜组   1 075

  贷:在途物资——立达公司   1 075

2. 鲜活商品销售的核算

经营鲜活商品的零售企业,其销售方式主要是采用现金交易。当天营业结束后,由各营业部门根据实收销货款填制"商品销售收入缴款单"一式数联,连同当天的销货款一并送交财会部门。财会部门当面点收无误后,应由出纳员在商品销售收入缴款单上签收,并加盖现金收讫章,其中一联退回缴款部门留存备查,财会部门自留一联。然后将各营业部门交来的销售款汇总后,全部解存银行。然而,企业取得的销货款是含税销售额,其中包含了销项税额,因此,需要将含税销售额调整为销售额。其计算公式如下:

$$销售额=含税销售额÷(1+增值税税率)$$

财会部门根据商品销售收入缴款单及计算结果,借记"库存现金"账户,贷记"主营业务收入"账户和"应交税费"账户;根据银行解款单回单,借记"银行存款"账户,贷记"库存现金"账户。

【例2-43】 鲜果副食品商厦财务部于2×23年1月17日收到营业柜组交来的商品销

售收入缴款单,其中,生鲜组销售额为 3 050 元,蔬菜组销售额为 4 700 元,肉食组销售额为 5 030 元,增值税税率为 9%。

(1) 将增值税(销项税额)从商品的销售收入中分离,作如下账务处理:

生鲜组增值税(销项税额)＝3 050÷(1+9%)×9%＝251.83(元)

蔬菜组增值税(销项税额)＝4 700÷(1+9%)×9%＝388.07(元)

肉食组增值税(销项税额)＝5 030÷(1+9%)×9%＝415.32(元)

借:库存现金	12 780.00
贷:主营业务收入——生鲜组	2798.17
——蔬菜组	4 300.93
——肉食组	4 614.68
应交税费——应交增值税(销项税额)	1055.22

(2) 将现金当日全部解缴银行,作如下账务处理:

借:银行存款	12 780
贷:库存现金	12 780

3. 鲜活商品储存的核算

鲜活商品在储存过程中发生损耗、调价、削价等情况,不进行账务处理,月末体现在商品销售成本内。但发生责任事故时,应及时查明原因,以分清责任,在报经领导批准后,根据不同情况,若作为企业损失时,应列入"营业外支出"账户;若由当事人承担经济责任时,则列入"其他应收款"账户。

期末,由各营业部门对实存商品进行盘点,将盘存商品的数量填入商品盘存表,以最后一次进货单价作为期末库存商品的单价,计算出各种商品的结存金额,进而计算出期末库存商品结存金额,再采取倒挤的方法计算商品销售成本。其计算公式如下:

$$\frac{\text{本期商品}}{\text{销售成本}} = \frac{\text{期初结存}}{\text{商品金额}} + \frac{\text{本期收入}}{\text{商品金额}} - \frac{\text{本期非销售}}{\text{发出商品金额}} - \frac{\text{期末结存}}{\text{商品金额}}$$

在实际工作中,财会部门上一般可编制商品销售成本计算表进行计算。

【例 2-44】 鲜果副食品商厦 2×23 年 1 月 18 日编制商品销售成本计算表,如表 2-13 所示。其中,本期非销售发出商品金额为保管人员失职造成商品损坏编制,批准后已作处理。

表 2-13   **商品成本销售计算表**   单位:元

食物负责小组	期初结存商品金额 ①	本期收入商品金额 ②	本期非销售发出商品金额 ③	期末结存商品金额 ④	本期商品销售成本 ⑤＝①＋②－③－④
肉食组	15 700	36 700	450	23 700	28 250
生鲜组	35 320	46 900	—	45 890	36 330
蔬菜组	37 930	23 640	—	432 00	18 370
合计	88 950	107 240	450	112 790	82 950

作账务处理如下：

借：主营业务成本——肉食组   28 250

           ——生鲜组   36 330

           ——蔬菜组   18 370

    贷：库存商品——肉食组   28 250

           ——生鲜组   36 330

           ——蔬菜组   18 370

    进价金额核算虽然核算手续简便，便于开展商品销售业务，但是由于平时不能反映出商品的实际库存，月末采用"盘存计销"的方法逆算商品销售成本，将差错事故和商品损耗均记入了商品销售成本，不易发现企业在经营管理中存在的问题，因此，必须加强进货验收制度和严格销货款管理制度。

本章小结

    本章的主要学习内容是批发企业和零售企业的会计核算。通过本章的学习，我们了解了商品流通及商业企业的含义、商品购销的范围；掌握了商品购销的确认和计量、商业企业的流转环节和核算方法、批发企业和零售企业商品的购进、销售及储存业务的核算内容、已销商品进价成本的计算和结转方法。

本章重要概念

    商品流通   提货制   送货制   发货制   数量进价金额核算法   售价金额核算法 零售行业   售价金额核算法   商品进销差价   商品调价   商品削价   商品盘点溢余 综合差价率法   分类（组）差价率法   盘存差价计算法

本章练习

1. 商业企业会计核算的特点有哪些？
2. 商业企业会计核算的方法有哪些？
3. 售价金额核算法的内容有哪些？
4. 已销商品进销差价计算的方法有哪些？
5. 直运商品销售核算的特点有哪些？

2-5 扫一扫
看课件

2-6 扫一扫
练一练

2-7 扫一扫
练一练答案

第三章　旅游、饮食企业会计

内容提要

本章主要讲解了旅游、饮食服务企业的业务特点及其会计核算特点;旅游业务收入及成本的核算;饮食制品原材料、成本及销售的核算。

重点难点

本章重点为组团社和接团社经营业务收入及成本的核算,饮食制品原材料及成本的核算;难点为组团社和接团社经营业务收入的核算以及饮食制品成本的核算。

学习目标

通过本章学习,学生应掌握组团社和接团社经营业务收入及成本的核算,掌握饮食制品原材料及成本的核算;熟悉旅游费收入种类,熟悉饮食制品销售的核算;了解旅游、饮食服务企业的业务特点及其会计核算特点。

知识框架

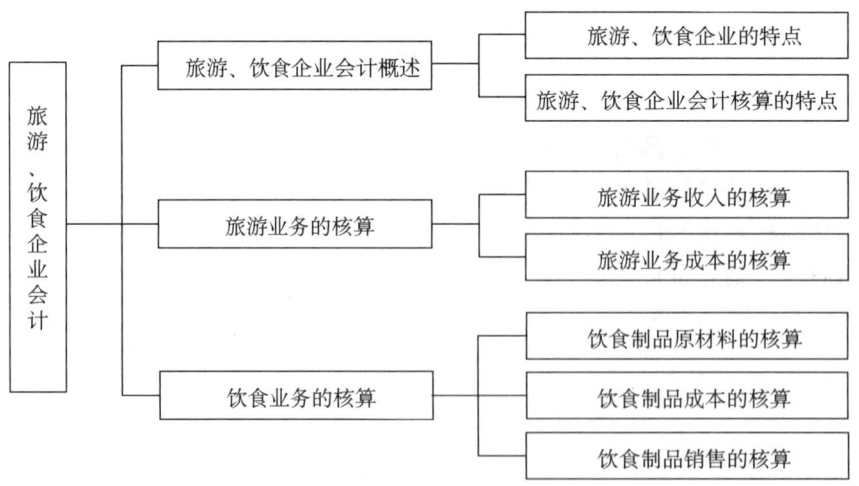

 **思政育人**　　　　**打开后厨,让食品安全看得见**

一度被视为餐饮界标杆的海底捞,因食品安全卫生问题被推上了舆论的风口浪尖。但是随着海底捞的

致歉信及处理通报,部分网络舆情从愤怒转为谅解,还有不少网友在自媒体为其"点赞"。诚然,海底捞的问题恐怕并非其一家独有,餐饮服务业在门店、质量、供应链以及卫生管理等方面都面临阶段性难题。这也是大家普遍对食品安全问题抱有担心的原因。对海底捞的宽容,体现了一部分消费者的理解与耐心。

消费者的善意不应被辜负。平心而论,当遭遇食品卫生安全重大事故,面临品牌形象损毁,海底捞的反应是迅速的,道歉也是诚恳的。没有埋头装"鸵鸟",避免了一场更大的信任危机。然而消费者更关心的是,仅有面对舆情的积极态度,并不足以解决那些"线下""后厨"的根源性问题。只有真正让消费者看到变化、看到改善,才不负一家明星企业此前辛辛苦苦建立起来的美誉,不至于让顾客们对整个行业食品安全状况的忧虑雪上加霜。

对每一个行业、每一家企业而言,消费者利益都应摆在首位。海底捞的发展壮大,得益于鲜明的用户意识。比起行业内少数从业者服务态度不佳、欺客宰客等现象,海底捞的贴心服务可谓消弭了消费者的痛点,其在服务上的一系列创新举措,提升了消费者体验,也是对消费者需求的尊重和满足,一度刷新了行业服务的标高。

财务在一个企业的崛起里起着至关重要的作用。除了优质的服务,海底捞的另一个核心竞争力就是其强大的财务体系。海底捞的副总裁袁华强就是一个典型的会计人。他是 1980 年生人,中专毕业之后来到海底捞,从传菜员到门童做起,再到会计、领班、大堂经理、片区经理,一步步做到副总裁,分管海底捞非常重要的一线业务。正是因为自己是会计人,更知道财务的重要性。在海底捞不只是领导层和会计看财务报表,而是店长带着店里所有管理人员及特殊岗位人员一起分析,甚至包括库管和电工。

海底捞的财务报表主要由销售情况、成本情况、销售毛利、费用四个模块组成。看销售情况的时候一般采用对比的方式,与上月对比,与去年同期对比,多家门店横向对比,同城市餐饮业平均水平纵向对比。通过对比数据,来找出其中的异常数据。再通过异常数据,分析其原因,找到对应的解决方式。看成本时一般看中三个方面:采购对价格的管控、库管收货和产品的出品率。通过对这三大成本核心因素的分析,能最简单直接地找到影响成本的真正原因。看销售毛利时主要关注锅底、荤菜、素菜及酒水,将其分为销量高,毛利也高;销售高,毛利低;销量低,毛利也低;销售低,毛利高这四种类别,对症下药。看费用时主要是分析员工工资、物料费用和营业外支出,通过工资的变动了解门店的用工、人员流动及成长情况,通过物料费用掌握物料的消耗情况,通过营业外支出了解门店突发事件。

当前,各行各业的业态创新、管理创新、模式创新层出不穷,但怎样才能坚守住最根本的出发点,值得深思。企业自身强化自律是最根本的方面。除此之外,再加上优质的产品及服务体验,以及强大的财务管理体系支撑,才是企业基业长青的正确方式。

餐饮企业的会计核算有什么特点,其收入、成本应如何进行核算,以及餐饮企业产品应如何定价,这一系列问题都在本章中得到解答。

资料来源:

(1) 人民日报海外版—海外网.党报谈海底捞事件:打开后厨　让食品安全看得见[EB/OL].(2017-08-28)[2022-11-29].https://news.sina.cn/sh/2017-08-28/detail-ifykiurx2236302.d.html.

(2) 百信会计教育.逆天上市|"变态"海底捞的会计人做了什么?[EB/OL].(2018-09-17)[2022-11-29].https://mp.weixin.qq.com/s/Edd5ECVes6Uw1xHPN7PwZw.

第一节 ｜ 旅游、饮食企业会计概述

一、旅游、饮食企业的特点

(一)旅游业的业务特点

旅游业,在国际上称为旅游产业,是指凭借旅游资源和设施,专门或者主要从事招徕、接待游客,为其提供交通、游览、住宿、饮食、购物、文娱等各个环节服务的综合性行业。旅游业务主要由三部分构成:旅游业、交通客运业和以饭店为代表的住宿业。旅游业具有以下主要特点:

(1)综合性。旅游活动以游览为中心内容,人们为了实现游览的目的,还必须在吃、住、行、旅、购、娱等方面进行消费,所以旅游活动是一项综合性的消费。旅游业作为旅游主体与客体之间的桥梁,要提供包括吃、住、行、游、购、娱等各个方面的一体化服务,提供多种多样的旅游产品满足旅游者多样化的旅游需要。这决定了旅游业的产品是众多企业共同作用的产物。这些不同类型的企业,按照传统的产业划分标准分别属于若干相对独立的行业,但为旅游者提供产品和服务的业务纽带将它们联系在一起,形成旅游业内部各企业间的横向联系。随着旅游活动不断向深度、广度发展,旅游业的综合性特点会越来越显著。

(2)服务性。旅游业是以出售劳务为特征的服务性行业,它向旅游者提供的产品是固定有形的设施和无形的服务,可以使游客得到物质享受和精神满足。其中以无形的服务产品为主,有形设施和产品是旅游业为旅游者服务的依托和手段。旅游业的各个组成企业分散在不同的地点,以不同的方式,借助不同的服务载体向旅游者提供不同内容的服务。

(3)外向性。旅游活动具有异地性、流动性的特点,旅游是跨地区、跨国界的广泛的人际交往活动,为旅游活动服务的旅游业所生产的产品就是提供给来自各国、各地的旅游者的。旅游业开展各项业务的过程需要参与国内、国际旅游市场的竞争。旅游业在经营中不仅要完成创收、创汇的任务,还要促进各国、各地区人民的相互交往,增进人民间的友谊和了解。旅游业的外向性要求其必须根据市场的需要进行旅游产品的生产、组织和营销活动,开展跨区域、跨国界的合作,尊重各国、各民族人民的宗教信仰和生活习俗,特别是在国际旅游工作中,要维护国家的声誉,促进国际的友好往来。

(二)饮食业的业务特点

饮食业是从事饮食制品的加工烹制、出售,并提供场所和设备,专门为顾客服务的行业。它包括各种类型和各种风味的中餐馆、西餐馆、酒菜馆、咖啡馆、小吃店、点心店、茶馆等,具有生产加工、劳动服务、商品零售三种职能。饮食企业规模大小不一,经营品种繁多,生产加工过程较短,边做边卖,销售、服务与生产密切联系。饮食业与工业和商业相比,有以下独特的经营特点:

(1)从饮食制品的生产阶段看,饮食企业具有与工业企业不同的特点。首先,工业企业生产的产品一般不直接与消费者见面,而饮食制品则是产销直接见面;其次,工业企业的生产机械化、电气化程度高,而饮食企业大多是手工操作,对制作者有较高的技艺要求;最后,工业企业的经营规模一般比较大,经营方式相对固定,而饮食企业的经营规模则比较小,经营方式比较灵活。

(2)从饮食制品的销售来看,饮食业又具有与零售商业企业不同的特点。首先,饮食企业现场制作销售的是能直接食用的商品,对饮食制品质量标准的技艺要求复杂;其次,饮食企业既要提供商品又要提供顾客消费的场所;最后,随着消费层次的提高,服务规格逐步走向高档化、规范化,饮食企业需要根据顾客的需求提供各种必要的服务项目。

二、旅游、饮食企业会计核算的特点

旅游、饮食企业独特的经营特点决定了其会计核算的独特性。

（一）收入、成本和费用种类多，核算较复杂

旅游、饮食企业一般均有一套系统配套的经营业务。旅游企业除了经营旅游业务，还可开展客房、饮食、销售、娱乐等其他经营业务；饮食企业除了经营饮食业务，还可开展娱乐、销售及其他经营业务。为了分别考核各项业务的经营成果，要求分别核算和监督各项经营业务的收入、成本和费用。

（二）核算方法较为特殊

旅游、饮食企业除了以服务为中心，还从事商品的生产加工和销售，从而具有生产、销售和服务三种职能，因此，具有多行业会计核算的特点。会计核算格外要求准确、快捷、灵活，在进行会计核算时，企业就需要根据经营业务的特点，采用不同的核算方法。例如，饮食企业加工饮食制品，具有工业企业的性质；将饮食制品直接供应给消费者，又具有商品流通企业的性质；同时，为消费者提供消费设施、场所和服务，又具有服务企业的性质。然而生产、销售和服务要在很短的时间内完成，并且饮食制品花色繁多、数量零星，不可能像工业企业那样区分产品种类并分别计算其总成本和单位成本，而只能计算饮食制品的总成本。因此，根据不同的业务性质，采用特殊的核算方法，是旅游、饮食企业会计核算的显著特点之一。

（三）涉及外币业务

涉外的旅游、饮食企业在会计核算时，对涉及外币的收支应按照《外汇管理条例》等，办理外汇存入、转出和结算等业务，而且还应采用复币记账，核算原币和人民币以及汇兑损益。

（四）旅游、饮食企业适用增值税政策的特殊性

旅游、饮食企业属于生活服务的征税范围，适用的增值税政策有其特殊性，主要表现在以下几点：

（1）适用税率。旅游、饮食企业一般纳税人的税率为6％，采用简易征收方式的征收率为3％，小规模纳税人的征收率为3％。

（2）旅游、饮食企业的客户在很大程度上为交际应酬或者是个人消费者，而税法规定纳税人的交际应酬消费属于个人消费，其进项税不得抵扣。

（3）旅游企业可以选择差额计税方式。差额计税是指以取得的全部价款和价外费用，扣除向旅游服务购买方收取并支付给其他单位或者个人的住宿费、饮食费、交通费、签证费、门票费，以及支付给其他接团旅游企业的旅游费用后的余额为销售额进行计税；但需要注意的是，选择上述办法计算销售额的旅游企业，向旅游服务购买方收取并支付的上述费用，不得开具增值税专用发票，但可以开具普通发票。

延伸阅读3-1

旅游、饮食企业会计机构的设置

旅游、饮食企业会计机构应根据旅游、饮食企业对会计信息要求的详细程度和各类经济业务工作量的大小，结合旅游、饮食企业的业务具体情况组织会计工作。财务收支数额大、会计业务多的单位都要单独设置由本单位领导人直接领导的财务会计机构，如会计处、财务部、会计科等。其中，有些业务复杂、会计工作繁重的基层单位，还可以在会计处（科）下，分设若干职能组，分别承担一定的核算任务。财务收支数额不大、会计业务比较简单的旅游、饮食企业，可以不单独设置会计机构，但应在有关机构中设置若干办理会计工作的专职或兼职会计人员,单位领导人应当在这些会计人员中指定一人为主管人员,负责领导和办理本单位的会计工作。

第二节 旅游业务的核算

一、旅游业务收入的核算

(一)旅游费标准的确定和收款方式

旅游费标准的确定有两种方法:一是按照旅游的实际支出费用,加上一定的毛利来确定;二是事先确定,是按旅游团全体人数的往返交通费、游览费、午餐费、住宿费、导游费的开支总和,再加上附加毛利率(一般为10%~15%)的乘积,除以人数得到每位旅游者应负担的开支。

旅游费的收款方式分为两种:一是自行组团,按团体收费,一般采用转账的方式。在这种收款方式下,由组团单位联系人向某一旅行社办理登记手续,填写团体旅游登记表。旅行社可按团体人数和旅游景点的收费标准等向组团单位计算收取旅游费。二是个别登记收费,一般采用收现的方式。个人报名参加旅游,即散客。当报名时,应向旅行社办理报名手续,填写个人旅游登记表,旅行社按规定标准收取旅游费。

无论是按团体收费还是个别登记收费,旅行社都应当在收取旅游费时开出一式数联发票,一联交旅游者收执,一联交财会部门入账,一联留存业务部门备查。

旅行社业务部门每日营业终了时,应按收取凭证分类计算,并根据当天的旅游费收入及收款情况编制一式两联的旅游业务收入日报表,连同收入款项及收款原始凭证一同交财会部门。

延伸阅读3-2

旅游业务的种类如表3-1所示。

表3-1   旅游业务的种类

分类标准	项目	内容
按旅游者活动的空间范围不同	国际旅行社	入境旅游业务
		出境旅游业务
	国内旅行社	国内旅游业务
按服务形式不同	组团社	客源地组团招徕,即从国内或国外组织旅游团队,为旅游者办理出入境手续、保险,安排游览计划,并选派翻译、导游人员随团为旅游者提供服务
	接团社	旅游目的地导游服务,即为旅游者在某一地区旅游提供翻译、导游、安排旅游者的参观游览日程,并为之订房、订餐及订机票、车票,为去下一站旅游做好安排
按组织形式不同	团体旅游业务	以团体为单位
	散客旅游业务	以个人或少数人为单位

（二）旅游品种销售价格的确定

由于旅游景点、旅游天数、提供的膳食标准、住宿及交通工具不同，旅游品种销售价格也不同，一般旅行社的销售价格是由购入成本和利润两部分组成。实务中常见的旅游品种的销售价格如表3-2所示。

表3-2　　　　　　　　　　　　　　旅游品种的销售价格

种　类	含　义
组团包价	是指由组团社根据成团人数、等级、路线、时间和提供服务的质量等制定的价格，一般包括综合服务费、住宿费、餐饮费、车费、保险费、文娱活动费、城市间交通费和专项附加费等
半包价	是指不包含午餐及晚餐费用的综合包价
小包价	是指仅包含住宿费、早餐费、保险费、接送服务费、国内城市间交通费及手续费
单项服务价格	是指旅行社接受旅客的委托，提供单项旅游服务的收费标准，每个单项服务的价格通常根据旅行社的购入成本加毛利（毛利＝购入成本×毛利率）组成
特殊形式的旅游收费	是指旅行社开展的新婚旅游、生态旅游、森林旅游、体育旅游及学术交流旅游等特殊形式的旅游收费

（三）旅行社收入的内容

旅行社营业收入是旅游企业为旅游者提供服务所取得的收入。按照旅行社业务收入的性质不同，其营业收入内容如表3-3所示。

表3-3　　　　　　　　　　　　　　旅行社营业收入

收入内容	含　义
综合服务收入	综合服务收入是指由旅行社为旅行者提供综合服务而取得收入，包括房费收入、餐费收入、车费收入、陪同费收入、其他收入等
组团外联收入	组团外联收入是指由组团社自组外联，向旅行者收取住宿、用餐、旅游交通、翻译导游、文娱活动费等收入。其收入内容与综合服务收入相同，只不过是组团方法和渠道不同
零星服务收入	零星服务收入是指旅行社接待零星旅客和接受代办事项所得的服务收入，其收入内容与综合服务收入相同，只不过是接待零散客以及受托代办事项所得的收入
劳务收入	劳务收入是指旅行社派翻译导游人员参加全程陪同取得的劳务收入
票务收入	票务收入是指旅行社办理代售汽车票、火车票和飞机票等的手续费收入
地游及加项收入	地游及加项收入是指旅行社接待旅行者某地1日、2日游的小包价及增加游览项目和风味小吃等所得的收入
其他服务收入	其他服务收入是指不属于上述各项的其他服务收入

（四）旅游经营业务收入的会计核算

旅游经营业务收入属于劳务收入，通常情况下，应在劳务完成时，即在旅游团队旅游结束返回时确认旅游经营业务收入的实现。具体来讲，组织境外旅游者到境内旅游的，应以旅

3-1旅行社货币资金与往来款项核算的特点

行团体离境(或离开本地)时确认收入;组织境内旅游者到境内旅游的,接团社应以旅行团体离开本地时,组团社应以旅行团体行程结束返回时确认收入;组织境内旅游者到境外旅游的,应以旅行团体旅游结束返回时确认收入。

同时,如果旅游团的旅游开始和结束分属不同的会计年度,旅行社在资产负债表日提供劳务交易的结果能够可靠估计的,应当采用完工百分比法确认提供的劳务收入,同时结转劳务成本。其中,完工百分比法是指按照提供劳务交易的完工进度确认收入与费用的方法。

1. 组团社的核算

组团社的经营业务收入是组团社根据组团报价为旅游者提供服务所取得的收入。

组团社的业务程序一般是,先由企业外联部与国内或境外的接团社签订组团合同,确定接待人数及吃、住、行、游的有关价格和标准,并根据国内或境外接团社的报价,外加相应的毛利后,制定国内游或出境游的销售价格,再吸收旅游者的个人报名或企业单位的集体报名。报名时应出示身份证件,组团社当即填制发票,收取全部旅游款,并与旅游者签订旅游合同。然后根据组团的情况,由外联部与旅游目的地的接团社签订接团协议,确定接待的人数、日期、等级、内容、价格和结算方式,在旅游团旅游结束后,凭接团社填制的旅游团费用结算通知单结算账款。组团社业务核算流程如图 3-1 所示。

图 3-1　组团社业务核算流程

组团社一般是先收款,后支付费用。组团社的具体会计核算如表 3-4 所示。

3-2 视频:
组团社经营
业务收入的
核算

表 3-4　　　　　　　　　　　　　**组团社经营业务收入的核算**

时　点	会　计　分　录
向旅游者预收旅游款时	借:银行存款/库存现金 　　贷:合同负债等
旅游团旅游结束返回时	借:合同负债等 　　贷:主营业务收入——组团外联收入
旅游者预付旅游款后,因故要求退团,旅游者需按合同规定承担一定数额的手续费时	借:合同负债等 　　贷:主营业务收入——其他收入

【例 3-1】　琴岛旅行社与内蒙古春风旅行社签订组团合同,由内蒙古春风旅行社承办 A1986 团 30 人 10 月 15 日至 18 日赴杭州 4 日全景游事宜。根据内蒙古春风旅行社报价及往返车票,琴岛旅行社确定此次旅游费为每人 6 540 元。

(1)10 月 8 日,陆续收到 30 名游客付来现金 196 200 元,作会计分录如下:

借:库存现金　　　　　　　　　　　　　　　　　　　　　　　　　196 200
　　贷:合同负债　　　　　　　　　　　　　　　　　　　　　　　　196 200

(2) 10月18日,A1986旅游团游程结束,安全返回,确认已实现的旅游经营业务收入,作分录如下:

借:合同负债   196 200
　　贷:主营业务收入——组团外联收入   196 200

【例3-2】 琴岛旅行社组织的A1986旅游团10月15日去杭州旅游,10月10日旅游者张菲女士等5人因故要求退出旅游团,经查这5人已经预付了旅游款32 700元,按旅游合同规定扣除10%手续费后,以现金退还其剩余的预交旅游款,作会计分录如下:

借:合同负债   32 700
　　贷:主营业务收入——其他收入   3 270
　　　　库存现金   29 430

2. 接团社的核算

接团社的经营业务收入是根据组团社下达的接待计划,为旅游者提供服务,应向组团社收取的款项。

接团社的业务程序一般是,根据组团社发来的接待计划,制订当地的接待计划,打印出日程表,分发到当地的宾馆、交通部门、旅游景点等接待单位;结合各旅游团的不同特点和要求,配备合适的全陪或地陪;旅游团离开当地后,根据陪同人员填写的旅游团费用结算报告表,编制旅游团费用拨款结算通知单,报组团社办理款项结算。

接团社一般是先服务,后收款,也可向组团社预收部分定金。接团社的具体会计核算如表3-5所示。

表3-5　　　　　　　　　　　　**接团社经营业务收入的核算**

时　点	会 计 分 录
接待游客旅游活动结束(一般为向组团社发出旅游团费用拨款结算通知单)时	借:应收账款等 　　贷:主营业务收入
与组团社结算(收到组团社旅游团费拨款)时	借:银行存款/库存现金 　　贷:应收账款等

【例3-3】 长江旅行社根据各组团社本月的旅游团费用拨款结算通知单编制旅游费用汇总表,计算本月综合服务收入(含综合服务费,住宿费,午餐、晚餐费,机、车、船票费,行李托运费,全程交通费)共127 740元,地游及加项收入(含游江费和地方风味费)共11 120元,劳务收入(含全程陪同费用)4 440元。

(1) 根据旅游费用汇总表,作会计分录如下:

借:应收账款——各组团社   143 300
　　贷:主营业务收入——综合服务收入   127 740
　　　　　　　　　　　——地游及加项收入   11 120
　　　　　　　　　　　——劳务收入   4 440

(2) 收到各组团社拨来的账款时,作会计分录如下:

借:银行存款   143 300
　　贷:应收账款——各组团社   143 300

（五）旅游业务收入的调整

旅行社向客户收取的旅游经营业务收入通常是价税合计金额，也就是含税收入，因此至月末就需要进行调整，将含税收入中的销项税额分离出来，使"主营业务收入"账户反映旅行社真正的销售额，含税收入的调整公式如下：

$$销售额 = \frac{含税收入}{1+增值税税率}$$

$$销项税额 = 含税收入 - 销售额$$

【例3-4】 琴岛旅行社月末"主营业务收入"账户余额为172 250元，增值税税率为6%，调整本月份旅游经营业务收入，计算结果如下：

$$销售额 = 172\ 250 \div (1+6\%) = 162\ 500（元）$$
$$销项税额 = 172\ 250 - 162\ 500 = 9\ 750（元）$$

根据计算的结果，作会计分录如下：

借：主营业务收入   9 750
　　贷：应交税费——应交增值税(销项税额)　　　　　　　　9 750

二、旅游业务成本的核算

旅行社为旅游者提供服务的过程中会发生各种直接费用，这些直接费用构成了旅游经营业务成本。按直接费用的内容不同，旅游经营业务成本可分为综合服务成本、组团外联成本、零星服务成本、劳务成本、票务成本、地游及加项成本以及其他服务成本七个大类。

（一）组团社的核算

接团社和组团社的成本和收入有着紧密的联系，组团社的拨付成本就是接团社的经营业务收入。组团社的经营业务成本由两个部分构成：一部分是拨付支出，即拨付给接团社的综合服务费、住宿费、餐费、车费等支出，属于代收代付；另一部分是服务支出，即为组团而发生的外联费用和全陪人员的部分费用支出。

组团社开展出境游经营业务，通常先按合同规定的比例预付境外旅行社部分旅游费。等旅游结束后，确认旅游经营业务收入的同时，结转旅游经营业务成本；届时，再汇付剩余的旅游费。组团社营业成本的核算如表3-6所示。

表3-6　　　　　　　　　　　　**组团社经营业务成本的核算**

时　点	会计分录
预付旅游费时	借：应付账款等 　　贷：银行存款/库存现金
旅游结束后，确认旅游经营业务收入的同时，结转旅游经营业务成本	借：主营业务成本 　　贷：应付账款等

除了出境游，组团社通常是先收费后接团，接团社是接待后向组团社收费，这样，两者之间就形成了一个结算期。这种结算期经常是跨月的，这给旅行社准确、及时地核算带来了困难。为了实现营业收入与营业成本相配比，组团社应按计划成本先行结转经营业务成本。

【例3-5】 琴岛旅行社(组团社)到了规定的结算日,仍没收到春风旅行社(接团社)报来的旅游团费用拨款结算通知单。

(1)月末,按计划成本21 900元入账,其中:综合服务成本18 125元,地游及加项成本2 040元,劳务成本1 460元,其他成本275元,作会计分录如下:

```
借:主营业务成本——综合服务成本                          18 125
          ——地游及加项成本                              2 040
          ——劳务成本                                  1 460
          ——其他服务成本                                 275
  贷:应付账款——春风旅行社                              21 900
```

(2)下月初,接到春风旅行社(接团社)报来"旅游团费用拨款结算通知单",共计金额21 925元,其中:综合服务费18 100元,地游及加项费2 080元,全程陪同劳务费1 475元和其他费用270元,经审核无误,当即将账款汇付对方,作分录如下:

```
借:主营业务成本——综合服务成本                           25
          ——地游及加项成本                               40
          ——劳务成本                                    15
          ——其他服务成本                                 5
   应付账款——春风旅行社                                21 900
  贷:银行存款                                          21 925
```

如果组团社组织的旅游团旅游开始和结束分属不同的会计年度,不仅要采用完工百分比法确认本年度的经营业务收入,同时,还应按照计划成本确认本年度的经营业务成本。届时借记"主营业务成本"账户,贷记"应付账款"账户。

(二)接团社的核算

接团社经营业务成本是指为了给旅游团提供服务而由各宾馆、饭店、餐馆、车队等接待单位发生的实际支出,这些支出是付给各接待单位的。一家接待单位有可能为不同旅游团提供相同的服务,因此接团社在与各接待单位办理结算时,要按成本的核算对象加以归集,计入成本明细账。

【例3-6】 9月25日,春风旅行社在接待琴岛旅行社B1124旅游团过程中,支付宾馆住宿费18 750元,餐饮费4 210元,风味小吃费3 000元;支付全程陪同费1 065元。作会计分录如下:

```
借:主营业务成本——琴岛旅行社——综合服务成本               22 960
               ——地游及加项成本                         3 000
               ——劳务成本                             1 065
  贷:银行存款                                          27 025
```

同样,各接待单位是先提供服务,后与接团社办理结算,因此对于结算期较长的款项,接团社也应当按计划成本入账,具体核算方法与组团社相同,不再重述。

(三)差额计税方式的核算

根据《营业税改征增值税试点有关事项的规定》,旅行社可选择以取得的全部价款和价外费用,扣除向旅游服务购买方收取并支付给其他单位或者个人的住宿费、餐饮费、交通费、签证费、门票费和支付给其他接团旅游企业的旅游费用后的余额为应纳税销售额。选择此办法计算销售额的试点纳税人,向旅游服务购买方收取并支付的上述费用,不得开具增值税专用发票,但可以开具普通发票。旅行社选择这种方式计税有其优势,主要是因为旅行社在取得进项税发票时,上游供应商很难开出增值税专用发票,而选择这种差额纳税,则可以接受非增值税专用发票来抵扣销售额。

根据税法规定,实行差额征收计税方式的企业接受应税服务时,按规定允许扣减销售额而减少的销项税额,借记"应交税费——应交增值税(销项税额抵减)"账户;按实际支付或应付的金额与上述增值税额的差额,借记"主营业务成本"等账户;按实际支付或应付的金额,贷记"银行存款""应付账款"等账户。

对于期末一次性进行会计处理的企业,期末按规定当期允许扣减销售额而减少的销项税额,借记"应交税费——应交增值税(销项税额抵减)"账户,贷记"主营业务成本"等账户。

【例3-7】 琴岛旅行社为一般纳税人,提供旅游等服务,2×22年6月组织开展杭州三日游,取得含税收入265 000元,当月支付旅游当地接团旅行社旅游费212 000元,取得对方增值税普通发票,通过银行转账支付。假设不考虑其他因素。

(1)琴岛旅行社提供应税服务,作会计分录如下:

借:应收账款	265 000
贷:主营业务收入	250 000
应交税费——应交增值税(销项税额)	15 000

(2)琴岛旅行社支付接团旅行社旅游费,作会计分录如下:

借:主营业务成本	200 000
应交税费——应交增值税(销项税额抵减)	12 000
贷:应付账款	212 000

(3)计算本月应交的增值税:

$$当月应纳税额 = 15\ 000 - 12\ 000 = 3\ 000(元)$$

作会计分录如下:

借:应交税费——应交增值税(转出未交增值税)	3 000
贷:应交税费——未交增值税	3 000

3-3 纳税小常识:旅行社提供跨境旅游服务增值税减免规定

第三节 饮食业务的核算

一、饮食制品原材料的核算

(一)原材料的分类与计价

1. 原材料的分类

饮食企业的原材料可以按在餐饮产品中所起的作用分类,又可以按其存放地点分类,如表3-7所示。

表3-7 原材料的分类

分类依据	具体内容
按作用分类	(1) 粮食类,是指制作主食品的大米、面粉和杂粮等原材料
	(2) 副食类,是指肉、禽、蛋、水产、豆制品及各种蔬菜等原材料
	(3) 干货类,是指木耳、香菇、贡菜、发菜、干鱼翅、干海参、干贝、红枣、听装食品等
	(4) 调味品类,是指食油、盐、酱油、醋、糖、味精、香料等
按存放地点分类	(1) 入库管理的原材料,是指购进量大、能较长时间储存的材料
	(2) 不入库管理的原材料,是指购进量少、且不能长时间储存的材料

2. 原材料的计价

为了正确计算原材料的成本,必须对原材料进行合理的计价,原材料的计价分外购原材料的计价和自制原材料、委托加工原材料的计价三种,如表3-8所示。

表3-8 原材料的计价

计价种类	具体内容
外购原材料的计价	外购原材料的计价,应以其在采购过程中实际发生的成本为依据,其实际成本应由买价和采购费用两部分组成。其中: (1) 买价是指购进原材料时发票上列明货物的金额 (2) 采购费用由运杂费、装卸费、税金和运输途中的合理损耗等组成
自制原材料的计价	自制原材料成本包括耗用的材料成本、工资和其他费用,一般不包括管理费用
委托加工原材料的计价	委托外部加工材料的实际成本,由被加工材料成本、加工费和往返运费等构成

延伸阅读3-3

饮食企业原材料进项税额的抵扣

饮食企业在采购时,应尽可能选择可以取得进项税发票的渠道并按规定进行正确的增值税进项税额的抵扣:

(1) 根据增值税专用发票和农副产品销售发票抵扣。一般来讲,能够开具增值税专用发票和农副产品销售发票的,都是比较大型的或正规的企业或单位,或者是工厂,或者是经销商,或者是农副产品生产销售合作社等。选择大型或正规的渠道,对于饮食企业的食品安全也是有保障的。

(2) 购买农业生产者自产的农产品,凭收购发票按9%或10%计算抵扣进项税额。饮食企业可以向国税部门申请领取农副产品收购发票,在收购农副产品时由饮食企业自行开具。对于农副产品收购发票,各地管理都比较严格。对农户资格、产品范围等有较严格限制,饮食企业初次领取使用时需要特别注意。

(3) 从事农产品批发、零售的纳税人销售的蔬菜、部分鲜活肉蛋产品免征增值税。批发零售纳税人享受免税后开具的普通发票不得作为计算进项税额的凭证。

(4) 一般的饮食企业对员工都是要包吃的,员工吃饭也要消耗原材料。员工吃饭无论属于个人消费还是集体福利,或者说是无偿提供的饮食服务,该部分都是不能抵扣的,因此应作进项税额转出。

(二)原材料的核算

1. 原材料购进的核算

企业购进原材料若为入库管理的,应在收到专用发票时按照其列明的金额(买价),借记

3-4 视频:
饮食企业原
材料的核算

"原材料"等账户;按照列明的税额,借记"应交税费——应交增值税(进项税额)"账户;按照列明的价税合计金额,贷记"银行存款"或"应付账款"账户。

企业购入原材料如直接交生产加工部门耗用的,可以不通过"原材料"账户核算,将其采购成本直接列入"主营业务成本"账户。

【例 3-8】 琴岛饭店本月发生以下业务:

(1)购进粳米取得增值税专用发票,列明粳米为 1 000 千克,单价为 5.60 元,金额为 5 600 元,增值税税额为 504 元,货款尚未支付,粳米已验收入库,另以现金支付粳米运杂费 200 元,增值税税额 18 元,作会计分录如下:

借:原材料——粮食类 5 800
　　应交税费——应交增值税(进项税额) 522
　　贷:应付账款 6 104
　　　　库存现金 218

(2)购进河虾,取得增值税专用发票,列明河虾为 20 千克,单价为 80 元,金额为 1 600 元,增值税税额为 144 元,账款以现金支付;河虾已由厨房直接领用。作会计分录如下:

借:主营业务成本 1 600
　　应交税费——应交增值税(进项税额) 144
　　贷:库存现金 1 744

2. 原材料发出的核算

饮食企业发出原材料时,借记"主营业务成本"账户,贷记"原材料"账户。由于各种原材料一般都是多批购进,每批购进的单价常会因季节、调价等原因而各不相同,在发出原材料时应先确定其单价。通常发出材料的计价方法有个别计价法、加权平均法、先进先出法等。计价方法一经确定,在同一会计年度内不得随意变更。

【例 3-9】 琴岛饭店领用上月购进粳米 100 千克,单位成本为 5.80 元,金额为 580 元。财会部门根据出库单,作会计分录如下:

借:主营业务成本 580
　　贷:原材料——粮食类 580

3. 原材料调拨的核算

原材料内部调拨是企业内部不独立核算的单位之间原材料的内部移库,在核算上原材料总账的金额不会发生增减变动,仅在明细账上反映为此增彼减。

原材料调拨如果为内部仓库之间的调拨,则需要调整原材料保管部门的明细账;如果为内部厨房之间的调拨,则仅调整"主营业务成本"账户所属明细账。

【例 3-10】 琴岛饭店由中餐厅仓库调拨给西餐厅仓库一批原材料,计价 3 000 元,根据内部调拨单,作会计分录如下:

借:原材料——西餐厅 3 000
　　贷:原材料——中餐厅 3 000

【例 3-11】 琴岛饭店由第一厨房调拨给第二厨房副食品一批,计 500 元,作会计分录如下:

借:主营业务成本——第二厨房　　　　　　　　　　　　　　　　　　　　　　500
　　贷:主营业务成本——第一厨房　　　　　　　　　　　　　　　　　　　　　　500

4. 员工用餐所耗原材料的核算

饮食企业对员工通常会提供免费的用餐服务。按照我国现行税法规定,外购原材料用于职工福利,其购进环节的进项税额是不允许抵扣的,因此,会计上需要作进项税额转出处理。对此类经常性转出事项,每个月可根据出库单或领料单核定一个具体的标准数额,月底统一作转出处理。

二、饮食制品成本的核算

饮食制品总成本的计算与结转可分别采用永续盘存制和实地盘存制。

(一)永续盘存制

永续盘存制适用于实行领料制的饮食企业。原材料的耗用实行领料制,每月所领用的原材料月末不一定全部被耗用,而是还会有一些在制品和未出售的制成品;相应地,月初也会有已领未用的原材料、在制品及尚未出售的制成品。为了准确地反映饮食制品的实际成本,采用永续盘存制的饮食企业,应于月末对未耗用的原材料、在制品和未出售的制成品进行盘点,作假退料处理,在此基础上计算出耗用原材料成本。永续盘存制下的会计处理如表 3-9 所示。

表 3-9　　　　　　　　　　　　　　　　永续盘存制下的会计处理

时点	会计分录
领用月初结存原材料时	借:主营业务成本 　　贷:原材料
本月购进、领用原材料时	原材料采用入库管理的: ①购进原材料:　　　　　　　　　②发出原材料: 借:原材料等　　　　　　　　　　　借:主营业务成本 　　应交税费——应交增值税(进项税额)　　贷:原材料 　　贷:银行存款等 原材料购进直接交付生产部门的: 借:主营业务成本 　　应交税费——应交增值税(进项税额) 　　贷:银行存款等
月末对未耗用的原材料、在制品和未出售的制成品进行盘点,作假退料处理	借:原材料 　　贷:主营业务成本
月末计算本月耗用材料总成本	本月耗用材料成本=厨房月初结存额+厨房本月领用额-厨房月末盘存额

【例3-12】 琴岛饭店采用永续盘存制核算饮食制品成本,5月共领用原材料170 000元,4月末剩余原材料5 200元,5月末盘存原材料6 200元。

(1)5月初,根据4月月末剩余原材料、半成品和待售制成品盘存表填制领料单,作会计分录如下:

借:主营业务成本 5 200
  贷:原材料 5 200

(2)5月,平时领料作会计分录如下:

借:主营业务成本 170 000
  贷:原材料 170 000

(3)5月末,用月末剩余原材料、半成品和待售制成品盘存表代替退料单作假退料处理,作会计分录如下:

借:原材料 6 200
  贷:主营业务成本 6 200

琴岛饭店5月的饮食制品实际成本为169 000元(5 200+170 000-6 200)。

(二)实地盘存制

实地盘存制适用于没有条件实行领料制的饮食企业。采用实地盘存制的饮食企业平时领用原材料时,不填写领料单,不进行会计处理,月末根据实地盘点得出的仓库原材料和厨房材料盘存金额,倒挤出本月耗用的原材料成本。实地盘存制下的会计处理如表3-10所示。

表3-10 实地盘存制下的会计处理

时点	会计分录

本月购进原材料	原材料采用入库管理的:
	购进原材料:
	借:原材料等
	    应交税费——应交增值税(进项税额)
	  贷:银行存款等

	原材料购进直接交付生产部门的:不作处理
本月领用原材料	不作处理

月末计算本月发出材料总成本,结转本月耗用材料成本	本月耗用材料成本=月初厨房和仓库结存额+本月购进总额-月末厨房和仓库盘存总额
	借:主营业务成本
	  贷:原材料 【从仓库领用原材料的总额】
	      银行存款等 【直接交付生产部门的原材料总额】

【例3-13】 某餐馆采用实地盘存制核算饮食制品成本,本月初仓库和厨房共结存原材料3 000元,本月购进原材料总额98 000元。月末通过实地盘点,计算出仓库和厨房结存总额3 400元。本月耗用原材料成本如下:

本月耗用原材料成本=3 000+98 000-3 400=97 600(元)

作会计分录如下：

借：主营业务成本　　　　　　　　　　　　　　　　　　　　　　　97 600
　　贷：原材料　　　　　　　　　　　　　　　　　　　　　　　　　　97 600

? 相关思考 3-1

实地盘存制与永续盘存制的区别如表 3-11 所示。

表 3-11　　　　　　　　　**实地盘存制与永续盘存制的区别**

项目	永续盘存制	实地盘存制
适用范围	实行领料制的企业	没有条件实行领料制的企业
月末盘点范围	只盘点厨房	盘点厨房和仓库
会计核算的内容	月初领用； 本月购进、本月领用； 月末盘存	本月购进； 月末盘存 【注意：本月领用原材料时不作处理，月末倒挤耗用原材料成本时再作领料处理】

三、饮食制品销售的核算

(一) 饮食制品售价的制定

饮食制品价格制定方法很多，常用的定价方法有成本毛利润法和销售毛利润法。

1. 成本毛利润法

成本毛利润法是以饮食制品单位配料定额成本为基础，按确定的毛利润率加成据以计算饮食制品销售价格的一种方法。其销售价格计算公式如下：

$$销售价格＝单位产品配料定额成本＋成本毛利润额 \tag{3-1}$$

单位产品配料定额成本是单位产品标准价格与其消耗定额的乘积。毛利润额是加在单位产品配料定额成本之上的金额，它按照下列公式计算确定：

$$毛利润额＝单位产品配料定额成本×成本毛利润率 \tag{3-2}$$

将式(3-2)代入式(3-1)得：

$$销售价格＝单位产品配料定额成本×(1＋成本毛利润率)$$

【例 3-14】　琴岛饭店的清蒸鳝鱼每盘耗用原材料成本为 25 元，按规定的成本毛利润率 45% 作价，其销售价格计算方法为：

$$销售价格＝25×(1＋45\%)＝36.25(元)$$

2. 销售毛利润法

销售毛利润法是以饮食制品销售价格为基础，按照毛利润与销售价格之间的比值关系计算确定饮食制品销售价格的一种方法。饮食制品销售价格的计算公式及其推导过程如下：

$$销售毛利润率＝毛利润额÷销售价格 \qquad (3-3)$$

则， $\qquad 毛利润额＝销售价格×销售毛利润率 \qquad (3-4)$

又， $\qquad 销售价格＝单位产品配料定额成本＋毛利润额 \qquad (3-5)$

将式(3-4)代入式(3-5)，经过计算整理如下：

$$销售价格＝单位产品配料定额成本＋销售价格×销售毛利润率 \qquad (3-6)$$

变形得到， $\qquad 销售价格＝单位产品配料定额成本÷(1－销售毛利润率) \qquad (3-7)$

这种方法在饮食业习惯称为内扣法。

【例 3-15】 琴岛饭店的爆炒腰果每盘耗用原材料成本为 8 元，按规定的销售毛利润率 31％作价，其销售价格计算方法为：

$$销售价格＝8÷(1－31\%)＝11.6(元)$$

特别提示 3-1 ....

成本毛利润率与销售毛利润率的联系

在实际工作中就经常需要将两种毛利润率进行换算。根据两者各自的计算公式，成本毛利润率和销售毛利润率的换算公式为：

$$成本毛利润率＝销售毛利润率÷(1－销售毛利润率)$$

$$销售毛利润率＝成本毛利润率÷(1＋成本毛利润率)$$

（二）饮食企业销售货款的结算方式

饮食制品的销售对象为旅游、商务、会议团体或个人散客，其业务经营应本着既方便客人又便于管理与核算的原则。销售货款的结算方式如表 3-12 所示。

表 3-12 **销售货款的结算方式**

结算方式	含义
柜台统一售票	顾客在用餐前先到账台购买专用定额小票或购买固定品名筹码，然后凭小票或筹码领取食品，也可由服务员根据小票的编号和顾客手中的副联票签对号后将食品送至桌上
服务员开票收款	服务员到桌边，先由顾客点菜付款，然后由服务员开票、收款并负责到账台结算。收款员在小票上签章后，一联由服务员送至厨房领菜，另一联留存。每天营业结束后，服务员和收款员分别统计所收金额，核对无误后，由服务员在收款员的"收款核对表"上签字证明
先就餐后结算	顾客入座点菜后，由服务员填写小票一式两联，顾客不立即付款。小票的第一联交厨房作为取菜凭证留存，顾客进餐后，服务员凭第二联向顾客算账收款
一手钱一手货	顾客直接以货币到柜台购买饮食制品。饮食制品交服务员销售时，由产销双方登记数量，每天业务终了时，由服务员进行盘存核对，用应收销售金额与实收金额进行对比，编制"产销核对表"

（三）饮食企业销售收入的核算

1. 一般销售收入的核算

饮食企业每天营业结束后，由收款员根据收款核对表、收款登记表、产销核对表等凭证，汇总编制营业收入日报表，与所收现金一并交财会部门，或由收款员自行填写现金解款单将所收现金存入银行，凭银行解款单回单向财会部门报账。财会部门根据营业部门收款员交来的营业收入日报表，借记"库存现金"（或"银行存款"）账户，贷记"主营业务收入"等账户。

【例 3-16】 琴岛宾馆财会部门收到营业部门转来的营业收入日报表，列明应收金额21 200元，实收现金21 200元，现金已同时交来。

根据营业收入日报表，作会计分录如下：

借：库存现金   212 00
   贷：主营业务收入   212 00

2. 宴会销售收入的核算

饮食企业承办宴席，要先填制订单，注明宴席时间、人数、桌数及消费标准，并附上菜单。订单一式两份，餐厅与顾客双方签字后各执一份。预订宴席一般要预收定金，以免顾客取消宴席时，企业遭受不必要的损失。宴席的销售价格以桌为单位，烟、酒、饮料等按实用数量另行收费。

【例 3-17】 某对新婚佳人到琴岛酒店预订婚宴20桌，每桌收费标准1 250元，合计25 000元。当天琴岛酒店预收定金1 000元。

收到定金（现金）时，作会计分录如下：

借：库存现金   1 000
   贷：应收账款   1 000

宴席结束，20桌宴席按预订消费，外加酒水2 000元，扣除定金后，收到现金26 000元，作会计分录如下：

借：库存现金   26 000
   应收账款   1 000
   贷：主营业务收入——宴席收入   25 000
         ——小卖部收入   2 000

3. 饮食经营业务收入的调整

饮食企业"主营业务收入"账户平时反映的均是含税收入，月末需要进行调整将含税收入中的销项税额分离出来，使"主营业务收入"账户反映企业真正的销售额。计算公式如下：

$$销售额 = \frac{含税收入}{1 + 增值税税率}$$

$$销项税额 = 含税收入 - 销售额$$

借：主营业务收入
   贷：应交税费——应交增值税（销项税额）

3-5 纳税小常识：饮食业销售商品如何缴纳增值税

本章小结

本章我们学习了旅游业和饮食业的会计核算。通过本章的学习，我们了解到旅游、饮食业会计具有核算对象多样性、成本核算特殊性和货币结算涉外性的特点;熟悉了旅游费收入;掌握了旅行社营业收入和成本的核算、饮食制品原材料和成本的核算。

3-6 扫一扫
看课件

3-7 扫一扫
练一练

3-8 扫一扫
练一练答案

本章重要概念

旅游经营业务　旅游品种销售价格　旅游费收入　旅游费成本　组团社　接团社
饮食经营业务　饮食制品　永续盘存制　实地盘存制　销售毛利润率　成本毛利润率

本章练习

1. 旅游、饮食企业会计核算特点是什么?
2. 如何确定旅游品种的销售价格?
3. 旅游营业收入的内容包括什么?
4. 饮食制品原材料应如何进行分类?
5. 什么是永续盘存制? 什么是实地盘存制?
6. 饮食企业销售货款的结算方式有哪些?

第四章　酒店会计

内容提要

本章主要讲解了酒店的含义、分类及酒店会计的核算特点,介绍了酒店客房收入业务的具体核算、酒店客房成本业务的具体核算。

重点难点

本章重点为酒店会计的核算特点、酒店客房收入业务的核算、酒店客房成本业务的核算;难点为酒店客房成本业务的核算。

学习目标

通过本章学习,学生应掌握酒店会计的核算特点、酒店客房收入业务的核算、酒店客房成本业务的核算;了解酒店的分类及等级划分。

知识框架

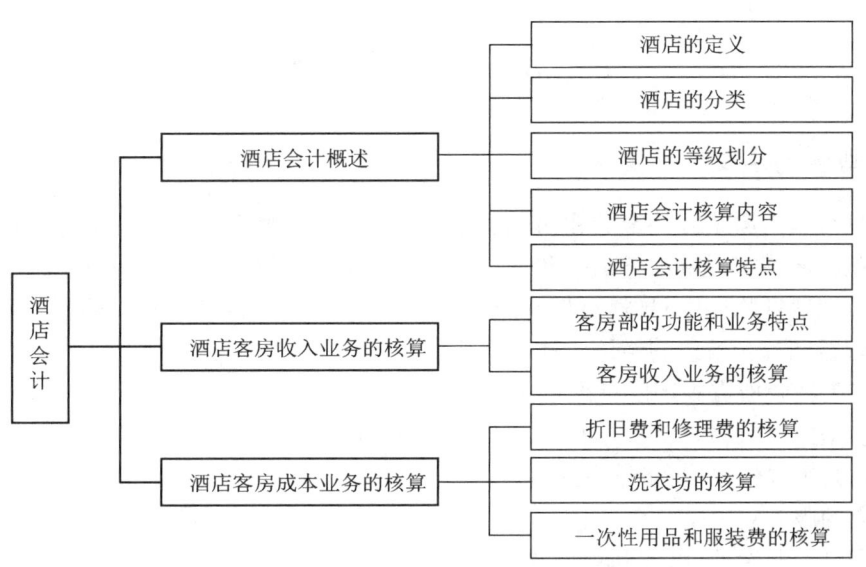

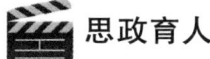 思政育人　　　后疫情时代,酒店行业的自我救赎

新冠肺炎疫情对全球旅游业产生了巨大的影响,旅游经济在过去两年时间内经历了持续性衰退。作为

旅游产业的重要一环,酒店业也不可避免地受到波及。

文化和旅游部官网发布的《2021年国内旅游数据》显示,2021年,国内旅游总人数32.46亿人次,比上年同期增长3.67亿人次,增长12.8%(2019年增长54%)。国内旅游收入(旅游消费总额)2.92万亿元,同比增加0.69万亿元,增长31%(恢复到2019年的51%)。

2022年3月份,全国新冠肺炎疫情多点暴发并影响波及29个省份,使得旅游及酒店行业再次迎来"倒春寒"。持续发生的疫情导致酒店同期营收大幅下降之时却面临着不菲的成本消耗,资金压力十分显著。

面对疫情带来的持续性影响,酒店企业开始思考,在隐患频出的常态化疫情下,如何开源节流。开源节流、双管齐下的方法将会提高酒店的生存能力。在疫情期间,酒店既要深挖现有资源发展业务,增加新的营业收入,又要控制成本,降低费用,实现增收支同步发展,增强企业生存能力。疫情期间,部分酒店企业涉足零售和外卖领域,缓解现金流不足的问题。一些酒店增加了蔬菜、水果、酒店自加工食品等的销售。一些高端酒店以亲民的价格提供在线外卖服务来创收。此外,酒店通过发展住宿和餐饮之外的其他业务来扩大收入来源。酒店可以通过叠加旅游项目实现产品的增值。在增加收入的同时,降低成本也是企业生存的法宝之一。一些酒店使用机器人和智能客房管理系统来降低员工成本。

不可否认,疫情给酒店住宿行业的消费生态和秩序带来了巨大的变化。但对酒店行业来说,这仍然是一个挑战与机遇并存的时代。疫情防控的不断努力对酒店的防疫设备和措施提出了更高的要求,数字化成为酒店住宿行业提升自我的利器。疫情期间,酒店可以用科技手段帮助门店提升防疫水平。自助入住机、自动消毒机器人、送货机器人等一系列科技产品的使用,也保证了滞留旅客安全入住,生活无忧。这些在逆境中磨炼出来的实力,相信能够支撑酒店在疫情过后赢得更长远的发展。

根据上述资料,你认为酒店企业应如何加强员工成本管理意识的培养,让成本管理观念深入每个职工的脑海里,并将其贯彻到具体的工作中去?

在市场寒冬中,酒店企业应如何加强企业社会责任,结合疫情防控,打造差异化的品牌定位与服务,进一步提升酒店的住宿体验、打磨好酒店口碑?

资料来源:客栈帮手.疫情当下,如何应对酒店经营危机?[EB/OL].(2022-04-23)[2022-10-09].
https://baijiahao.baidu.com/s?id=1730888456729579929&wfr=spider&for=pc.

第一节 | 酒店会计概述

一、酒店的定义

酒店是指以大厦式或特定的建筑物为凭借,主要通过客房、餐饮、娱乐等设施及相关的多种服务项目向旅客提供服务的一种专门场所。酒店是经政府批准的利用空间设备、设施场所和一定消费性物质资料,通过接待服务来满足宾客住宿、饮食、娱乐、购物、消遣需求,而取得经济效益和社会效益的经济实体。酒店应具备以下基本条件:

(1)它是经政府有关部门批准依法经营的主体。
(2)它是由建筑物和装备好的设施组成的专门接待场所。
(3)它必须提供住宿、餐饮和其他服务。
(4)它的服务对象是公众。
(5)它是商业性的,以盈利为目的。

二、酒店的分类

由于历史的演变,传统的沿袭,地理位置与气候条件的差异,以及酒店用途、功能、设施的不同,世界上绝大多数国家都对酒店进行分类并评级,以利于酒店的市场营销和对经营结果好坏的比较。

(一) 按酒店用途及接待对象分类

1. 商务型酒店

它主要以接待从事商务活动的客人为主,是为商务活动服务的。这类客人对酒店的地理位置要求较高,要求酒店靠近城区或商业中心区。其客流量一般不受季节的影响而产生大的变化。商务型酒店的设施设备齐全、服务功能较为完善,交通及通信便利,通常设有商务中心、各类会议室、会厅等,还设有行政楼层和行政套房等。

2. 度假型酒店

它以接待休假的客人为主,多兴建在海滨、温泉、风景区附近。其经营的季节性较强。度假型酒店要求有较完善的娱乐项目及设施设备,如滑雪、滑冰、游泳、潜水、冲浪、狩猎、垂钓、高尔夫球、网球等,这类酒店以其所在地区的特色活动来吸引客人,且受季节影响较大。

3. 长住型酒店

它为租居者提供较长时间的食宿服务。此类酒店客房多采取家庭式结构,以套房为主,房间大者可供一个家庭使用,小者有仅供一人使用的单人房间。它既提供一般酒店的服务,又提供一般家庭的服务。

4. 会议型酒店

它是以接待会议旅客为主的酒店,除了食宿娱乐还为会议代表提供接送站、会议资料打印、录像摄像、旅游等服务。要求有较为完善的会议服务设施(大小会议室、同声传译设备、投影仪等)和功能齐全的娱乐设施。

5. 观光型酒店

它主要为观光旅游者服务,多建造在旅游点。经营特点不仅要满足旅游者食住的需要,还要求有公共服务设施,以满足旅游者休息、娱乐、购物的综合需要,使旅游生活丰富多彩、得到精神上和物质上的享受。

6. 经济型酒店

经济型酒店多为旅游出差者预备,其价格低廉,服务方便快捷。特点可以说是快来快去,总体节奏较快,实现住宿者和商家互利的模式。

7. 连锁酒店

连锁酒店可以说是经济型酒店的精品,如"如家"等知名连锁酒店,其占有的市场份额也越来越大。

8. 公寓式酒店

公寓式酒店是指设置于酒店内部,以公寓形式存在的酒店套房。这种套房的显著特点是:第一,它类似于公寓,有居家的格局和良好的居住功能,有客厅、卧室、厨房和卫生间;第二,它配有全套家具与家电,能够为客人提供酒店的专业服务,如室内打扫、床单更换及一些商务服务等。公寓式酒店既有公寓的私密性和居住氛围,又有高档酒店的良好环境和专业服务,因此,公寓式酒店一出现,就吸引了一批消费者的广泛关注和欢迎。

(二) 按酒店建筑规模分类

目前,旅游行政部门还没有一个统一的酒店规模的划分标准,较通行的分类方法是以客房和床位的数量多少进行划分。

（1）超大型酒店：2 000 间客房以上。

（2）大型酒店：1 000 间客房以上。

（3）中大型酒店：500～1 000 间客房。

（4）中型酒店：200～500 间客房。

（5）小型酒店：50～200 间客房。

三、酒店的等级划分

酒店的等级是指各国政府或权威机构根据酒店的建筑、设施、清洁卫生、服务质量等标准，将酒店划分为不同的等级，以不同的标识加以表示，并在酒店的显著位置上公之于众。其目的为：便于不同层次的客人选择适合自己要求的酒店，便于行业的管理和监督，有利于酒店业自身的发展，有利于增强员工的责任感、荣誉感和自豪感。

（一）星级表示法

酒店的星级是对其建筑、装潢、设备、设施条件和维修保养状况，管理水平和服务质量的高低，服务项目的多少进行全面考察、综合评价后以星号表示的等级，星号越多等级越高。

世界上酒店等级的评定多采用星级制，我国是根据《中华人民共和国旅游涉外酒店星级标准》，按一星、二星、三星、四星、五星来划分酒店等级的。

一星酒店。设备简单，具备食、宿两个最基本功能，能满足客人最简单的旅行需要，提供基本的服务，属于经济等级，满足经济能力较差的旅游者的需要。

二星酒店。设备一般，除具备客房、餐厅等基本设备，还有商品部、邮电、理发等综合服务设施，服务质量较好，属于一般旅行等级，满足旅游者的中下等的需要。

三星酒店。设备齐全，不仅提供食宿，还有会议室、游艺厅、酒吧间、咖啡厅、美容室等综合服务设施。每间客房面积约 20 平方米，家具齐全，并有电冰箱、彩色电视机等。服务质量较好，收费标准较高，能满足中产以上旅游者的需要。这种属于中等水平的酒店在国际上最受欢迎，数量较多。

四星酒店。设备豪华，综合服务设施完善，服务项目多，服务质量优良，讲究室内环境艺术，提供优质服务。客人不仅能够得到高级的物质享受，也能得到很好的精神享受。这种酒店通常收费很高，主要是满足经济地位较高的上层旅游者和公费旅行者的需要。

五星（或四星豪华）酒店。这是旅游酒店的最高等级，其设备豪华，设施完善，服务设施齐全，具备各种各样的餐厅，较大规模的宴会厅、会议厅，综合服务比较齐全。它有社交、会议、娱乐、购物、消遣、保健等活动中心。其环境优美，服务质量要求很高，收费标准很高，主要是满足上层资产阶级、政府官员、社会名流、大企业公司的管理人员、工程技术人员及参加国际会议的官员、专家、学者的需要。

（二）字母表示法

有些国家和地区将酒店的等级用字母 A、B、C、D、E 来表示。A 为最高级，E 为最低级，如希腊、奥地利等。

（三）数字表示法

有些国家和地区将酒店的等级用数字 1、2、3、4、5 来表示。1 为最高级，5 为最低级，如意大利、阿尔及利亚等。

四、酒店会计核算内容

酒店会计同其他企业会计一样,核算的内容包括资产、负债、所有者权益、收入、费用和利润。但酒店会计核算又有其独特的内容。酒店的营业部门主要包括客房部、餐饮部、康乐部和商场等部门,而每个部门的核算内容和侧重点又不一样。

(一) 客房部的主要核算内容

客房部是酒店收入的主要部分,它主要核算房金、加床、电话、洗衣以及物料用品和一次性物品的消耗。

(二) 餐饮部的主要核算内容

餐饮部主要核算餐饮收入与成本(如房客的早餐、午餐和晚餐,以及宴会用餐和包场等)、原材料成本(如原材料采购、入库、保管、领用和出售等)等。

(三) 康乐部的主要核算内容

康乐部核算的内容比较复杂,主要包括舞厅、蒸汽浴、电子游戏室和酒吧的核算等。

(四) 商场的主要核算内容

有的酒店会下设商场,由酒店自行经营或租赁给其他人员经营。商场主要核算商品的购进、销售或进行委托代销商品的核算。

五、酒店会计核算特点

酒店会计是对酒店在经营活动中发生的经济业务进行核算和监督的一门行业会计。酒店会计核算按照国家统一制定的《企业会计准则》进行会计核算,其会计核算的方法、会计循环的程序和会计报表的格式、编制等都与其他企业会计没有根本性的差别。但是,由于酒店会计经营活动的方式和内容有别于其他企业,酒店会计核算有其自身的特点。酒店会计的基本特点主要反映在以下几个方面。

(一) 根据经营业务的特点,采用不同的会计核算方法

酒店企业除了以服务为中心,还有商品的加工和销售。这样,酒店企业就具有生产、销售和服务三种职能。因此,会计核算时,就需要根据经营业务的特点,采用不同的会计核算方法。

例如,餐饮业务需要加工烹制菜肴和食品,这具有工业企业的性质;将菜肴和食品供应给消费者,这又具有商品流通企业的性质;同时,为消费者提供消费设施、场所和服务,这又具有服务业的性质。但这种生产、销售和服务是在很短的时间内完成的,并且菜肴和食品的花色品种多、数量零星,因此不可能像工业企业那样区分产品,分别计算其总成本和单位成本,而只计算菜肴和食品的总成本;销售业务则采用商品流通企业的核算方法;而纯服务性质的经营业务,如客房娱乐、美容美发的业务,一般只发生服务费用,因此应采用服务企业的核算方法。

(二) 根据经营业务的内容,分别考核经营成果

酒店业是一个综合性社会服务行业。为了充分满足旅客吃、住、行、游、购、娱等方面的要求,一些中高档酒店一般为旅客提供全方位、综合性的服务项目。例如,一些酒店的经营业务不仅有客房、餐饮服务,还涉及商务、销售、美容、娱乐、健身、导游及交通等多个领域。又如,有些酒店既经营自制食品,又经营外购食品。这种涉及面广、业务内容复杂的情形反映到会计核算上,就要求分别考核各类经营业务的经营成果,分别核算和监督各项经营业务的收入、成本和费用情况,再加以汇总。

(三) 现金结算方式多,需要采用相应的核算方法和管理制度

酒店日常收入的结算以现金结算为主,尤其是现钞结算。随着现代科技的发展,银行卡、信用卡、微信、支付宝等结算方式也已十分普及。现金结算方式的多样化,也存在着一定的风险,因此,酒店企业的会计部门应采取相应的核算方法和管理制度。

(四) 酒店会计核算的涉外性

随着我国改革开放政策的实施,有相当多的酒店有外汇货币收入。在会计核算时,应按照国家外汇管理条例和外汇兑换的管理办法,办理外汇存入、转出和结算的业务,计算汇兑损益。

第二节 | 酒店客房收入业务的核算

一、客房部的功能和业务特点

(一) 客房部的功能

4-1 视频:
客房的功能
和特点

客房是酒店的基本设施,是酒店存在的基础。向客人提供食宿是酒店的基本功能,而客房是住店客人购买的最大、最主要的商品。所以,酒店的客房是酒店存在的基础,没有了客房,酒店也就不复存在了。我国酒店客房的建筑面积一般占总体建筑面积的60%～70%,在酒店投资上,客房的土建、内外装修与设备购置也占据了相当大的比重。

客房收入是酒店营业收入的主要来源。客房是酒店最主要的商品之一,客房部是酒店的主要创利部门,销售收入十分可观,一般要占酒店全部营业收入的40%～60%。客房虽然在初建时投资大,但耐用性强,纯利高。客房部的有效管理及其他部门的有效支持将增强酒店活力,提高企业收益。同时,客房的销售也给其他部门带来了盈利的机会。

客房部的服务与管理水平是提高酒店声誉的重要条件。客房是客人在酒店逗留时间最长的地方,一般来说,客人对客房有一种"家"的感觉。因此,客房的设施以及客房部的服务管理水平往往成为客人评价酒店好坏的主要因素。客房服务质量是衡量整个酒店服务质量、维护酒店声誉的重要标志。

客房是带动酒店一切经济活动的枢纽。酒店作为一种现代化的食宿场所,只有在客人入住率高的情况下,酒店一切设施才能发挥作用,酒店的一切组织机构才能运转。客人住进酒店,要到前台办手续、交房租;要到餐饮部用餐、宴请宾客;要到康乐部健身、娱乐;要到商场购物等,因而客房服务带动了酒店的各种综合服务设施,带动了整个酒店的经营管理。

客房部是酒店降低物资消耗、节约成本的重要部门。客房商品的成本在整个酒店成本中占据较大比重。例如,能源(水、电)消耗及低值易耗品、各类物料用品等,日常消耗较大。客房部是否重视开源节流、能否加强成本管理、建立部门经济责任制及原始记录考核制度,对整个酒店是否能降低成本消耗、获得良好收益起到关键作用。

客房部担负着管理酒店固定资产的重任。在酒店企业,固定资产占总资产的80%～90%,包括建筑物、设备设施、家具、物品配备等。其中,在客房部管辖范围内的固定资产占了大多数。整个酒店客房楼层部分、公共部分设施设备的日常保养及维护工作是客房部的重要工作。客房部的任务是管理好这些资产,或直接进行维修保养,或及时督促、协助有关部门进行维修,尽可能延长资产的使用期限。

(二)客房部的业务特点

(1)以时间为单位出售客房使用权。客房商品的销售与其他商品最大的区别在于只出售使用权,商品的所有权不发生转移。一方面,客房部员工应尊重客人对客房的使用权,向客人提供各类客房服务;另一方面,客房部也应保护酒店对客房的所有权,做好客房设备设施、物资用品的保管和维护工作。

客房商品是以时间为单位出售的,所以其价值实现的机会如果一旦在规定的时间内丧失,就意味着其价值将永远失去,因而酒店的客房部应确定科学的客房清扫程序,加速客房的周转,及时为前厅销售提供合格产品。

(2)客人的要求具有随机性和差异性。客房是客人休息、工作、会客、娱乐、存放行李物品及清理个人卫生的场所。不同客人的身份地位不同、生活习惯相异、文化修养与个人爱好也各有差异,所以对客房服务的要求也是多方面的,这就使客房部业务具有很强的随机性和差异性。

(3)私密性与安全性要求高。客房是客人在酒店的私人领域,客房业务对私密性与安全性的要求很高。因此,服务人员不能随意进入客房,不能随意移位、翻看客人物品,应尊重客人的隐私权。

另外,安全是客人住宿的最基本的需求。酒店必须确保客房安全,为客人提供一个安全舒适的私密空间。

二、客房收入业务的核算

(一)客房营业收入的确认

(1)客房营业收入的确认时间。客房收入是指酒店向宾客提供房间住宿及相应的服务而取得的营业收入。客房部应当按照权责发生制的要求来确认收入。凡归属于本期的收入,不论其是否收到现金,均作为本期的收入入账;反之,凡不归属于本期的收入,即使已经收到现金,也不能作为本期的收入入账。客房部应以宾客办妥入住房间登记手续,即客房出租的时间,作为客房业务收入实现的时间。

(2)客房营业收入金额的确定。客房出租的价格有标准房价、旺季价、淡季价、团队价、合同价、优惠价等多种,在确认收入时,应该以实际收取的客房收入作为确认收入的金额。

标准房价是指酒店客房部价目表上公开列示的客房价格。这一价格通常是酒店给予零星旅客的房价。团队价通常在标准房价的基础上给予一定的折扣优惠。

实际出租房价是指客房部实际向宾客收取的客房价格。酒店在不同时期对不同宾客实际收取的房价,是以标准房价为基础,随着供求关系的变化,在规定的幅度内上下浮动。

客房租金收入通常按天数分时段计算,自宾客入住客房之日起,至次日中午12时止,收取1天租金;至次日中午12时以后,傍晚6时以前止,加收半天租金;至次日傍晚6时以后,则加收1天租金。

知识拓展4-1 ···

酒店的营业收入

酒店营业收入主要包括如下项目：

(1) 客房收入，是指饭店为宾客提供住宿环境和服务性劳务后，向其收取的货币收入。

(2) 餐饮收入，是指饭店为宾客提供饮食、酒席、宴会等服务而取得的货币收入。

(3) 销售商品收入，是指饭店附设零售商场、购物中心、商品部等部门因销售商品等而取得的货币收入。

(4) 其他收入，是指饭店除上述收入外而取得的货币收入，主要包括游乐或健身服务收入、商务中心服务收入、租金收入、美容美发收入、电话费收入、游戏机收入、俱乐部收入、保龄球收入、洗衣收入、车队收入、手续费收入、会议室出租收入等。

4-2 视频：
客房营业收
入的账务处
理 1

(二) 客房营业收入的账务处理

客房经营收入的账务处理方法依房费收款方式不同而有所区别。各类客房营业收款主要有以下方式：客房前台每天结算营业收入和编制营业日报表，有应收应付制和收付实现制两种不同的制度。

(1) 应收应付制。规模较大、房间较多的酒店都是采用应收应付制，即当天的营业收入只要发生了，不论是否已收到款项，均作为当天的收入处理。

酒店对宾客房金等消费款结算有两种方式：一是先付款后住店(即预收房金方式)；二是先住店后付款(即挂账方式)这两种结算方式，前台结算操作和编制营业日报表的方法基本相同。不同之处在于所反映的宾客账款一个是"结存"，另一个是"结欠"。账款为"结欠"时，只需在"结存"栏以"—"号反映。这两种结算方式，在会计核算上并无区别。

采用这种核算制度，前台必须设置客房营业日记台账，由收银员根据宾客账单登记，并按各项目的汇总金额编制客房营业日报表。

【例4-1】 根据琴岛大酒店2×22年5月2日客房部"客房营业日记台账"(表4-1)和"客房营业日报表"(表4-2)作出相应账户处理。

表4-1 　　　　　　　　　　　　**客房营业日记台账**

楼层：一 　　　　　　　　　　　2×22年5月2日

房号	姓名	住店日期 月	住店日期 日	已住天数	本日应收 房金	加床	饮料	电话	餐费	洗衣	赔偿	合计	结算 上日结存	结算 今日收款	结算 今日应收	结算 本日结存
107	申建	5	2		420		20	15	70	10		535		700	535	165
103	黄松	5	1		420			10	50	5		485	105	600	485	220
105	李丽	5	1		420		10	5	30			465	385	200	465	120
109	陈文	5	1		420			12	35		20	487		700	487	213
117	方晓	5	2		210			12	50	10		282		500	282	218
110	于晓	5	2		210			5	30			245		300	245	55
111	郑鑫	5	2		420		20					440		0	440	—440
合计					2 520		30	79	265	25	20	2 939	490	3 000	2 939	551

4-3视频：客房营业收入的账务处理2

表4-2

客房营业日报表

2×22年5月2日

今日应收		结算	
项目	金额	项目	金额
房金	2 520	昨日结存	490
加床		今日收款	3 000
酒水食品	30	今日应收	2 939
电话	79	今日结存	551
餐费	265	宾客挂账内容	
洗衣	25	单位或姓名	金额
赔偿	20		
应收合计	2 939	郑鑫	440
附注	今日可出租房间：　　间 今日实际出租房间：　　间 出租率：　　%	挂账合计	440

根据表4-2,编制会计分录如下:

借:应收账款——应收户　　　　　　　　　　　　　　　　　　　　2 939

　销售费用——电话　　　　　　　　　　　　　　　　　　　　　　79

　　　　——物料消耗　　　　　　　　　　　　　　　　　　　　　20

　　贷:主营业务收入——房金　　　　　　　　　　　　　　　　　　　2 520

　　　　　　　——酒水食品　　　　　　　　　　　　　　　　　　　30

　　　　　　　——其他　　　　　　　　　　　　　　　　　　　　　25

　　　其他应收款——客房　　　　　　　　　　　　　　　　　　　　265

借:库存现金　　　　　　　　　　　　　　　　　　　　　　　　　3 000

　　贷:应收账款——预收户　　　　　　　　　　　　　　　　　　　3 000

郑鑫挂账的会计分录如下:

借:应收账款——郑鑫　　　　　　　　　　　　　　　　　　　　　440

　　贷:应收账款——应收户　　　　　　　　　　　　　　　　　　　440

收回该项挂账欠款时:

借:库存现金　　　　　　　　　　　　　　　　　　　　　　　　　440

　　贷:应收账款——郑鑫　　　　　　　　　　　　　　　　　　　　440

在上述会计分录中,"销售费用——物料消耗"账户的金额是宾客损坏物品的价值,而客房收取的损坏物品必须换新的价值,不属于销售费用,应该用红字冲减费用。

"主营业务收入——其他"账户记录的是酒店洗衣坊代洗衣物的费用,如果送洗衣店洗涤,则不能作为收入处理,因为在洗涤时酒店代为支付了费用,应以红字冲减"销售费用——

洗涤费"账户。酒水、食品的营业收入,根据部门设立账项,月末应根据吧台的商品销售报表结转主营业务成本,会计分录如下:

借:主营业务成本——酒水食品 　　　　　　　　　　　　　　　　×××
　　贷:库存商品——客房吧台 　　　　　　　　　　　　　　　　　×××

在日常核算中,"应收账款——应收户"账户的借方数和"应收账款——预收户"账户的贷方数要单独列示,不相互冲销。月度终了时,在编制资产负债表时,应以其差额列示在相应账户中。例如,如果"应收账款——应收户"账户的借方余额小于"应收账款——预收户"账户的贷方余额,则将其差额在编制资产负债表时列入"预收账款"项目;反之,列入"应收账款"项目。在年度终了时,应编制抵销分录,将两者差额列示于"应收账款——应收户"账户的借方或"应收账款——预收户"账户的贷方。

【例 4-2】 琴岛大酒店在年度终了时,其"应收账款——应收户"账户的累计借方余额为8 425 580元,"应收账款——预收户"账户的累计贷方余额为9 845 290元。抵销分录如下:

借:应收账款——预收户 　　　　　　　　　　　　　　　　　　　8 425 580
　　贷:应收账款——应收户 　　　　　　　　　　　　　　　　　　8 425 580

作以上抵销分录后,"应收账款——应收户"账户的余额为零,"应收账款——预收户"账户的贷方余额为1 419 710 元。

【例 4-3】 琴岛大酒店在年度终了时,"应收账款——应收户"累计借方余额为7 635 240 元,"应收账款——预收户"累计贷方余额为6 985 513 元。抵销分录如下:

借:应收账款——预收户 　　　　　　　　　　　　　　　　　　　6 985 513
　　贷:应收账款——应收户 　　　　　　　　　　　　　　　　　　6 985 513

作以上抵销分录后,"应收账款——应收户"账户的借方余额为649 727 元,"应收账款——预收户"账户的余额为零。

(2) 收付实现制。规模较小、房间不多的酒店多采用收付实现制,即当天的营业收入不包括续住宾客尚未结算的房金等收入,营业日报表仅反映当天已结账离店,并已收到款项或已确认挂账的营业收入。采用这种制度,前台结算等操作手续更加简单。但有两个主要缺点:一是反映的营业收入不够真实;二是预收房金全部存放前台,有时数额很大,既影响酒店资金周转,也不安全。

有的酒店为了弥补收付实现制收入不实的缺点,在月度终了时,查明续住宾客尚未结算的营业收入总额,会计部门作借记"应收账款"账户、贷记"主营业务收入"账户的处理,下月初用红字作相同分录冲销。如此处理,月度反映的客房营业收入虽然接近实际,但每天反映的营业收入仍然不全。

财会部门根据总服务台结账组转来的客房营业日报表及现款作为酒店当日客房收入,编制借记"库存现金"或"银行存款"账户,贷记"主营业务收入"账户的会计分录。

注意:客房营业日报表是根据当天已结算离店宾客的账单各项目汇总编制。预收房金(又称"押金")全部留存前台,不交财务部门。每天缴交财务部门的现金仅为当天已收离店宾客的现金总额。这种方法核算手续简单,但不能合理准确地反映饭店当期的财务状况及经营成果。

【例 4-4】 2×22年10月3日,琴岛大酒店财会部门收到前台交来的客房营业日报表

(表 4-3)及现金等有关结算单据。

表 4-3

客房营业日报表

2×22 年 10 月 3 日

今日应收		结算	
项目	金额	项目	金额
房金	6 680	收入现金	6 560
加床	200	挂账	880
酒水食品	100	合计	7 440
电话	80	挂账客户	
餐费	300	单位或姓名	金额
洗衣	50	兴中科技公司	560
赔偿	30	刘兴华	320
合计	7 440		

客房部主管：　　　　　　　　　　　　　　　制表：

财务部门编制会计分录如下：

(1) 确认收入：

借：库存现金　　　　　　　　　　　　　　　　　　　　　　　　6 560
　　应收账款——兴中科技公司　　　　　　　　　　　　　　　　560
　　　　　　——刘兴华　　　　　　　　　　　　　　　　　　　320
　　销售费用——电话费　　　　　　　　　　　　　　　　　　　80
　　　　　　——洗涤费　　　　　　　　　　　　　　　　　　　50
　　　　　　——物料消耗　　　　　　　　　　　　　　　　　　30
　　　贷：主营业务收入——房金　　　　　　　　　　　　　　　6 880
　　　　　　　　　　　——酒水等　　　　　　　　　　　　　　100
　　　　　其他应收款——客房　　　　　　　　　　　　　　　　300

(2) 收回挂账现金时：

借：库存现金　　　　　　　　　　　　　　　　　　　　　　　　880
　　　贷：应收账款——兴中科技公司　　　　　　　　　　　　　560
　　　　　　　　　——刘兴华　　　　　　　　　　　　　　　　320

(3) 月末结转酒水、食品等销售成本 80 元时：

借：主营业务成本——酒水等　　　　　　　　　　　　　　　　　80
　　　贷：库存商品——客房吧台　　　　　　　　　　　　　　　80

注意："销售费用"账户有三个红字金额。其中：电话费 80 元,是收回已付电话费的一部分；洗涤费 50 元,是收回送洗染店代宾客洗衣的洗涤费；物料消耗 30 元,是收回被损坏、需要更新的物品价值。

挂账的账单应随同客房营业日报表移送财务部门,以便组织收款。

有的酒店客房采用现收制,为了使月度营业收入接近真实,查明月末应收续住尚未离店宾客的房金,补列营业收入,下月初以红字冲转。

【例 4-5】 琴岛大酒店客房结算采用现收制,月末查明续住尚未离店宾客账单的房金总额为 15 000 元,补列收入。本月月末作会计分录如下:

借:应收账款——月末尚未结算房金　　　　　　　　　　　　　　　15 000
　　贷:主营业务收入——房金　　　　　　　　　　　　　　　　　　　　15 000

下月初用红字冲转:

借:应收账款——月末尚未结算房金　　　　　　　　　　　　　　　15 000
　　贷:主营业务收入——房金　　　　　　　　　　　　　　　　　　　　15 000

第三节 | 酒店客房成本业务的核算

由于酒店客房是特殊商品,不同于其他企业,因此其成本主要通过折旧和摊销等方式分别在主营业务成本、销售费用和管理费用中反映。客房营业成本中所占比重较大的项目包括折旧费、物料消耗、电费、工资费用等。

一、折旧费和修理费的核算

(一)固定资产折旧的核算

4-4 视频:
客房的折旧
和修理

企业应当根据固定资产所含经济利益的预期实现方式选择折旧方法,可选用的折旧方法包括年限平均法、工作量法、双倍余额递减法和年数总和法。其中,前两种方法称为直线法,后两种方法为加速折旧法。酒店的固定资产主要包括建筑物、电梯、空调、锅炉等设备设施。酒店的折旧方法一般采用平均年限法。酒店车队的车辆采用工作量法,按行驶里程计算折旧。

【例 4-6】 琴岛大酒店客房部上月新购进 100 台空调,每台 6 295 元,净残值率为 5%,预计使用年限为 5 年,本月应计提折旧额计算如下:

$$6\ 295 \times 100 \times (1-5\%) \div 5 \div 12 = 9\ 967.08(元)$$

作会计分录如下:

借:销售费用——客房——折旧费　　　　　　　　　　　　　　　9 967.08
　　贷:累计折旧　　　　　　　　　　　　　　　　　　　　　　　　9 967.08

知识拓展 4-2 ....

固定资产折旧常用方法

(1)年限平均法:

年折旧率=(1-预计净残值率)÷预计使用年限

月折旧率=年折旧率÷12

月折旧额=固定资产原值×月折旧率

（2）工作量法：

$$单位工作量折旧额＝固定资产原值×（1－预计净残值率）÷预计总工作量$$
$$某项固定资产月折旧额＝该项固定资产当月工作量×单位工作量折旧额$$

（3）双倍余额递减法：

$$年折旧率＝2÷预计使用年限×100\%$$
$$年折旧额＝每年年初固定资产账面净值×年折旧率$$
$$最后两年每一年的折旧额＝（倒数第二年年初固定资产账面净值－预计净残值）÷2$$

（4）年数总和法：

$$年折旧率＝尚可使用年限÷预计使用寿命的年数总和$$
$$年折旧额＝应计提折旧总额×年折旧率$$
$$＝（固定资产原值－预计净残值）×年折旧率$$

（二）修理费用的核算

酒店的修理费有小修理和大修理之分。日常小修理费用发生时，直接列入有关费用核算。

【例4-7】 琴岛大酒店发生客房空调维修费用420元，以现金支付，作会计分录如下：

借：销售费用——客房——修理费		420
贷：库存现金		420

酒店的大修理费，主要是进行大规模的装修所产生的费用。现代酒店是以设施的完善、安全、舒适、美观作为竞争条件招徕宾客。所以，每隔3～5年酒店便要进行一次全面装修，费用巨大。对这种大额装修费用，有预提和待摊两种核算方法。

（1）预提法。由工程专业人员估计出若干年后将进行全面装修的费用预算资料，在持续经营的3～5年内作预提处理。

【例4-8】 琴岛大酒店客房部准备4年后进行一次全面装修，经工程专业人员估算，约需费用120 000元，每月预提2 500元，作会计分录如下：

借：销售费用——客房——修理费		2 500
贷：预提费用		2 500

4年后进行装修是采用包工包料形式。作会计分录如下：

（1）装修期间陆续预付装修工程款时：

借：预付账款		×××
贷：银行存款		×××

（2）装修完毕，根据工程决算单：

借：预提费用		×××
贷：预付账款		×××
银行存款		×××

如果预提大修费用不足或有余，差额作补列或冲销处理。

（2）待摊法。有的酒店如果在经营过程没有预提大修理费用，几年后发生大规模装修费用时，按分期摊销处理。

【例4-9】 琴岛大酒店客房进行全面装修，工程费用总额120 000元。施工过程已陆续预付工程款110 000元，另以银行存款10 000元支付余款。由于没有预提，经研究决定按4年分月摊销。作会计分录如下：

施工过程陆续已支付工程款：

借：预付账款	110 000
贷：银行存款	110 000

按决算单结算时：

借：长期待摊费用	120 000
贷：预付账款	110 000
银行存款	10 000

分月摊销时：

借：销售费用——客房——修理费	2 500
贷：长期待摊费用	2 500

待摊法的缺点是装修费用发生以前各期反映的费用水平和利润水平不均衡，作分析比较时应加以说明。

二、洗衣坊的核算

（一）洗衣坊会计核算的特点

酒店的洗衣坊一般归客房部管理（也有的归管家部管理），主要为客房、餐饮等部门洗涤布件，也会为住店客人洗涤衣物。洗衣坊从事洗涤业务不产生营业收入，而是通过分摊洗涤成本的方法来补偿其物料消耗，即采用一定的方法将洗涤成本分摊到酒店各相关部门的费用中。

一般来说，洗衣坊发生的费用按照洗衣坊的能源消耗归集。例如，电费可按洗衣设备的功率和需要运转的时间计算确定；燃油是锅炉提供烘干机蒸汽的消耗，但与供应客房的热水混在一起，因此可按耗油比例确定燃料费用。

（二）标准成本分摊法

洗衣坊发生的洗涤费用可以采用实际成本分摊法进行分摊，也可以采用标准成本分摊法进行分摊。本书主要介绍标准成本分摊法。标准成本分摊法是根据制定的各种衣服、布件的单位标准成本以及洗涤数量分摊洗涤成本的方法，在这种方法下，酒店内部洗涤成本按标准成本转账。

（1）标准成本的制定。标准成本是采用一定的方法预测的洗涤部门的洗涤成本。洗涤部门可通过测试确定每台机器每次洗涤各种布件的数量，所消耗的人工费、材料费、其他费用，计算出其洗涤的单位标准成本。

为了简便，不必对每种布件都进行测试，酒店可以通过一种洗涤量比较大的布件为标准布件（如毛巾）进行测试，并规定标准布件的系数为1，通过每台每次可洗涤的标准布件数量与各种布件每台每次可洗涤的数量之比,折算出各种布件的系数。用标准布件的单位标准成本,乘以各种布件的系数,就可得出每一布件洗涤的标准成本。

【例4-10】 琴岛大酒店洗衣坊选择客房毛巾作为标准布件进行测试,一台洗衣机每次洗涤80条,洗涤成本为0.15元,单位标准成本为0.28元。该台洗衣机每次洗涤口布160条,洗涤每条口布的单位标准成本计算如下:

$$口布的系数＝80÷160＝0.5$$
$$洗涤口布的单位标准成本＝0.28×0.5＝0.14(元)$$

(2)内部洗涤成本的计算和分配。期末,根据酒店内部各部门各种布件洗涤数量,分别乘以各种布件的单位标准成本,计算出各部门的洗涤成本,并转入各有关部门的费用中。

(3)住店客人衣物洗涤成本的计算。本期住店客人衣物洗涤成本,等于本期洗涤部门实际发生的洗涤成本减去内部各部门洗涤成本的转账数。

标准成本分摊法利用了固定的标准,简化了成本计算手续,提高了计算速度。由于每月标准成本不变,酒店各部门可比较各期洗涤费用发生情况,寻找降低费用的途径。但是,由于内部洗涤成本按标准成本转账,标准成本与各期实际成本之间的差异,将影响当期客人洗涤的成本。因此,在分析洗涤部门经营情况时要考虑该项差异的影响程度。

(三)洗衣坊会计核算的步骤

由于洗衣坊不单独核算收入,其所发生的洗涤成本先全部归客房部承担,期末再分配转入相关部门,为了计算洗涤成本,应从账面上分析统计洗涤费用和所完成的洗涤量等资料。具体步骤如下:

(1)从客房部"销售费用"明细账中统计分析洗衣坊水、电、燃料费用,以及洗衣粉、漂白粉、乳化剂等消耗;从"累计折旧"明细账中查明洗衣坊所占用的固定资产的折旧费用;从"应付职工薪酬"明细账中查明洗衣坊人员应分配的职工薪酬;从客房部布草交接单中查明洗涤布草的实际数量等。

(2)按照布草成本系数折合洗涤量,计算洗涤成本。

【例4-11】 琴岛大酒店洗衣坊本月发生的费用、洗涤数量和布草成本系数等资料如表4-4、表4-5、表4-6所示。

表4-4 **成本费用表**

项目	金额
折旧费	10 600 元
电费	2 400 元
燃料费	8 200 元
应付职工薪酬	8 500 元
洗涤用品	1 500 元
合计	31 200 元

表 4-5　　　　　　　　　　　　布草洗涤实际数量

项目	数量
单人被套	5 000 件
单人床单	5 000 件
枕套	7 000 个
浴巾	5 000 条
毛巾	5 000 条
台布	2 000 块

表 4-6　　　　　　　　　　　　布草洗涤成本系数

项目	系数	项目	系数
单人被套	1.2	浴巾	0.8
单人床单	1.0	毛巾	0.3
枕套	0.3	台布	1.1

洗涤成本的计算如下：

布草洗涤量＝5 000×1.2＋5 000×1＋7 000×0.3＋5 000×0.8＋5 000×0.3＋2 000×1.1＝20 800(件)
布草的单位洗涤成本＝31 200÷20 800＝1.5(元)

各项布草的单位洗涤成本计算如下：

单人被套＝1.5×1.2＝1.80(元)
单人床单＝1.5×1.0＝1.50(元)
枕套＝1.5×0.3＝0.45(元)
浴巾＝1.5×0.8＝1.20(元)
毛巾＝1.5×0.3＝0.45(元)
台布＝1.5×1.1＝1.65(元)

由于洗衣坊的费用全部归客房部核算，不单独核算，上述计算出的单位成本在计算内部服务费用转移、对外服务计价和结转服务成本时使用。例如，假定上述台布是为本酒店餐饮部洗涤的，则作会计分录如下：

台布洗涤费用＝2 000×1.65＝3 300(元)

借：销售费用——餐饮部——洗涤费　　　　　　　　　　　　　　　　3 300
　　贷：销售费用——客房部——洗涤费　　　　　　　　　　　　　　　　　3 300

若企业的洗衣坊洗涤能力有剩余，并承担部分其他酒店的洗涤工作，则获得的收入作为其他业务收入,结转洗涤成本时减少客房部的主营业务成本,增加其他业务成本。

【例 4-12】 琴岛大酒店洗衣坊的洗涤能力过剩,为了增加收入代其他酒店洗涤布草。本月共代其他酒店洗涤被套 2 500 床,单人床单 2 500 床,枕套 3 000 个。已知单人床单的单位洗涤成本为 1.5 元,单人被套的单位洗涤成本为 1.8 元,枕套的单位洗涤成本为 0.45 元。按照成本加利润率 40% 计价。相关计算及会计分录如下:

(1)单位洗涤价格的计算如下:

$$单人床单的单位洗涤价格=1.5×(1+40\%)=2.10(元)$$
$$单人被套的单位洗涤价格=1.8×(1+40\%)=2.52(元)$$
$$枕套的单位洗涤价格=0.45×(1+40\%)=0.63(元)$$

(2)应收取的洗涤费用的计算如下:

$$应收取的单人床单的洗涤费=2 500×2.10=5 250(元)$$
$$应收取的单人被套的洗涤费=2 500×2.52=6 300(元)$$
$$应收取的枕套的洗涤费=3 000×0.63=1 890(元)$$
$$应收取的洗涤费用总额=5 250+6 300+1 890=13 340(元)$$

借:应收账款　　　　　　　　　　　　　　　　　　　　　　　　13 340
　　贷:其他业务收入　　　　　　　　　　　　　　　　　　　　　　13 340

(3)洗涤成本计算如下:

$$单人床单的洗涤成本=1.5×2 500=3 750(元)$$
$$单人被套的洗涤成本=1.8×2 500=4 500(元)$$
$$枕套的洗涤成本=0.45×3 000=1 350(元)$$
$$洗涤成本总额=3 750+4 500+1 350=9 600(元)$$

借:其他业务成本　　　　　　　　　　　　　　　　　　　　　　　9 600
　　贷:销售费用——客房部——洗涤费　　　　　　　　　　　　　　9 600

(4)收到洗涤费时:

借:银行存款　　　　　　　　　　　　　　　　　　　　　　　　13 340
　　贷:应收账款　　　　　　　　　　　　　　　　　　　　　　　13 340

$$其他业务利润=13 340-9 600=3 740(元)$$

三、一次性用品和服装费的核算

(一)一次性用品的核算

客房免费提供给客人的牙具、梳子、拖鞋等一次性用品,都是按照客房应住人数提供的。有些宾客对一次性的用具不喜欢,既不使用也不带走,故楼层服务员可以回收。如果加强管理,可以节约一定的成本。服务员每天发放一次性物品时,应填写客房消耗用品日统计表(表 4-7)。一次性用品一般由总仓库进货,再由客房部批量领用,存放于客房部的仓库中,每天按实际需用量发放。

表4-7　　　　　　　　　　　　　　客房消耗品日统计表

项目	牙具	拖鞋	香皂	浴帽	梳子	洗发液	沐浴液	卷纸	针线包	火柴	信纸	信封	圆珠笔
应发数													
实用数													
补发数													
备注													

客房主管：　　　　　　　领班：　　　　　　　服务员：　　　　　　　日期：

账务处理如下：

（1）向酒店仓库领用物品时：

借：物料用品——客房部仓库——一次性用品（分品名进行登记）
　　贷：物料用品——酒店总仓库——一次性用品（分品名进行登记）

（2）月末根据客房部实际消耗：

借：主营业务成本——客房部——物料消耗
　　贷：物料用品——客房部仓库——一次性用品

月末应进行盘点，确认是否账实相符，如不相符则查明原因作相应账务处理。

采用以上方法，逐项登记一次性用品，有利于物资监管，但缺点是核算比较复杂。在实际工作中也可采用倒挤的方法进行计算。

采用倒挤法是按照客房部批量领用的数额先直接记入"业务间接费用"账户，月末倒挤出本月实际消耗数额，然后从"业务间接费用"账户转入"主营业务成本"或"销售费用"账户。这种方法核算简便，但不利于物资监管。

📁 知识拓展4-3

"业务间接费用"账户的使用

在实务中，有些费用发生时，不能分清应负担的部门，可先在此账户中进行归集，期末根据实际情况再结转到相关成本或费用账户；或者有些费用发生后，当月不能全部转销时，也可先在此账户中核算。本账户属于成本类账户，期末可以保留余额。

（二）服装费的核算

酒店是对外窗口行业，对职工仪表、仪容及着装方面有很高要求，因此，酒店按规定支付职工个人的服装费可在成本费用中列支，并且按一线、二线工作人员划分档次。由于服装费一次支出数额较大，为均衡各期成本费用，按权责发生制原则，对服装费可采取预提或待摊方式列支。

【例4-13】 2×23年1月5日，琴岛大酒店委托服装厂为企业每位职工更换一套工作服。每人制装费600元，该饭店在职职工为400人，其中行政管理人员100人。服装加工费以银行存款付讫，并在两年内进行摊销。该饭店作会计分录如下：

营业人员服装费＝600×（400－100）＝180 000（元）

行政管理人员服装费＝100×600＝60 000（元）

合计＝180 000+60 000＝240 000（元）

借：长期待摊费用　　　　　　　　　　　　　　　　　　　　　　240 000
　　贷：银行存款　　　　　　　　　　　　　　　　　　　　　　　　　　240 000

在 2 年期间,每月摊销服装费时,作会计分录如下:

借：销售费用——服装费　　　　　　　　　　　　　　　　　　7 500
　　管理费用——服装费　　　　　　　　　　　　　　　　　　2 500
　　贷：长期待摊费用——服装费　　　　　　　　　　　　　　　　　10 000

本 章 小 结

　　本章的主要学习内容是酒店业的会计核算。通过本章的学习,我们了解了酒店的定义及分类、酒店的等级划分、酒店会计的核算内容及特点等;熟悉了酒店的主要部门的功能及业务特点;掌握了客房业务收入、客房成本业务的核算。

本 章 重 要 概 念

酒店　星级表示法　字母表示法　数字表示法　酒店会计　年限平均法　工作量法

4-5 扫一扫
看课件

本 章 练 习

1. 酒店会计的核算特点有哪些?
2. 酒店的分类方式有哪些?
3. 酒店客房营业成本包括哪些?
4. 酒店客房营业收入的账务处理有哪两种?
5. 酒店客房部的业务特点有哪些?

4-6 扫一扫
练一练

4-7 扫一扫
练一练答案

第五章　其他服务业会计

内容提要

本章主要讲解服务业中的物业管理企业及娱乐业的会计核算。具体包括物业管理企业会计核算的特点、物业管理企业存货、代收款项和代管基金、收入与成本费用、增值税的核算以及娱乐业的会计核算。

重点难点

本章重点为物业管理企业存货、代收款项和代管基金、收入与成本费用、增值税的核算；难点为物业管理代收款项和代管基金的核算、物业管理收入及经营收入的核算、物业管理成本及经营成本的核算。

学习目标

通过本章学习,学生应掌握物业管理企业的主要经济业务、业务特点及会计核算特点；了解物业管理企业存货、代收款项和代管基金、收入与成本费用、增值税的核算；了解娱乐业会计的核算。

知识框架

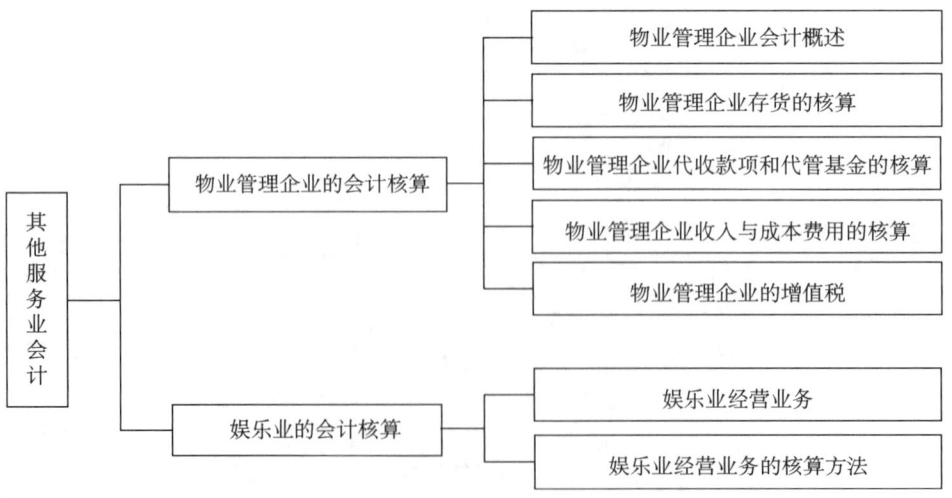

思政育人　　　未来物业管理发展趋势及精细化成本管理

物业管理在房地产产业链序列中占有非常重要的地位,随着房地产的不断发展,我国的物业管理也得到了蓬勃发展,并呈现出专业化、集团化、品牌化、智能化、国际质量标准化的发展趋势。

物业管理公司提供的物业服务水平的高低对开发商的口碑影响很大,因此不论是住宅还是商业地产,开发商对物业管理越来越重视。中国的物业管理公司普遍存在运转低效的情况,造成物业公司行业平均利润率较低,尤其是近年来原材料和人力价格的上涨给物业公司带来了很大的经营压力,物业收费标准依据国家政策和地方政策可以根据物业服务水平在一定范围内浮动,但不能超过政策规定上限,物业费收入是物业管理公司收入的主要来源,政策规定限制了物业公司收取物业费获得营收的上限。较高的物业服务水平往往也意味着较高的投入成本,降低服务水平虽然能一定程度上压低成本,但其又反过来影响收费水平,加大收费难度,这就出现了恶性循环,让物业管理公司出现运营困难。在这种情况下,通过精细化的成本管理方法和措施降低物业经营管理成本,在事前、事中、事后三个阶段进行精细化成本管理:事前普及精细化成本管理理念,建立精细化管理体系;事中推行精细化成本管控的具体落实;事后通过考核机制进行考核,将运营成本控制在合理的范围内,这样在费用一定的情况下提高服务效率,使物业管理行业走出困境,走向稳步发展的道路。

资料来源:韩阳.物业管理企业精细化成本管理策略研究[D].济南:山东师范大学,2022.

第一节 | 物业管理企业的会计核算

服务业包括的内容非常广泛,其中旅游饮食业、酒店业、运输业等会计核算已单独在相应章节讲解,因此本章主要针对物业管理企业和娱乐业的会计核算进行讲解。

1981 年 3 月,我国第一家物业管理公司深圳市物业管理公司成立,标志着我国在物业管理道路上迈出了第一步。自此物业管理从无到有,从专业化、社会化到企业化、经营型,从自建自管到向市场招标,从发展商移交管理权到业主委员会聘请物业管理公司,物业管理市场化的步伐不断加快。物业管理已在房地产业与其他服务业相结合的基础上,发展成为和我国经济协调发展,与广大人民的生活、工作息息相关的一个独立的行业,同时物业管理企业的专业分工也越来越细。

一、物业管理企业会计概述

(一) 物业及物业管理的概念

1. 物业的概念

物业是指以土地及土地上的建筑物形式存在的不动产,一般包括以下三方面内容:

(1)物业是已建成并具有使用功能的各类可供居住和非居住的房屋。

(2)物业包括与房屋相配套的设备和市政、公用设施。

(3)物业包括与房屋相配套的房屋内部各项设施以及房屋相邻的场地、停车场、小区干道等。

相关思考5-1

物业与房地产在概念上的区别

物业与房地产在概念上既有联系又有区别。房地产是指房地产的投资开发、建造、流通、消费的整个过程,而物业是指房地产进入消费领域的房地产产品。

2. 物业管理的概念

物业管理是指物业产权人、使用人委托物业管理企业运用现代化的经营手段和修缮技术,对已经投入使用的各类物业(包括房屋及其设备以及相关的居住环境等)统一进行维护、修缮、服务和管理的活动。其内涵如下:

(1)物业管理的对象:具体包括已建成、投入或即将投入使用的物业。

(2)物业管理的服务对象:人,即物业产权人和使用权人。

(3)物业管理是专业化和综合性的管理:它是由专门的物业管理企业组织专门的人员,按照物业产权人和使用权人的要求实施的综合性管理;其目的是提高物业的经济价值和使用价值,为物业产权人和使用人创造一个舒适方便的居住和工作环境。因此,物业管理是融管理、服务、经营为一体的服务性行业,其实质是一种经营性服务。

3. 物业管理的内容

物业管理是一个综合管理的业务,所以其涉及的内容非常广泛,具体分类如表5-1所示。

表5-1 物业管理的内容

内容分类		具体内容
专项业务管理	基础工作管理	房屋建筑管理、设备管理
	物业综合管理	交通管理、消防管理、安全管理、绿化管理、清洁管理
物业管理与社区服务相结合业务		家务总揽、教育卫生、文化娱乐、社会福利等
一业为主,多种经营		不动产投资咨询、中介服务、住房交换、房屋改建以及旅游、餐饮、商场等

(二)物业管理企业会计核算的特点

(1)物业管理会计对象相对简单。物业管理企业既不涉及生产活动,也不涉及销售活动,多数情况下只涉及提供维修、维护管理服务。因而,其资金运动过程及形式相对简单。

(2)物业管理会计对资金运动的监督要求更加全面。会计监督本是会计的基本职能之一,但物业管理会计的监督职能表现得更为全面和与众不同。它不仅包括一般意义的企业自主行为的事前、事中和事后监督,而且还包括来自政府部门、特别是物业业主等的监督。

(3)会计信息使用者对信息的要求较为特殊。在一般行业会计中,会计信息的主要使用者是投资者、经营者、债权人等;而物业管理会计的信息使用者不仅包括上述主要使用者,而且还包括消费者这一主要使用者,即业主。业主最关心物业管理收费的使用情况及其效益等信息,因此,会计信息中就会充分体现出这些信息以满足业主的需求。

🔊 **特别提示5-1**

在会计账户设置上与一般企业的差异

物业企业会计核算除了包括一般行业企业会计账户,还设置了一些特殊账户,如"采购保管费""代收款项""代管基金"等账户。

二、物业管理企业存货的核算

（一）物业管理企业存货的概述

1. 存货及组成内容

物业管理企业的存货是指企业为满足物业管理、物业经营、物业大修理及其他业务等在物业管理业务中耗用而储备的各种物资。其主要内容包括原材料、燃料、低值易耗品、物料用品和库存商品等。

（1）原材料是指物业管理企业为完成其经营业务的主体物资资料，是企业库存和在途的构成物业管理企业经营服务成本的各种主要材料、辅助材料、修理备用件等，如钢材、木材、水泥、砂子、砖瓦等。

（2）燃料是指物业管理企业储备的各种固体、液体和气体燃料，包括生产加工，供热等耗用的煤炭、天然气、液化气、煤气和石油制品等。

（3）低值易耗品是指物业管理企业不作为固定资产核算的各种用具、家具等，包括修理工具、管理用具、家具用品、劳保用品、玻璃器皿以及在经营过程中周转使用的包装容器等。

（4）物料用品是指物业管理企业储备的除原材料、燃料、低值易耗品以外的经营管理用品，包括日常用品、办公用品、包装用品和其他用品等。

（5）库存商品是指为销售而库存的各类物品，如为业主代装的防盗门、晒衣架、隔离栏、灭火机、抽水马桶、浴缸、洁具等商品及设备。

2. 存货的计价方法

物业管理企业购进存货，其初始成本的确定可参照施工企业、房地产开发企业存货核算，并按实际成本计价。发出存货计价方法与工业企业相同。

（二）待售物品的核算

物业企业购入的待售物品即库存商品，是指供应给业主所需要的防盗门、晒衣架、抽水马桶、浴缸、涂料、卫生洁具等商品及设备。由于待售物品的购入与销售属于商品流通企业经营范围，其核算应按商品流通企业会计核算方法进行。

🔊 **特别提示 5-2**

物业企业销售待售物品的收入应记入的账户

物业企业销售待售物品的收入属于其他业务收入，即不属于主营业务收入，因此，应记入"其他业务收入"账户。

三、物业管理企业代收款项和代管基金的核算

（一）代收款项的核算

1. 代收款项的概念

代收款项是指物业管理企业因代收代交有关费用等应付给有关单位的款项，如代收水电费、煤气费、有线电视费、企业受物业产权人的委托代收取的房租等。

2. 科目设置

物业管理企业设置"代收款项"账户进行代收款项的核算。该账户是为了反映和监督企

5-1视频：物业管理企业的存货

5-2视频：代收款项核算

业代收款项的增减变动情况而设置,并按代收代交费用的种类设置明细账户进行核算。

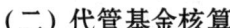 相关思考5-2 ···

物业管理企业代收款项的增值税如何计算

物业管理企业代有关部门收取水费、电费、燃(煤)气费、维修基金,属于增值税"现代服务——商务辅助服务"税目中的"代理服务"业务。因此,对物业管理企业从有关部门收取的水费、电费、燃(煤)气费、维修基金不缴纳增值税,对其从事此项代理业务收取的手续费收入应当缴纳增值税,增值税一般纳税人的税率为6%,小规模纳税人税率为3%。

必须同时满足以下两个条件才称之为"代收":

(1)物业公司不垫付资金。

(2)物业公司从业主手中收取的款项全部交给销货方,并由销货方直接向业主开具发票,由物业公司转交给业主。物业公司在中间只起到"运输"和"管理"的作用,那么在此情况下对物业公司代收的水费、电费等费用不征收增值税,对于另行收取的管理费征收增值税。

【例5-1】 2×23年2月,利民物业公司代收电费53 000元,供电公司按3%支付代收手续费。以库存现金结算。作会计分录如下:

(1)代收电费时:

借:库存现金　　　　　　　　　　　　　　　　　　　　　　　　　　　　53 000
　　贷:代收款项　　　　　　　　　　　　　　　　　　　　　　　　　　　　53 000

(2)结算时:

借:代收款项　　　　　　　　　　　　　　　　　　　　　　　　　　　　53 000
　　贷:库存现金　　　　　　　[扣除含税手续费后的余额]　　　　　　　　51 410
　　　　主营业务收入　　　　　[(53 000×3%)÷1.06]　　　　　　　　　1 500
　　　　应交税费——应交增值税(销项税额)　[1 500×6%]　　　　　　　　90

5-3 视频:
代管基金核算

(二) 代管基金核算

1. 代管基金的概念

代管基金是由物业管理企业代管的,需要由房屋出售人、物业所有人及使用人共同交纳的,用于物业管理企业为物业所有人、使用人提供房屋共用部位、共用设施设备维修服务的一笔维修基金。代管基金要求专款专用、专户存储,并定期接受物业管理委员会或业主所有人、使用人的检查和监督。

2. 账户设置

(1) 设置"代管基金"账户,属于负债类账户,其借方登记企业支付的维修基金;贷方登记收到的代管基金本息、企业有偿使用的产权属于业主的商业用房和共用设施设备的租赁费、有偿使用费等;余额在贷方,表示尚未使用的维修基金数。

(2) 设置"在建工程——物业工程"账户,用于归集物业工程所发生的各项支出。该账户借方登记物业工程发生的各项支出;贷方登记已完物业工程成本的结转数;科目借方余额,反映在建工程的实际成本。该账户应按工程项目类别设置明细账进行核算。

物业管理企业每天都要面临着为业主维修,如下水道堵塞、单元门锁损坏、房屋漏水、道路塌陷等大大小小的维修项目。对于物业管理企业而言,对设施设备、房屋建筑物的维修与维护是其最基本的业务。因此,物业管理企业能否及时保质保量地对设施设备、房屋建筑物进行维修与维护,是考核物业管理企业服务质量的重要指标之一。

物业设备维修与维护是指物业管理企业以及各级政府的房地产管理部门、城建部门、供电部门、自来水公司、燃气公司的单位对辖区内的各种物业设备的使用、维护、维修与保养,保证物业设备的正常使用,提高物业设备的完好率,延长物业设备的使用寿命,最大限度地满足业主对设备使用的需要。

🔊》特别提示5-3

房屋维修管理

房屋维修管理又称房屋修缮管理,它是指物业管理机构的房屋管理与修缮部门对其所经营管理的房产进行修缮技术管理。其具体内容包括房屋的安全检查、房屋维修的施工管理、房屋修缮的行政管理以及房屋的日常保养等内容。在物业管理过程中,搞好房屋的维修管理,不仅有利于延长房屋的使用寿命,增强其使用的安全性能,也有利于美化环境,使物业管理企业在用户心中建立良好的形象和信誉,从而促进物业管理行业的发展。根据房屋的损坏程度并按房屋维修的性质,可以将其分为小修、中修、大修、翻修及综合维修五类。

根据国家发改委和建设部发布的《物业服务收费管理办法》,物业共用部位、共用设施设备的大修、中修和更新改造费用应通过专项维修基金予以列支,不得记入物业服务支出或者物业管理成本。

3. 共用物业设备大修理的核算

共用物业设备大修工程的费用应由专项维修基金列支。

第一,维修工程若由物业管理企业自行组织维修的:

(1)实际发生工程支出时,作如下会计分录:

借:在建工程
  贷:银行存款/原材料/物料用品/应付职工薪酬等

(2)工程完工,工程款经由业主委员会或物业产权人、使用人签字确认后进行转账时,作如下会计分录:

借:代管基金
  贷:主营业务收入——物业大修收入

同时:

借:主营业务成本——物业大修成本
  贷:在建工程

第二,由外单位承接大修任务的,工程完工,其工程款经由业主委员会或者物业产权人、使用人签证认可后与承接单位进行结算,作如下会计分录:

借:代管基金
  贷:银行存款等

【例5-2】 2×23年3月,利民物业公司对小区的排水系统进行大修,共领用原材料56 000元,物料用品13 000元,应分配维修人员的薪酬7 000元。工程完工后经物业产权人确认,工程造价为83 000元。作会计分录如下:

（1）发生维修成本时：

借：在建工程——物业工程——排水系统维修工程   76 000

 贷：原材料   56 000

  物料用品   13 000

  应付职工薪酬   7 000

（2）工程完工，经物业产权人确认后，结算工程款并结转维修成本时：

借：代管基金——房屋维修基金——排水系统   83 000

 贷：主营业务收入——物业大修收入   83 000

同时：

借：主营业务成本——物业大修成本   76 000

 贷：在建工程   76 000

4. 房屋专项维修工程的核算

根据国家发改委和建设部发布的《物业服务收费管理办法》的规定，房屋维修费用由专项维修基金列支的房屋维修工程，主要包括中修、大修和翻修工程等。

物业管理企业发生的中修工程、大修工程以及翻修工程应按如下原则进行会计处理。

第一，维修工程若由物业管理企业自行组织维修的：

（1）实际发生工程支出时，作如下会计分录：

借：在建工程

 贷：银行存款/原材料/物料用品/应付职工薪酬等

（2）工程完工，工程款经由业主委员会或物业产权人、使用人签字确认后进行转账时，作如下会计分录：

借：代管基金

 贷：主营业务收入——物业大修收入

同时：

借：主营业务成本——物业大修成本

 贷：在建工程

第二，由外单位承接大修任务的，工程完工，其工程款经由业主委员会或者物业产权人、使用人签证认可后与承接单位进行结算，作如下会计分录：

借：代管基金

 贷：银行存款等

【例5-3】 2×23年3月，利民物业公司对小区1号楼房屋屋顶进行大修，共领用原材料28 000元，物料用品2 000元，应分配维修人员的薪酬3 000元。工程完工后经物业产权人确认，工程造价为41 000元。作会计分录如下：

（1）发生维修成本时：

借：在建工程——物业工程——房屋维修工程 33 000

  贷：原材料 28 000

    物料用品 2 000

    应付职工薪酬 3 000

（2）工程完工，经物业产权人确认后，结算工程款并结转维修成本：

借：代管基金——房屋维修基金——房屋维修工程 41 000

  贷：主营业务收入——物业大修收入 41 000

同时：

借：主营业务成本——物业大修成本 33 000

  贷：在建工程 33 000

【例 5-4】 2×23 年 4 月，利民物业公司采用出包方式委托东盛建筑公司对小区房屋地基进行防震加固，工程款共计 670 000 元，工程竣工后经物业产权人确认后与承包方结算工程款。作会计分录如下：

借：代管基金——共用设施设备维修基金 670 000

  贷：银行存款 670 000

🔊 特别提示 5-4 ....

维修工程支出较大，则应先记入"长期待摊费用"账户

如果物业管理企业对开发商或物业产权人提供的管理用房进行维修工程发生的支出金额较大时，应先记入"长期待摊费用"账户，在有效使用期限内分期摊销记入"主营业务成本"账户。

例如，利民物业管理公司于 2×23 年 1 月对办公管理用房进行大修，领用原材料 76 000 元，应分配维修人员的薪酬 14 000 元。维修费用按 5 年摊销。作会计分录如下：

（1）发生维修成本时：

借：在建工程——物业工程——办公用房大修工程 90 000

  贷：原材料 76 000

    应付职工薪酬 14 000

（2）工程完工时：

借：长期待摊费用——办公用房大修工程 90 000

  贷：在建工程——物业工程——办公用房大修工程 90 000

（3）2×23 年每月末及以后 4 年每月末摊销维修成本时：

借：主营业务成本——物业管理成本 1 500

  贷：长期待摊费用——办公用房大修工程 1 500

📚 延伸阅读 5-1 ....

综合维修工程

综合维修工程是指成片多幢的楼房或面积较大的单幢房屋，大部分严重损坏，进行有计划的成片维修和为改变该片（幢）房屋的面貌的维修工程，也就是指大、中、小修一次性应进行全面维修的工程。综合维修

后的房屋必须符合基本完好或完好标准要求,其费用应控制在该片(幢)建筑物同类结构新建造价的20%左右。

综合维修工程的会计核算参照前述的小修工程、中修工程和大修工程的会计处理。

四、物业管理企业收入与成本费用的核算

(一)物业管理企业收入

5-4 视频:
代收款项物
业管理企业
收入与成本
概述

物业管理企业收入是指从事物业管理和其他经营活动所取得的各项主营业务收入。主要包括主营业务收入和其他业务收入两大类。其中,主营业务收入是指在从事物业管理活动中,为物业产权人、使用人、提供维修、管理和服务等劳务取得的各项收入,如物业管理收入、物业经营收入和物业大修收入;其他业务收入是指企业除了主营业务收入的其他业务活动所取得的收入,包括房屋中介代销手续费收入、材料物资销售收入、废品回收收入,商业用房经营收入及无形资产转让收入等。

会计上设置"主营业务收入"账户和"其他业务收入"账户来核算,且在其下设置"物业管理收入""物业经营收入""物业大修收入"三个明细账户。

(二)物业管理企业成本费用

成本是企业为生产产品、提供劳务而发生的各种耗费。费用是企业为销售商品、提供劳务等日常活动所发生的经济利益的流出。费用与成本是两个并行使用的概念,成本是按一定对象所归集的费用,是对象化了的费用,是按产品品种等成本计算对当期发生的费用进行归集而形成的。

物业管理企业发生的全部费用,通常包括主营业务成本、其他业务成本和期间费用等。

按费用发生的具体用途不同,物业企业的成本可进一步划分为物业管理成本、物业经营成本和物业大修成本等。而每一种类的成本,均可由直接人工费、直接材料费、间接费用等项目构成。其中,实行一级成本核算的企业,可不设间接费用,其有关支出直接计入管理费用。

(三)物业管理收入与成本费用的核算

物业管理收入是指物业管理企业利用自身的专业技术,为物业产权人、使用人提供服务,为保持房产物业完好无损而从事的日常维修、管理活动取得的收入。它一般包括公共性服务收入、公众代办服务费收入和特约服务收入三部分。

物业管理成本是指为物业产权人、使用人提供公共性服务、公众代办性服务及特约服务所发生直接费用支出。按物业管理内容的不同,物业管理成本还可进一步分为公共性服务成本、公众代办性服务成本和特约服务成本三类。物业管理企业应设置"主营业务成本——物业管理成本"账户来核算,并在其下设置"公共性服务成本""公众代办性服务成本""特约服务成本"三个明细账户进行明细核算。

1. 公共性服务收入与成本费用的核算

第一,公共服务收入。公共服务收入指为物业产权人、使用人提供公共卫生清洁、公共设施的维修保养和保安、绿化而收取的公共性服务收入。它是物业管理活动的主要内容,即是物业管理的主要经营收入。其提供服务的具体内容包括:管理、服务人员的工资和按规定提取的福利费;公共设施、设备日常运行、维修及保养费;绿化服务费;清洁卫生费;保安费;办公费;物业管理单位固定资产折旧费;法定税费。物业管理企业是通过收取物业管理费的

形式实现其对业主物业的管理和服务。物业费计算依据为房屋的建筑面积（自用＋公用）、物业管理服务收费标准。其计算公式如下：

$$各套房屋建筑面积＝该套房屋自用建筑面积×(1＋共用建筑面积分摊率)$$
$$共用建筑面积分摊率＝该幢房屋共用建筑面积÷该幢房屋自用建筑面积总和×100\%$$

🔊 特别提示 5-5

物业费计算时注意区分的内容

各套房屋自用建筑面积：一套房屋内自用的起居室（厅）、卧室、办公室、厨房、卫生间、储藏室、过道和阳台等部位。

各套房屋公用建筑面积：公共使用的门厅、楼梯、电梯、公用通道、垃圾管道以及突出屋面的有围护结构的楼梯间、水房间、电梯机房等部位。

自用设备：一套住宅内部，由住宅的业主、使用人自用的门窗、卫生洁具及通向总管的供热、排水、排气、燃气管道、电线等设备。

共用设备：一幢住宅内部，由整幢住宅的业主、使用人共同使用的供水管道、排水管道、照明灯具、垃圾管道、电视天线、水箱、水泵、电梯、消防等设备。

影响收费标准测算因素：根据本地区综合服务项目劳动付出状况；物价指数变动情况；住房的经济承受能力；小区的档次。

具体收费办法：按月或定期收取均可，分月计算确认经营收入。

物业管理企业收取该项服务费时，作会计分录如下：

借：库存现金/银行存款
　　贷：主营业务收入——物业管理收入——公共服务收入
　　　　应交税费——应交增值税（销项税额）

【例5-5】　2×23年1月，利民物业公司预收小区3号楼一年公共服务费7 632元，作会计分录如下：

（1）预收时：

借：库存现金　　　　　　　　　　　　　　　　　　　　7 632
　　贷：预收账款——公共性服务收入　　　　　　　　　　　　7 632

（2）月末结转收入时：

借：预收账款——公共性服务收入　　　　　　　　　　　636
　　贷：主营业务收入——物业管理收入——公共服务收入　　　600
　　　　应交税费——应交增值税（销项税额）　　　　　　　　36

第二，公共性服务成本费用。公共性服务成本是指物业公司在对公共设施如电梯、水泵、消防、水箱、停车场等维修保养，以及对公共环境的清洁、绿化、保安等服务活动中发生的各项支出。该项服务，既可由物业公司自行经营，也可采用对外出包方式完成。

（1）公共设施设备维修业务的核算。物业管理企业公共设备日常维修与维护发生的费用主要包括共用设备计提的折旧费以及某些专业技术很强的设备采用出包方式支付的维修保养费等。企业发生上述费用时，作会计分录如下：

借：主营业务成本——物业管理成本——公共性服务成本

    贷：应付职工薪酬（自营方式）

        原材料（维修用料，自营方式）

        银行存款（出包方式）

【例5-6】 2×23年1月，利民物业公司在花城小区的设备维修部门应计提折旧费3 500元。

借：主营业务成本——物业管理成本——公共性服务成本   3 500

    贷：累计折旧   3 500

（2）房屋日常维修业务的核算。房屋日常养护是指为确保物业产权人房屋的完好和正常使用所进行的经常性的日常修理、季节性预防保养以及房屋的正确使用维护管理等工作，房屋在长期的使用过程中，难免要遭受各种因素的影响而导致损坏，致使其相关功能下降，通过对房屋的日常养护，可以维护房屋和设备的功能，使发生的损失及时得到修复，最大限度地延长房屋的使用寿命。

物业管理企业为保证房屋正常使用而发生的日常维修保养费用，应记入物业管理成本的公共性服务成本。日常维修保养费用发生时，作会计分录如下：

借：主营业务成本——物业管理成本——公共性服务成本

    贷：应付职工薪酬

        原材料

        物料用品

        低值易耗品

        银行存款等

【例5-7】 2×23年2月18日，利民物业公司对花城小区的雕塑进行清洗，领用了洗涤剂5 000元，清洗刷800元，应付人员工资3 000元。作会计分录如下：

借：主营业务成本——物业管理成本——公共性服务成本   8 800

    贷：物料用品——洗涤剂   5 000

             ——清洗刷   800

        应付职工薪酬——工资   3 000

（3）房屋小修工程业务的核算。房屋小修工程也称零星修理工程或养护工程，是指及时地修复小损、小坏部位，以保持原来房屋的完好等级为目的的日常养护工程。小修工程虽小，但关系到业主日常生活的使用便利，服务性极强，因此必须及时修理维护，力争做到小修不过夜。

小修工程主要包括：屋面补漏、修补面层、泛水、屋脊；钢、木门窗的整修，拆换五金、配玻璃、换窗纱、油漆；修补楼地面面层；抽换个别楞木；修补内外墙面、抹灰及粉刷大棚、窗台腰线；拆砖挖补局部墙体、个别拱圈、拆换个别过梁；抽换个别木梁、屋架上下正弦、木柱脚、修补木楼梯；水、电、暖、气等设备的故障排除及零部件的维修；下水管道、窨井的修补疏通，阴沟、散水、落水管的修补以及房屋的检查；危险构件的临时加固等。

小修工程特点是：项目简单、零星分散、修理量大、涉及面广、时间要求急促，通常可根据房管员掌握或业主申报的情况有计划地组织维修。

物业管理企业对于服务区域内的房屋进行小修时,必须确认责任归属,区别情况对待。若属于人为破坏,则需由当事人进行赔偿。作会计分录如下:

借:其他应收款
　　贷:原材料/应付职工薪酬/银行存款等

若属于自然原因造成,则作会计分录如下:

借:主营业务成本——物业管理成本——公共性服务成本
　　贷:原材料/应付职工薪酬/银行存款/物料用品等

【例5-8】　2×23年1月20日,利民物业公司对花城小区8号居民楼单元防盗门门锁进行更换,领用门锁2 000元。作会计分录如下:

借:主营业务成本——物业管理成本——公共性服务成本　　　　　　　　2 000
　　贷:物料用品——门锁　　　　　　　　　　　　　　　　　　　　　2 000

相关思考5-3
......

业主个人房屋设备维修如何核算

业主或使用者个人房屋设备维修属于有偿服务,其收取的维修费用应作为物业管理企业的物业管理收入。作会计分录如下:

(1)发生维修成本时:

借:主营业务成本——物业管理成本——公共性服务成本
　　贷:原材料/物料用品/应付职工薪酬等

(2)物业服务企业收取业主个人房屋设备修理费用时:

借:库存现金/银行存款/应收账款等
　　贷:主营业务收入——物业管理收入
　　　　应交税费——应交增值税(销项税额)

2. 公众代办性服务收入与成本费用的核算

第一,公众代办性服务收入。公众代办性服务收入是指物业管理企业接受业主和租房户委托代收代缴水电费、煤气费、有线电视费、电话费等服务而收取一定的代办服务手续费收入。它构成企业的物业管理收入。

公用事业、环卫、治安等部门委托物业管理企业收费,须经房屋所在地的物价部门认可后,方可向房屋业主和租房户收取。

(1)账户设置:设置“代收款项”账户。

(2)会计核算:

收到代收的各种款项时:

借:库存现金/银行存款等
　　贷:代收款项

将款项交给相关单位并取得代收、代办手续费收入时:

借：代收款项
　　贷：银行存款
　　　　主营业务收入——物业管理收入——代办服务收入
　　　　应交税费——应交增值税（销项税额）

【例5-9】 2×23年2月，利民物业公司代收水费26 500元，供水公司按3%支付代收手续费，以银行存款结算。作会计分录如下：

（1）代收水费时：

借：库存现金　　　　　　　　　　　　　　　　　　　　　　　　　　　26 500
　　贷：代收款项　　　　　　　　　　　　　　　　　　　　　　　　　　26 500

（2）结算时：

借：代收款项　　　　　　　　　　　　　　　　　　　　　　　　　　　26 500
　　贷：银行存款（扣除含税手续费后的余额）　　　　　　　　　　　　　25 705
　　　　主营业务收入［(26 500×3%)÷1.06］　　　　　　　　　　　　　750
　　　　应交税费——应交增值税（销项税额）(750×6%)　　　　　　　　　45

第二，公众代办性服务成本。公众代办性服务是指物业管理企业为了方便居民，提高办事效率和服务质量代有关部门收取水费、电费、煤（燃）气费、有线电视费、电话费等服务，并向委托的相关部门收取一定的手续费的一种服务方式。

物业管理企业接受业主和租房户委托代收代缴水电费、煤气费、有线电视费、电话费等服务必然会发生各项必要支出。它的成本主要是人工费和应分摊的各种间接费用。人工费的核算主要是通过"作业派工单"和"工资结算汇总表"所列入工费成本核算。

发生公众代办性服务成本时，作会计分录如下：

借：主营业务成本——物业管理成本——公众代办性服务成本
　　贷：应付职工薪酬/库存现金等

3. 特约服务收入与成本费用的核算

（1）特约服务收入：

① 特约服务及特约服务收入的概念。

特约服务是指物业管理企业根据管辖区内的物业产权人、使用人的需求提供特殊服务，如提供家政服务、家教服务、家庭护理服务、装修装饰服务、礼仪服务等。由于物业管理企业提供的特约服务一般不包含在物业服务合同范围之内，因此该项服务收费标准一般应由物业企业管理部门统一制定、明码实价，并采取双方自愿原则。

特约服务收入是指物业管理企业根据管辖区内的物业产权人、使用人的需求提供特殊服务所收取的费用。

② 会计核算。物业管理企业收取服务费时，作会计分录如下：

借：库存现金/银行存款
　　贷：主营业务收入——物业管理收入——特约服务收入

【例5-10】 2×23年2月，利民物业公司为小区3号楼601室业主提供老人护理服务，

共计 1 个月,收取护理费 3 000 元。作会计分录如下:

借:库存现金　　　　　　　　　　　　　　　　　　　　　　3 000
　　贷:主营业务收入——物业管理收入——特约服务收入　　　　　　　3 000

 延伸阅读 5-2

2025 年前养老等社区家庭服务业免征增值税

　　2019 年 5 月 29 日,国务院总理李克强主持召开国务院常务会议,部署进一步促进社区养老和家政服务业加快发展的措施,会议决定对养老、托幼、家政等社区家庭服务业加大税费优惠政策支持——从 2019 年 6 月 1 日到 2025 年年底,对养老、托幼、家政等社区家庭服务业收入免征增值税,并减按 90% 计入所得税应纳税所得额。

　　(2)特约服务成本。特约服务成本是指物业管理企业为管辖区内的物业产权人、使用人提供特殊服务所发生的各项支出,特约服务成本主要部分是人工费和所需材料费。人工费可按服务所需时间和难易程度,结合物业管理企业的具体规定和"作业派工单""工资结算汇总表"所列人工费成本核算;所耗材料应根据领料单和购料单实际成本计算。

　　发生特约服务成本时,作会计分录如下:

借:主营业务成本——物业管理成本——特约服务成本
　　贷:应付职工薪酬/原材料/物料用品/低值易耗品等

【例 5-11】　2×23 年 2 月,利民物业公司为小区 3 号楼 601 室业主提供老人护理服务,发生的人工费 1 600 元。作会计分录如下:

借:主营业务成本——物业管理成本——特约服务成本　　　　　　　1 600
　　贷:应付职工薪酬　　　　　　　　　　　　　　　　　　　　　　1 600

(四)物业经营收入与成本的核算

1. 物业经营收入

(1)物业经营收入的概念。物业经营收入是指物业管理公司通过经营业主或物业产权人、使用人提供的房屋建筑物和共用设施设备取得的经营收入,如开发房产的销售或租赁、经营停车场、游泳池、各类球场地等。

　　特别值得一提的是,物业经营收入是以物业产权人、使用人提供的房屋建筑物和公共设施直接用于经营,不需要对其进行任何的添加。如果对其进行了添加,就改变了原有建筑物和公共设施的用途和功能,如从事饭店、健身房、歌舞厅、美容美发、超市等经营活动取得的收入,则属于其他业务收入的范围。

　　(2)物业经营收入的会计核算。作会计分录如下:

物业管理企业收到各种经营收入时:

借:库存现金/银行存款
　　贷:主营业务收入——物业经营收入——停车场收入等
　　　　应交税费——应交增值税(销项税额)

【例 5-12】　2×23 年 7 月,利民物业公司取得以下收入:停车场收入 87 200 元,地下室出租收入 98 100 元,银行收讫(该小区于 2017 年建成并投入使用)。作会计分录如下:

借：银行存款 185 300
  贷：主营业务收入——物业经营收入——停车场收入 （87 200÷1.09） 80 000
   主营业务收入——物业经营收入——地下室出租收入 （98 100÷1.09） 90 000
   应交税费——应交增值税(销项税额) 15 300

📁 延伸阅读5-3 ....

不动产的租赁收入增值税的计算

停车费按照不动产经营租赁服务交纳增值税,适用9%的税率。若将小区的墙面、电梯作为广告位出租用于广告发布,应按照不动产经营租赁服务交纳增值税,适用9%的税率。一般纳税人出租2016年4月30日前取得的不动产,可以选择简易计税方法,按照5%的征收率计算交纳增值税。

2. 物业经营成本

（1）物业经营成本的概念。物业经营成本是指物业管理公司为保证物业产权人、使用人提供的各种建筑物和附属设备能正常运营而发生的各项费用支出,如房屋出租、停车场管理、游泳池、球场的管理支出等。它主要包括出租房屋的摊销,经营中经营管理人员的工资及福利费,耗用的材料费以及应支付给物业产权人、使用人的租赁费、承包费等。

出租房屋的摊销是房屋租赁服务成本的主要内容,出租房屋按月摊销,其摊销额应根据出租房屋的账面原值和月摊销率计算。出租房屋的月摊销率和月摊销额的计算公式如下：

$$月摊销率＝(1－出租房屋预计净残值率)÷(出租房屋预计摊销年限×12)$$
$$摊销额＝出租房屋账面原值×月摊销率$$

其中,出租房屋预计摊销年限可比照房地产企业同类结构房屋的折旧年限计算,预计净残值率一般可按出租房屋账面原值的3%～5%计算。

（2）物业经营成本的会计核算。为了核算出租房屋的成本,物业管理企业应在"库存商品"账户下设"出租房屋摊销"明细账户,按月计提的出租房屋的摊销额,计入房屋租赁成本,作会计分录如下：

借：主营业务成本——物业经营成本——房屋出租成本
  贷：库存商品——出租房屋摊销

物业经营成本中的经营管理人员的工资及福利费,耗用的材料费以及应支付给物业产权人、使用人的租赁费、承包费发生时,作会计分录如下：

借：主营业务成本——物业经营成本——房屋出租成本
  贷：应付职工薪酬/原材料/物料用品/低值易耗品等

【例5-13】 2×23年3月,利民物业公司以银行存款向业主委员会支付停车场经营承包费30 000元、地下室承包费36 000元。作会计分录如下：

借：主营业务成本——物业经营成本——停车场经营成本 30 000
  ——物业经营成本——地下室经营成本 36 000
  贷：银行存款 66 000

【例5-14】 2×23年4月,利民物业公司圣亚小区,有出租房4套,每月摊销成本8 000元。作会计分录如下：

借：主营业务成本——物业经营成本——房屋出租成本　　　　　　　　　　　8 000
　　贷：库存商品——出租房屋摊销　　　　　　　　　　　　　　　　　　　　　8 000

（五）物业大修收入与成本的核算

物业大修收入是指物业管理企业接受业主委员会或物业产权人、使用人的委托，对房屋共用部位、共用设施设备进行大修等工程活动取得的收入。

物业管理企业的大修资金来源于业主交纳的维修基金。具体业务的核算，详见代管基金的核算。

物业大修成本是受业主委员会或物业产权人、使用人的委托，对房屋共用部位、共用设施设备进行大修、更新改造及对业主委员会或物业产权人、使用人提供的管理用房、商业用房进行装饰等工程发生的各项必要支出。

物业大修工程，可由物业管理企业自营，也可对外出包。核算时，会计上设置"在建工程——物业工程"账户来进行核算。具体业务的核算，详见代管基金的核算。

（六）其他业务收入与成本的核算

1. 其他业务收入

（1）其他业务收入的概念。其他业务收入是指物业管理企业从事主营业务以外的其他业务活动所取得的收入，是物业管理企业为追求更大的经济利益，利用自身的优势，从事房屋中介、材料物资销售、废旧物资回收以及商业用房经营等活动取得的收入。

（2）账户设置。为了反映和监督物业管理企业的其他业务的房屋中介代销手续费收入、材料物资销售收入、废品回收收入、商业用房经营收入的实现和结转情况，物业管理企业应设置"其他业务收入"账户。该账户贷方登记企业实现的各项其他业务收入数；借方登记企业各项其他业务收入的结转数，月末将本月实现的其他业务收入结转到"本年利润"账户；期末无余额。该账户按其他业务收入的类别设置明细分类账户，一般包括"房屋中介代销手续费收入""材料物资销售收入""废品回收收入""商业用房经营收入"等明细账户。

2. 其他业务成本

（1）其他业务成本的概念。物业管理企业除了主营业务，为取得更多收益，广开经营门路，发展物业管理业务以外的各种服务业务。其他业务成本是指主营业务成本以外的其他日常活动所发生的支出。其主要包括房屋中介机构的支出，销售的材料物资的成本以及商业用房经营成本等。

（2）账户设置。为了反映和监督物业管理企业其他业务成本的发生、结转情况，企业应设置"其他业务成本"账户，该账户借方登记各类其他业务成本的发生数；贷方登记其他业务成本的结转数；期末将借方归集的全部发生的其他业务成本结转到"本年利润"账户，结转后，期末无余额。为详细反映各类其他业务成本，该账户应按其他业务成本的种类设置"房屋中介代销成本""材料物资销售成本""废品回收成本""商业用房经营成本"等明细账户。

3. 其他业务收入与成本的核算

（1）房屋中介代销手续费收入与成本的核算。房屋中介代销手续费收入是指物业管理企业在从事物业维修和服务的同时，受房地产开发商的委托，对其开发的房屋从事代理销售活动所取得的代销手续费收入。物业管理企业代房地产开发企业销售房屋，按照销售房屋的收入金额的一定比例收取代销手续费。作会计分录如下：

收到手续费时：

借：库存现金/银行存款
　　贷：其他业务收入——房屋中介代销手续费收入
　　　　应交税费——应交增值税（销项税额）

房屋中介代销成本是指物业管理企业在从事物业维修和服务的同时，受房地产开发商的委托，对其开发的房屋从事代理销售活动所发生的各项费用支出。

实际发生费用支出时：

借：其他业务成本——房屋中介代销成本
　　贷：库存现金/银行存款/应付职工薪酬/原材料/库存商品/物料用品等

【例5-15】　2×23年1月，利民物业公司代聚缘小区开发商销售房屋。销售金额2 120 000元，按销售额的5‰收到手续费，共计10 600元，银行收讫，作会计分录如下：

借：银行存款　　　　　　　　　　　　　　　　　　　　　　　　　　　　10 600
　　贷：主营业务收入——房屋中介代销手续费收入（10 600÷1.06）　　　　10 000
　　　　应交税费——应交增值税（销项税额）　　　　　　　　　　　　　　　600

【例5-16】　2×23年1月，利民物业公司代东海小区开发商销售房屋，领用办公用品800元，作会计分录如下：

借：其他业务成本——房屋中介代销成本　　　　　　　　　　　　　　　　　800
　　贷：物料用品　　　　　　　　　　　　　　　　　　　　　　　　　　　800

（2）商业用房经营收入与成本的核算。

第一，商业用房经营收入。商业用房经营收入是指物业管理企业利用业主管理委员会或者物业产权人、使用人提供的商业用房，从事经营活动所取得的收入，如开办的便利店、染洗店、洗浴中心、彩印扩洗店、美容美体店、餐饮饭店、歌舞厅等为物业产权人、使用人提供方便取得的经营收入。

商业用房虽然是物业产权人、使用人为物业管理企业提供的，但一般来讲，物业管理企业往往根据经营实际需要，对其进行必要的改造，添加经营设施、设备，从而增加这些房屋的经济功能，才能进行营业性的经营活动。由于这种商业用房的经营收入不仅仅是房屋本身带来的，而是企业利用房屋作为载体从事某种营业性经营活动所带来的收益。因此根据《物业管理企业财务管理规定》，它不属于物业管理企业的主营业务收入，只能作为物业管理企业的其他业务收入核算。

物业管理企业利用商业用房所从事的经营行业，一般实行先收款后服务。顾客到收银处按要求的服务项目交费后，凭付款单据，由服务员提供服务。每日终了，收银员与服务员进行钱、证核对，无误后将现金（或支票）连同营业日报表等原始单据交会计部门，会计部门作会计分录如下：

借：库存现金/银行存款
　　贷：其他业务收入——商业用房经营收入
　　　　应交税费——应交增值税（销项税额）

第二，商业用房经营成本。商业用房经营成本包括对物业产权人、使用人所提供的经营用房添加的经营设备设施的支出,从事便利店、染洗店、洗浴中心,彩印扩洗店,美容美发店、餐饮店、歌舞厅等的经营成本。实际发生商业用房经营成本时,作会计分录如下:

借:其他业务成本——商业用房经营成本

贷:库存现金/银行存款/应付职工薪酬/原材料/库存商品/物料用品/累计折旧等

【例5-17】 2×23年2月,利民物业公司财务部收到聚缘小区美发店交来的营业日报表及现金收入1 060元,作会计分录如下:

借:库存现金 1 060

贷:其他业务收入——商业用房经营收入(1 060÷1.06) 1 000

应交税费——应交增值税(销项税额) 60

【例5-18】 2×23年2月,利民物业公司对聚缘小区美发店进行结账。消耗原材料5 000元,结算应付职工薪酬8 000元,计提固定资产折旧2 100元,作会计分录如下:

借:其他业务成本——商业用房经营成本 15 100

贷:原材料 5 000

应付职工薪酬 8 000

累计折旧 2 100

4. **材料物资销售收入与成本的核算**

材料物资销售收入是指物业管理企业将不需要的材料物资对外转让、出售所取得的收入。物业管理企业对外出售、转让材料物资时,作会计分录如下:

借:库存现金/银行存款

贷:其他业务收入——材料物资销售收入

应交税费——应交增值税(销项税额)

材料物资销售成本是指物业管理企业将不需要的材料物资对外转让、出售所发生的材料物资成本。物业管理企业对外出售、转让材料物资结转成本时,作会计分录如下:

借:其他业务成本——材料物资销售成本

贷:原材料/物料用品等

【例5-19】 2×23年3月,利民物业公司将库存积压的材料对外销售,收到银行存款3 390元。该批材料的成本为2 100元,作会计分录如下:

(1)对外销售材料时:

借:银行存款 3 390

贷:其他业务收入——材料物资销售收入(3 390÷1.13) 3 000

应交税费——应交增值税(销项税额) 390

(2)结转材料成本时:

借:其他业务成本——材料物资销售成本 2 100

贷:原材料 2 100

5. **废品回收收入与成本的核算**

废品回收收入是指物业管理企业在从事物业经营管理过程中所形成或回收的废旧物资,对外出售所取得的收入。物业管理企业对外出售物业经营管理过程中所形成或回收的

废旧物资时,作会计分录如下:

借:库存现金/银行存款

贷:其他业务收入——废品回收收入

应交税费——应交增值税(销项税额)

废品回收成本是指物业管理企业在从事物业经营管理过程中所形成或回收的废旧物资时,所发生的各项费用支出。实际发生费用支出时,作会计分录如下:

借:其他业务成本——废品回收成本

贷:库存现金/银行存款等

【例 5-20】 2×23 年 4 月,利民物业公司用现金回收一批废品,共计 360 元。该批废品对外出售,收到现金 510 元。作会计分录如下:

(1)回收废品时:

借:其他业务成本——废品回收成本 360

贷:库存现金 360

(2)对外销售废品时:

借:库存现金 510

贷:其他业务收入——废品回收收入(510÷1.02) 500

应交税费——应交增值税(销项税额) 10

五、物业管理企业的增值税

(一)物业公司取得的物业管理费、停车费、广告费、水电费等收入,计算交纳增值税

(1)对于增值税一般纳税人,物业管理费适用 6% 的税率。

(2)若将小区的墙面、电梯作为广告位出租用于广告发布,应按照不动产经营租赁服务缴纳增值税,适用 9% 的税率。

(3)停车费按照不动产经营租赁服务交纳增值税,适用 9% 的税率。一般纳税人出租 2016 年 4 月 30 日前取得的不动产,可以选择简易计税方法,按照 5% 的征收率计算交纳增值税。

(4)根据《国家税务总局关于物业管理服务中收取的自来水水费增值税问题的公告》(国家税务总局公告 2016 年第 54 号)的规定,提供物业管理服务的纳税人,向服务接受方收取的自来水水费,以扣除其对外支付的自来水水费后的余额为销售额,按照简易计税方法依 3% 的征收率计算交纳增值税。

(5)提供物业管理服务的一般纳税人,向服务接受方收取的电费,按 13% 的适用税率计算交纳增值税,其相应的进项税额可以按规定抵扣。

提供物业管理服务的小规模纳税人,向服务接受方收取的电费,按 3% 的征收率计算交纳增值税。

(二)提供物业管理服务的纳税人向服务接受方收取的自来水水费开具增值税专用发票

(1)提供物业管理服务的一般纳税人向服务接受方收取的自来水水费,按照简易计税方法依 3% 的征收率,对收取的自来水水费可全额开具增值税专用发票。

(2) 提供物业管理服务的小规模纳税人向服务接受方收取的自来水水费,可按照简易计税方法依 3% 的征收率,对收取的自来水水费向主管税务机关申请全额开具增值税专用发票。

(三) 物业公司代收水、电、暖气费征税

物业公司代收水电费、暖气费,可暂按以下政策规定执行:

(1) 如果物业公司以自己名义为客户开具发票,属于转售行为,应该按发票金额缴纳增值税。

(2) 物业公司代收水电费、暖气费等,同时具备以下条件的,暂不征收增值税:物业公司不垫付资金;水、电暖气费的销货方,将发票直接开给客户,并由物业公司转交给客户;物业公司按销货方实际收取的销售额和增值税额与客户结算货款,并另外收取手续费。

(四) 物业公司将代开发商管理的房屋出租,房屋产权不属于物业公司的,计算交纳增值税

物业公司提供房屋出租,不管是否取得产权,均按不动产经营租赁交纳增值税,应按照不动产租赁适用税率开具增值税发票。其中,一般纳税人适用税率为 9%,小规模纳税人适用的征收率为 5%。一般纳税人出租的不动产在 2016 年 4 月 30 日之前取得的,可以选择简易办法征收,征收率为 5%。

(五) 纳税人将无产权的停车位、地下室、架空层和人防工程等房地产对外出租时,计算交纳增值税

纳税人将无产权的停车位、地下室、架空层和人防工程等房地产对外出租时,所签订租赁合同约定租期为 20 年(含)以上,并一次性收取租金的,按转让建筑物永久使用权,依销售不动产的规定征收增值税;否则,按不动产租赁征收增值税。

第二节 | 娱乐业的会计核算

一、娱乐业经营业务

娱乐业经营业务是指利用拥有的固定资产、低值易耗品等劳动资料为消费者提供娱乐场所及相应服务的服务性业务。其包括经营音乐茶座、酒吧、台球、保龄球场、高尔夫球、网球场、歌舞厅、游泳池、乒乓球室、滑冰、游戏机房、计算机室、制陶室、游艺场等业务。

娱乐业的经营特点是为丰富消费者的精神文化生活提供服务,在满足消费者娱乐需求的同时,又要有适当的盈利,还要注意精神文明。所以,我们必须加强对娱乐业经营业务的管理与核算。

二、娱乐业经营业务的核算方法

娱乐业的经营方式一般是消费者凭票入场,出售门票时一手给票,一手收钱。每天营业终了,营业员应根据售出门票数及收取的现金填制一式两份营业日报表,并于当晚之前将其中一联连同现金送交财会部门。

财会部门将营业日报表与交来的现金核对无误后,作会计分录如下:

借:库存现金
　　贷:主营业务收入
　　　　应交税费——应交增值税(销项税额)

服务企业的营业成本核算较少,如舞厅、电影院为顾客提供免费的饮料等,发给顾客后可以作为营业成本入账。

【例5-21】 2×23年5月,宇邦娱乐有限公司本月实现滑冰业务收入23 320元。作会计分录如下:

借:银行存款　　　　　　　　　　　　　　　　　　　　　　　　23 320
　　贷:主营业务收入(23 320÷1.06)　　　　　　　　　　　　　　　22 000
　　　应交税费——应交增值税(销项税额)(22 000×6%)　　　　　 1 320

本章小结

本章主要学习了服务业中的物业管理企业及娱乐业的会计核算。通过本章的学习,我们掌握了物业管理企业的主要经济业务、业务特点及会计核算特点,物业管理企业存货的核算,代收款项和代管基金的核算,收入与成本费用的核算,了解了娱乐业会计的核算。

本章重要概念

服务业　物业　物业管理　代收款项　代管基金　公共性服务成本　公众代办服务
特约服务　不动产租赁　房屋中介代销　废品回收

本章练习

1. 物业管理包括哪些内容?
2. 物业管理企业代管基金如何核算?
3. 物业管理企业代收款项如何核算?
4. 物业管理企业的收入包括哪些内容?
5. 物业管理企业的成本费用包括哪些内容?
6. 物业管理企业业务涉及的增值税税率分别是多少?

5-5 扫一扫
看课件

5-6 扫一扫
练一练

5-7 扫一扫
练一练答案

第六章 房地产开发企业会计

内容提要

本章主要讲解房地产开发企业的业务范围、开发经营流程及经营特点,房地产开发企业会计的核算特点,房地产开发企业的开发成本的核算以及开发产品的核算。

重点难点

本章重点为房地产开发企业会计的核算特点、开发成本的内容及核算、开发产品增加和减少的核算;难点为土地开发成本的核算、配套设施开发成本的核算、房屋开发成本的核算、代建工程开发成本的核算以及开发产品减少的核算。

学习目标

通过本章学习,学生应掌握房地产开发企业会计的核算特点、土地开发成本的核算、配套设施开发成本的核算、房屋开发成本的核算、代建工程开发成本的核算以及开发产品增加和减少的核算;了解房地产开发企业的主要业务范畴、开发经营流程及其经营特点。

知识框架

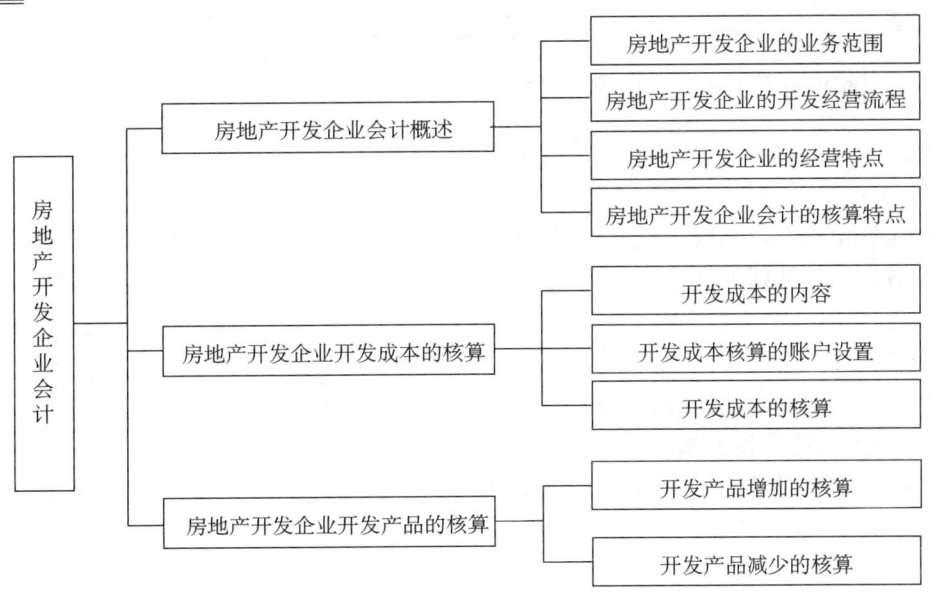

思政育人　　　　　　　　明码标价，知法守法

郑州××置业有限公司采取"电商"合作模式，通过第三方在网签合同约定价款之外收取"团购费""会员费""信息咨询费"等费用，引起大量群众信访投诉；并且涉嫌违规提供购房首付分期融资。郑州房地产主管部门约谈企业，责令整改，整改期间暂停网签服务，通报批评。

根据《住房城乡建设部关于进一步规范房地产开发企业经营行为维护房地产市场秩序的通知》第二条规定：一些房地产开发企业为了追求不正当利益，存在违法违规等不正当经营行为，其中包括：（六）商品房销售不予明码标价，在标价之外加价出售房屋或者收取未标明的费用；（七）以捆绑搭售或者附加条件等限定方式，迫使购房人接受商品或者服务价格。

在房产销售中，房地产开发企业为了追求不正当利益，采取"电商"等合作模式，通过第三方在网签合同约定价款之外加价出售房屋或者价外收取"团购费""会员费""信息咨询费"等费用的，房地产主管部门有权责令开发企业限期改正并采取相应处罚措施。

在房产销售中，电商费本身不应当由购房者承担，但是房地产开发企业或者房地产开发企业合作的中介机构，为了变相涨价促销或者提高中介费，会提出各种"以钱抵钱"的营销方案，收取网签合同价款之外的"团购费""会员费""信息咨询费"等费用。国家严格禁止"电商费"的收取，可以稳定房地产市场的正常经营管理秩序，有利于保障购房人的合法权益，对落实"房住不炒"的国家政策也有重要意义。

请思考：房地产开发企业应如何维护房地产市场秩序？公民个人应如何为落实"房住不炒"的国家政策贡献力量？

资料来源：郑州市住房保障和房地产管理局.关于24家房地产企业违规经营处理情况的通报［EB/OL］.(2019-02-13)［2022-11-24］.https://zfbzj.zhengzhou.gov.cn/zwdt/2791526.jhtml.

第一节　房地产开发企业会计概述

房地产企业是指从事房地产开发、经营、管理和服务活动，并以营利为目的自主经营、独立核算的经济组织。按照经营内容和方式的不同，房地产企业被划分为房地产开发企业、房地产中介服务企业和物业管理企业等。根据《中华人民共和国城市房地产管理法》规定，房地产开发企业是以营利为目的，从事房地产开发和经营，独立核算的经济组织。

一、房地产开发企业的业务范围

房地产开发企业的具体业务范围包括，但不限于以下几个方面。

（一）土地的开发与经营

土地是城市建设及房地产开发的前提和首要条件。土地的开发和建设是指对征用或受让的土地按城市总体规划进行地面平整、建筑物拆除、地下管道铺设和道路、基础设施的建设，将"生地"变为"熟地"，以便扩大对土地的有效使用范围，提高土地的利用程度，满足不断发展的社会生产和人民生活的需要。企业将有偿获得的土地开发完成后，既可有偿转让给其他单位使用，也可自行组织建造房屋和其他设施，然后将其作为商品作价出售，还可以将土地出租。

（二）房屋的开发与经营

房屋的开发是指在已经开发建设完工的土地上继续进行房屋建设，其业务范围包括可行性研究、规划设计、工程施工、竣工验收、交付使用等工作内容。房地产开发企业对于已开发完成的房屋，按其用途分为商品房、出租房、周转房、代建房和安置房等。商品房是指为销售而开发建设的房屋；出租房是指用于出租经营的各种房屋；周转房是指为安置动迁居民周转使用的房屋；代建房是指受地方政府或其他单位委托而开发的房屋。

（三）城市基础设施和公共配套设施的开发

城市基础设施和公共配套设施的开发是指根据城市建设总体规划开发建设的大型配套设施项目。就现代化居民居住小区来说，配套设施通常包括：小区内营业性公共配套设施，如商店、银行、邮局等；小区内非营业性公共配套设施，如小学、文化站、医院等；开发基本居住条件且属于开发项目内容的公共配套设施，如给排水、供电、供气的增容增压、交通道路等；开发基本服务性的公共配套设施，如居委会、自行车棚、车库、幼儿园等。

（四）代建工程的开发

代建工程的开发是指企业接受政府和其他单位委托，代为开发的各种工程项目，包括土地开发工程、房屋建设工程、道路工程、供水、供气、供热管道工程以及其他市政公用的设施等。

特别提示6-1

房地产开发经营不包括的内容

（1）房屋及其他建筑物的工程施工活动，该部分列入建筑业的相关行业类别中。
（2）房地产商自营的独立核算（或单独核算）的施工单位，该部分列入建筑业的相关行业类别中。
（3）家庭旅社、学校宿舍、露营地的服务，该部分列入其他住宿业。
（4）房地产开发商经营的房屋租赁服务，该部分列入房地产租赁经营。

二、房地产开发企业的开发经营流程

在一般情况下，房地产开发企业从设立企业开始，经过获取土地使用权、房地产开发建设、转让及销售房地产、持有房地产这几个阶段。开发经营流程如图6-1所示。

（一）设立企业阶段

房地产开发企业是房地产开发经营的法律主体，设立房地产开发企业是房地产开发经营的起点。企业设立阶段涉及接受投资者的出资和开办企业的相关费用，是房地产开发企业进行会计核算的第一个阶段。

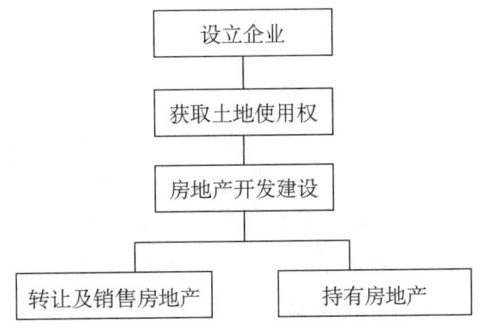

图6-1　开发经营流程示意图

（二）获取土地使用权阶段

土地是房地产开发不可或缺的资源，在房地产开发过程中，获取开发用土地是房地产开发的基础。获取土地阶段包括前期调研和拿地两个阶段，获取土地前的调研准备是非常重要的环节，全面深入了解地块和市场情况是进行成本估算和项目经济性评价的基础。

（三）房地产开发建设阶段

房地产开发建设阶段包括项目策划、报批报建、施工建设、竣工验收等环节，还包括开发完成后的初始产权登记。

项目策划包括根据前期调研阶段的调研结果确定项目定位、制订产品目标与发展计划。项目策划有的公司在拿地前进行，有的公司则是在拿地后进行。报批报建是取得项目建设用地的国有土地使用权和取得项目开工建设的一系列许可证的过程。施工建设是房地产开发企业委托施工单位进行项目施工的阶段,是房地产开发的重要阶段。竣工验收是房地产开发产品完工后,根据《中华人民共和国建筑法》《中华人民共和国城市房地产管理法》等相关法规规定,进行竣工验收的过程。

(四)转让及销售房地产阶段

转让及销售房地产阶段是房地产开发企业出售商品房等开发产品,回收资金实现盈利的阶段。转让及销售的过程包括前期的营销策划、开盘预售、销售、签订销售合同、交付、登记办证等环节。其中,房地产交付是完成销售的标志,只有进行交付才算最终完成销售。登记办证主要是按照相关规定,办理产权登记,并办理产权证。办理房地产交付手续标志着转让与销售的实现,进行产权登记并办理产权证书,从法律上标志着房地产开发程序的终结。

(五)持有房地产阶段

在市场经济条件下,房地产市场日益活跃,房地产开发企业开发房地产的目的,有的是为了转让或销售,而有的则是持有房地产用于赚取租金或增值收益。

三、房地产开发企业的经营特点

房地产开发企业的开发经营活动不同于一般的建设单位或施工企业,也不同于一般的工商企业,房地产开发企业的开发经营活动主要有以下特点。

(一)开发经营的计划性

企业征用的土地、建设的房屋、基础设施以及其他设施都应严格控制在国家计划范围之内,按照规划、征地、设计、施工、配套、管理"六统一"的原则和企业的建设计划、销售计划进行开发经营。

(二)开发产品的商品性

房地产开发企业的产品(安置房、廉租房和自营商业除外)全部都作为商品进入市场,按照供需双方合同协议规定的价格或市场价格作价转让或销售。

(三)开发经营业务的复杂性

房地产开发业务的复杂性包括以下两个方面:

(1)经营业务内容复杂。企业除了土地和房屋开发,还要建设相应的基础设施和公共配套设施。经营业务包括了从征地、拆迁、勘察、设计、施工、销售到售后服务的全过程。

(2)涉及面广,经济往来对象多。企业不仅因购销关系与设备、材料物资供应单位等发生经济往来,而且因工程的发包和招标与勘察设计单位、施工单位发生经济往来,还会因受托代建开发产品、出租开发产品等与委托单位和承租单位发生经济往来。

(四)开发建设周期长,投资数额大

开发产品要从规划设计开始,经过可行性研究、征地拆迁、安置补偿、"七通一平"、建筑安装、配套工程、绿化环卫工程等几个开发阶段,通常要1年以上才能全部完成。另外,上述每一个开发阶段都需要投入大量资金,加上开发产品本身的造价很高,需要不断地追加投入大量的资金。

(五)经营风险大

开发产品单位价值高、建设周期长、负债经营程度高、不确定因素多,一旦决策失误,销路不畅,将造成大量开发产品积压,导致企业资金周转不灵,使企业陷入困境。

(六)房地产商品的保值、增值性

土地是一种稀缺资源,具有不可再生性。但随着人口的增加和人们物质生活水平的不断提高,人们对房地产的需求会日益增长。土地供给的有限性和土地需求的不断扩展使房地产商品的价格有不断上涨的趋势。此外房地产商品使用寿命长,与其他产品相比,它更具保值、增值的功能。

四、房地产开发企业会计的核算特点

6-1 视频:
房地产开发
企业会计的
核算特点

由于房地产开发企业上述的经营特点,决定了房地产开发企业的会计核算具有以下特点。

(一)存货核算的特殊性

因房地产开发企业的经营周期长,故与一般工商企业的存货相比,房地产开发企业的存货有两个明显的特点:

(1)其他企业拥有的土地使用权一般作为无形资产核算,而房地产开发企业的土地使用权是作为存货核算。

(2)房地产开发企业与存货相关的借款费用可以进行资本化。

(二)预收账款核算的特殊性

房地产开发企业大多实行商品房预售制度,由于开发产品尚未完工,即使开发产品已预售完毕,其预售款项也只能计入预收账款,一般房地产开发企业在符合收入确认条件前无法确认为收入,所以预收账款余额比较大。鉴于房地产开发企业预收账款的特殊性,会计上要求房地产开发企业在预收账款项目附注中,除了列示账龄余额,还应列示期末余额、预计竣工时间和预售比例。

(三)收入核算的特殊性

房地产开发企业收入核算存在收入多样性、收入确认的特殊性和各期收入的波动性等特点。

(1)收入的多样性。房地产开发商品的形式包括土地、商品房、配套设施和其他建筑物等,商品房的形式又包括住宅、办公、商业、酒店等多种不同类型,所以房地产开发企业的收入形式也具有多样性的特点。

(2)收入确认的特殊性。房地产开发企业销售往往采用预售制度,预售属于远期交易,造成收款期与房屋交付期不一致,再加上销售房地产不但需要实物交付还需要产权转移,所以房地产收入确认比较特殊,实务界和理论界对此存在较大的争议。

(3)各期收入的波动性。房地产开发企业的开发周期较长,在项目建设期内需要投入大量资金,发生大量费用,但由于项目尚未完工,其预售款无法确认为收入,只能计入预收账款。房屋交付后,则有大量预售款确认为收入,所以各期收入存在很大的波动性。一般而言,房地产投资建设的初期往往面临资金投入大而收入较少的现象,但在建设后期资金投入相对较少而收入大量增加。

(四)房地产开发企业的产品售价与其成本不匹配

一般商品的售价总是围绕其成本上下波动,房地产开发产品的成本载体是整个建设工程,而销售则是以楼层或户型为单位,这样就造成单个楼层或户型的售价明显与其成本不配比。通常房地产开发企业的成本结转方法是:按当期竣工后的核算对象的总成本除以总开发建筑面积,得出每平方米建筑面积成本,再乘以销售面积得出本期销售成本。这样均摊计算的结果没有考虑房屋楼层、户型等因素,在一定期间的经营成果就可能不真实。

(五)成本核算的特殊性

房地产开发企业的成本核算期与开发产品开发周期一致,与会计报告期不一致,成本核算具有特殊性:

(1)核算时间跨度长。房地产开发周期长,所以成本核算的时间跨度也很长,往往超过1年,甚至数年。

(2)开发产品的成本组成不同。由于房地产开发企业的产品种类多,且设计多样性,导致开发产品的成本组成具有很大的差异,使成本核算非常复杂,在进行房地产成本核算时,要求根据具体情况进行分析核算。

(3)各步骤之间的成本不能明确区分。房地产开发的周期长,涉及的施工单位多,房地产开发需要不同工种的施工单位协同作业,属于多步骤生产,但它与制造业不同,各工种可在同一时间、同一地点进行平行交叉或立体交叉作业,各生产步骤之间并无明确的时间或地点界限,因此在会计核算上,难以准确计算各步骤开发产品的成本。

另外,房地产开发企业的成本核算还存在不同项目核算差异大、滚动开发核算难度大等特点。

第二节 | 房地产开发企业开发成本的核算

房地产开发企业开发成本的核算是房地产开发企业会计核算的中心环节,主要核算房地产开发企业在开发建设过程中发生的各种耗费,包括成本费用的归集、分配、结转和开发项目成本计算等内容。

一、开发成本的内容

房地产开发企业的开发成本,按其开发项目种类可分为土地开发成本、房屋开发成本、配套设施开发成本、代建工程开发成本四类。这四类开发成本,在核算上将其费用分为如下六个成本项目。

(一)土地征用及拆迁补偿费

土地征用及拆迁补偿费是指为取得土地开发使用权(或开发权)而发生的各项费用。其主要包括土地买价或出让金、大市政配套设施费、契税、耕地占用税、土地使用费、土地闲置费、土地变更用途和超面积补交的地价及相关的税费、拆迁补偿支出、安置及动迁支出、回迁建造支出、农作物补偿费、危房补偿费等。

(二)前期工程费

前期工程费是指项目开发前期发生的水文地质勘察、测绘、规划、设计、可行性研究、筹建和场地平整等前期费用。

(三)建筑安装工程费

建筑安装工程费是指开发项目过程中所发生的各项建筑安装费用。其主要包括开发项目建筑工程费和开发项目安装工程费等。

（四）基础设施费

基础设施费是指开发项目在开发过程中发生的基础设施支出。其主要包括开发项目内道路、供水、供电、供气、排污、排洪、通讯、照明等社区管网工程费和环境卫生、园林绿化等园林环境工程费。

（五）公共配套设施费

公共配套设施费是指开发项目内发生的、独立的、非营利性的且产权属于全体业主共同所有的，或无偿赠与地方政府、政府公共事业单位的公共配套设施支出，如居委会、派出所、托幼所、消防、自行车棚和公厕等设施支出。

（六）开发间接费用

开发间接费用是指企业为直接组织和管理开发项目所发生的，且不能将其归属于特定成本对象的成本费用性支出。其主要包括管理人员工资、职工福利费、折旧费、修理费、办公费、水电费、劳动保护费、工程管理费、周转房摊销及项目营销设施建造费等。

二、开发成本核算的账户设置

为了核算房地产开发企业的开发成本，房地产开发企业可以根据其自身经营开发的业务需求设置以下账户进行会计核算。

（一）开发成本

"开发成本"账户核算开发现场发生的各种耗费，包括土地出让金、土地征用及拆迁补偿费、前期开发费、建筑安装工程费、基础设施建设费、公共配套设施建设费及为进行现场管理发生的各项开发间接费用等。其借方登记企业在土地、房屋、配套设施和代建工程的开发过程中发生的各项费用；贷方登记开发完成已竣工验收的开发产品的实际成本；期末借方余额反映未完工开发项目的实际成本。其二级明细账户包括"土地开发""房屋开发""配套设施开发""代建工程开发"账户，在二级明细账户下按照成本核算对象进行明细核算。

（二）开发间接费用

"开发间接费用"账户核算房地产开发企业为开发产品而发生的各项开发间接费用。该账户借方登记企业内部独立核算单位为开发产品而发生的各项间接费用；贷方登记分配计入开发成本各成本核算对象的开发间接费用；月末，该账户一般没有余额。该账户应按费用项目设置多栏式明细账。其费用项目主要包括职工薪酬、折旧修理费、差旅交通费、办公费、水电费、劳动保护费、周转房摊销费、利息支出、其他费用。

（三）期间费用

期间费用是指企业当期发生的必须从当期收入中得到补偿的费用。期间费用与开发生产没有直接的联系，因而不计入产品成本，而是于发生时直接计入当期损益。企业的期间费用具体包括以下内容：

（1）管理费用。"管理费用"账户核算企业各职能部门为组织和管理企业生产经营所发生的各项费用，包括人工费、租住费、交通通信费、办公费、工会经费、董事会会费、分摊费用、劳动保险费、聘请中介机构费、咨询费、诉讼费、业务招待费、技术转让费、研究与开发费用、排污费、存货盘亏、存货损毁和存货报废（减盘盈）损失以及其他管理费用。该账户借方登记企业发生的各项管理费用；贷方登记期末结转入"本年利润"账户的各项管理费用；期末，该账户余额结转"本年利润"账户后无余额。

（2）销售费用。"销售费用"账户核算企业在销售开发产品、提供劳务的过程中发生的各项费用，包括企业在产品销售之前发生的人工费、租住费、交通通信费、办公费、分摊费用、营销推广费用等经营费用。该账户借方登记企业发生的各项销售费用；贷方登记期末结转入"本年利润"账户的各项销售费用；期末，该账户余额结转"本年利润"账户后无余额。

（3）财务费用。"财务费用"账户核算房地产开发企业筹集生产经营所需要资金而发生的筹资费用。该账户借方登记企业发生的各项财务费用；贷方登记期末结转入"本年利润"账户的各项财务费用；期末，该账户余额结转"本年利润"账户后无余额。

？相关思考6-1

关于房地产开发企业开发成本的核算账户

房地产开发企业为了核算其开发成本，可以根据其自身经营开发的业务需求设置"开发成本""间接开发费用""管理费用""销售费用""财务费用"等账户进行会计核算。其他类型企业的成本核算账户是否与房地产开发企业有区别？

6-2 视频：
房地产开发
企业确认开
发成本核算
的基本程序

三、开发成本的核算

（一）土地开发成本的核算

土地开发是指房地产开发企业对取得的土地按照城市总体规划进行的土地平整、建筑物拆除、地下管道铺设和道路及基础设施建设，将生地变熟地，以便扩大对土地的利用程度。

土地开发是房地产开发企业的主要业务之一。房地产开发企业开发的土地，按其用途可将它分为如下两种：一种是为了转让、出租而开发的商品性土地（也称商品性建设场地）；另一种是为开发商品房、出租房等房屋而开发的自用土地（也称自用建设场地）。

土地开发的直接费用，如土地征用及拆迁补偿费、前期工程费、基础设施费等，在费用发生时，根据有关凭证直接记入"开发成本——土地开发"账户的借方。发生的开发间接费用先记入"开发间接费用"账户的借方；期末按一定标准分配结转应由土地开发成本负担的开发间接费用，借记"开发成本——土地开发"账户，贷记"开发间接费用"账户。结转开发完成建设场地成本时，贷记"开发成本——土地开发"账户，商品性建设用地的，借记"开发产品"账户，自用建设场地的，借记"开发成本——房屋开发"账户；期末"开发成本——土地开发"账户的余额表示正在开发土地的成本。

【例6-1】 华夏房地产开发公司在 A 地开发一块建设用地 10 000 平方米。开发完成后准备将其中的 60% 直接对外销售，其余的 40% 自行开发商品房。

（1）在土地开发过程中发生了以下经济业务：用银行存款支付土地出让金 10 000 000 元、拆迁补偿费 60 000 元、勘察设计费 100 000 元。根据有关凭证，作会计分录如下：

借：开发成本——土地开发　　　　　　　　　　　　　　　10 160 000
　　贷：银行存款　　　　　　　　　　　　　　　　　　　　　10 160 000

（2）某施工单位承包的地下管道安装工程已经竣工，应支付价款 400 000 元。根据有关凭证，作会计分录如下：

借：开发成本——土地开发　　　　　　　　　　　　　　　　　　　　　400 000

　　贷：应付账款——某施工单位　　　　　　　　　　　　　　　　　　　　　400 000

（3）期末分配结转开发间接费用,该建设用地应负担440 000元。根据有关凭证,作会计分录如下：

借：开发成本——土地开发　　　　　　　　　　　　　　　　　　　　　440 000

　　贷：开发间接费用　　　　　　　　　　　　　　　　　　　　　　　　　440 000

（4）该土地开发工程完工并验收合格,其中6 000平方米直接对外销售,其余的4 000平方米自行开发商品房,结转土地开发成本。

计算各成本核算对象应分摊的土地开发成本：

土地开发总成本＝10 160 000＋400 000＋440 000＝11 000 000(元)

对外销售土地应分摊额＝11 000 000×60％＝6 600 000(元)

自用土地应分摊额＝11 000 000×40％＝4 400 000(元)

根据有关凭证,作会计分录如下：

借：开发产品——土地　　　　　　　　　　　　　　　　　　　　　6 600 000

　　开发成本——房屋开发　　　　　　　　　　　　　　　　　　　　4 400 000

　　贷：开发成本——土地开发　　　　　　　　　　　　　　　　　　　11 000 000

（二）配套设施开发成本的核算

配套设施是指房地产开发企业根据城市建设规划或开发项目建设规划的要求,为满足居住的需求而与开发项目配套建设的各种服务性设施。

房地产开发企业开发的配套设施,可以分为如下两类：第一类为开发小区内开发的不能有偿转让的公共配套设施,如居委会、派出所、托幼所、消防设施、锅炉房、水塔、自行车棚、公厕等。第二类为能有偿转让的城市规则中的大型配套设施项目,包括：开发小区内营业性公共配套设施,如商店、银行、邮局等；开发小区内非营业性配套设施,如中小学、文化站、医院等；开发项目以外为居民服务的给排水、供电、供气的增容增压设施及交通道路等。

配套设施工程费用发生时,应借记"开发成本——配套设施开发"账户,贷记有关账户；开发完工后,第一类配套设施工程的开发成本,应按一定标准进行分配结转,借记"开发成本——房屋开发"账户,贷记"开发成本——配套设施开发"账户；第二类配套设施工程的开发成本,应转入开发产品,借记"开发产品——配套设施"账户,贷记"开发成本——配套设施开发"账户。期末,"开发成本——配套设施开发"账户的余额表示正在开发的配套设施的成本。

【例6-2】　华夏房地产开发公司开发建设住宅小区配套的商店和自行车车棚工程。

（1）在开发建设过程中用银行存款支付工程款80 000元。根据有关凭证,作会计分录如下：

借：开发成本——配套设施开发　　　　　　　　　　　　　　　　　　80 000

　　贷：银行存款　　　　　　　　　　　　　　　　　　　　　　　　　　80 000

（2）商店和自行车车棚完工,实际成本分别为150 000元和5 000元。自行车车棚是为

商品房开发工程所建的,商店则作为小区内第三产业经营用房。根据有关凭证,作会计分录如下:

借:开发产品——配套设施　　　　　　　　　　　　　　　　150 000

　　开发成本——房屋开发　　　　　　　　　　　　　　　　5 000

　　　贷:开发成本——配套设施开发　　　　　　　　　　　　155 000

(三)房屋开发成本的核算

房屋开发和建设是房地产开发企业的主要经济业务。房地产开发企业开发的房屋,按其用途可分为以下几类:一是为对外销售而开发的商品房;二是为出租经营而开发的经营房;三是为安置被拆迁居民周转使用而开发的周转房;四是受其他单位委托,代为开发建设的代建房。尽管这些开发的房屋用途不同,但其开发建设的特点和费用支出内容及费用性质都大致相同,其开发成本均应在"开发成本——房屋开发"明细账中核算。

房地产开发企业在开发房屋过程中发生的土地征用及拆迁补偿费、前期工程费、基础设施费,能分清成本核算对象的,应直接记入该房屋成本核算对象的"土地征用及拆迁补偿费""前期工程费""基础设施费"等成本项目。如果费用发生时分不清成本核算对象,或应由两个或两个以上成本核算对象负担的,应先通过"开发成本——土地开发"账户进行归集,待土地开发完成用于房屋建设时,再采用一定的方法分配结转记入"开发成本——房屋开发"账户。

房地产开发企业在房屋建设过程中进行的建筑安装工程,有的采用出包方式,有的采用自营方式。采用出包方式的企业,其建筑安装工程费用,应根据承包企业提出的"工程价款结算单"所列工程价款,结算出包工程款,记入"开发成本——房屋开发"账户的"建筑安装工程费"成本项目。采用自营方式的企业,其发生的建筑安装工程费,一般可直接记入"开发成本——房屋开发"账户,但应是实际发生数不得按预算价格或预提费用入账;核算和归集发生的建筑安装工程费,定期结转到"开发成本——房屋开发"账户的"建筑安装工程费"成本项目。

房屋开发成本中的配套设施费用,是指不能有偿转让的开发小区内公共配套设施发生的支出。其会计处理方法如下:

(1)配套设施与商品房同步建设,发生的公共配套设施费能分清受益对象的,应直接记入"开发成本——房屋开发"账户的"公共配套设施费"项目;如果发生的配套设施费用,不能分清受益对象的,应先在"开发成本——配套设施开发"账户的借方归集,待公共配套设施竣工时,再从其贷方分配结转记入"开发成本——房屋开发"账户的借方。

(2)若公共配套设施与商品房非同步建设,即商品房已建成出售,而配套设施尚在建设之中,未全部完成,为及时结转已完工商品房的成本,对应负担的配套设施费,按规定报批后可采用预提方法,预先计入商品房成本。待公共配套设施完工后,按配套设施工程的实际支出数,冲销已预提的配套设施费,并调整有关成本核算对象的成本。

【例6-3】 华夏房地产开发公司开发建设A地一个商品住宅小区。

(1)将小区中的一幢商品住宅工程出包给市建二公司。工程已全部完工,市建二公司提交"工程价款结算单",工程价款共计6 000 000元,已预付4 000 000元。经审查同意,支付余款,根据有关凭证,作会计分录如下:

借：开发成本——房屋开发   6 000 000

 贷：银行存款   2 000 000

  预付账款   4 000 000

（2）小区中的公共配套设施工程开工建设，支付配套设施工程费150 000元。根据有关凭证，作会计分录如下：

借：开发成本——房屋开发   150 000

 贷：银行存款   150 000

（3）期末分配结转该商品住宅开发工程应负担的开发间接费用50 000元。根据有关凭证，作会计分录如下：

借：开发成本——房屋开发   50 000

 贷：开发间接费用   50 000

（4）结转完工商品住宅开发实际成本50 000 000元。根据有关凭证，作会计分录如下：

借：开发产品——房屋   50 000 000

 贷：开发成本——房屋开发   50 000 000

（四）代建工程开发成本的核算

代建工程开发成本是指房地产开发企业接受有关单位的委托，代为开发建设的工程，或参加委托单位招标，经过投标中标后承建的开发项目所发生的费用支出。其具体内容包括土地开发、房屋开发、市政工程开发（城市道路、基础设施、园林绿化、旅游风景区开发）等开发项目支出。

房地产开发企业接受委托代为开发的建设场地和房屋，其建设内容和特点与房地产开发企业的土地开发和房屋开发基本相同，所以其开发费用可比照土地开发和房屋开发的核算方法，分别在"开发成本——土地开发"和"开发成本——房屋开发"两个明细账户中核算，开发工程完工，验收合格时，转入"开发产品——代建工程"账户。

其他代建工程开发项目，应在"开发成本——代建工程开发"账户核算。发生各项开发直接费用时，记入该账户的借方、其他有关账户的贷方；期末分配结转开发间接费用时，记入该账户的借方、"开发间接费用"账户的贷方；代建开发工程竣工验收合格后，结转其开发成本，借记"开发产品——代建工程"账户，贷记"开发成本——代建工程开发"账户。期末"开发成本——代建工程开发"账户的余额，表示正在开发的代建工程的成本。

【例6-4】 华夏房地产开发公司接受市政建设指挥部委托，代为建设一处风景区。

（1）在建设过程中发生如下经济业务：用银行存款支付土地征用费1 000 000元、拆迁补偿费2 000 000元、前期工程费200 000元、基础设施费600 000元。根据有关凭证，作会计分录如下：

借：开发成本——代建工程开发   3 800 000

 贷：银行存款   3 800 000

（2）结算该工程应付建筑安装工程费8 500 000元。根据有关凭证，作会计分录如下：

借：开发成本——代建工程开发   8 500 000

 贷：应付账款   8 500 000

（3）分配结转该工程应负担的开发间接费用 200 000 元。根据有关凭证,作会计分录如下:

　　借:开发成本——代建工程开发　　　　　　　　　　　　　　　　　200 000
　　　　贷:开发间接费用　　　　　　　　　　　　　　　　　　　　　　　　　　200 000

（4）开发建设的风景区完工,验收合格,结转其实际成本 12 500 000 元。根据有关凭证,作会计分录如下:

　　借:开发产品——代建工程　　　　　　　　　　　　　　　　　　12 500 000
　　　　贷:开发成本——代建工程开发　　　　　　　　　　　　　　　　　12 500 000

第三节　房地产开发企业开发产品的核算

开发产品是指房地产开发企业已经完成全部开发过程,并已验收合格,符合设计标准,可以按照合同规定的条件交给购货单位,或者可以作为商品对外销售的产品,包括土地、房屋、配套设施和代建工程。

一、开发产品增加的核算

房地产开发企业开发的产品,应于竣工验收合格时,按其完工的项目,借记"开发产品——土地"(或"开发产品——配套设施""开发产品——房屋""开发产品——代建工程")账户,贷记"开发成本——土地开发"(或"开发成本——配套设施开发""开发成本——房屋开发""开发成本——代建工程开发")账户。

二、开发产品减少的核算

6-3 新收入准则下房地产开发企业预售业务的会计处理

房地产开发企业出售、转让或出租开发产品,都会造成开发产品的减少,房地产开发企业应区别不同情况及时进行开发产品结转的会计处理。

（一）开发产品用于有偿转让或出售

房地产开发企业有偿转让或出售开发产品,应于每月终了,结转对外转让、销售的开发产品的实际成本。结转时,借记"主营业务成本"账户,贷记"开发产品"账户。

【例6-5】　华夏房地产开发公司出售商品住宅一栋,开出的增值税专用发票上注明的销售价款为 8 500 000 元,增值税税额为 765 000 元,款项已存入银行,该住宅的实际成本为 6 200 000 元。根据有关凭证,作会计分录如下:

　　借:银行存款　　　　　　　　　　　　　　　　　　　　　　　　9 265 000
　　　　贷:主营业务收入——商品房销售收入　　　　　　　　　　　　　　8 500 000
　　　　　　应交税费——应交增值税(销项税额)　　　　　　　　　　　　　765 000

　　同时结转成本:

　　借:主营业务成本　　　　　　　　　　　　　　　　　　　　　　6 200 000
　　　　贷:开发产品——房屋　　　　　　　　　　　　　　　　　　　　　6 200 000

房地产开发企业如果采用分期收款结算的方式销售开发产品,在将开发产品移交给使用单位或办妥分期收款销售合同时,应将分期收款开发产品的实际成本,自"开发产品"账户转入"分期收款开发产品"账户,借记"分期收款开发产品"账户,贷记"开发产品"账户。

房地产开发企业按合同规定的期限收取销售价款时(包括第一次收款),借记"银行存款""应收账款"等账户,贷记"主营业务收入"账户。同时,按收入与费用相配比的原则,根据当期应收回的价款(即合同规定当期应收价款数额)占分期收款产品应收价款总额(即全部售价)的比例,计算分期收款开发产品应结转的成本,借记"主营业务成本"账户,贷记"分期收款开发产品"账户。

【例6-6】 华夏房地产开发公司以分期收款的方式销售商品一套公寓,售价900 000元,双方签订的合同规定,其价款分两次支付:公寓交付使得时支付60%,8个月后支付余下的40%。该公寓的实际开发成本为700 000元。

(1)签订合同时,根据有关凭证,作会计分录如下:

借:分期收款开发产品 700 000
　贷:开发产品 700 000

(2)在移交公寓、收到第一次房款时,作会计分录如下:

借:银行存款 588 600
　贷:主营业务收入 540 000
　　应交税费——应交增值税(销项税额) 48 600

同时结转与上述公寓销售收入相关的销售成本,作会计分录如下:

借:主营业务成本 420 000
　贷:分期收款开发产品 420 000

(3)8个月后,收到余下40%价款时,作会计分录如下:

借:银行存款 392 400
　贷:主营业务收入 360 000
　　应交税费——应交增值税(销项税额) 32 400

同时,结转与上述公寓销售收入相关的销售成本,作会计分录如下:

借:主营业务成本 280 000
　贷:分期收款开发产品 280 000

(二)开发产品用于出租

房地产开发企业开发建成用于出租的土地和房屋,应在其竣工后,借记"开发产品"账户,贷记"开发成本"账户;签订出租合同、协议后,按出租土地和房屋的实际成本,借记"投资性房地产"账户,贷记"开发产品"账户。

【例6-7】 华夏房地产开发公司将其开发竣工后的花园小区1#楼出租给华联公司,该房屋的实际成本为5 500 000元,完工后即投入出租经营之用。根据有关凭证,作会计分录如下:

借:开发产品 5 500 000
　贷:开发成本 5 500 000

同时:

借:投资性房地产 5 500 000
　贷:开发产品 5 500 000

（三）开发产品用于安置拆迁居民周转使用

房地产开发企业开发建成用于安置拆迁居民周转使用的房屋，即房地产开发企业的周转房，其包括：

（1）在开发过程中已明确其为安置被拆迁居民使用的房屋。

（2）搭建用于安置被拆迁居民周转使用的临时性简易房屋。

（3）开发的商品房中在销售前用于安置被拆迁居民使用的房屋。

房地产开发企业开发建成的周转房，应在其竣工后，借记"开发产品"账户，贷记"开发成本"账户。明确作为周转房后，按其实际成本，借记"周转房"账户，贷记"开发产品"账户。

【例6-8】 华夏房地产开发公司为安置拆迁居民，将其开发竣工后的花园小区8#楼作为周转房，该房屋的实际成本为4 800 000元。根据房屋交付使用等有关凭证，作会计分录如下：

借：开发产品　　　　　　　　　　　　　　　　　　　　　　　4 800 000
　　贷：开发成本　　　　　　　　　　　　　　　　　　　　　　4 800 000

同时：

借：周转房　　　　　　　　　　　　　　　　　　　　　　　　4 800 000
　　贷：开发产品　　　　　　　　　　　　　　　　　　　　　　4 800 000

本 章 小 结

本章主要学习了行业会计中的房地产开发企业会计。通过本章学习，我们认识了房地产开发企业的主要业务范畴、开发经营流程及其经营特点；熟悉了房地产开发企业会计的核算特点；掌握了土地开发成本的核算、配套设施开发成本的核算、房屋开发成本的核算、代建工程开发成本的核算以及开发产品增加和减少的核算。在此基础上，通过与其他行业会计进行比较，我们可以更深入地掌握房地产开发企业会计的核算。

本 章 重 要 概 念

房地产开发企业　开发成本　土地开发成本　配套设施开发成本　房屋开发成本代建工程开发成本　土地征用及拆迁补偿费　前期工程费　建筑安装工程费　公共配套设施费开发间接费用　开发产品　分期收款开发产品　投资性房地产　周转房

本 章 练 习

1. 房地产开发企业的业务范围主要包括哪些内容？

2. 房地产开发企业的开发经营主要有哪些特点？

3. 简述房地产开发企业会计的核算特点。

4. 房地产开发企业的开发成本在核算上可以分为哪些成本项目？

5. 房地产开发企业开发成本的主要核算账户有哪些？

第七章　施工企业会计

内容提要

本章主要讲解施工企业会计的特点、周转材料的核算、临时设施的核算、工程成本的核算、工程价款的核算。

重点难点

本章重点为周转材料的摊销及核算、工程成本的核算和工程价款的核算;难点为已完工程实际成本的计算。

学习目标

通过本章学习,学生应掌握周转材料的摊销及核算,工程成本的核算以及工程价款的核算;了解施工企业会计的特点和临时设施的核算。

知识框架

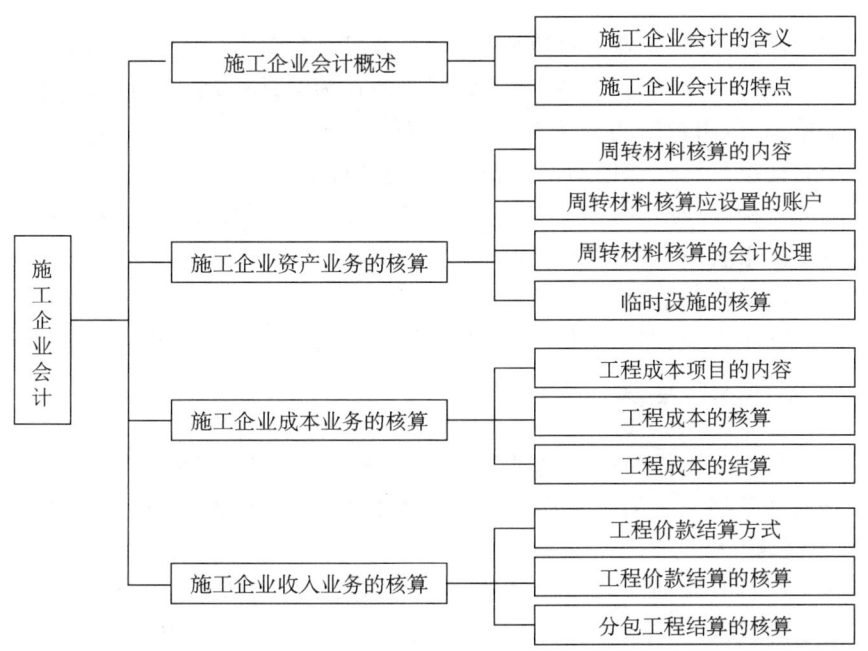

施工企业会计
- 施工企业会计概述
  - 施工企业会计的含义
  - 施工企业会计的特点
- 施工企业资产业务的核算
  - 周转材料核算的内容
  - 周转材料核算应设置的账户
  - 周转材料核算的会计处理
  - 临时设施的核算
- 施工企业成本业务的核算
  - 工程成本项目的内容
  - 工程成本的核算
  - 工程成本的结算
- 施工企业收入业务的核算
  - 工程价款结算方式
  - 工程价款结算的核算
  - 分包工程结算的核算

思政育人　　　　注重培养成本管理理念,提高企业利润

道路建设项目是名仕集团公司下属名扬公司的一个项目。名仕集团公司具有工程施工总承包一级资质,是大型国有施工企业,其下属各子分公司也具备工程施工总承包一级资质,资金、技术实力雄厚。其在公路工程项目成本管理方面更是在国内处于领先地位,得到了业内及外界人士的充分认可。

道路建设项目作为海曲路的一个标段,主要承建大桥和与之相接的路基工程,全长约 2.5 公里,工程量总计预算为 1.2 亿元,其中土方工程预算为 3 580 万元。

道路建设项目成立之后,公司组建了精简高效的领导班子,但项目职工对成本管理的认识不够,基于此,公司建立了以项目经理为核心的组织机构,形成了一个高效的组织管理系统,规范各部门的工作,加强部门间的协作关系,以使成本管理能较好地实施。

其中,工程管理部门负责项目责任成本预测,提供施工组织设计,安排项目施工生产计划。合同预算报价部门负责审核和签订分包合同,落实分包成本,编制施工图预算和工料机分析;计算、分析、落实和审核项目责任成本和各期项目成本收入。主管工程师负责施工项目组织设计,优化施工设计,协助编制用料计划。

在施工项目成本管理实施的过程中,领导班子充分考虑了道路建设项目成本的各影响因素,制定了相应的对策和办法,将现代成本管理理念融入其中;同时,还根据项目自身的特点,将目标成本法穿插使用,取得了良好的效果。

面对市场竞争日趋激烈化,成本管理问题一直是建筑施工企业管理中最复杂、难度最高的问题,成本管理的好坏将直接决定企业能否顺利完成预期利润指标及发展战略目标。

通过此案例,你认为企业该如何培养管理人员的成本管理意识,让成本管理观念深入到每个职工的脑海里,并将其贯彻到具体的工作中去,从而成为施工企业求生存、求发展的新渠道?

资料来源:陈莎.施工企业会计[M].上海:立信会计出版社,2018.

第一节　施工企业会计概述

一、施工企业会计的含义

施工企业会计是按照《企业会计准则》的核算要求,以基本准则为核心,以具体会计准则为依据,结合施工企业生产经营的特点,以施工企业作为会计主体的一门专业会计。它以货币为主要计量单位,运用专门的方法对施工企业的经济活动进行全面、连续的核算和监督,对企业的资金运动进行反映和控制,并获取系统的会计信息,是以取得最大的经济效益和管理效益为目的的一种管理活动。我国社会主义市场经济属于商品经济的范畴,一切商品的价值都要通过货币来表现。在社会主义市场经济体制下,施工企业会计可以反映和监督施工企业各项经济活动业务情况,加强经济核算,提高经济效益;可以完善企业财产物资管理,保护企业财产的安全完整、保值增值;对于企业进行经济预测和决策具有重要意义。

二、施工企业会计的特点

施工企业的基本职能是为社会提供建筑产品和安装产品,完成工程建设任务。施工企业的基本经济活动是施工活动。与其他行业会计相比,施工企业会计的特点如下。

(一) 分级核算

施工企业生产具有流动性大、施工生产分散、地点不固定等特点,为了使会计核算与施工生产有机地结合起来,直接反映施工生产的经济效果,需要采用分级核算、分级管理的办法,以避免集中核算造成会计核算与施工生产相脱节的现象。

(二)分别计算每项工程的成本

由于产品的多样性和施工生产的单件性,施工企业不能根据一定时期内所发生的全部施工生产费用和完成的工程数量来计算各项工程的单位成本,必须按照承包的每项工程分别归集施工生产费用,单独计算每项工程的成本。因此,施工企业工程成本的分析、控制和考核应以工程预算成本为依据,并使实际成本与预算成本的计算口径相一致,以便于分析考核。同时,不同建筑产品之间的差异大、可比性差,不同建筑产品的实际成本之间不便进行比较,因此施工企业工程成本的分析、控制和考核不是以可比产品成本为依据,而是以预算成本为依据。此外,施工企业除了主要计算建筑安装工程成本,还需要计算其附属工业产品成本、机械施工及运输单位的机械作业成本以及企业内部非独立核算的辅助生产部门所生产的产品成本和提供的劳务成本等。

(三)工程成本核算与工程价款结算的分段性

建筑安装工程的施工周期比较长,如果等到工程全部完工后才进行成本核算的价款结算,施工企业就要垫支大量资金,给施工企业的资金周转带来困难,而且不利于正确反映施工企业的各项经营成果。因此,施工企业应按照建造合同的有关规定,与建设单位、房地产开发企业等进行工程价款的结算。

 延伸阅读7-1 ....

施工企业会计的其他特点

1. 成本开支受自然力影响

施工企业由于建筑产品体积庞大,决定了施工企业一般只能露天施工,有些施工机械和材料也只能露天堆放,故受自然力侵蚀的影响很大。因此,成本核算应考虑风、霜、雨、雪等气候因素造成的停工损失;施工机械除了使用磨损,受自然力侵蚀造成的有形损耗也较为严重,其折旧率相对较高;在进行材料核算时,也要考虑因自然损耗造成的损失。

2. 工程商品性和产权不完全性

工程商品性和产权不完全性的特点,决定了施工企业会计不能像工业企业会计那样组织产品入库和销售的核算,而是按合同规定,组织预收工程进度款、应收已完工程款、实收已完工程款、竣工后清算工程款等工程价款结算过程的核算,只要结清工程价款,就标志着工程价款结算过程已结束、商品交换已实现。

3. 工程价款结算方法独特

施工企业的建筑产品造价高、周期长等特点,决定了施工企业在施工过程中需垫支大量的资金。因此,工程价款结算不能等到工程全部竣工后才进行,这样势必会影响施工企业的资金周转,从而影响施工生产的正常进行。除了工期较短、造价较低的工程采用竣工后一次结算价款,工程价款结算大多采用按月结算、分段结算等方法。为了进一步解决垫支资金较多的问题,施工企业还需向发包单位或建设单位预收工程款和备料款,待办理工程价款结算时,再予以扣还。此外,由于施工周期长,对于跨年度施工的工程,施工企业还需要根据工程的完工进度,采用完工百分比法分别计算和确认各年度的工程价款结算收入和工程施工费用,以确定各年的经营成果。

4. 会计监督作用更为重要

施工企业一般都是承包施工,施工企业会计要通过施工费用发生的核算和工程价款的结算,监督企业按施工程序施工,监督质量验收工作,监督竣工支付工作,以保证工程质量提高和整体效益的发挥。

第二节 施工企业资产业务的核算

一、周转材料核算的内容

周转材料是指企业能够多次使用,逐渐转移其价值但仍保持原有形态不确认为固定资产的材料。周转材料是施工企业在生产过程中使用的、独具特色的材料品种。其特点是种类繁多,单个产品价值相对较低,用量较大,使用周期较短且频繁,经常需要补充和更换,并且多次参与施工企业生产而不改变其实物形态,其价值通过成色的减少而逐步分摊到工程成本中去。因此,施工企业对周转材料的核算和管理既不同于固定资产,也不同于低值易耗品。但为了简化核算手续,目前《企业会计准则第 1 号——存货》将低值易耗品列入周转材料范畴。

(一)按其在施工生产过程中的用途分类

周转材料按其在施工生产过程中的用途可以分为以下几类:

(1)模板,是指浇灌混凝土使用的木模、组合钢模以及配合模板使用的支撑材料、滑模材料、构件等,按固定资产管理的固定钢模和现场固定大型钢模板不在内。

(2)挡板,是指土方工程使用的挡土板等,包括支撑材料在内。

(3)架料,是指搭设脚手架用的竹竿、木杆、竹木跳板、钢管脚手架件等。

(4)其他周转材料,是指除以上各类之外,作为存货管理的其他周转材料,如塔吊使用的轻轨、枕木等(不包括属于塔吊的钢轨)。

(5)低值易耗品,是指不作为固定资产核算的各种用具物品,如工具、管理用具、玻璃器皿等。它具有劳动资料的明显特征,可以多次参加周转使用而不改变原有的实物形态,但由于其使用期限较短,价值较低,易于损坏,更换比较频繁,为了便于管理与核算,会计上把低值易耗品归入流动资产,视同存货进行管理。

(二)按其使用情况分类

周转材料按其使用情况可分为在库周转材料和在用周转材料两大类。施工企业应加强对周转材料的管理力度,对周转材料采取科学的手段实行集中统一的动态管理,以避免盲目采购造成大量积压。在保证施工生产活动正常进行的同时,应尽量减少周转材料占用的资金,从而加速资金周转。

二、周转材料核算应设置的账户

(一)一次转销法

采用一次转销法时,为了核算和监督周转材料的购入、领用、摊销和结存情况,施工企业可以设置"周转材料"账户。"周转材料"账户借方核算企业库存、在用周转材料的计划成本或实际成本;贷方核算周转材料摊销额以及因盘亏、报废、毁损等减少的周转材料价值;期末借方余额反映企业在库周转材料的计划成本或实际成本,以及在用周转材料的摊余价值。

(二)其他摊销法

采用其他摊销法时,在"周转材料"账户下设置"在库周转材料""在用周转材料"和"周转材料摊销"三个明细账户进行核算。"在库周转材料"明细账户用来核算企业库存周转材料的计划成本或实际成本,其明细核算与"原材料"账户相同;"在用周转材料"明细账户用来核算企业一次领用分次摊销周转材料的计划成本或实际成本,应按各使用部门设置明细账进行核算;"周转材料摊销"明细账户用来核算企业在用周转材料摊销额的增减变化情况以及退库和转移周转材料的已提摊销额,是"在用周转材料"明细账户的备抵调整账户,施工企业每次摊销周转材料时,记入"周转材料摊销"明细账户的贷方,周转材料报废时,将累计已提摊销额记入"周转材料摊销"明细账户的借方,"周转材料摊销"明细账户的贷方余额反映在用周转材料的累计摊销额。

(三)计划成本法

采用计划成本核算的施工企业,月度终了,应结转当月领用周转材料应分摊的成本差异,通过"材料成本差异"账户,记入有关成本、费用账户。

施工企业对在用周转材料以及使用部门退回仓库的周转材料,应当加强实物管理,并在备查簿上进行登记。余额较小的周转材料,可在领用时一次计入成本费用,以简化核算,但为加强实物管理,也应在备查簿上进行登记。

三、周转材料核算的会计处理

(一)材料购入的核算

【例7-1】 中国琴岛建筑公司外购一批木板,实际成本为10.2万元,增值税进项税额为13 260元,计划成本为10万元,货款已支付,木板验收入库。作会计分录如下:

借:材料采购——周转材料   102 000
   应交税费——应交增值税(进项税额)   13 260
   贷:银行存款   115 260

借:周转材料——在库周转材料   100 000
   贷:材料采购——周转材料   100 000

月末结转购入周转材料成本差异。作会计分录如下:

借:材料成本差异——周转材料   2 000
   贷:材料采购——周转材料   2 000

(二)周转材料领用摊销的核算

在实际工作中,为了使会计核算更具有实际意义,周转材料的摊销方法,应视周转材料价值的多少、耐磨程度、使用期限长短等具体因素进行确定。周转材料的摊销方法一般有一次摊销法、分期摊销法和分次摊销法等方法,企业可根据使用周转材料的具体情况,选择使用。

(1)一次摊销法是指在领用周转材料时,将其全部价值一次计入工程成本或有关费用的方法。这种方法一般适用于易腐、易潮、易损坏或价值较低、使用期限较短的周转材料,如管理用具、劳动保护用品、安全网等。

【例7-2】 中国琴岛建筑公司某项工程领用一次摊销的安全网一批,计划成本为4.2万元,材料成本差异率为-2%。作会计分录如下:

借:工程施工   42 000
   贷:周转材料——在库周转材料   41 160
     材料成本差异——周转材料   840

（2）分期摊销法是指根据周转材料的预计使用期限、原值、预计残值计算其每期的摊销额，并分期摊入工程成本或有关费用的方法。其计算公式如下：

$$周转材料每期摊销额=\frac{周转材料原值（或计划成本）\times（1-残值占原值的百分比）}{预计使用期限}$$

（3）分次摊销法是指根据周转材料的预计使用次数、原值、预计残值确定每次摊销额，将其价值分次记入工程成本或有关费用的方法。其计算公式如下：

$$周转材料每月摊销额=\frac{周转材料原值（或计划成本）\times（1-残值占原值的百分比）}{预计使用次数}$$

$$本期摊销额=周转材料每次摊销额\times本期使用次数$$

这种方法适用于预制钢筋混凝土构件时所使用的定型模板、模板、挡板等周转材料。

【例 7-3】 中国琴岛建筑公司某项工程领用的挡板的计划成本 23 000 元，预计使用 10 次，报废时预计残值为原价的 5%，本月使用 3 次。作会计分录如下：

借：周转材料——在用周转材料   23 000
  贷：周转材料——在库周转材料   23 000

该项工程按规定的摊销方法，计算本期应计提周转材料摊销 6 555 元，其中架料 3 000 元，模板 3 555 元。作会计分录如下：

借：工程施工   6 555
  贷：周转材料——周转材料摊销（架料）   3 000
    周转材料——周转材料摊销（木模板）   3 555

（4）五五摊销法是指在第一次领用周转材料，摊销其一半价值，在报废时再摊销其另一半价值的方法。这种方法一般适用于价值相对略高，使用期限相对略长的工具、用具、挡土板等周转材料，也适用于每期使用数量和报废数量大致相当的各种物品。在这种方法下，应在"周转材料"总账下，分设"周转材料——在库""周转材料——在用"和"周转材料——摊销"三个二级账户。

作会计分录如下：

① 领用时：

借：周转材料——在用（账面余额）
  贷：周转材料——在库

并摊销 50% 的账面价值：

借：销售费用/管理费用/生产成本/其他业务成本/工程施工等
  贷：周转材料——摊销

② 报废时：

借：销售费用/管理费用/生产成本/其他业务成本/工程施工等
  贷：周转材料——摊销（摊销剩余 50% 账面价值）

同时，转销全部的周转材料已计提在用的摊销额：

借：周转材料——摊销

　　贷：周转材料——在用

③ 报废如有残值时：

报废的周转材料的价值应冲减有关资本成本或当期损益。

借：原材料/银行存款等

　　贷：销售费用/管理费用/生产成本/其他业务成本/工程施工等

（三）周转材料报废、退库的核算

施工企业的周转材料大都在露天使用、堆放，受自然影响损耗较大，而且施工过程中安装拆卸周转材料的技术水平和施工生产工艺的高低对周转材料的使用寿命也有着直接影响。因此，在实际工作中，周转材料无论采用哪种摊销方法，平时计算的摊销额，一般都不可能与实际价值损耗完全一致，所以，需在年度或工程竣工时，对周转材料进行盘点，根据实际损耗调整已提摊销额，以保证工程成本和有关费用的正确性。

（1）企业清查盘点中发现短缺、报废的周转材料，应及时办理报废手续，并办理补提摊销。其计算公式如下：

$$报废、短缺周转材料应补提摊销额＝应提摊销额－已提摊销额$$

$$应提摊销额＝报废、短缺周转材料计划成本－残料价值（短缺的周转材料无残值）$$

$$已提摊销额＝报废、短缺周转材料的计划成本×\frac{该类在用周转材料账面已提摊销额}{该类在用周转材料账面计划成本}$$

【例7-4】 中国琴岛建筑公司某工程领用的木模板全部报废，其计划成本为2万元，回收残料价值0.1万元，账面已提摊销1.8万元。作会计分录如下：

$$应提摊销＝20\ 000－1\ 000＝19\ 000（元）$$

$$已提摊销＝18\ 000（元）$$

$$应补提摊销＝19\ 000－18\ 000＝1\ 000（元）$$

根据以上计算结果，作补提摊销分录：

借：工程施工	1 000
贷：周转材料——周转材料摊销	1 000

残料验收入库，并转销报废木模板的计划成本。作会计分录如下：

借：原材料——其他材料	1 000
周转材料——周转材料摊销	19 000
贷：周转材料——在用周转材料	20 000

分配报废材料应负担的材料成本差异，假设材料成本差异率为2%。作会计分录如下：

借：工程施工——某工程	400
贷：材料成本差异——周转材料	400

（2）对工程竣工或不再使用而退库的周转材料，应及时办理退库手续，并根据成色补提摊销。

退回周转材料应补提摊销额＝应提摊销额－已提摊销额

应提摊销额＝退回周转材料计划成本×(1－退回时确定的成色即新旧程度率)

已提摊销额＝退回周转材料的计划成本×$\dfrac{该类在用周转材料账面已提摊销额}{该类在用周转材料账面计划成本}$

对于转移到其他工程的周转材料,也应及时办理转移手续,并比照上述方法,确定其成色,补提摊销额。

【例7-5】 中国琴岛建筑公司某工程将领用的钢模板一部分退回仓库,计划成本4万元,退回时估计成色为50%,该类钢模板在用计划成本为8万元,账面已提摊销额3.2万元。

退库模板应提摊销＝40 000×(1－50%)＝20 000(元)

退库模板已提摊销＝40 000×32 000÷800 000＝16 000(元)

应补提摊销＝20 000－16 000＝4 000(元)

根据以上计算结果,补提摊销应作会计分录如下:

借:工程施工　　　　　　　　　　　　　　　　　　　　4 000
　　贷:周转材料——周转材料摊销(在用)　　　　　　　　　　4 000

退回旧钢模板验收入库,应作会计分录如下:

借:周转材料——在库周转材料　　　　　　　　　　　　40 000
　　贷:周转材料——在用周转材料　　　　　　　　　　　　40 000

结转退库钢模板的已提摊销额,作会计分录如下:

借:周转材料——周转材料摊销(在用)　　　　　　　　　20 000
　　贷:周转材料——周转材料摊销(在库)　　　　　　　　　20 000

四、临时设施的核算

施工现场临时设施是指为保证施工和管理的进行,而在施工现场建造的各种临时性简易设施。其主要是满足施工生产、生活和管理的需要,工程完工后大多要拆除。临时设施包括现场临时作业棚、机具棚、材料库、办公室、休息室、厕所、化灰池、储水池、沥青锅灶等设施;临时铁路专用线、轻便铁道;临时道路、围墙、护栏;临时给排水、供电、供热等管线;临时简易周转房,以及现场临时搭建的职工宿舍、食堂、浴室、医务室、理发室、托儿所等临时性福利设施。

(一) 临时设施增加的核算

7-1视频:临时设施的增加

《企业会计准则》将施工企业的临时设施并入固定资产账户中核算,施工企业为了核算临时设施的成本情况,需设置"固定资产——临时设施"账户。该账户核算施工企业购建的各种临时设施的实际成本。施工企业购置临时设施发生的各项支出,借记"固定资产——临时设施"账户,相应的增值税进项税额借记"应交税费——应交增值税(进项税额)账户",贷记"银行存款"等账户。需要通过建筑安装才能完成的临时设施,发生的各项费用,应先通过"在建工程"账户核算,工程达到预定可使用状态时,再从"在建工程"账户转入"固定资产——临时设施"账户。

【例7-6】 中国琴岛建筑公司为方便施工,在施工现场搭建一临时生活设施,发生的实际成本为 5 万元,其中:领用库存材料 3 万元,应付搭建人员人工费用 1 万元,以银行存款支付其他费用 1 万元。一个月后临时生活设施搭建完毕交付使用。作会计分录如下:

(1)发生各项费用时:

借:在建工程——临时生活设施 50 000
贷:库存材料 30 000
应付职工薪酬 10 000
银行存款 10 000

(2)临时生活设施搭建完成交付使用时:

借:固定资产——临时设施(临时生活设施) 50 000
贷:在建工程——临时生活设施 50 000

(二)临时设施摊销的核算

施工企业的各种临时设施在使用过程中与固定资产一样会发生损耗,应当比照固定资产计提损耗价值,即计提临时设施的摊销。临时设施摊销在工程建设期间内按月进行,摊销方法可以采用工作量法,也可以采用工期法。同固定资产一样,当月增加的临时设施,当月不计提摊销,从下月起开始计提摊销;当月减少的临时设施,当月继续计提摊销,从下月起停止计提摊销。

7-2 视频:
临时设施摊销

(1)工作量法。工作量法是根据实际工作量计提摊销额的一种方法,它主要是考虑了临时设施的使用强度。计算公式如下:

$$每一工作量摊销额 = 临时设施成本 \times (1 - 预计净残值率) \div 预计总工作量$$
$$临时设施月摊销额 = 临时设施当月工作量 \times 每一工作量摊销额$$

(2)工期法。工期法是将临时设施的成本平均分摊到各期的一种方法,其原理与固定资产折旧的年限平均法相同。计算公式如下:

$$临时设施月摊销额 = 临时设施原值 \times (1 - 预计净残值率) \div 预计使用年限(月)$$

在实际工作中,对于价值相对较低的临时设施,也可采用一次摊销法,直接将临时设施的成本记入受益的工程成本。如果临时设施为两个以上的工程成本核算对象服务,应按一定的分配标准,将其价值在受益的各个工程成本核算对象之间进行分配。

为了核算临时设施计提的摊销额,需设置"临时设施摊销"账户,该账户是"临时设施"账户的备抵调整账户,用来核算施工企业各种临时设施在使用过程中发生的价值损耗,即核算临时设施的累计摊销额。施工企业按月计提的临时设施摊销额记入施工工程的成本,借记"工程施工——其他直接费"等账户,贷记"临时设施摊销"账户。

【例 7-7】 承[例 7-6],假定中国琴岛建筑公司的临时生活设施预计净残值率为 4%,预计其受益期限为 2 年,按工期法计提摊销。作会计分录如下:

$$临时生活设施的月摊销额 = 50\,000 \times (1 - 4\%) \div 24 = 2\,000(元)$$

借:工程施工——其他直接费 2 000
贷:累计折旧——临时设施摊销 2 000

（三）临时设施处置的核算

企业出售、拆除、报废和毁损不需用或者不能继续使用的临时设施，按临时设施账面价值，借记"固定资产清理"账户，按已提摊销额，借记"累计折旧——临时设施摊销"账户，按其账面原值，贷记"固定资产——临时设施"账户；取得的变价收入和收回的残料价值，借记"银行存款""库存材料"等账户，贷记"固定资产清理"账户；发生的清理费用，借记"固定资产清理"账户，贷记"银行存款"等账户；临时设施清理完毕后，如为清理净损失，借记"资产处置损益"账户，贷记"固定资产清理"账户；如为清理净收益，借记"固定资产清理"账户，贷记"资产处置损益"账户。

【例7-8】 承［例7-7］，假定中国琴岛建筑公司的临时生活设施使用一年后，因工程提前完工而实施拆除，拆除时发生清理费用1 000元，其中：人工费800元，支付其他费用200元。残料作价5 000元出售，款项收存银行。作会计处理如下：

（1）转销该临时生活设施的账面原值、累计已提摊销和账面净值。

借：固定资产清理——临时设施（临时生活设施）	36 000	
累计折旧——临时设施摊销	24 000	
贷：固定资产——临时设施（临时生活设施）		60 000

（2）发生清理费用。

借：固定资产清理——临时设施（临时生活设施）	1 000	
贷：应付职工薪酬		800
银行存款		200

（3）残料出售收入。

借：银行存款	5 000	
贷：固定资产清理——临时设施（临时生活设施）		5 000

（4）结转净损益损失。

$$损益净损失＝36 000＋1 000－5 000＝32 000（元）$$

借：资产处置损益——处置临时设施净损失	32 000	
贷：固定资产清理——临时设施（临时生活设施）		32 000

第三节 | 施工企业成本业务的核算

一、工程成本项目的内容

建筑承包商建造工程合同成本应当包括从合同签订开始至合同完成止所发生的、与执行合同有关的直接费用和间接费用。建造工程合同成本在施工企业通常称为建筑安装工程成本。施工企业的工程成本一般应包括以下成本项目。

（一）人工费

人工费是指施工企业从事建筑安装工程施工的生产人员的基本工资、奖金、补贴、工资性质的津贴、职工福利费和劳动保护费等。

（二）材料费

材料费是指施工企业在施工生产过程中耗用的构成工程实体以及有助于形成工程实体的总材料、辅助材料、构配件、零件、半成品的成本,以及周转材料的摊销额和租赁费用等。

（三）机械使用费

机械使用费是指施工企业在施工生产过程中使用自有施工机械所发生的机械使用费（包括操作人员人工费,燃料、动力费,机械折旧、修理费,替换工具及部件费,润滑及擦拭材料费,安装、拆卸及辅助设施费,养路费,牌照税）和租用外单位施工机械支付的租赁费,以及施工机械进出场费等。

（四）其他直接费

其他直接费是指施工企业在施工生产过程中发生的除上述三项直接费用以外的有关设计和技术援助费用、施工现场材料的二次搬运费、环境保护费、文明施工费、安全施工费、夜间施工增加费、生产工具和用具使用费、检验试验费、工程定位复测费、工程点交费用、场地清理费用、临时设施摊销费用、施工排水降水费、已完工程及设备保护费等。同材料费、人工费、机械使用费相比,其他直接费具有较大的弹性。就具体的单位工程来说,其他直接费可能发生也可能不发生,需要根据现场具体施工条件加以确定。

（五）间接费用

间接费用是指企业下属各施工单位为组织和管理施工生产活动所发生的费用,通常是指分公司或项目经理部为施工准备、组织施工生产和管理所需的费用,包括施工、生产单位管理人员基本工资、奖金、补贴、工资性质的津贴、职工福利费、劳动保护费、固定资产折旧费及修理费、物料消耗、低值易耗品摊销、取暖费、办公费、差旅费、财产保险费、工程保修费、排污费等。

间接费用应当在期末按照合理的方法分摊记入合同成本,与合同有关的零星收益,如合同完成后处置残余物资取得的收益,应当冲减合同成本。

以上第（一）～（四）项构成建筑安装工程的直接成本,第（五）项为建筑安装工程的间接成本,直接成本加上间接成本,构成建筑安装工程的生产成本（工程成本）。施工企业在核算产品成本时,就是按照上述成本项目来归集企业在施工生产经营过程中所发生的应计入成本核算对象的各项费用。

相关思考7-1

人工费的分配

中国琴岛建筑公司第一工程处2×23年6月12日承包甲、乙两项塑钢窗安装工程,甲工程安装塑钢窗30 000扇,乙工程安装塑钢窗20 000扇,共发生人工费2 050 000元,计算甲乙工程应承担的人工费。

二、工程成本的核算

（一）人工费的核算

施工企业工程成本中的人工费,主要包括内包人工费和外包人工费两项。

（1）内包人工费是指作业层与管理层两层分开后,企业所属的劳务分公司（内部劳务市场自有劳务）与项目经理部签订的劳务合同结算的全部工程价款。它类似于外包合同定额

7-3 视频：
人工费的核算

结算支付办法,按月结算记入成本核算对象。

（2）外包人工费是指企业（或项目经理部）与市场劳务分包企业（或企业内部外来劳务）签订的包清工合同结算的全部工程价款。以当月验收完成的工程实物量,计算出定额工日数乘以合同人工单价确定人工费,并按月记入成本核算对象。

结算的人工费入账时,借记"工程施工——合同成本——××工程（人工费）"账户,贷记"应付职工薪酬"账户。

【例7-9】 中国琴岛建筑公司第一工程处2×23年承包了食品厂的加工车间和职工宿舍两项工程。两项工程在同一施工地点同时施工,为此企业成立了一个项目经理部。现以该项目经理部为例,说明其工程成本的核算过程。加工车间工程按月结算工程价款,职工宿舍工程竣工后一次性结算工程价款,4月份发生的人工费资料如下:

（1）内包人工费73 000元,其中,加工车间工程为57 000元,职工宿舍工程为16 000元。

（2）外包人工费38 100元,其中,加工车间工程为32 240元,职工宿舍工程为5 860元。

根据以上资料,作会计分录如下:

借：工程施工——合同成本——车间工程（人工费）　　　　　　　　　　89 240
　　　　　　——合同成本——宿舍工程（人工费）　　　　　　　　　　21 860
　　贷：应付职工薪酬　　　　　　　　　　　　　　　　　　　　　　　111 100

根据上述分录,登记"工程施工明细账"的"人工费"栏,如表7-4和表7-5所示。

（二）材料费的核算

施工企业的材料,主要用于固定资产等专项工程,以及其他非生产性耗用,因此,进行材料费核算,必须严格划分施工生产耗用的界限,只有直接用于工程的材料才能记入工程成本的"材料费"项目中,施工工程用的材料品种繁多,数量较大,领用也比较频繁,因此,企业必须建立健全材料物资的收、发、领、退等管理制度,制定统一的定额领料单、大堆材料耗用计算单、集中配料耗用计算单、周转材料摊销分配表、退料单等自制原始凭证,并由项目材料人员按照不同的情况进行材料费的归集和分配,按成本核算对象编制"材料耗用汇总表",据以计入成本,借记"工程施工——合同成本——××工程（材料费）"账户,贷记"原材料""材料成本差异"等账户。

【例7-10】 承[例7-9],月终,食品厂项目经理部根据审核无误的各种领料凭证、大堆材料耗用分配表、周转材料摊销分配表等,汇总编制"材料耗用汇总表",如表7-1所示。

表7-1　　　　　　　　　　　**材料耗用汇总表**

2×23年6月30日　　　　　　　　　　　　　　　　　　　单位:元

成本核算对象	主要材料		结构件		其他材料		合计		周转材料摊销
	计划成本	成本差异	计划成本	成本差异（−1%）	计划成本	成本差异（1%）	计划成本	成本差异	
车间工程	237 000	3 570	64 000	−640	1 100	11	302 100	2 941	5 000
宿舍工程	82 000	820			800	8	82 800	828	2 000
合计	319 000	4 390	64 000	−640	1 900	19	384 900	3 769	7 000

根据"材料耗用汇总表"资料,作会计分录如下:

（1）借：工程施工——合同成本——车间工程（材料费）　　　　　　　307 100

　　　　贷：原材料——主要材料　　　　　　　　　　　　　　　　237 000

　　　　　　　　——结构件　　　　　　　　　　　　　　　　64 000

　　　　　　　　——其他材料　　　　　　　　　　　　　　　　1 100

　　　　　　周转材料——周转材料摊销　　　　　　　　　　　　5 000

（2）借：工程施工——合同成本——宿舍工程（材料费）　　　　　　　84 800

　　　　贷：原材料——主要材料　　　　　　　　　　　　　　　　82 000

　　　　　　　　——其他材料　　　　　　　　　　　　　　　　800

　　　　　　周转材料——周转材料摊销　　　　　　　　　　　　2 000

（3）借：工程施工——合同成本——车间工程（材料费）　　　　　　　2 941

　　　　贷：材料成本差异——主要材料　　　　　　　　　　　　3 570

　　　　　　　　——结构件　　　　　　　　　　　　　　　　640

　　　　　　　　——其他材料　　　　　　　　　　　　　　　　11

（4）借：工程施工——合同成本——宿舍工程（材料费）　　　　　　　828

　　　　贷：材料成本差异——主要材料　　　　　　　　　　　　820

　　　　　　　　——其他材料　　　　　　　　　　　　　　　　8

根据上述分录,登记"工程施工明细账"的"材料费"栏,如表7-4和表7-5所示。

延伸阅读7-2

材料费的归集和分配

材料费在施工企业工程成本中所占的比重较大,工程施工耗用的材料品种繁多,数量较大,领用的次数也比较频繁。因此,施工企业必须建立健全材料物资的收发、领退等管理制度,制定统一的定额领料单、领料单、大堆材料耗用计算单、集中配料耗用计算单、周转材料摊销计算分配表、退料单等自制原始凭证,并区别不同的材料,根据不同的情况,采取不同的方法进行材料费的归集和分配。

（1）凡是领用材料时能够点清数量、分清用料对象的,应在有关领料凭证上注明工程成本核算对象的名称,并直接记入工程成本核算对象的"材料费"成本项目中。

（2）凡是领用材料时虽能点清数量,但系集中配料或需统一下料的材料,如油漆、玻璃、木材等,应在有关领料凭证上注明"工程集中配料"字样,月末由材料管理部门人员或领用部门根据用料情况,结合材料消耗定额编制"集中配料耗用计算分配表",据以分配计入各受益工程成本核算对象中。

（3）凡是领用材料时既不易点清数量,又难以分清工程成本受益对象的材料,如砖、瓦、灰、砂、石等大堆材料,可以根据具体情况,先由材料保管员或施工现场领料部门验收保管,月末实地盘点结存数量后,再按月初结存数量与本月购进数倒轧本月实耗数量,最后结合材料耗用定额,编制"大堆材料耗用计算单"据以计入各工程成本核算对象中。

（4）凡是工程施工周转使用的模板、脚手架等周转材料,应根据各工程成本受益对象的实际在用数量和规定的摊销方法,计算当期周转材料应摊销额并编制各类"周转材料摊销计算分配表",据以记入各工程成本核算对象中。对于施工企业某些租用的周转材料,则应按照实际支付的租赁费用直接记入各受益工程成本核算对象的"材料费"成本项目中。

（5）凡是施工企业工程竣工后剩余的材料,均应填写"退料单"或用红字填写"领料单",据以办理材料退库手续,以便正确计算施工工程的实际成本。

(6)凡是施工企业在工程施工中发生的残次材料和包装物等,应尽量回收利用,填制"废料交库单"估价入账,并冲减工程成本中的材料费。

(三)机械使用费的核算

施工企业的自有施工机械设备一般都实行内部租赁制,以租赁费形式反映其消耗情况。按机械设备租赁办法和租赁合同,由企业内部机械设备租赁市场与项目经理部按月结算租赁费。租赁费根据机械使用台班、停置台班和内部租赁单价计算,记入成本核算对象中的"机械使用费"项目。如企业未实行内部租赁制,施工企业及其内部独立核算的施工单位、机械站和运输队使用自有施工机械和运输设备进行机械作业(包括机械化施工和运输作业等)所发生的各项费用,可增设"机械作业"账户进行核算。

机械进出场费,按规定由承租项目负担,直接记入成本。向外单位租赁机械,应根据对方开具的"机械租赁费结算单"支付使用费,记入相应成本核算对象中的"机械使用费"项目。

结算的机械使用费入账时,借记"工程施工——合同成本——××工程(机械使用费)"账户,贷记"银行存款"账户或"应付账款"账户。

【例7-11】 承[例7-9],本月加工车间工程从某租赁公司租入起重机一台,共使用了25个台班,每台班单价为100元,租金已用银行存款支付,作会计分录如下:

借:工程施工——合同成本——车间工程(机械使用费) 　　　　2 500
　　贷:银行存款 　　　　　　　　　　　　　　　　　　　　　　2 500

【例7-12】 承[例7-9],本月加工车间工程发生内部机械租赁费3 600元,职工宿舍工程发生内部机械租赁费1 400元,作会计分录如下:

借:工程施工——合同成本——车间工程(机械使用费) 　　　　3 600
　　　　　　　　　　　　　　宿舍工程(机械使用费) 　　　　1 400
　　贷:应付账款——××内部单位 　　　　　　　　　　　　　5 000

根据上述分录,登记"工程施工"明细账的"机械使用费"栏,如表7-4和表7-5所示。

(四)其他直接费的核算

其他直接费的核算,企业可以根据费用发生时的具体情况进行处理:

(1)凡是费用发生时能分清成本受益对象的,发生时可直接计入各成本核算对象的成本中,借记"工程施工——合同成本——××工程(其他直接费)"账户,贷记有关账户。

(2)若受益对象不止一个,项目经理部可增设"其他直接费"账户。费用发生时,借记"其他直接费"账户,贷记有关账户;期末分配记入有关工程成本时,借记"工程施工——合同成本——××工程(其他直接费)"账户,贷记"其他直接费"账户。

【例7-13】 承[例7-9],本月加工车间工程发生材料二次搬运费1 800元,职工宿舍工程发生场地清理费900元,作会计分录如下:

借:工程施工——合同成本——车间工程(其他直接费) 　　　　1 800
　　　　　　　　　　　　　　宿舍工程(其他直接费) 　　　　900
　　贷:银行存款 　　　　　　　　　　　　　　　　　　　　　2 700

根据上述分录,登记"工程施工"明细账的"其他直接费"栏,如表7-4和表7-5所示。

(五)间接费用的核算

如果项目经理部只有一个成本核算对象,间接费用在发生时可直接计入成本核算对象的成本中,借记"工程施工——合同成本——××工程(间接费用)"账户,贷记有关账户。

如果项目经理部同时有几个成本核算对象,可增设"施工间接费用"账户。费用发生时,借记"施工间接费用"账户,贷记有关账户;期末分配计入有关工程成本时,借记"工程施工——合同成本——××工程(间接费用)"账户,贷记"施工间接费用"账户。

【例7-14】 承[例7-9],食品厂项目经理部本月发生工资支出20 520元,购买办公用品等5 046.15元,提取固定资产折旧1 060元,作会计分录如下:

借:施工间接费用 26 626.15
　贷:应付职工薪酬 20 520.00
　　银行存款 5 046.15
　　累计折旧 1 060.00

月末根据工程施工明细账(表7-4和表7-5),按车间和宿舍工程的直接成本分配间接费用,编制间接费用分配表,如表7-2所示。

表7-2
间接费用分配表
2×23年6月30日
单位:元

成本核算对象	工程直接费	分配率	分配金额
车间工程	407 181		20 359.05
宿舍工程	109 788		6 267.10
合计	516 960	0.05	26 626.15

根据间接费用分配表,作如下会计处理:

借:工程施工——合同成本——车间工程(间接费用) 20 359.05
　　　　　　　　　　——宿舍工程(间接费用) 6 267.10
　贷:施工间接费用 26 626.15

根据上述分录,登记"工程施工"明细账的"间接费"栏,如表7-4和表7-5所示。

三、工程成本的结算

(一)已完工程实际成本的计算

施工企业应根据工程合同确定的工程价款结算办法,按时结算已完工程成本,向建设单位收取工程价款。由于工程价款的结算方式不同,已完工程的含义和实际成本的计算方法也不同。

(1)实行工程项目竣工后一次结算的已完工程实际成本的计算。实行工程项目竣工后一次结算工程价款时,已完工程即指已经甲乙双方验收,办理竣工决算,交付使用的工程项目。在这种情况下,施工过程中发生的各项成本费用,随时计入各成本核算对象的成本项目,进行工程成本的明细核算。竣工时,工程成本明细分类账中登记的工程成本累计总额,就是竣工工程的实际成本。

(2)实行按期结算工程价款的已完工程实际成本的计算。实行按期结算工程价款时,已完工程是指已经完成预算定额规定的全部工序的施工内容,在本企业不需要再进行加工的分部分项工程。分部分项工程是构成工程项目的基本要素,也是编制工程预算最基本的计量单位,有一定的工作内容和质量标准。虽然这部分工程不是竣工工程,也不具有完整的使用价值,但企业也不需要再进行任何施工活动,可以确定它的工程数量和质量,故能够将其作为已完工程,计算它的实际成本,并按合同价格向业主收取工程价款。相反,凡在期末尚未完成预算定额规定的全部工序与内容的分部分项工程称为未完施工,这部分未完施工不能向业主收取工程价款。本期已完工程实际成本的计算公式如下:

$$\text{本期已完工程实际成本} = \text{期初未完施工实际成本} + \text{本期成本费用发生额} - \text{期末未完施工实际成本} \tag{7-1}$$

式(7-1)中,"期初未完施工实际成本"和"本期成本费用发生额"可直接从"工程施工"有关明细分类账中取得,"期末未完施工实际成本"需要按一定的方法计算取得。一般来说,期末未完工程量在全期工程量中所占比重较小,而且期初、期末未完工程的数额变化不大,为了简化成本核算手续,通常可以把期末未完工程的预算成本,视同它的实际成本,不分摊间接费用,其计算公式如下:

$$\text{期末未完工程预算成本} = \text{期末未完工程折合成已完工程实物量} \times \text{该部分工程预算单价} \tag{7-2}$$

【例7-15】 承[例7-9],在实际工作中,期末未完工程预算成本的计算,是在期末对施工现场进行实地盘点的基础上,通过编制"未完施工盘点单"进行计算的,如表7-3所示。

表7-3　　　　　　　　　　　　　　未完施工盘点单

2×23年6月30日　　　　　　　　　　　　　　　　　　　　　金额单位:元

单位工程名称	分部分项工程		已做工序				其中			
	名称	预算单价(元/平方米)	工程名称或内容	占分部分项工程的比例	已完数量(平方米)	拆合分部分项工程量(平方米)	预算成本	人工费	材料费	机械使用费
车间工程	墙面抹石灰砂浆	4	抹一遍	50%	4 000	2 000	8 000	2 400	4 800	800
合计							8 000	2 400	4 800	800

根据"未完施工盘点单"所确定的未完施工成本,记入"工程施工"明细账的期末未完施工成本,如表7-4所示,并据以计算已完工程实际成本。

车间工程本期已完工程实际成本＝8 900＋427 540.05－8 000＝428 440.05(元)

表 7-4

工程施工明细账

明细科目:合同成本

成本核算对象:车间工程　　　　2×23 年 6 月 30 日　　　　单位:元

2×23年 月	日	凭证号数	摘要	直接成本 人工费	材料费	机械使用费	其他直接费	间接费用	工程成本合计
6	1		期初已完工程实际成本	217 912.40	2257 493	151 800	29 200	66 256.67	2 722 662.07
			期初未完施工	2 800.00	5 200	900			8 900.00
	30		人工费	89 240.00					89 240.00
			分配材料费		307 100				307 100.00
			分配材料成本差异		2 941				2 941.00
			分配机械使用费			6 100			6 100.00
			分配其他直接费				1 800		1 800.00
			分配间接费用					20 359.05	20 359.05
			本期施工费用发生额	89 240.00	310 041	6 100	1 800	20 359.05	427 540.05
			减:期末未完施工	2 400.00	4 800	800			8 000.00
			本期已完工程实际成本	89 640.00	310 441	6 200	1 800	20 359.05	428 440.05
			自开工起累计已完工程实际成本	30 552.40	2567 934	158 000	31 000	86 615.72	3151 102.12

表 7-5

工程施工明细账

明细科目:合同成本

成本核算对象:宿舍工程

2×23 年 6 月 30 日　　　　单位:元

2×23年 月	日	凭证号数	摘要	直接成本 人工费	材料费	机械使用费	其他直接费	间接费用	工程成本合计
6	1		期初余额	294 021	2220 380.56	69 557	12 000	50 781.00	2646 739.56
	30		人工费	21 860					21 860.00
			分配材料费		84 800.00				84 800.00
			分配材料成本差异		828.00				828.00
			分配机械使用费			1 400			1 400.00
			分配其他直接费				900		900.00
			分配间接费用					6 267.10	6 267.10

（续表）

| 2×23 年 | | 凭证号数 | 摘要 | 直接成本 | | | | 间接费用 | 工程成本合计 |
月	日			人工费	材料费	机械使用费	其他直接费		
			本期施工费用发生额	21 860	85 628.00	1 400	900	6 267.10	116 055.10
			减:期末未完施工						
			本期已完工程实际成本	315 881	2306 008.56	70 957	12 900	57 048.10	2762 794.66
			自开工起累计已完工程实际成本	315 881	2306 008.56	70 957	12 900	57 048.10	2762 794.66

第四节 施工企业收入业务的核算

一、工程价款结算方式

（一）工程竣工后一次结算

工程竣工后一次结算即工程价款每月预支,竣工后一次结算。企业采用竣工后一次结算工程价款方法时,要在工程竣工后,按规定的内容和程序,会同有关人员编制竣工工程决算表,并据以编制工程价款结算单,送发包单位,据以办理结算。

【例 7-16】 承[例 7-9],工程价款结算单如表 7-6 所示。

表 7-6

工程价款结算单

发包单位名称:食品厂　　　　　　2×23 年 6 月 30 日　　　　　　单位:元

工程名称	合同造价	本期应收工程款	应扣款项			本期实收工程款	累计已收工程款	备注
			合计	预收工程款	预收备料款			
车间工程	3 500 000	485 700	192 300	100 000	92 300			
宿舍工程	3 000 000	3 000 000	2 250 000	1 450 000	750 000			
合计	6 500 000	3 485 700	2 442 300	1 550 000	1 043 400			

施工单位:市第一建筑工程公司

（二）分段结算

分段结算即按照工程形象进度,划分不同阶段进行结算。分段结算可以按月预支工程款。企业采用分段结算工程价款办法时,要在合同规定工程部分完工的月份,根据已完工程部位的工程数量计算已完工程的预算造价和实际成本,编制已完工程月报表和"工程价款结算单",送发包单位,据以办理结算。

（三）按期（月或季）结算

按期（月或季）结算即实行期中预支、期末结算、竣工后清算的办法。企业采取按期结算工程价款办法时,应按各期实际完成的工程数量,并按照工程预算定额中的工程造价、施工管理费定额、计划利润率、税率等计算出已完工程的预算造价。同时,根据有关资料和实地盘点结果计算实际完成的工程数量,编制已完工程月报表和工程价款结算单。

【例 7-17】 承[例 7-9],已完工程月报表如表 7-7 所示。

表 7-7

已完工程月报表

发包单位名称:食品厂　　　　　　　　2×23 年 6 月 30 日　　　　　　　　单位:元

| 工程名称 | 合同造价 | 开、竣工日期 | | 实际完成数 | | 备注 |
		开工日期	竣工日期	累计已完工程	本期已完工程	
加工车间	3 500 000	2×23.3	2×23.6	3 151 102.12	428 440.05	
职工宿舍	3 000 000	2×23.3	2×23.6	2 762 794.66	2 762 794.66	
合计	6 500 000			5 913 896.78	3 191 234.71	

施工单位:市第一建筑工程公司

二、工程价款结算的核算

施工企业的工程结算收入又称合同收入,它包括合同中规定的工程造价和因合同变更、索赔、奖励等形成的收入。向业主开出工程价款结算单办理结算时,按结算单所列金额,借记"应收账款"账户,贷记"工程结算"账户。按规定确认合同收入和合同费用时,按当期确认的合同费用,借记"主营业务成本"账户,按当期确认的合同收入,贷记"主营业务收入"账户,按其差额,借记或贷记"工程施工——合同毛利"账户。工程施工合同完工后,借记"工程结算"账户,贷记"工程施工"账户;同时,应转销合同预计损失准备。

【例 7-18】 中国琴岛建筑公司期末根据经发包单位签证的工程价款结算单(表 7-6),本期应向发包单位结算工程价款共计 3 485 700 元,作会计分录如下:

```
借:应收账款——应收工程款                          3 485 700
    贷:工程结算——宿舍工程                              3 000 000
            ——车间工程                                485 700
```

【例 7-19】 承[例 7-18],从应收工程款中扣还预收的工程款 1 550 000 元和预收备料款 892 300 元,作会计分录如下:

```
借:预收账款——预收工程款                          1 550 000
            ——预收备料款                              892 300
    贷:应收账款——应收工程款                            2 442 300
```

【例 7-20】 承[例 7-19],收到发包单位实付工程价款 1 043 400 元,作会计分录如下:

```
借:银行存款                                      1 043 400
    贷:应收账款——应收工程款                            1 043 400
```

【例 7-21】 承[例 7-20],期末确认合同收入和费用(表 7-4、表 7-5 和表 7-6),不考虑税费,作会计分录如下:

```
借:主营业务成本——车间工程                          428 440.05
    工程施工——合同毛利(车间工程)                     57 259.95
    贷:主营业务收入——车间工程                          485 700.00
```

借：主营业务成本——宿舍工程　　　　　　　　　　　　　　　　2 762 794.66

　　工程施工——合同毛利（宿舍工程）　　　　　　　　　　　　　237 205.34

　　贷：主营业务收入——职工宿舍　　　　　　　　　　　　　　　3 000 000.00

同时冲销完工工程（职工宿舍）的"工程施工"账户和"工程结算"账户。

借：工程结算——宿舍工程　　　　　　　　　　　　　　　　　　3 000 000.00

　　贷：工程施工——合同成本（宿舍工程）　　　　　　　　　　　2 762 794.66

　　　　　　　　——合同毛利（宿舍工程）　　　　　　　　　　　237 205.34

【例 7-22】　承［例 7-21］，期末，将"主营业务收入""主营业务成本"账户的余额转入"本年利润"账户，作会计分录如下：

借：主营业务收入　　　　　　　　　　　　　　　　　　　　　　3 485 700

　　贷：本年利润　　　　　　　　　　　　　　　　　　　　　　3 485 700

借：本年利润　　　　　　　　　　　　　　　　　　　　　　　　3 191 234.71

　　贷：主营业务成本　　　　　　　　　　　　　　　　　　　　3 191 234.71

三、分包工程结算的核算

　　一个工程项目如果有两个或两个以上施工企业承担施工时，根据国家对建设工程管理的要求，建设单位和施工企业要求实行承包责任制和总分包协作制。在这种情况下，要求一个施工企业作为总包单位向建设单位（发包单位）总承包，对建设单位负责，再由总包单位将专业工程分包给专业性施工企业施工，分包单位对总包单位负责。

【例 7-23】　企业通过银行向分包单位预付备料款 25 000 元，作会计分录如下：

借：预付账款——预付分包单位款　　　　　　　　　　　　　　　25 000

　　贷：银行存款　　　　　　　　　　　　　　　　　　　　　　25 000

【例 7-24】　企业按工程分包合同规定，按照工程进度预付给分包单位工程款 30 000 元，作会计分录如下：

借：预付账款——预付分包单位款　　　　　　　　　　　　　　　30 000

　　贷：银行存款　　　　　　　　　　　　　　　　　　　　　　30 000

【例 7-25】　分包工程完工验收后，根据经审核的分包单位提出的工程价款结算单结算已完工程款 246 200 元，如作为企业自行完成的工作量，作会计分录如下：

借：工程施工——合同成本　　　　　　　　　　　　　　　　　　246 200

　　贷：应付账款——应付分包单位款　　　　　　　　　　　　　246 200

如不作为企业自行完成的工作量，作会计分录如下：

借：主营业务成本　　　　　　　　　　　　　　　　　　　　　　246 200

　　贷：应付账款——应付分包单位款　　　　　　　　　　　　　246 200

【例 7-26】　承［例 7-23］和［例 7-24］，从应付分包工程款中扣除预付的工程款 30 000 元和预付备料款 25 000 元，作会计分录如下：

借：应付账款——应付分包单位款   55 000
　　贷：预付账款——预付分包单位款   55 000

【例7-27】 以银行存款支付分包单位工程款191 200元，作会计分录如下：

借：应付账款——应付分包单位款   191 200
　　贷：银行存款   191 200

本章小结

　　本章主要学习了施工企业会计的核算。通过本章的学习，我们了解了施工企业会计的特点；熟悉了临时设施的核算；掌握了周转材料的核算、工程成本的核算、工程收入业务的核算。

本章重要概念

　　施工企业　周转材料　临时设施　工程成本　人工费　材料费　机械使用费其他直接费　间接费用　已完工程　未完工程　工程价款　分包工程

本章练习

1. 施工企业会计有哪些特点？
2. 周转材料的摊销方法有哪几种？
3. 临时设施摊销的方法有哪几种？
4. 施工企业的工程成本包括哪些成本项目？
5. 工程价款的结算方式有哪几种？

7-5 扫一扫
看课件

7-6 扫一扫
练一练

7-7 扫一扫
练一练答案

第八章　交通运输企业会计

内容提要

本章主要讲解交通运输企业及物流企业的会计核算方法,具体包括交通运输企业的业务特点及其核算特点、交通运输企业的会计核算,并具体阐述铁路运输企业的会计核算方法以及物流企业经营活动各环节的会计核算方法。

重点难点

本章重点为交通运输企业的主要经济业务、业务特点及会计核算特点,交通运输企业的存货核算、营业收入核算、运输成本核算,铁路运输企业以及物流企业的会计核算;难点为铁路运输企业进款收入的核算、铁路运输企业营业收入核算、交通运输企业成本费用的核算以及物流企业经营活动各环节的会计核算方法。

学习目标

通过本章学习,学生应掌握交通运输企业的主要经济业务、业务特点及会计核算特点,交通运输企业存货、营业收入、成本的会计核算,物流企业经营活动各环节的会计核算方法;了解铁路交通运输企业的主要经营业务及其会计核算。

知识框架

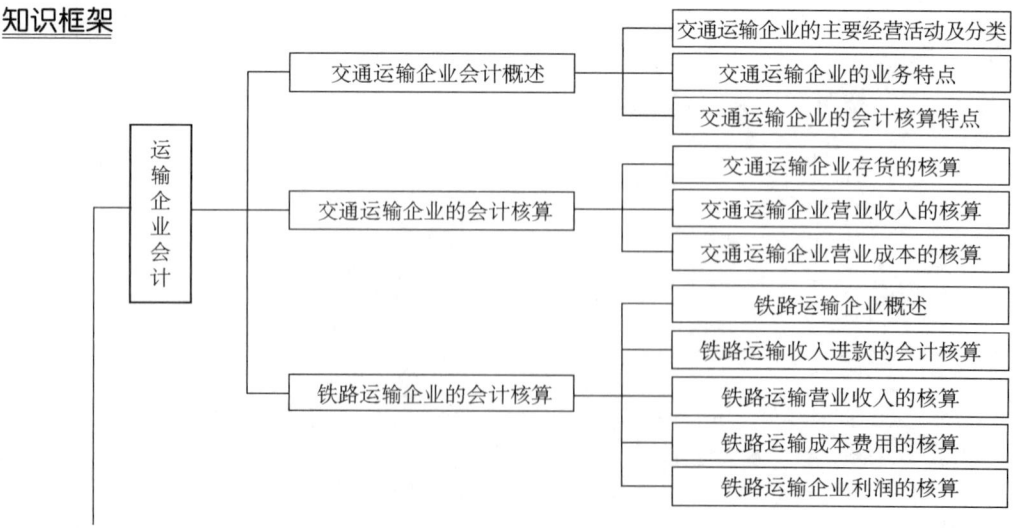

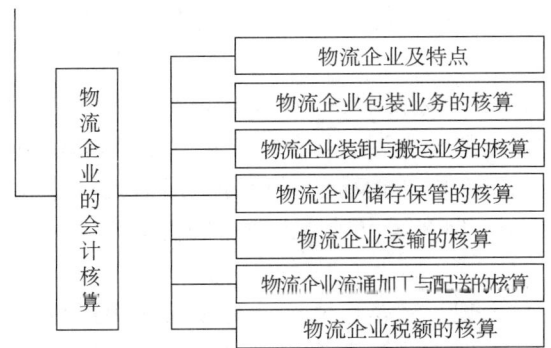

 思政育人　　我国交通运输业对经济增长质量的影响

中共十九大会议指出,我国经济已由高速增长阶段转向高质量发展阶段。

我国经济的增长质量是以各产业经济增长质量为基础的,保证我国经济高质量增长需要重点关注关键产业的经济增长质量。交通运输业是国民经济发展的基础产业,其发展质量显著影响着我国经济的发展水平。

根据《中国统计年鉴》最新记载的数据,截至 2020 年年底我国运输线路长度 14.63 万公里,客运量总计 966 540 万人,货运量总计 4 729 579 万吨,旅客周转量总计 12 851.5 亿人公里,货物周转量 202 211 亿吨公里。这些数据充分显示出目前我国交通运输业体量的庞大和该产业对国民经济的重要影响。一方面,随着交通运输业规模的不断扩大,资源运输成本不断降低,要素和产品的流通更加方便,这在很大程度上推动了相关产业经济增长,如邮政业、旅游业等;另一方面,交通运输业的发展使得不同地区的空间隔离不断被弱化,模糊了地理上的界限,在资源配置上提高了效率,在经济上实现了协同发展,带动了我国整体经济发展质量的提高。

资料来源:杨青.我国交通运输业经济增长质量评价研究[D].长春:吉林大学,2022.

第一节　交通运输企业会计概述

交通运输是指使用运输工具将货物或者旅客送达目的地,使其空间位置得到转移的业务活动。

交通运输企业会计是专门核算和监督交通运输企业生产经营资金运动的一门行业会计。

交通运输企业是指利用运输工具专门从事运输生产或直接为运输生产服务的企业。交通运输企业的主要业务就是提供客货运输,运输生产活动的结果是使劳动对象发生空间位置上的转移,从而使旅客到达目的地、货物到达经销商或消费者手中。交通运输企业属于第三产业,它能够把社会再生产过程中的生产、分配和消费过程有机地结合在一起。与一般工商企业相比,交通运输企业的生产经营过程比较特殊,具有较强的个性。

一、交通运输企业的主要经营活动及分类

按照运输方式的不同,常见的交通运输企业一般可分为公路运输企业、水路运输企业、铁路运输企业、航空运输企业等。

(一)公路运输企业

公路运输是产生最早的一种交通运输方式。公路运输企业一般分为长途运输业和短途运输业两种,是以汽车为主要运输工具,以货物和旅客作为运输对象的运输企业。目前,我

国公路运输的客运周转量已经超过铁路运输,但货运周转量只是铁路运输的一半。

(二)水路运输企业

水路运输企业是以船舶为主要运输工具,以货物和旅客作为运输对象的运输企业。根据运输对象不同,水路运输一般分为客运和货运。根据运输路线不同,水路运输一般分为内河运输业和海洋运输业。其中,海洋运输业又可分为沿海运输业和远洋运输业。我国水路货运的比重与铁路货运接近,但客运市场只占较小的份额。

(三)铁路运输企业

铁路运输在 19 世纪初出现。铁路运输企业是以火车为运输工具对外提供运输劳务以获得经营收入的生产部门,一般有货运和客运之分。铁路运输是目前我国客货运输的主要方式,占客货运输市场份额的 40% 左右。

(四)航空运输企业

航空运输企业是以飞机为运输工具对外提供运输劳务以获得经营收入的生产部门,包括货运业和客运业两种。

除此之外,管道运输业也属于交通运输企业,但它只从事特殊货物的运输,如石油、天然气等。从广义上讲,邮电企业也属于交通运输企业,但邮电企业是从事特殊物品运输的企业,如文字、声音等。

在公路、水路、铁路和航空四类常见的交通运输企业中,公路运输企业和水路运输企业的会计核算方法与一般企业的差异较小,而铁路运输企业和航空运输企业的业务特点非常突出,会计核算方法也比较独特,为此,本章第三节重点以铁路运输企业为对象来阐述交通运输企业独特的会计核算方法。

应该说明的是,财政部发布的《企业会计准则——应用指南》对各类企业交易和事项中涉及的主要业务规定了会计科目,其中没有针对航空运输和铁路运输企业单独规定特别的会计科目,可见,这两类运输行业在会计科目设置上可与一般工商业会计科目保持一致。根据《企业会计准则——应用指南》关于"会计科目"设置的基本思想,不同企业在不违反《企业会计准则》中关于确认、计量和报告规定的前提下,可以根据本单位的实际情况自行增设、拆分或合并会计科目。铁路运输企业和航空运输企业经济业务与一般工商业相比具有一定的特殊性,因此,在会计核算中,铁路运输企业和航空运输企业可以根据其自身行业特点,设置一些专有会计科目。

二、交通运输企业的业务特点

为阐述交通运输企业会计核算的特性,我们先分析一下交通运输企业的业务特点。应该说,公路、水路、铁路及航空等各个交通运输企业都各具特点,但与一般的工商企业相比,它们又具有业务上的共性特征,并足以使交通运输企业与一般工商企业区别开来。归纳起来,交通运输企业的特征主要包括以下几个方面。

(一)运输生产的过程比较特殊

运输过程通常也被称为运输的生产经营过程,但在运输的生产经营过程中,只能消耗劳动工具,不能像工业企业一样消耗劳动对象,也不能改变劳动对象(旅客和货物)的属性和形态,如果运输生产过程中消耗了劳动对象,则意味着交通事故的发生。在特殊的运输生产过程中,不会产生任何有形产品,运输生产的唯一功能就是把人员及货物的空间位置转移,是一种纯粹的运送服务。

（二）运输生产的产品非常特殊

运输业的产品表现为运输服务的完成,这种产品的特殊性就在于它是无形的,而且不能保存和积累。运输过程既是生产过程,同时也是销售和消费过程。运输业务的开始意味着收入赚取过程和消费过程的开始,运输业务的结束意味着营业收入的实现和消费过程的结束。因此,运输业对于产品质量的要求比其他任何行业都更加细致和严格,因为运输产品无法退换,一旦运输质量出现了问题,就可能造成永远无法挽回的损失。

（三）运输生产的形式比较特殊

一般工商企业的生产经营活动都是在某一个固定地点进行的,如生产企业的生产一般在车间进行、商品销售活动一般在商场进行等。而运输生产则具有极强的流动性,它不可能在室内某一个固定的场所进行,而是在户外广阔的空间进行。因此,运输生产受自然条件甚至外界环境的影响较大,安全问题比较突出。与一般工商企业相比,运输生产收入的实现过程更加复杂。例如,铁路运输就需要通过铁路运输部门以及运输沿线各单位、各部门、各工种的工作人员,在不同空间和时间内的密切配合和分工协作才能完成。

（四）交通运输企业与制造企业生产经营特点的比较

交通运输企业与制造企业生产经营特点的比较如表 8-1 所示。

表 8-1　　　　　　　交通运输企业与制造企业生产经营特点的比较

序号	交通运输企业的生产经营特点	制造企业生产经营特点
1	生产过程具有流动性、分散性。除了港口、车站卸装场地固定,其整个运输的过程始终在一个广阔的空间不断流动,且流动的方向很分散	一般是在一个固定的厂房或工地内从事生产经营活动
2	在生产过程中不改变劳动对象(旅客和货物)的属性和形态,不创造新的物质产品,只改变其空间位置	通过对劳动对象(原材料)等进行生产加工活动,不断创造新的物质产品
3	运输生产与消费同时进行。不生产有形产品,也不能转让产品,其运输生产的过程也就是产品消费的过程。要提高经济效益,就要充分消费,提高载运率,避免回程空载	生产与消费不同时进行。生产有形产品,能储存产品,也能转让产品
4	在运输生产中只消耗劳动工具(运输设备与工具),不消耗劳动对象(原材料)	在制造业生产过程中既消耗劳动工具(机器、设备等),也消耗劳动对象
5	固定资产比重大,流动资产占用少。在流动资产中,原材料比重较小,燃料、备品配件及轮胎等比重较大	在流动资产中,原材料比重较大
6	各种运输方式之间替代性较强	制造业不同的生产经营活动的替代性较弱

三、运输企业的会计核算特点

从会计核算方法来看,公路运输、水路运输、铁路运输及航空运输等各行业都各具特点,彼此之间很难像一般的工商业会计一样予以统一,尤其是铁路运输和航空运输。当然,与一般工商企业相比,这些运输企业在会计核算上也可以归纳出几个共同的特点,主要表现在以下几个方面。

（一）资产和负债要素的核算

运输服务的完成需要依赖运输工具,而运输工具在运输企业是作为固定资产核算的,因此,在交通运输企业固定资产中,运输工具的比重比一般行业多得多,金额也大得多。另外,运营中需要大量的油料、燃料、备品备件、维修设备等,因此,在交通运输企业流动资产中,燃料、轮胎、备品备件、维修设备、低值易耗品的比重也比一般行业多得多,金额也大得多。总之,汽车、轮船、火车、飞机等交通工具属于交通运输企业特有的固定资产,也是交通运输企业固定资产核算的主要对象;而燃料、轮胎、备品备件、维修设备等是交通运输企业存货的主要存在形式,也是交通运输企业流动资产核算的主要对象。

从负债方面看,交通运输企业在运输工具方面的投资可能性比较大,并且贷款购置运输工具的情况较多,因此,有时会产生金额较大的负债,这些负债可能是从金融机构取得的贷款,也可能是因融资租赁形成的负债。比如,航空公司一般都会因为融资租赁飞机而产生金额巨大的长期应付款。

（二）营运成本及费用的核算

从基本框架上看,交通运输企业营运成本及费用的核算原则与一般工商企业的营运成本及费用的核算原则是一样的。但公路运输、水路运输、铁路运输以及航空运输等交通运输企业的业务特点与一般工商企业并不一致,因此,交通运输企业成本费用的核算方法也不可能与一般工商企业的核算方法完全一致。事实上,由于业务特点有所差异,这几类交通运输企业彼此之间成本费用的构成和核算方法也并不完全一致,主要表现在营运成本和营运费用的归集和分配上。关于营运成本及费用的核算,本章将在第三节中"铁路运输成本费用的核算"具体阐述。

（三）营运收入的核算

相对而言,交通运输企业在营运收入核算方面的特点是最突出的。以铁路为例,其交通运输企业的生产需要由运输部门以及运输沿线各单位、各部门、各工种的工作人员的密切配合和分工协作来完成,因此,其运输收入就必须在承担运营任务的各个环节之间分配。再以航空公司为例,一次航空运输需要由售票网点、承运公司、机场、空中服务等多家企业和部门共同配合才能完成,因此,机票收入也需要在各个环节、各个部门之间分摊和分配。总之,交通运输企业尤其是铁路运输企业和航空运输企业营运收入的核算是其会计核算的焦点问题。本章将在第三节中"铁路运输营业收入的核算"具体阐述交通运输企业收入的会计核算方法。

第二节 │ 交通运输企业的会计核算

一、交通运输企业存货的核算

8-1视频:
存货及燃料
概述

（一）交通运输企业存货的种类

交通运输企业的存货不构成产品的实体,而是其运输成本的主要组成部分。它主要包括以下几个内容:

（1）燃料。交通运输企业的燃料包括企业库存和车存的各种用途的液体、气体、固体燃料以及各种可用于燃烧的废料。燃料是交通运输企业中最重要的存货,在存货中所占的比重较大。

（2）材料。交通运输企业的材料是指企业为维护、保养和修理其所拥有的各种运输设备、装卸机械等储存的各种材料。

（3）轮胎。轮胎是指车辆、装卸机械用的外胎、内胎和垫带。

（4）备品配件。备品配件是指修理本企业车辆、装卸机械及其他机器设备的各种零件和备件。

（5）低值易耗品。低值易耗品指企业单位价值较低，使用年限较短、达不到固定资产的标准，又不能作为固定资产核算的各种物品、工具等，如工具、修理用具，玻璃器皿，以及在营运过程中周转使用的包装容器等。

在上述几种存货中，材料、备品配件和低值易耗品的核算与制造业的原材料和低值易耗品的核算方法基本相同，此处不再专门介绍。

（二）燃料的核算

1. 燃料的分类

燃料按用途可分为以下两种类型：

（1）营运耗用的燃料。营运耗用的燃料是指营运车辆在营业运行中直接消耗的燃料包括营运车辆在运行时消耗的燃料和装卸车倾卸货物时消耗的燃料。

（2）非经营用耗用的燃料。非经营用耗用的燃料是指非经营用车辆耗用的燃料与营运车辆在试用和保修过程中消耗的燃料。

2. 燃料的管理

交通运输企业的燃料被领用后装上油箱，便可开始进行运输工作，但在运输过程告一段落后，车辆的油箱中可能还会留有尚未消耗的燃料。因此，车辆领用的燃料并不等于消耗的燃料。目前，交通运输企业的燃料管理制度有两种：一种是满油箱制油耗管理制度；另一种是盘存制油耗管理制度。

（1）满油箱制油耗管理制度。满油箱制油耗管理制度即车辆在投入运营后根据车辆油箱的容积填制领用燃料凭证，该凭证由油库保管。满油箱制的特点是每次加油时都将油箱加满，并要求月末都要将油箱加满。因此，车存燃料数是一个固定数，即油箱容量。

（2）盘存制油耗管理制度。盘存制油耗管理制度是指车辆在投入运营后每次加油并非都将油箱加满，在采用这种燃料管理方法时，车存燃料的实际数应该于实地盘存之后才可确定。因此，在此种方法下，车存燃料不再是固定数。

3. 燃料的会计核算

燃料的核算是通过"原材料——燃料"账户进行的，一般根据存放地点，在"原材料——燃料"账户下开设"车存"及"库存"两个三级明细账户，分别用来核算车存和库存燃料增减变动及结存数。若是实行满油箱制的企业则只需开设"原材料——燃料"账户来核算燃料的增减及结存数。

（1）盘存油耗的核算。采用盘存制油耗管理制度管理燃料的企业，每一投入运营的车（船）都应根据实际需要领料加油，月末经盘存油箱的实存数后，计算出当月实际耗油数量。

采用盘存制油耗管理制度时，企业应设置"库存"和"车存"两个明细账户。领油时，根据领油凭证，借记"原材料——燃料——车存"账户，贷记"原材料——燃料——库存"账户；月末，经过实际测量油箱的存油数后，计算出当月耗油的实际数量，借记"主营业务成本——运输支出""管理费用""其他业务成本"等账户，贷记"原材料——燃料——车存"账户。采用计划成本核算的企业，月末还要计算并结转材料成本差异。

采用盘存制油耗管理制度进行核算时，月末车（船）实际耗油数可按以下公式计算：

当月实际耗油数＝月初车（船）存油数＋本月领用油料数－月末车（船）存油数

8-2 视频：
燃料的核算

月初、月末车(船)实际存油数均需经过实际盘存,因为它是一个变量,而不是一个固定数。

(2) 满油箱制油耗的核算。实行满油箱制的企业要求投入运营的车(船),在每次加油时必须装满油箱,月末根据领油凭证计算出车(船)耗油的数额,以此考核车(船)耗油情况。

在满油箱管理制度下,日常领用油时,领料部门只填制领油凭证,不用记账。在月初、月末车(船)都充满油的情况下,车(船)本月耗油的总数应该等于该车(船)本月领油凭证上每次领油的累计数。月末根据领油凭证计算出各部门的耗油总数后,应借记"主营业务成本——运输支出——××车(船)""管理费用""其他业务成本"等账户,贷记"原材料——燃料"账户;实行计划成本核算的企业,还应在月末计算结转燃料的成本差异,借记"主营业务成本——运输支出——××车(船)""管理费用""其他业务成本"等账户,贷记"材料成本差异——燃料"账户(若实际成本小于计划成本用红字)。

(三) 轮胎的核算

轮胎的价值较高,使用时间较长。交通运输企业对于领用轮胎的核算方法一般有如下两种:

(1) 一次摊销法。一次摊销法是指领用轮胎时一次性将轮胎价值计入主营业务成本。若一次性领用轮胎的数量较大,则可先将轮胎的价值计入待摊费用,然后在 1 年的时间内分期计入主营业务成本。

(2) 按行驶千米数预提费用法。按行驶千米预提费用法是指按轮胎行驶的公里数逐月预提轮胎费用计入主营业务成本,待轮胎更换时,再将领用的轮胎价值冲销预提的轮胎费用。

轮胎的采购和入库的核算可比照"原材料"账户的核算方法进行。企业领用轮胎时,其核算方法有两种,即一次摊销法和按行驶胎千米数预提的核算方法。企业可以根据实际情况,采用上述方法之一来核算。

8-3 视频:
轮胎的核算

1. 一次摊销法核算法

一次摊销法就是在领用轮胎外胎时,一次性地将轮胎外胎的成本计入运输成本中去的方法。企业运输成本的核算应通过"主营业务成本——运输支出"账户核算。领用轮胎时,借记"主营业务成本——运输支出"账户,贷记"周转材料——轮胎"账户。采用计划成本核算的企业,月末还要计算并结转材料成本差异。

采用一次摊销法核算的企业,如果一次性领用轮胎的数量很大,也可以先将轮胎成本记到"待摊费用"账户中,然后再分次摊到运输成本中去,一般应在本年度内摊完。

2. 按行驶千米数预提的核算方法

(1) 月末,按照轮胎实际行驶里程和企业规定的胎千米摊销数,计算并预提本月在用轮胎应负担的轮胎费用,其计算公式为:

每月预提轮胎费用=本月轮胎行驶里程×胎千米摊销费用

按每月预提的轮胎费用,借记"主营业务成本——运输支出"账户,贷记"预提费用——预提轮胎费"账户。

(2) 当轮胎报废不能使用时,首先应按报废残值,借记"原材料"账户,贷记"主营业务成本——运输支出"账户;其次将报废轮胎的实际行驶里程与定额行驶里程做比较,如果实际行驶里程与定额行驶里程不相等,应调整运输成本。

调整的运输成本的计算公式为：

超驶或亏驶里程应调整的运输成本＝轮胎超驶或亏驶里程×胎千米摊销轮胎费用

当报废轮胎超驶里程时，应按上面计算结果冲减多预提的轮胎费用，借记"预提费用——预提轮胎费"账户，贷记"主营业务成本——运输支出"账户。

当报废轮胎亏驶里程时，应按上面计算的结果补提少提的轮胎费用，借记"主营业务成本——运输支出"账户，贷记"预提费用——预提轮胎费"账户。

（3）领用新轮胎时，应按新轮胎的价值冲减该轮胎已经预提的轮胎费用，借记"预提费用——预提轮胎费"账户，贷记"周转材料——轮胎"账户。按计划成本核算的企业，月末还应按领用新轮胎的计划成本，计算出应负担的材料成本差异，直接计入运输成本，借记"主营业务成本——运输支出"账户，贷记"材料成本差异"账户（超支差用蓝字，节约差用红字）。

（4）交通工具不能使用报废时，应计算并冲减第一套轮胎的预提费用，借记"预提费用——预提轮胎费"账户，贷记"主营业务成本——运输支出"账户。

交通运输企业无论采用上述哪种核算方式，都应加强在用轮胎的管理，核定车队周转轮胎数量定额，定期盘点，实行交旧领新措施，建立和健全单胎里程记录。轮胎在清查盘点时，若发现有盘盈、盘亏或毁损的情况，应按实际成本、估计价值或计划成本，先记入"待处理财产损溢"账户，待查明原因后，再进行处理。

二、交通运输企业营业收入的核算

（一）交通运输企业营业收入分类

交通运输企业的营业收入是指交通运输企业完成客货运输业务、装卸业务、堆存业务及其他业务等按照规定的费率向旅客、货物托运人收取的运费、装卸费、堆存费和杂费等收入，通常按经营业务分为以下五类。

（1）运输收入。运输收入是指企业经营旅客、货物运输业务所取得的各项营业收入，是交通运输企业最主要的收入。它包括客运收入、货运收入及其他运输收入。客运收入是指企业经营旅客运输业务所取得的营业收入，包括长短途客票收入、计时及工程包车收入等；货运收入是指企业经营货物运输业务所取得的营业收入，包括长短途整车或零担货运收入、自动装卸车运输货物收取的装卸费等；其他运输收入是指随客货运输业务收取的其他附加收入，包括行李包裹的托运收入、邮件收入、空调收入等。

（2）装卸收入。装卸收入是指企业经营装卸业务所取得的收入，它包括按规定费率向货物托运人收取的装卸费（不包括自动装卸车运输货物收取的装卸费）；联运货物换装、火车汽车倒装收入及临时出租装卸机械的租金收入。

（3）堆存收入。堆存收入是指企业经营仓库、堆存业务所取得的收入。

（4）代理业务收入。代理业务收入是指企业办理联运业务及为其他交通运输企业和社会车辆办理业务收取手续费所取得的收入。

（5）其他业务收入。其他业务收入是指除了以上各项业务收入所取得的收入，如客运服务收入、车辆修理、材料销售、技术转让、广告等收入。

（二）交通运输企业营业收入的确认

营业收入的确认必须满足《企业会计准则》所规定的条件。由于交通运输企业一般提供劳务前就取得劳务报酬,其应在售出客票或开出货票时确认收入。交通运输企业劳务收入分布分散,通常由沿线各车站获取,因此,交通运输企业的收入管理应采用集中管理和分散管理相结合的原则。

交通运输企业根据营运票据确认收入额。营运票据是指货物和旅客运输的业务凭证,主要有客运票据、货运票据及其他票据。客运票据主要有固定票据、定额票据、客运包车票据、补充客票等;货运票据主要有整车货票、行李包裹票、零担货票、代理业务货票等;其他票据是指行李装卸费收据、零担装卸费收据、临时收款收据等。若企业发生退票、退运等业务,应直接冲减营业收入。

(三)交通运输企业之间运输收入的结算

代理货运收入一般通过汇兑结算或托收结算来划拨清算企业之间的货运收入。客运收入可根据实际情况采用互不结算、相互结算、包干实载率及汇总分配结算等方法。

(四)交通运输企业营业收入的会计核算

(1)企业营业收入的核算。交通运输企业要正确核算各项营业收入,应分别设置"主营业务收入"和"其他业务收入"等账户,并按每项收入的具体类别或场所设置明细分类账进行明细分类核算。

为了核算运输企业营运收入,应在"主营业务收入"账户下设置"运输收入""装卸收入""堆存收入""代理业务收入"等明细账户。

(2)基层站、所营业收入的核算。目前我国的交通运输企业上多采用客运货运兼营的形式,在组织设置上一般是在公司之下,设置基层车站或基层营业所,在基层车站或基层营业所下设车间或车队。有些交通运输企业的车站、营业所和车间及车队是平行的。基层车站或基层营业所一般是内部独立核算单位,而车队和车间一般为内部核算单位,只向上级报账而不独立核算。若车队和车间与车站是并行设置的,则车队和车间也为内部核算单位。

基层站、所将所实现的营业收入定期上报公司,并及时将收入向上级解缴。为了核算交通运输企业内部往来款,可增设资产类"应收内部单位款"账户和负债类"应付内部单位款"账户。

(3)企业之间营业收入的相互核算。不同交通运输企业就同一条线路对开固定班车时,若相互代售客票,需相互结算客运收入。

三、交通运输企业营业成本的核算

(一)交通运输企业营运成本构成及账户设置

交通运输企业营运成本是指企业在营运生产过程中实际发生的与运输、装卸、堆存和代理业务等营运生产直接有关的支出。营运成本主要分为运输成本、装卸成本、堆存成本等类别。运输成本是指企业完成一定客运和货运运输周转量所发生的各项营运费用。装卸成本是指企业完成一定装卸操作量所发生的各项营运费用。堆存成本是指企业经营仓库和堆存业务完成一定业务量所发生的各项营运费用。交通运输企业的期间费用主要包括管理费用和财务费用,其核算方法与制造企业会计核算相似,在此不再赘述。

1. 交通运输企业营运成本构成

交通运输企业没有生产和销售之分,因此也就没有生产成本和销售成本的区分,其营运成本直接在"主营业务成本"账户中进行核算。根据交通运输企业生产耗用的特点,汽车营运成本包括以下四个基本内容：

（1）直接材料。直接材料是指交通运输企业在营运生产过程中实际消耗的各种燃料、轮胎、材料、润料、低值易耗品、备品配件、隔热材料、专用工器具等支出。

（2）直接人工。直接人工是指交通运输企业直接从事营运生产活动人员的工资、奖金、津贴、福利费和补贴等。

（3）其他直接费用。其他直接费用是指交通运输企业在营运生产过程中发生的固定资产折旧费、修理费、行车杂费、车辆牌照和检验费、车辆清洗费、养路费、过路费、司机途中住宿费、保险费、差旅费、取暖费、办公费等支出。

（4）营运间接费用。营运间接费用是指交通运输企业基层单位组织与管理交通营运所发生的车队经费和车站经费等支出。

2. 会计账户的设置

为正确核算交通运输企业营运成本，需设置"主营业务成本""其他业务成本""辅助营运费用""营运间接费用"等总账账户，以及"主营业务成本——运输支出""主营业务成本——装卸支出""主营业务成本——堆存支出""主营业务成本——代理业务支出"等明细账户。

（1）"主营业务成本——运输支出"账户。"主营业务成本——运输支出"账户用来核算交通运输企业和沿海、内河、远洋运输企业经营旅客、货物运输业务所发生的各项费用支出。其借方登记运输业务所发生的各项费用；贷方登记期末转入"本年利润"账户的本期运输支出的实际发生额；结转后，该账户一般无余额。该账户按运输工具类型或单车（船）设置明细账进行核算。

（2）"主营业务成本——装卸支出"账户。"主营业务成本——装卸支出"账户用来核算交通运输企业经营装卸业务所发生的各项费用支出。其借方登记装卸支出的全部发生额；贷方登记月终转入"本年利润"账户的全部装卸支出；结转后，该账户一般无余额。该账户一般按专业区域或按货种和规定的成本项目设置明细账进行明细核算。

（3）"主营业务成本——堆存支出"账户。"主营业务成本——堆存支出"账户用来核算交通运输企业经营仓库和堆存业务所发生的费用支出。其借方登记堆存支出的全部发生额；贷方登记月末转入"本年利润"账户的全部堆存支出；结转后，该账户一般无余额。该账户按装卸作业区、仓库、堆存场地设置明细账，进行明细核算。

（4）"主营业务成本——代理业务支出"账户。"主营业务成本——代理业务支出"账户用来核算交通运输企业经营各种代理业务所发生的各项费用。其借方登记各项代理业务发生的支出，包括工资、职工福利费、材料、低值易耗品摊销、折旧费、水电费、修理费、租赁费、差旅费、取暖费、劳动保护费等；贷方登记月末转入"本年利润"账户数额；结转后，该账户无余额。

（5）"辅助营运费用"账户。"辅助营运费用"账户核算交通运输企业辅助生产部门生产产品、提供劳务所发生的辅助生产费用，包括工资、福利费支出、燃料、折旧费用、劳动保护费及事故损失费。发生辅助营运费用时，借记该账户，贷记"应付职工薪酬""原材料""银行存款"等账户；月末，按照规定的分配标准由各项受益业务对象负担时，借记"主营业务成本——运输支出""主营业务成本——装卸支出""主营业务成本——堆存支出""其他业务成本""在建工程"等账户，贷记该账户。

（6）"营运间接费用"账户。"营运间接费用"账户主要用来核算交通运输企业基层单位,如车队、车站为组织和管理营运过程所发生的费用。该账户借方核算交通运输企业发生的各种营运间接费用;贷方核算期末按一定标准结转至"主营业务成本——运输支出""主营业务成本——装卸支出""主业务成本——堆存支出"等明细账户的数额;期末分配后,该账户无余额。

(7)"其他业务成本"账户。"其他业务成本"账户用来核算交通运输企业经营的不属于上述业务的其他主要业务所发生的费用。当企业发生不能直接记入上述不同成本项目(运输支出、装卸支出、堆存支出、代理业务支出)的费用时,借记该账户,贷记"原材料""银行存款""预付账款"等账户;期末,将该账户余额转入"本年利润"账户。

(二)交通运输企业成本核算程序

交通运输企业成本核算步骤如下:

(1)根据有关营运的原始凭证编制各费用归集分配计算表。

(2)依据各费用归集分配计算表编制会计分录。

(3)按分录登记相关的明细账,如"主营业务成本——运输支出""主营业务成本——装卸支出""主营业务成本——堆存支出""主营业务成本——代理业务支出""营运间接费用""辅助营运费用""其他业务成本"等账户。

(4)将"营运间接费用""辅助营运费用"账户所归集的费用分配至"主营业务成本——运输支出""主营业务成本——装卸支出""主营业务成本——堆存支出""主营业务成本——代理业务支出"等明细账。

(5)依据"主营业务成本——运输支出""主营业务成本——装卸支出""主营业务成本——堆存支出""主营业务成本——代理业务支出"等明细账及相关资料编制运输企业营运成本计算表。

(三)交通运输企业成本核算的内容

交通运输企业成本核算的内容包括交通运输成本的核算、装卸成本的核算及堆存成本的核算。

1. 交通运输成本的核算

(1)直接材料的归集与分配。

① 燃料。交通运输企业若是采用满油箱制,则车辆当月加油数便是当月耗油数;若是采用盘存制,则当月耗油数=月初车存数+本月领用数-月末车存数。

据燃料耗用计算汇总表,作会计分录如下:

8-4 视频:交通运输企业成本的核算

借:主营业务成本——运输支出——客车(直接材料)
　　　　　　　　　　　　　　——货车(直接材料)
　　辅助营运费用
　　管理费用
　　　贷:原材料——燃料——车存
　　　　　　　　　　　——库存
　　　　材料成本差异

② 轮胎。运输车辆领用车轮内胎、垫带及轮胎零星修补费时,按实际发生数直接计入各成本计算对象的成本中。领用外胎时,若企业采用一次摊销法,则根据轮胎发出汇总表将轮胎费用分配到各种业务的成本中;若采用按行驶里数预提费用法,则根据计算的轮胎摊提

费归集并分配成本。作会计分录如下：

领用轮胎时：

借：预提费用——轮胎预提费用
　　贷：原材料——轮胎

同时：

借：主营业务成本——运输支出——客车（直接材料）
　　　　　　　　　　　　　　——货车（直接材料）
　　　贷：材料成本差异

领用内胎、垫带时：

借：主营业务成本——运输支出——客车（直接材料）
　　　　　　　　　　　　　　——货车（直接材料）
　　　贷：原材料
　　　　　材料成本差异

（2）直接人工的归集与分配。直接人工是指企业直接从事营运生产活动人员的工资、奖金、津贴、福利费和补贴。企业直接从事营运生产活动人员的工资根据工资结算表进行汇总、分配。货车队及客车队车辆司机及助手的工资计入各成本计算对象的成本。

（3）其他间接费用的归集与分配。

① 折旧费。交通运输企业中营运车辆一般按照工作量法计提折旧。其公式如下：

$$车辆折旧额＝车辆折旧率×车辆月实际行驶里程$$
$$车辆折旧率（元/千米）＝（车辆原值－预计残值＋预计清理费用）÷车辆预计行驶里程$$

② 保养修理费。由保养场进行的修理所发生的费用，视为辅助生产费用，一般通过"辅助营运费用"账户进行归集与分配。其他情况的修理费用直接计入运输成本与管理费用。

③ 养路费。企业一般按货车吨位数计算缴纳，可根据缴款凭证直接计入各计算对象成本及有关费用。该费用借记"主营业务成本——运输支出""管理费用"等账户，贷记"银行存款"账户。

④ 其他费用。其他费用包括公路运输管理费、行车事故引起的救援善后费、车辆牌照和检验费，车船税、过桥费、过渡费、司机途中住宿费等。这些费用在发生时可凭相关凭证直接记入各类运输成本，借记"主营业务成本——运输支出""管理费用"等账户，贷记"银行存款"等账户。

（4）营运间接费用的归集和分配。营运间接费用是指交通运输企业下属基层营运单位，如车站、车场等为组织和管理营运过程中所发生的不能直接计入成本计算对象的各种间接费用，一般通过"营运间接费用"账户进行核算。

各基层运营单位发生的营运间接费用经归集后于月末进行分配，计入各有关成本计算对象的成本中。对于货车队和客车队的运营间接费用可直接计入货车队和客车队的运输成本；车站经费全部由运输业务负担，月末分配计入货车队和客车队的运输成本；装卸队经费可直接计入装卸成本。

2. 装卸成本的核算

（1）装卸成本项目。交通运输企业的装卸成本一般实行企业和装卸队两级核算，装卸队计算其装卸成本,企业汇总计算各装卸队的总成本。装卸成本的计算对象是机械装卸和人工装卸,计算单位为"元/千操作吨"。交通运输企业的装卸成本一般分成四大类。

① 直接人工。直接人工是指支付给装卸机械司机、助手和装卸工人的工资、职工福利费等。

② 直接材料。直接材料是指装卸机械耗用的燃料和动力(如汽油、电力等)、轮胎(外胎、内胎、垫带及外胎翻新)等。

③ 其他直接费用。其他直接费用是指装卸机械保养修理费、折旧费及与装卸业务直接有关的工具费、劳动保护费、事故损失等。

④ 营运间接费用。营运间接费用是指各装卸队为组织与管理装卸业务而发生的管理费用和业务费用。

(2) 装卸费用核算与成本核算。装卸成本通过"主营业务成本——装卸支出"账户进行归集与分配,该账户一般按成本计算对象设置明细账户。

3. 堆存成本的核算

经营堆存业务的企业,根据实际情况,可分别以堆存业务、装卸作业区等作为成本核算对象,按规定的成本项目设置专栏,分别归集堆存业务发生的各项费用;月末"主营业务成本——堆存支出(作业区)"等账户借方归集的全部费用,减去与堆存业务无关支出,即为该成本核算对象的堆存成本。企业汇集各成本核算对象的堆存成本,即为该企业堆存总成本。

堆存业务一般只计算堆存总成本,不用计算堆存单位成本,可以不编制"堆存成本计算单"。

交通运输企业除计算运输成本、装卸成本和堆存成本外,有时还计算一些其他业务成本。对企业的其他业务,可按业务种类作为成本核算对象,分别归集各类业务发生的营运费用,并据以计算其他业务的营运成本。

第三节 | 铁路运输企业的会计核算

在公路、水路、铁路和航空四大运输业中,铁路运输和航空运输的业务特点最突出,会计核算方法也最独特,为此,本节将主要阐述铁路运输企业的会计核算方法。

我国铁路运输企业的运输生产是在中国铁路总公司(2013 年,国务院组建中国铁路总公司,不再保留铁道部;中国铁路总公司于 2019 年 6 月改制,成立中国国家铁路集团有限公司,以下简称"铁路总公司"或"总公司")的统一指挥和领导下,由各个铁路局及其下属的各个铁路分局相互配合、共同完成的。在会计核算上,铁路运输企业实行分级核算,各铁路局是一级核算单位,其下属的铁路分局是二级核算单位,铁路分局下属的各个站段是三级核算单位。这三级核算单位需层层负责,各铁路局直接对铁路总公司负责。铁路运输生产和管理体制具有一定的特殊性,这从根本上决定了其会计核算的特殊性。

一、铁路运输企业概述

(一) 铁路运输企业的业务特点

铁路运输企业除了具有前面阐述的运输企业共有的特点,还具有以下两个特点:

(1) 业务周转量较大。与西方发达国家相比,我国的铁路客货运输业务量是非常大的。我国幅员辽阔,人口众多,铁路运输生产具有运输距离长、站点多、覆盖面广的特点,服务的范围涉及全国各个地区和角落,日常铁路客货运输的周转量较大。不论是客运还是货运,铁路运输在我国所有各类交通运输方式中基本上都排在第一位,铁路运输是我国最主要和最重要的客货运输手段。

(2)组织结构和管理体制比较复杂。铁路是国民经济的命脉,多年以来,我国的铁路运输一直是由铁路总公司直接控制。铁路总公司在全国下设若干铁路局,一个铁路局管辖几千千米线路,拥有几十万名职工和几百亿元固定资产。生产中广大职工的劳动不是固定在一个地点,而是分散在铁路沿线。为适应这种点多线长的客观要求,在铁路局内部又设置有机务、车辆、工务、电务、车站、材料供应等基层单位,各部门在铁路局的统一指挥和领导下,从事各项铁路运输的生产经营活动。整个铁路局的铁路运输工作是由铁路局、铁路分局或主管业务处以及机务、车辆等基层单位分级管理并完成的。

(二)铁路运输企业的会计核算特点

铁路运输企业的会计核算特点是由其业务特点决定的,主要表现在以下几个方面。

1. 实行分级核算

分级核算是指铁路运输企业实行铁路局、铁路分局和基层单位分层次进行会计核算的做法。在分级核算中,由铁路局掌管全局的资金,根据铁路总公司批准的生产计划,组织生产,计算运输收入、确定经营成果;铁路分局和基层单位属于铁路运输企业内部的经济核算单位,对铁路企业的经营活动进行局部的、独立的核算,按计划核收铁路局划拨的运营资金,正确核算本单位的运输支出,并计算应取得的运输清算收入。

2. 上下级往来业务较多

铁路运输企业的分级核算方式决定了上下级单位之间的往来业务较多,主要包括以下几个方面:

(1)投资资金转拨业务。投资资金转拨是指铁路运输企业内部上下级之间转拨投资资金的经济业务。投资资金在企业内部转拨时,上级单位的"拨付所属投资"增加,下级单位的"上级拨入投资"增加。拨出资金对上级来说是一种投资,对下级来说是一种集资。

(2)运营资金清算拨款业务。运营资金清算拨款业务是指铁路运输企业内部上下级之间因运输工作需要发生的运营资金预付和结算的经济活动。为了保证生产的正常进行,在铁路运输企业内部,上级单位要定期向下级单位预付营运资金。拨款以后,上级单位应收下级的款项增加,下级单位应付上级的款项也将增加。完成运输工作以后,下级单位要向上级单位清算所拨付的运营资金。

(3)运输收入结算业务。运输收入结算就是铁路运输企业内部上下级之间因完成运输工作而形成的内部收入的结算。铁路运输企业的运输收入由铁路局集中核算,实行独立核算的铁路分局和基层单位分别向铁路局结算,并取得相应的收入,以弥补支付的成本费用。完成运输工作的运输收入结算款,对下级单位来说是收入,对上级单位来说是支出。

(4)利润解缴业务。解缴利润是通过基层单位上缴到铁路分局、铁路分局上缴到铁路局、铁路局再上缴铁路总公司来完成的。对于下级单位来说,解缴利润时"利润分配"增加;对于上级单位来说,解缴利润时"所属上缴利润"增加。表8-2列示了铁路运输企业上下级之间往来的主要内容及核算方法。

表 8-2 　　　　　　　铁路运输企业上下级之间往来的主要内容及核算方法

序号	经济业务	铁路局	铁路分局	基层单位
1	铁路局按照规定预拨运营款	借：上下级往来（分局） 贷：银行贷款	借：银行存款 贷：上下级往来（局）	
2	铁路分局按照规定预拨运营款		借：上下级往来（基层） 贷：银行存款	借：银行存款 贷：上下级往来
3	铁路局为所属基层单位支付燃料、线上料款	借：上下级往来（分局） 贷：银行存款	借：上下级往来（基层） 贷：上下级往来（局）	借：材料采购或燃料 贷：上下级往来
4	基层单位上缴税金		借：上下级往来（基层） 贷：应交税费	借：应交税费 贷：上下级往来
5	铁路分局上缴税金	借：上下级往来（分局） 贷：应交税费	借：应交税费 贷：上下级往来（局）	
6	铁路局上缴税金	借：应交税费 贷：上下级往来（总公司）		
7	基层单位上缴利润		借：上下级往来（基层） 贷：所属上缴利润	借：应缴利润 贷：上下级往来
8	铁路分局上缴利润	借：上下级往来（分局） 贷：所属上缴利润	借：应缴利润 贷：上下级往来（局）	
9	铁路局上缴利润	借：应付利润 贷：上下级往来（总公司）		
10	基层单位向分局清算完成运输工作款		借：完成工作清算 贷：上下级往来（基层）	借：上下级往来 贷：完成工作清算
11	分局向铁路局清算完成运输工作款	借：完成工作清算 贷：上下级往来（分局）	借：上下级往来（局） 贷：完成工作清算	
12	铁路局向总公司清算完成运输工作款	借：上下级往来（总公司） 贷：主营业务收入		
13	基层单位通过分局清算货车修理费	借：内部供应和销售支出 贷：上下级往来（分局）	借：上下级往来（局） 贷：上下级往来（基层）	借：上下级往来 贷：内部销售收入
14	铁路局向总公司清算货车修理费	借：上下级往来（总公司） 贷：内部销售收入		

3. 铁路运输收入进款单独进行会计核算

铁路运输收入进款是指在铁路沿线各个点上实现的，由列车站的各收款点收取的，以车站（段）为单位按有关规定的手续通过银行向铁路分局、铁路局逐级解缴的客货运输收入。对于铁路运输收入进款，各站段应当在银行开立运输收入进款存款专户专项存储，逐级上缴到铁路总公司，再由铁路总公司按照规定的方法重新分配到各铁路分局。总之，在铁路运输企业会计中，对铁路运输收入进款应实行单独核算，单独设立会计科目和账户，单独编制会计报表,不能与各核算单位的其他核算业务混淆进行。

二、铁路运输收入进款的会计核算

(一)铁路运输收入进款会计概述

铁路运输企业所属各营业站、列车段(客运段)在办理客货运输中,按照客货运章程及有关规定向旅客、托运人、收货人核收的票价、运费、杂费及其他各项款项,称为铁路运输收入进款。铁路运输收入进款是在铁路沿线各个点上实现的,由列车站的各收款点集中后,以车站(段)为单位按有关规定的手续通过银行向铁路分局、铁路局逐级解缴,运输收入进款集中到铁路总公司后,主要用于两个方面:一是按规定向国家交纳税金和利润;二是用于补偿运输支出和铁路扩大再生产等方面。

1. 铁路运输收入进款的主要来源

铁路运输收入进款主要源于运输收入、铁路建设基金和代收款。

(1)运输收入。铁路运输企业在完成旅客和货物运输工作时,按照国家规定的运价,向旅客和货主核收的货币资金称为运输收入。运输收入按运送对象的不同,可分为:货物运费收入;旅客票价收入;行李运费收入;包裹运费收入;邮运运费收入;客货运服务收入;保价收入;其他收入等。

(2)铁路建设基金。铁路建设基金是国家为支持铁路建设,允许向货主收取的专门用于铁路建设的收费。铁路建设基金是从1991年开始设置的,从1991年3月1日起每吨公里货物运输加收2厘的铁路建设基金,1992年7月和1993年7月又对建设基金做了调整。目前,建设基金包括两项:一是按规定货物品类核收的建设基金;二是按全部货物品类核收的建设基金。应该指出的是,铁路建设基金可能会根据国家宏观经济政策的调整而调整。

(3)代收款。在铁路运输收入进款中,除运输收入和铁路建设资金外,还有一些不属于铁路运输企业应得的收入,而属于代理收费性质的款项,由车站按规定核收,随客、货运费收入一并上缴,然后由铁路分局、铁路局或铁路总公司按实际情况拨付有关单位。代收款主要包括路外装卸费和路内装卸费,运输收入银行存款专户的存款利息,国际联运外国铁路运费,水路联运水运段运杂费,水陆联运属于水运部门垫付费,无主货物、货底、遗失品变价收入,拣拾款和无法处理的多缴款,多收款以及国家和地方铁路联运的地方铁路段运杂费等。

2. 铁路运输收入进款的核收方式

铁路运输收入进款的核收方式分为现付、到付和后付三种。

(1)现付。现付是指旅客和发货人购买客票和托运行李、包裹、货物时向始发站交纳票价和运费的核收方式。目前,我国铁路票价、运杂费实行发送核算制,即由发站负责计费收款、发局审核列账的办法,因此,现付是铁路运输收入进款最基本的核收方式。

(2)到付。到付是指由于特殊需要或经铁路总公司、铁路局批准的由收货人向终到站缴付货物运杂费的核收方式。目前,按到付核收的项目主要有:进口国际联运货物运杂费;到达水陆联运货物运杂费;变更到站货物运杂费;经铁路总公司、铁路局批准的其他按到付办理的货物运杂费。

(3)后付。后付是指由于特殊需要,由铁路局或铁路分局按规定在运输终止后直接与发货单位结算运杂费的核收方式。目前,采用后付核收的项目只有军运运费和邮运运费。

3. 铁路运输收入进款的管理办法

现阶段,我国对铁路运输收入进款实行车站、铁路分局、铁路局分别在中国人民银行开设运输收入存款专户办理存款和结算,单独核算,按时逐级上缴,最后集中到铁路总公司的办法。铁路运输收入进款不能由基层单位、铁路分局和铁路局直接用于购买材料、支付工资等项支出,必须专户存储,并按规定时间及时上缴。车站核收的运输收入进款,应由专人负责,对收进的各种款项要做到当日整理算清,次日送存银行,并将进款的收、存登记到运输收入进款日记账,按规定日期汇缴铁路分局。铁路分局收到各车站的运输收入进款,除将路内装卸费等代收款拨付有关单位以外,其余款项全部汇缴铁路局。铁路局除收到铁路分局汇缴的运输收入进款以外,还会收到后付运费和运营单位归还的垫款,这些收款也存入运输进款专户中,按规定日期汇缴铁路总公司。

铁路运输收入进款是直接上缴铁路总公司的专用资金,除退还旅客和发货人、收货人的客货运杂费之外,一般情况下,各级部门均无权动支。但对于某些特殊情况,如垫付旅客和路外人员意外伤亡急救费和埋葬费、应付自然灾害急需款等经铁路总公司批准的意外情况下可支的项目,允许按规定办法和手续动支。

4. 铁路运输收入进款会计的核算内容

铁路运输企业的客货运输分为管内运输和直通运输两种。管内运输由一个铁路局完成,直通运输由两个或两个以上的铁路局完成。铁路运输收入进款一般采用发送核算制,即由发送客货的铁路局核收列账。这样,在完成直通运输时,就会使发送铁路局完成一部分运输工作而获得了全部收入,而通过铁路局和到达铁路局完成了一部分运输工作,却得不到运输收入。为补偿通过铁路局和到达铁路局完成运输工作发生的各项费用,正确地反映各个铁路局的财务成果,铁路运输企业一般将"营业资金"和"进款资金"两项内容单独记账,实行收支两条线,如图 8-1 所示。

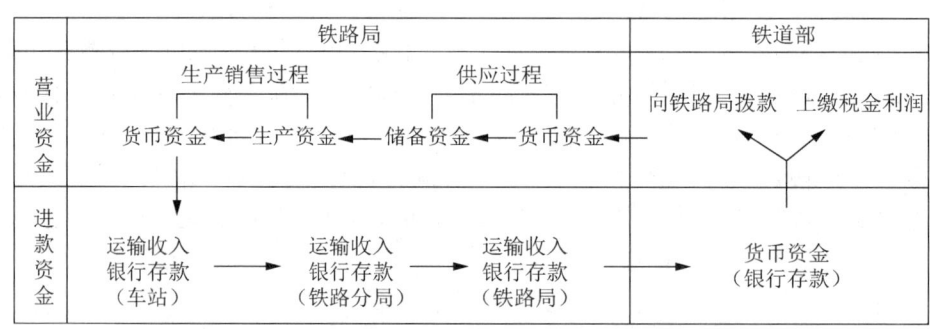

图 8-1　铁路运输企业的资金运动过程

其中,运输进款收入核算的内容主要包括:进款资金的增减变动和结存情况;铁路总公司与铁路局以及铁路局内部上下级之间应缴、已缴运输收入进款的结算关系;铁路局内部进款资金和营业资金之间应收、应付的结算关系;铁路局与收发货人、其他企业及个人之间的结算关系;各个铁路局之间应收、应付的结算关系。

(二)铁路运输收入进款的会计核算方法

1. 铁路运输收入进款涉及的会计账户

为了正确反映运输收入进款经济业务,铁路运输企业需要设置两类专门的会计账户。

一类是反映货币资金的增减变动和结算情况的账户,并按货币资金所处的不同状态分别设置"车站在途"和"其他货币资金"等账户。另一类是反映结算关系的账户,主要包括四个方面:一是反映铁路运输企业内部各级收款责任的账户,如"运输进款"账户;二是反映铁路分局与铁路局、铁路局与铁路总公司之间以及铁路总公司与参加国际联运清算的各国之间的结算关系的账户,如"应缴运输收入""已缴运输进款""下级欠缴运输进款"和"欠缴上级运输进款"等账户;三是反映铁路企业内部营业资金与进款资金之间的结算关系的账户,如"应收运营款"和"应付运营款"等账户;四是反映铁路企业与其他企业和个人之间的结算关系的账户,如"其他应收款"和"其他应付款"等账户。根据运输进款会计核算的要求,每一账户又可分设若干个明细账户。运输收入进款涉及的主要账户及其核算内容如表8-3所示。

表8-3 运输收入进款常用账户表

账户名称	核算内容
库存现金	铁路局和铁路分局人民币及外币现金
银行存款	铁路局和铁路分局运输收入进款在指定专户的存款
车站在途	车站已收未存进款、暂存车站的进款和汇缴上级的途中款
其他货币资金	铁路局和铁路分局向上级汇缴的途中款
应收账款	铁路局和铁路分局应收外单位(不包括运营单位)的各种票款和运杂费,包括应收的各种少收款、运杂费、邮运运费、军运后付运费、国际联运清算款、水运运杂费、外局代收款等
应收运营款	铁路局和铁路分局应收营运部门的各种款项,包括后付运费、路外人员伤亡费、超过180天未收回的少收款等
其他应收款	铁路局和铁路分局应收账款和应收运营款以外的款项
运输进款	铁路分局应收和已收的运输收入进款
下级欠缴运输进款	铁路分局欠铁路局、铁路局欠铁路总公司的进款,该科目一般由铁路局和铁路总公司使用
应付账款	铁路局和铁路分局应退或应付外单位(不包括运营单位)的运杂费或进款、包括应付的各种多收款、国际联运清算款、水运运杂费、代收外局款等
应付运营款	铁路局和铁路分局应付运营单位的运营款项,包括路内装卸费、路外装卸费、运营临管线收入、利息收入等
其他应付款	铁路局和铁路分局应付账款和应付运营款以外的款项
应缴运输收入	铁路局和铁路分局应缴的运输收入,包括旅客票价收入、行李运费收入、包裹运输收入、邮运运输收入、货物运费收入、客货运服务收入、旅游车票价上浮收入等
应缴铁路建设基金	铁路局和铁路分局应缴的铁路建设基金
应缴外汇结算损益	铁路局和铁路分局应缴的外币汇兑损益
应缴保价收入	铁路局和铁路分局应缴的保价费收入
应缴其他进款	铁路局和铁路分局应缴运输收入、铁路建设基金、外汇结汇损益和保价收入以外的其他应缴上级的进款
已缴运输进款	铁路局和铁路分局向上级缴纳的进款
欠缴上级运输进款	铁路局和铁路分局欠缴上级的进款

2. 铁路运输收入进款的会计处理方法

运输收入进款应在铁路局、铁路分局和站段分级部门分别核算。从核算内容来看,站段是运输收入进款的初级核算,主要负责收缴各项进款;铁路分局和铁路局则是由专职会计人员根据站段报送的原始凭证及汇总表,按规定的会计账户进行会计核算。

(1)站段运输收入进款核算。在铁路运输中,客货运输收入进款大部分由站段核收。为了保证运输收入进款的完整和及时上缴,站段应配备专职的进款人员负责进款的管理,并在当地银行开设运输收入进款专户,办理运输收入进款的存入和解缴,每天的运输收入进款要按规定的结账时间当日结清,并在次日将进款全部送存银行。站段在组织运输收入进款的核算中,应设置"运输收入进款日记账"(表8-4),以便与铁路分局核账。

表8-4 运输收入进款日记账

		1	2	3	4	5	6	7	8	9	10	旬计	...	合计
收方	客运收入													
	其中:填写式客票收入													
	货运收入													
	其中:国际联运收入													
	行李收入													
	其中:国际联运收入													
	其他收入													
	客货运服务													
	路内整车装卸费													
	路外装卸费													
	收回垫付款													
	收回少缴款													
	收回欠缴款													
	银行存款利息													
	多收款													
	多缴款													
	收方合计													
支方	退旅客票价款													
	退货主款													
	支出垫款													
	发生欠款													
	少收款													
	少缴款													
	应汇缴款													
	支方合计													

（2）铁路分局运输收入进款的核算。铁路分局运输收入进款的核算主要包括审核凭证、试算平衡、编制记账凭证、登记会计账簿、编制财务报表等几项内容。铁路分局应在审核车站运输收入进款收支报告的基础上，汇总编制铁路分局的运输收入总表，以反映应收、应付、应缴等结算情况，并据以编制相关的会计分录，正确地登记有关账簿。下面举例说明铁路分局运输收入进款的会计核算方法。

【例 8-1】 银行通知，收到车站汇缴的运输收入进款 915 万元。作会计分录如下：

借：银行存款   9 150 000
    贷：车站在途——汇缴途中款   9 150 000

【例 8-2】 银行通知，收到机务段上缴机车租金 4 万元。作会计分录如下：

借：银行存款   40 000
    贷：应缴运输收入——其他收入   40 000

【例 8-3】 以银行存款支付路外装卸费 38 万元，路内整车装卸费 36 万元。作会计分录如下：

借：应付运营款——路外装卸费   380 000
           ——路内整车装卸费   360 000
    贷：银行存款   740 000

【例 8-4】 以银行存款上缴运输收入进款 650 万元。

借：已缴运输进款——上缴运输进款   6 500 000
    贷：银行存款   6 500 000

【例 8-5】 以运输收入银行存款支付港务局水陆联运运费 40 万元。作会计分录如下：

借：应付账款——应付水陆联运运费   400 000
    贷：银行存款   400 000

【例 8-6】 银行通知，收到港务局支付的水陆联运运费 3 万元。作会计分录如下：

借：银行存款   30 000
    贷：应收账款——应收水陆联运运费   30 000

【例 8-7】 某铁路分局某月运输收入进款总表各收支项目如表 8-5 所示。

表 8-5   **某铁路分局某月运输收入进款总表**   单位：万元

收方		支方	
项目	金额	项目	金额
客运收入	23.5		
货运收入	49.5		
行李收入	2.5	退客票支出	5
邮运收入	0	其他退款	1.5
其他收入	7	路外伤亡垫款	2

（续表）

收方		支方	
项目	金额	项目	金额
客货运服务收入	1	机煤支出（路内记账）	4
收回垫款	3	防洪料支出（路内记账）	1.5
路外装卸费	4.5	货主欠款	5
路内整车装卸费	4	退多收款	5
收回货主欠款	2	少收款	1.5
收回少缴款	1.5	车站途中款	76.5
多收款	1.5		
其他	2		
收方合计	102		102

根据表8-5，该铁路分局应作会计分录如下：

（1）运输收入进款总表的收方反映一定时期内铁路分局各种来源的进款。其中收回的货主欠款、少缴款、垫款以及多收款等属于往来款，应该分别记入"应收账款""其他应收款""应付账款""其他应付款"等账户；路内整车装卸费、路外装卸费和银行存款利息等按规定应支付给运营部门的款项应该记入"应付运营款"账户；客运收入、货运收入等运营收入按规定均应记入应缴铁路局的"应缴运输收入"账户。

```
借：运输进款                                    1 020 000
    贷：应缴运输收入——客运收入                     235 000
                   ——货运收入                     495 000
                   ——行李收入                      25 000
                   ——其他收入                      70 000
                   ——客货运服务收入                 10 000
        应付运营款——路外装卸费                      45 000
               ——路内整车装卸费                     40 000
               ——其他                             20 000
        应付账款——多收款                           15 000
        其他应收款——垫款                           30 000
                ——少收款                          15 000
        应收账款——货主欠款                          20 000
```

（2）运输收入进款总表的支方项目反映当期进款的存在或占用形态。其中，退客票支出等退还旅客和货主的款项应冲减"应缴运输收入"账户；路外伤亡垫款、防洪料支出、机煤支出等按规定应该由运营部门统一结算的款项应该记入"应收运营款"账户；货主发生的欠款、少收的运输款、退还的多收款等往来性质的款项应分别记入"应收账款""其他应收款""应付账款""其他应付账款"等账户；编表时尚未进入铁路分局的运输收入进款专户的运输收入进款一般可能尚未存储在车站的存款户中或在汇缴途中，应记入"车站在途"账户。

借：车站在途——途中款	765 000
应缴运输收入——客运收入	50 000
——其他收入	15 000
应收运管款——路内记账	55 000
——伤亡垫款	20 000
应收账款——少收款	15 000
——货主欠款	50 000
应付账款——多收款	50 000
贷：运输进款	1 020 000

【例 8-8】 年末，将"应缴运输收入""已缴运输进款"账户的累计结余分别转入"欠缴上级运输进款"账户。假设"应缴运输收入"账户累计结余为 990 万元，"已缴运输进款"账户累计结余为 945 万元。作会计分录如下：

借：应缴运输收入	9 900 000
贷：欠缴上级运输进款	9 900 000

借：欠缴上级运输进款	9 450 000
贷：已缴运输进款	9 450 000

通过上面的会计分录可以看出，铁路分局日常的会计核算主要就是关于进款取得和上缴的核算。在核算过程中，如果没有其他的往来情况，则取得的运输收入进款应全部记入"应缴运输收入"账户，但大量往来业务的存在，使运输收入进款的经济业务相对复杂，因此，铁路分局通常设置"运输进款"账户作为中间过渡账户。

（3）铁路局运输收入进款的核算。铁路运输收入进款实行分级核算以后，客货票据的审核、票款的核对、进款资金与营业资金之间的往来结算等工作大部分由铁路分局完成。铁路局运输收入进款核算的主要内容包括审核军运、邮运、国际联运客票及行包票据，编制军运、邮运运输收入总表；审核铁路分局的收入会计报表和收入总表；核对银行收款回单，掌握各个铁路分局应缴运输收入进款、已缴运输收入进款和运输收入在途款；办理各种往来结算，及时清理应收和应付款项；按规定向铁路总公司解缴运输收入进款。下面举例说明铁路局运输收入进款的会计处理方法。

【例 8-9】 甲铁路分局通知，其运输收入进款 650 万元已经通过银行汇出；乙铁路分局通知，其运输收入进款 600 万元已经通过银行汇出。两分局的汇款在月末均未到账。作会计分录如下：

借：其他货币资金——汇缴途中款（甲分局）	6 500 000
——汇缴途中款（乙分局）	6 000 000
贷：应缴运输收入	12 500 000

【例 8-10】 银行通知，收到铁路分局上缴运输收入途中款 1 250 万元，其中，甲分局 650 万元，乙分局 600 万元。作会计分录如下：

借：银行存款	12 500 000
贷：其他货币资金——汇缴途中款（甲分局）	6 500 000
——汇缴途中款（乙分局）	6 000 000

【例 8-11】 银行通知,收到后付单位运费 20 万元,其中,军运运费 10 万元,邮运运费 5 万元,专运运费 5 万元。作会计分录如下:

借:银行存款 200 000
　　贷:应收账款——应收军运后付运费 100 000
　　　　　　　　——应收邮运运费 50 000
　　　　　　　　——其他应收款 50 000

【例 8-12】 以银行存款上缴铁路总公司运输收入进款 1 250 万元。作会计分录如下:

借:已缴运输进款 12 500 000
　　贷:银行存款 12 500 000

【例 8-13】 根据铁路分局报送的运输收入进款总表(表 8-6)。作会计分录如下:

表 8-6　　　　　　　　　　　**铁路分局运输收入进款总表**　　　　　　　　单位:万元

项目	甲分局	乙分局
应缴运输收入进款总额	838	787
其中:客运收入	235	200
货运收入	495	460
行李收入	25	40
其他收入	73	79.5
客货运服务收入	10	7.5
已缴运输收入进款	650	600
欠缴运输收入进款	188	187

借:下级欠缴运输进款——甲分局 8 380 000
　　贷:应缴运输收入——客运收入 2 350 000
　　　　　　　　　　——货运收入 4 950 000
　　　　　　　　　　——行李收入 250 000
　　　　　　　　　　——其他收入 730 000
　　　　　　　　　　——客货运服务收入 100 000
借:下级欠缴运输进款——乙分局 7 870 000
　　贷:应缴运输收入——客运收入 2 000 000
　　　　　　　　　　——货运收入 4 600 000
　　　　　　　　　　——行李收入 400 000
　　　　　　　　　　——其他收入 795 000
　　　　　　　　　　——客货运服务收入 75 000
借:其他货币资金——汇缴途中款(甲分局) 8 380 000
　　　　　　　　——汇缴途中款(乙分局) 7 870 000
　　贷:下级欠缴运输进款——甲分局 8 380 000
　　　　　　　　　　　　——乙分局 7 870 000

【例 8-14】 根据铁路局运输收入进款总表(表 8-7)的收方和支方。作会计分录如下:

表 8-7		铁路局运输收入进款总表	单位:万元
收方项目	金额	支方项目	金额
客运收入	600	应收军运进款	900
货运收入	2 250	报部集中结算款	1 400
行李收入	400	应收专运进款	400
邮运收入	500	应收邮运进款	500
其他收入	90	应收旅游局进款	670
应付代收外局费	80	应收外局款	60
应付国外铁路运费	60	应收国外铁路运费	50
合　计	3 980	合　计	3 980

收方:

借:运输进款	39 800 000
贷:应缴运输收入——客运收入	6 000 000
——货运收入	22 500 000
——行李收入	4 000 000
——邮运收入	5 000 000
——其他收入	900 000
应付账款——应付外局款	800 000
——应付国外铁路运费	600 000

支方:

借:应收账款——应收军运后付运费	9 000 000
——应收邮运运费	5 000 000
——应收外局款	600 000
——应收国际联运清算款	500 000
——其他	10 700 000
已缴运输进款——报部集中结算款	14 000 000
贷:运输进款	39 800 000

【例 8-15】 年度终了,将"应缴运输收入""已缴运输进款"账户的累计结余分别转入"欠缴上级运输进款"账户。若全年"应缴运输收入"账户累计结余为 6 715 万元,"已缴运输进款"账户累计结余为 2 650 万元。作会计分录如下:

借:应缴运输收入	67 150 000
贷:欠缴上级运输进款	67 150 000
借:欠缴上级运输进款	26 500 000
贷:已缴运输进款	26 500 000

三、铁路运输营业收入的核算

(一) 铁路运输营业收入的特征

前一部分已经阐述,铁路运输企业对旅客票价和货物运杂费采用发站核算制,运输收入进款单独运转,首先自下而上,逐级上缴;其次自上而下,层层划拨。即使是管内运输的运输收入,其也不能归收取运费的车站和车务段所有,而应当在所有参与运输生产的部门之间进行分配,也就是说,参与运输业务的企业只有经分配后取得的收入才是企业当期实现的运输收入。铁路各级运输收入部门将运输进款逐级解缴到铁路总公司后,铁路总公司按规定的清算办法将取得的全部运输收入在各铁路局之间进行分配的过程,称为运输工作结算。各级铁路部门通过运输工作结算而取得的收入称为运输清算收入,即一般工商企业所称的营业收入,在运输企业也称为运输收入。

客货运输收入、运输收入进款和运输清算收入三个概念之间存在着密切的联系。没有客货运输收入,就没有运输收入进款,更没有运输清算收入。客货运输收入即运输产品的销售收入,是运输企业营业收入的原生概念,而运输收入进款和运输清算收入则是派生概念,是铁路运输企业的特殊业务所导致的两个特殊概念。从本质上看,三个概念都指运输收入,运输收入进款只是一种过渡形态的资金,而运输清算收入才是运输企业取得的真正收入。

总之,每年上缴到铁路总公司的客货运输收入必须以某种方式分配到各铁路局,铁路局再分配到铁路分局,铁路分局再分配到基层站段,才能保证各级铁路部门取得其应有的营业收入。运输总收入的层层分配的方法很多,目前可供使用的分配方法主要有:管内归己、直通分配法,平均收入率法,"三大块"法,以运输进款作为运输收入法,清算单价法,双挂钩法等。由于这些分配方法比较专业,这里不再详尽阐述。应该说明的是,随着经营方式的变化,运输收入的计算和分配的方法也在不断地变革。

（二）铁路运输收入的会计核算方法

铁路运输企业的运输收入应分别在铁路局、铁路分局和基层站段等不同主体间进行核算。在核算时涉及的账户主要有"运输收入""铁路建设基金""完成工作清算""上下级往来""运输收入往来"等账户。

（1）"运输收入"账户是损益类账户,用于核算铁路局按规定方法分配取得的运输收入。该账户贷方登记铁路局向铁路总公司清算应得的运输清算收入;借方登记期末结转到"本年利润"的数额;结转后,该账户无余额。该账户一般下设两个明细账户:一个是"铁路运输收入"明细账户,用于核算铁路提供客货运输服务实现的收入;另一个是"铁路建设基金收入"明细账户,用于核算铁路运输系统各级单位随运输收入进款收取的铁路建设基金。

（2）"铁路建设基金"账户用于核算铁路系统按规定随运费收到的铁路建设基金。日常随运输收到铁路建设基金时,先登记在"运输收入——铁路建设基金"账户中,月末结转到"铁路建设基金"账户中,年末再结转到"实收资本"账户中。

（3）"完成工作清算"账户是损益类账户,用于核算企业内部运营单位上下级之间对完成运输工作进行的内部清算。上级单位使用该账户时,借方登记上级单位拨付所属单位的清算款;贷方登记期末结转"本年利润"账户的数额;下级单位使用该账户时,贷方登记按规定清算方法向上级单位清算的完成运输工作款,借方登记期末结转"本年利润"账户的数额。结转后,该账户无余额。

（4）"上下级往来"账户用于核算铁路运输系统上下级之间的往来款项,包括预拨的运营款,燃料、线上料等垫付款,完成运输工作清算款,营业外支出清算款,上缴上级的款项等。该账户借方登记应收的往来款和偿还的应付款;贷方登记应付的往来款和收到的应收款。上下级之间的投资不应在该账户核算,应在"拨付所属投资"账户和"上级拨入投资"账户核算。

"运输收入往来"账户用于核算铁路总公司及铁路局之间有关运输收入的上缴、拨付及按规定抵拨款项的往来业务。该账户借方登记铁路总公司应收铁路局的运输收入以及铁路局将铁路总公司抵拨款项转为投资的金额,贷方登记铁路总公司收到铁路局上缴的运输收入以及铁路局收到的铁路总公司委托进款部门抵拨回来的款项。

关于运输收入的账务处理方法,铁路局、铁路分局和基层运营单位的处理不完全相同。

(1) 铁路局的主要会计处理是:将每月应得的运输清算收入用通知书上报到铁路总公司财务司时,借记"上下级往来——总公司"账户,贷记"运输收入"账户;将所属铁路分局完成运输工作结算的运输清算收入作为本局的运输支出入账时,借记"完成工作清算"账户,贷记"上下级往来——铁路分局"账户;注意营改增后运输行业交纳增值税;期末,结转运输收入及支出时,借记"运输收入"账户,贷记"本年利润"账户;借记"本年利润"账户,贷记"完成工作清算"等账户。

(2) 铁路分局的主要会计处理是:按规定的清算方法向铁路局清算完成工作应得的运输清算收入时,借记"上下级往来——铁路局"账户,贷记"完成工作清算"账户;对所属基层运营单位按规定清算时,借记"完成工作清算"账户,贷记"上下级往来——基层单位"账户;注意营改增后运输行业交纳增值税;结转本年利润时,借记"本年利润"账户,贷记"完成工作清算"等账户。

(3) 基层运营单位的主要会计处理是:取得清算收入时,借记"上下级往来"账户,贷记"完成工作清算"账户。结转本年利润时,借记"完成工作清算"账户,贷记"本年利润"账户。

下面举例说明有关的账务处理方法。

【例 8-16】 某铁路局某月完成运输工作应得清算收入 9 000 万元,已上报到铁路总公司财务司。该铁路局同时与所属分局清算了完成工作款,其中,甲分局应得清算收入 2 000 万元;乙分局应得清算收入 3 000 万元。作会计分录如下:

借:上下级往来——总公司	90 000 000
贷:运输收入	90 000 000
借:完成工作清算	50 000 000
贷:上下级往来——甲分局	20 000 000
——乙分局	30 000 000

【例 8-17】 月末,某铁路局将运输收入中的铁路建设基金 10 万元转为国家对铁路部门的建设基金。作会计分录如下:

借:运输收入——铁路建设基金	100 000
贷:铁路建设基金	100 000

【例 8-18】 年末,某铁路局将当年的基本建设基金 50 万元全部转为国家投资。作会计分录如下:

借:铁路建设基金	500 000
贷:实收资本	500 000

【例 8-19】 某铁路局按本月运输支出计划,在运输进款中获得铁路总公司批准的抵拨

款 10 000 万元。作会计分录如下：

借：银行存款　　　　　　　　　　　　　　　　　　　　　　　　100 000 000
　　贷：运输收入往来——总公司　　　　　　　　　　　　　　　　　　100 000 000

【例 8-20】　月末，某铁路局将本月已收到的抵拨款 10 000 万元转到铁路总公司往来账户。作会计分录如下：

借：运输收入往来——总公司　　　　　　　　　　　　　　　　　　100 000 000
　　贷：上下级往来——总公司　　　　　　　　　　　　　　　　　　　100 000 000

【例 8-21】　某月某铁路局运输工作取得的运输收入为 4 800 万元，铁路分局完成运输工作的结算收入为 3 200 万元，基层运营单位完成运输工作的结算收入为 1 850 万元。各级单位应作会计分录如下：

铁路局：

借：上下级往来——总公司　　　　　　　　　　　　　　　　　　　48 000 000
　　贷：运输收入　　　　　　　　　　　　　　　　　　　　　　　　　48 000 000
借：完成工作清算　　　　　　　　　　　　　　　　　　　　　　　32 000 000
　　贷：上下级往来——铁路分局　　　　　　　　　　　　　　　　　　32 000 000

铁路分局：

借：上下级往来——铁路局　　　　　　　　　　　　　　　　　　　32 000 000
　　贷：完成工作清算　　　　　　　　　　　　　　　　　　　　　　　32 000 000
借：完成工作清算　　　　　　　　　　　　　　　　　　　　　　　18 500 000
　　贷：上下级往来——基层单位　　　　　　　　　　　　　　　　　　18 5000 000

基层单位：

借：上下级往来——铁路分局　　　　　　　　　　　　　　　　　　18 500 000
　　贷：完成工作清算　　　　　　　　　　　　　　　　　　　　　　　18 500 000

四、铁路运输成本费用的核算

铁路运输企业在营运过程中发生的各种成本费用主要包括运输成本、管理费用和财务费用。其中，管理费用和财务费用与一般企业没有差别，但运输成本的特点比较突出，这里简单介绍如下。

（一）铁路运输成本概述

1. 铁路运输成本的会计核算特点

与工业企业相比，铁路运输成本有如下几个特点：

（1）铁路运输企业不创造实物产品，因而运输成本中没有原材料支出，运输工具、设备的折旧费、修理费、燃料消耗以及其他营运费用占的比重比较大。

（2）铁路运输企业成本耗费的多少与完成的客货周转量不直接相关，主要取决于运输距离的长短。

（3）铁路运输企业的主要业务是使旅客和货物发生位移，因此，成本核算对象一般按运输的种类设置，如旅客运输成本、货物运输成本或客货综合运输成本。

（4）铁路运输企业的成本计算单位为周转量，分为换算吨千米、旅客人千米和货物吨千米三个基本单位。

（5）铁路运输的成本核算是分散在各级单位进行的。各基层单位分别核算与自身业务相关的成本，最后在铁路分局和铁路局进行汇总。

2. 运输成本的内容及成本项目

运输成本是铁路运输企业营运生产过程中实际发生的，与运输、装卸和其他业务等营运生产直接有关的各项支出。其主要包括以下几方面：

（1）企业在营运过程中实际消耗的各种燃料、材料、润料、备品备件、动力照明和低值易耗品等直接支出的材料费用。

（2）企业直接从事营运生产活动人员的工资、福利费、奖金、津贴和补贴等直接支出的人工费用。

（3）企业在营运生产中发生的固定资产折旧费、修理费、租赁费，铁路线路灾害防治费，铁路线路绿化费，铁路护路桥费，乘客紧急救护费，集装箱费用，倒载费，行车杂费，车辆牌照检验费、车辆清洗费，车辆冬季预热费，养路费，设计制图费，劳动保护费，职工福利费、事故净损失等间接支出的费用。

3. 铁路运输成本的计算方法

因经营管理特点不同，运输企业的成本计算方法与工业企业的成本计算方法有一定的差别。首先，成本计算单位不同。由于运输是空间位移，不能以旅客人数和货物吨数为单位来计算成本，只能采用复合单位（如旅客人千米、货物吨千米和换算吨千米）作为成本计算的产品单位。其次，运输成本中的间接费用较大。由于铁路运输生产设备中的固定性设备（如通信信号等）为客货运输所共用，这些设备的维修支出和折旧支出在成本计算时都应该采用适当的方法进行分配。再次，直通运输跨局进行，在成本计算时，有些费用要在相关铁路局之间进行分配。最后，铁路运输生产费用按分级核算制要求，分散在基层运营站段、铁路分局和铁路局进行核算，而运输产品成本计算主要在铁路局和铁路分局进行，因此，运输企业成本计算不像工业企业那样简单，而必须通过编制成本计算表才能进行。

铁路运输企业通常要计算铁路运输的总成本、单位成本、专项成本、作业成本和分线运输成本。其中，总成本是指全局、铁路局、铁路分局为完成客货运输生产任务而发生的运输总支出；单位成本是指单位运输产品应负担的运输总成本（也称平均成本），包括旅客人公里成本（元/万人千米）、货物吨公里成本（元/万吨千米）、换算吨公里成本（元/万换算吨千米）；专项成本是指铁路运输企业承运不同等级、不同席别的旅客和不同运输方式、不同种类的货物而分别计算的运输成本；作业成本是指铁路运输企业为完成某项具体生产作业而应负担的运输支出；分线运输成本是指根据某一铁路线路进行客货运输生产所发生的客货运输支出和所完成的客货周转量而计算的各种运输成本。

（二）铁路运输成本费用的会计核算

前面已经阐述，铁路运输企业实行分级管理。为便于分析和汇总，日常运输支出的核算应该分散在各级核算部门，通过"运输支出"账户进行。各部门、各单位应按照管什么、核算什么、分析什么的原则，将发生在本部门的运输生产成本按照规定的成本对象和成本项目分别进行核算，最后由铁路分局和铁路局进行统一的成本计算。在归集成本费用项目时，必须注意如下特殊费用的处理方法：

（1）清算与互不清算的费用。客货列车跨局运行所发生的运输生产费用，按照会计核算的重要性原则，有些应该在各局之间进行清算，有些不必进行清算。铁路总公司为此规定了应该清算和互不清算的费用。需要清算的费用包括互相提供劳务及代办工作费用、对外局机车上燃料、跨局机车长交路运行费用。超过规定限额的损失赔偿费用和事故倒装费用。互不清算的费用包括对外局机车的装备费（燃料、材料除外）、旅客运输途中维修及服务费（换车轮除外）、规定标准以下的行李包裹损失赔偿费、规定标准以下的货运损失赔偿费、不足一车的事故倒装费等。

（2）集中费。集中费是指铁路总公司集中管理、服务于各铁路局，并经分配计入各局运输支出的各项费用。集中费主要包括总公司专运处经费，总公司直属通信段经费，总公司驻铁路工厂的机车车辆验收员经费，总公司老战士协会经费，总公司机务经费，总公司体协经费，总公司统一印发给铁路局、分局、基层单位的有关运输业务规章、制度的印刷费、购置费，总公司统一印发的各种免费乘车证的费用，其他服务于各铁路局的集中性开支。

（3）外委代办工作应摊费用。铁路运营单位在完成运输工作的同时，接受路外单位委托的机车车辆修理、专用线维修以及本单位和上级单位其他款源的工程施工、劳务作业等，称为代办工作。代办工作费用应与铁路运输企业自身的运输支出分开核算，单独计算其成本。

（4）冲减运输支出的收入款项。铁路基层单位在发生运输生产费用时，经常发生一些与之相关而又不宜列入客货运输收入的收入。为简化核算，在取得收入时，直接列入"运输支出——收入冲减"账户。属于这样的收入款项主要有为外单位进行衡器检修取得的收入，售冰、盐水收入，售炉灰及自卸煤收入，售水、售电收入，售废柴油、废机油收入，售树苗及砍伐树赔偿收入，电报、电话及通信设备出租收入，救援列车设备出租收入，路产专用线（含电务部门）、机车出租收入，房屋建筑出租收入，站场出租收入，其他固定资产出租收入，其他收入等。

五、铁路运输企业利润的核算

由于铁路运输企业实行分级核算，所以，在营业利润核算时，也是分别在各级核算单位进行。总体上讲，铁路运输企业利润的会计核算与一般行业没有实质性的差别，但它有三个层次的利润，在会计核算中，应注意它们之间的区别。

（一）基层运营单位营业利润的核算

基层运营单位不能单独生产运输产品，是铁路运输企业内部相对独立的经济核算单位，无须缴纳税金，但为了考核基层单位的工作效率，计算所谓的营业利润还是非常必要的。其营业利润的计算公式如下：

基层运营单位营业利润＝基层运营单位运输清算收入－基层运营单位运输支出

（二）铁路分局营业利润的核算

铁路分局的营业利润分两部分：一部分是铁路分局本身实现的营业利润；另一部分是基层单位实现的利润。其计算公式如下：

铁路分局营业利润＝运输清算收入－运输支出－对基层运营单位运输清算支出－税金及附加
铁路分局汇总营业利润＝铁路分局营业利润＋基层运营单位营业利润

铁路局对各铁路分局运输清算支出之和应该与各基层单位运输清算收入之和相等,因此,铁路分局营业利润的公式又可改写为:

铁路分局汇总营业利润＝运输清算收入－运输支出－基层运营单位运输支出－税金及附加

(三) 铁路局营业利润的核算

铁路局营业利润也由两部分组成:一部分是铁路局本身实现的营业利润;另一部分是铁路分局实现的营业利润。有关计算公式如下:

铁路局营业利润＝运输清算收入－运输支出－对分局运输清算支出－税金及附加

铁路局汇总营业利润＝铁路分局营业利润＋铁路局营业利润

铁路局对各铁路分局运输清算支出之和等于各铁路分局运输清算收入之和,因此,上述计算公式又可以改写为:

$$\text{铁路局汇总营业利润} = \text{铁路局运输清算收入} - \text{铁路局运输支出} - \text{铁路分局运输支出} - \text{基层运营单位运输支出} - \text{铁路局及分局交纳的税金及附加}$$

铁路局及分局都是独立的经济实体,因此,它们均独自计算交纳增值税和所得税。为避免重复纳税,铁路局在计算增值税时,应该将对铁路分局运输清算支出(即铁路分局的运输清算收入)扣除,再按规定的税率计算在计算所得税时,按其自身实现的营业利润计算缴纳。

第四节 物流企业的会计核算

一、物流企业及特点

(一) 物流及物流企业

1. 物流的概念

"物流"一词最早出现在美国,当时是指包含于销售之中的物质资料和服务,与从生产地到消费地流动过程中伴随的各种活动。

物流是"实物流通"的简称,在我国"物流"一词的使用开始于 1979 年,1989 年第八届国际物流会议在北京召开,使"物流"一词的使用日益普遍。

2002 年,美国物流管理协会发布了一个新定义:物流是供应链运作中,以满足客户需求为目的,对货物、服务与相关信息在产出地、销售地之间实现高效率和低成本的正向、反向的流动及储存所进行的计划、执行与控制的过程。

根据物流术语的国际标准(GB/T 18354—2021),其将物流定义为:物流是根据实际需要,将运输、储存、装卸、搬运、包装、流通加工、配送、信息处理等基本功能实施有机结合,使物品从供应地向接收地进行实体流动的过程。

我国商务部、交通部(现交通运输部)等六部委联合印发的《关于加快我国现代物流发展的若干意见》中明确指出:现代物流是指材料、产成品从起点至终点及相关信息有效流动的全过程。它是将运输、仓储、装卸、加工、整理、配送和信息等方面有机结合,形成完整的供应链,为客户提供多功能、一体化的综合性服务。

物流概念是不断发展的,从不同时期、不同角度观察和研究,就会产生关于物流的不同理解和认识。

2. 物流企业

物流企业是指从事物流活动的经济组织,是独立于生产领域之外,专门从事与商品流通有关的各种经济活动的企业。物流企业在以物流为主体功能的同时,还必须伴有商流、资金流和信息流,它包括仓储业、运输业、批发业、连锁商业和外贸等行业分流出来的物流业务组织。

至少从事运输(含运输代理、货物快递)或仓储一种经营业务,并能够按照客户物流需求对运输、储存、装卸、包装、流通加工、配送等基本功能进行组织和管理,具有与自身业务相适应的信息管理系统,实行独立核算、独立承担民事责任的经济组织。

(二)物流企业的经营特点

社会再生产过程是由生产、分配、交换和消费四个基本环节构成的。其中,生产表现为起点,消费表现为终点,分配和交换表现为中间环节。商品的流通是连续的交换,或者从总体上的交换。物流企业作为专门从事物流活动的经济实体,从全社会看,它是以商品为买者和卖者的双重身份交替出现在市场中,并按照供求状况来完成物质的交换,解决了生产与消费之间的数量、质量、时间和空间上的矛盾,实现了生产和消费的供求结合,进而达到保证社会再生产的良性循环。

物流企业在市场中,通过其双重身份的出现,实现了商品流通的过程。商品流通过程,一般分为购、销、存、运四个相对独立的环节。这些环节的实现,表现出物流企业经营活动的特点。

1. 组织了社会物质资源

通过物流企业购买商品,组织了社会物质资源。购买商品是物流过程的起点,即物流企业根据市场的需求,用货币购买生产企业的劳动成果——物质产品,引入流通领域。

2. 实现了社会物质资源的分散消费

通过物流企业销售商品,实现了社会物质资源的分散消费。销售商品是物流过程的终点。它是商品从流通领域又返回到生产、消费的最后环节。后续生产也是一种消费。

3. 起到了"蓄水池"的作用

通过物流企业储存商品,实现了物流运动的相对静止,起到了"蓄水池"的作用。商品储存是物质产品离开生产领域但还没有进入消费领域而是在流通领域内的暂时停滞。

4. 实现了物质产品的空间位移

通过物流企业运送商品,实现了物质产品的空间位移。运送是由物质产品在生产和消费之间的空间矛盾决定的。因为某类物质产品的生产在空间位置上相对分散,消费相对集中,或者相反,消费相对分散,而生产相对集中,只有通过物流企业的运送完成它们在空间位置的移动,才能满足消费的需求。

5. 控制了市场供求信息

物流企业穿梭于供需双方,控制了市场供求信息。在市场经济条件下,信息最重要,它源于市场。由于物流企业在连接供需双方及其直接置身于市场的特殊地位,使它们在搜集信息方面具有得天独厚的条件,将市场供求变化的潜在的信息反馈给供需双方,起到了指导生产、引导消费和开拓市场的作用。

由于物流企业有着与其他行业不同的经营特点,也就决定了其会计核算的特殊性,其核算特点主要表现在以下方面：

（1）涉及的行业多，会计核算工作比较复杂。物流企业包括仓储业、运输业、商业和外贸等行业分流出来的物流业务组织，所以其业务内容庞杂，涉及多个行业企业会计制度及规定，所以会计核算工作就比较复杂。

（2）费用成本核算的多元性。物流企业至少从事运输（含运输代理、货物快递）或仓储一种经营业务，并能够按照客户物流需求对运输、储存、装卸、包装、流通加工、配送等基本功能进行组织和管理，所以就要发生一系列的费用支出，并按一定的对象计算劳务成本，进而造成费用多样性、成本多元化。如会计上要核算运输、储存、装卸、包装等成本。

物流企业经营主要业务包括对商品的包装、装卸与搬运、储存、运输、流通加工与配送等环节。诸多环节发生的费用，最终使一般商品的流通费占其售价的50%左右，水果、食品、某些化工产品的流通费高达其售价的70%。因此，加强物流企业管理和会计核算具有重大意义。

二、物流企业包装业务的核算

包装作为物流企业的构成要素之一，与运输、保管、搬运、流通加工均有着十分密切的关系，因此包装在物流合理化运输中起着非常重要的作用。

（一）包装的分类

包装是指为达到在流通过程中保护产品、方便运输、促进销售的目的而采用的容器、材料及辅助物的过程中施加一定技术方法等的操作活动。

1. 按包装要求及目的分类

包装的要求及目的不同，使包装在设计、选料、包装技法、形态等方面出现了多样化。

包装作为生产的终点、物流的起点，其所起的作用与其包装的功能是分不开的。包装对产品具有保护、保管、定量、标识、便利、效率和促销功能。按包装的功能，包装可分为工业包装和商业包装。

（1）工业包装。它是以运输、保管为主要目的的包装，也就是从物流需要出发的包装，即运输包装，是一种外部包装（包含内部包装）。其主要作用是保护功能、定量（单位化）功能、便利功能和效率功能。

（2）商业包装。它也称零售包装或消费包装，主要是根据零售业的需要，作为商品的一部分或为方便携带所做的包装，即所谓逐个包装。其主要作用是定量功能、标识功能、便利功能和促销功能。其目的在于促销或便于商品在柜台零售或为了提高作业效率。

特别提示 8-1

工业包装与商业包装

工业包装有时又是商业包装，如装苹果的纸箱子（10千克装）应属于工业包装，但当连同箱子出售时，也可以认为是商业包装。为使工业包装更加合理并为促进销售，在有些情况下，也可以采用商业包装的办法来做工业包装，如家电用品就是兼有商业包装性质的工业包装。

2. 按包装的层次分类

按包装的层次，包装还可分为内包装和外包装。

（1）内包装也称销售包装，是指为保护商品、宣传、美化、便于陈列、识别、选购、携带和使用而进行的包装。其主要有陈列类（堆叠式、吊挂式、展开式）、识别类（透明式、开窗式、封闭式）、使用类（普通式、便携式、礼品式、易开式、喷挤式、复合式）等包装形式。

（2）外包装是指为方便运输、装卸和搬运，减少损耗、牢固完整、便于检查核对等而进行的包装。其主要有单件包装（箱、包、捆、桶）和集合包装（集装箱、集装包、托盘）等包装形式。

（二）包装费用的构成

包装是生产的终点、物流的起点。所以其包装的实施过程可能在生产企业，也可能在物流企业。无论是工业包装还是商业包装，都需要耗用一定的人力、物力和财力。对于大多商品，只有经过包装，才能进入流通。据统计，包装费占流通费的 10%，有些商品（特别是生活消费品）包装费高达 50%。因而加强包装费的管理，对降低物流成本，提高经济效益具有重大意义。

包装费用的构成如表 8-8 所示。

表 8-8　　　　　　　　　　　　　　包装费用的构成

构成项目	内　　容
材料费用	物流产品包装花费在材料上的费用。由于包装材料功能不同，其材料成本相差较大
机械费用	采用机械包装物资产品而发生的机械损耗价值
技术费用	为达到最佳包装效果，采用一定的技术措施而发生的所有支出，如防潮包装、防霉包装、实施缓冲包装等费用
辅助费用	用于包装标记、包装标志的印刷、拴挂物等方面的费用支出
人工费用	从事包装工作的工人与其他有关人员的工资、奖金、补贴等费用的总和

（三）包装业务的核算

由于包装费用占物流费用的比重较大，需要对其单独进行核算。

（1）包装收入的核算。物流企业在其经营活动中，对外承揽包装业务取得的收入，可以为主营业务，直接记入"主营业务收入"账户；为完成对外承揽包装业务发生的支出，可记入"主营业务成本"账户。

（2）包装费用的核算。包装费用可能发生在不同的物流环节，也可能发生在不同的企业。对于发生于物流诸环节的包装费用应区分费用的性质和项目记入"销售费用"总分类账户及其相关的明细账户。

"销售费用"账户主要用来核算物流企业在销售产品、自制半成品和提供劳务等过程中发生的各项费用以及专设销售机构的各项费用，包括运输费、装卸费、包装费、保险费、广告费、展览费、租赁费、销售服务费、销售部门人员工资、职工福利费、差旅费、办公费、折旧费、修理费、低值易耗品摊销以及其他经费。其借方登记物流企业在销售产品、自制半成本和提供劳务等过程中发生的各项费用以及专设销售机构的各项费用等；月末，将本期发生的销售费用转入"本年利润"账户；结转后，该账户无余额。该账户可以根据物流企业的业务特点，按费用项目设置于明细核算。

【例 8-22】 2×23 年 3 月 12 日，运达物流公司在对 A 类商品进行运输前的分类包装和运输包装，领用包装材料 5 000 元，应支付包装人员工资 8 000 元，转账支票支付其他包装费用 1 200 元,另外为了包装已加工完成的商品,领用一次性使用的包装箱 30 只,每只单位成本 60 元,共计 1 800 元。作会计分录如下:

借:销售费用——包装费   16 000
 贷:原材料   5 000
   应付职工薪酬   8 000
   银行存款   1 200
   包装物   1 800

【例 8-23】 2×23 年 3 月 31 日,运达物流公司对所用包装机械计提折旧 3 000 元。作会计分录如下:

借:销售费用——包装费   3 000
 贷:累计折旧   3 000

三、物流企业装卸与搬运业务的核算

货物的装卸搬运是物流的主要功能之一。装卸搬运活动渗透到物流的各领域、各环节,成为物流顺利进行的关键。货物装卸搬运伴随着物流的其他功能,成为提高物流效率,降低物流成本、改善物流条件,保证物流质量最重要的物流环境之一。

(一)装卸与搬运及分类

装卸是指在指定地点以人力或机械将物品装入或卸下运输设备,如在同一地域范围内(如车站、工厂、仓库内部等)以改变"物"的存放、支承状态的活动就属于装卸。而搬运则是指以改变"物"的空间位置的活动,通常将两者合称装卸搬运,或将装卸搬运理解为:在空间范围内对"物"的垂直举放和水平移动的行为。有时候或在特定场合,单称"装卸"或单称"搬运",也含有"装卸搬运"的完整含义。

物流企业采用的装卸搬运方式有多种,主要分类如表 8-9 所示。

表 8-9   **物流企业的装卸搬运方式分类**

分类依据	分　类
按其施行的物流设施、设备对象	仓库装卸、铁路装卸、港口装卸、汽车装卸、飞机装卸等
按使用的机械及机械作业方式	"吊上吊下"方式、"叉上叉下"方式、"滚上滚下"方式、"移上移下"方式等
按被装物的运动形式	垂直装卸、水平装卸
按其装卸搬运的对象	散装货物装卸、单件货物装卸、集装货物装卸等
按其装卸搬运的作业特点	连续与间歇装卸

(二)装卸搬运的地位

装卸活动是伴随运输和保管等活动而产生的必要活动。在物流过程中,装卸活动是不断出现和反复进行的,它出现的频率高于其他各项物流活动,每次装卸活动都要花费很长时间,所以往往成为决定物流速度的关键。装卸活动所消耗的人力也很多,所以装卸费用在物流成本中所占比重也较高。此外,装卸操作时往往需要接触货物,在此也极易造成货物损失,因此,装卸是降低物流费用的重要环节。

（三）装卸搬运业务的核算

物流企业在某种意义上讲,可将装卸搬运业务看作其主营业务活动,因而对其所发生的装卸搬运取得的收入,记入"主营业务收入"账户;对其发生的装卸费用,记入"销售费用——装卸搬运费"账户。

【例8-24】 2×23年3月,运达物流公司发生的货物装卸人工费12 000元,装卸机械折旧费1 600元。作会计分录如下:

借:销售费用——装卸搬运费　　　　　　　　　　　　　　　　　　　　13 600
　　贷:应付职工薪酬　　　　　　　　　　　　　　　　　　　　　　　　12 000
　　　　累计折旧　　　　　　　　　　　　　　　　　　　　　　　　　　1 600

四、物流企业储存保管的核算

储存功能是物流中暂时处于停滞状态物资的活动。储存作为一种物流形态,为物流提供场所和时间,在储存期间可以对储存品进行检验、整理、分类、保管、包装、加工、集散、转换运输方式等作业。因此,储存在物流中具有重要的作用,成为与运输并列的两大物流支柱。

按照在社会再生产中的作用,储存可以分为生产储存、流通储存、消费储存和国家储存。

（一）储存概念

在物流科学体系中,经常涉及库存、储备及储存这几个概念,而且经常被混淆。这三个概念虽然有共同之处,但仍有区别,认识这个区别有助于理解物流中"储存"的含义和以后要遇到的零库存概念。

（1）库存。库存是指仓库中处于暂时停滞状态的物资。这里要明确两点:其一,物资所停滞的位置,一定是在仓库,而非其他任何位置;其二,物资的停滞状态可能由任何原因引起,而非某种特殊的停滞,如能动的各种形态的储备、被动的各种形态的超储等。

（2）储备。储备是一种有目的储存物资的行动,是指储存起来以备急需的活动,如当年储备、长期储备、战略储备。物资储备的目的是保证社会再生产连续不断地、有效地进行。所以,物资储备是一种能动的储存形式,是有目的地、能动地暂时停滞于生产领域和流通领域,尤其是指在生产与再生产,生产与消费之间的那种暂时停滞。

❓ **相关思考8-1**

....

库存和储备的本质区别

库存和储备的本质区别在于:

第一,库存明确了停滞的位置,而储备这种停滞所处的地理位置远比库存广泛得多,储备的位置可能在生产及流通中的任何结点上,可能是仓库中的储备,也可能是其他形式的储备。

第二,储备是有目的的、能动的、主动的行动,而库存有可能是无目的的,甚至是完全盲目的。

（3）储存。储存是包含库存和储备在内的一种广泛的经济现象,是一切社会形态都存在的经济现象。在任何社会形态中,对于不论什么原因形成停滞的物资,也不论是什么种类的物资,在没有进入生产加工、消费、运输等活动之前或在这些活动结束之后,总是要存放起来,这就是储存。这种储存不一定在仓库中也不一定是有储备的要素,而是在任何位置,也有可能永远进入不了再生产和消费领域。但在一般情况下,储存、储备两个概念是不作区分的。

物流中的"储存"是一个非常广泛的概念,物流学要研究的就是包括储备、库存在内的广义的储存概念。

(二) 储存保管的功效

(1) 调节生产和消费之间的时间差异。生产和消费之间的时间分离,是社会经济的客观存在,储存具有调节时间差异的功能。

(2) 储存保管的质量决定库存物资的质量。储存不是单纯的堆放,为了保持物资的质量,需要进行各种形式的保管。通过对库存物资的合理存放、妥善保管、精心养护,使其使用价值得到保存。同时,检验是贯穿于储存作业的全过程,它是对产品质量、保管质量、装卸搬运质量、运输质量的综合考察,是保证物流质量的重要环节。

(3) 储存是联结各个物流环节的纽带。各个物流环节在连续不断的运动过程中,经常需要一定时间的停滞,储存是上一个环节运动的终点,经过一定时间停滞后,又是下一个环节运动开始的起点。同时,很多物流环节的作用,是在储存所提供的场所和时间里完成的。离开了储存,其他物流环节无法联系,很多作业也无法进行。因此,是联结各个环节的纽带。

(4) 储存是流通活动的"调节阀"。在社会分工日益细化的社会化大生产条件下,交换关系越来越复杂,影响流通的不确定因素也越来越多。同时,在物流过程中,计划不周、意外事故、自然条件变化等,也带来大量不确定因素。当这些不确定因素成为现实,流通的连续性发生困难,储存就可以用它合理地存量来调节流量。

(三) 储存业务的核算

物流企业的储存过程也就是物流企业的仓储作业过程,指商品仓储部门从接运商品开始,经过验收入库、保管保养,直到将商品供应到用户指定地点为止,按照一定的程序进行作业的整个过程。物流企业的储存费用主要是物流企业在这个过程中发生的全部耗费。其费用主要有仓租费、维护费、保管费、损失费、资金占用利息支出(资金使用费)等。由于物流企业的储存费用在物流费中占有较大比重,加强储存业务管理和核算,就显得非常重要。

通常,物流企业可利用仓库、货场、库房或其他场所开展代客保管物质产品的储存业务。在经营方式上,物流企业可以利用场地、库房等单独经营仓储业务,或者利用运输工具单独经营运输业务,也可以两者兼营。

从事物流仓储业务的企业,其储存业务所取得的收入,如经营仓库、堆场业务发生的堆存收入,从事经营装卸业务取得的装卸收入等,物流企业可以将其作为主营业务收入,而发生的储存费用,如与物流企业的仓储业务收入有直接配比关系的,可作为物流企业的仓储业务成本,直接记入"主营业务成本"账户。如果物流企业从事的主营业务为非仓储业务,其发生的费用应记入"销售费用"账户。

1. 仓租费的核算

【例 8-25】 运达物流公司从事的主营业务为非仓储业务,2×23 年 4 月,发生仓库折旧费 7 600 元,应付人工 8 200 元。作会计分录如下:

借:销售费用——仓储费用   15 800
    贷:累计折旧   7 600
        应付职工薪酬   8 200

2. 维护、保管费的核算

为维护商品的功能、物流企业会发生维护、保管费用,如借助一定的人力、财力对商品进行必要的管理和养护。为此发生的费用,应记入"销售费用"账户。

【例8-26】 2×23年5月,运达物流公司发生仓库管理人员的人工9 600元。作会计分录如下:

借:销售费用——仓储费用   9 600
　　贷:应付职工薪酬   9 600

五、物流企业运输的核算

(一)运输及分类

运输是人和物的载运及输送。这里是指"物"的载运及输送。它是在不同地域范围间(如两个城市、两个工厂之间或同一个大企业内相距较远的两个车间之间),以改变"物"的空间位置为目的的活动,对"物"进行空间的位移。

运输与搬运的区别在于:运输是较大范围的活动,而搬运是在同一地域之内的活动。

运输可按其采用的运输设备及运输方式,分为公路运输、铁路运输、水运、航空运输和管理运输等。

(二)运输业务的核算

随着世界经济的快速发展和现代科学技术的进步,物流产业不仅在国民经济中占有重要地位,而且为人们的日常生活带来了许多便利。同时,人们对其要求就越来越高,使物流企业在接收货物后,要根据货物的特点及客户的要求选择合适的运输方式来削减成本以满足客户的需求。物流企业针对不同的货物选择合适的运输方式,不仅可以保证货物送达的及时性和安全性,而且还可以保证货物运输的经济性和便利性。选择合理的运输方式,可以减少货物的在途时间、保证货物运输过程中的质量、降低企业的经营成本。

在现代物流企业中,运输在其经营业务中占有主导地位。物流企业的运输收入是其经营所得的主要收入来源,也是其利润的主要源泉。物流企业的运输费用在整个物流费用中占有较大比例。从运费来看,运费在全部的物流费用中占最高比例,占接近50%的比例。

物流企业运输需求可通过选择不同的基本运营方式来实现。首先,物流企业可以利用私营的车队设备;其次,与专业运输公司签订运输合同;最后,企业可以向各种提供以单独装运为条件的运输承运人预订服务。这三种运营形式的运输就是典型的所谓私人运输、合同运输、公共运输。从物流系统的观点看,有三个因素对运输十分重要,即成本、速度和一致性。

由于运输是物流中最重要的功能要素之一,物流合理化在很大程度上依赖于运输合理化。而运输合理化与否则影响着物流运输费用的高低,进而影响着物流成本的高低。所以,企业应重视和加强物流运输费用的核算。

1. 运输业务收入的核算

作为物流企业,其运输收入的实现,可以通过提供诸如铁路、航空、水路等运输方式来实现,其获取的运输收入,可记入"主营业务收入"账户。

【例8-27】 2×23年5月,运达物流公司实现物流运输不含税收入10 000元,银行收讫。作会计分录如下：

```
借：银行存款                                        10 900
    贷：主营业务收入                                10 000
        应交税费——应交增值税(销项税额)(10 000×9％)     900
```

2. 运输成本的核算

作为物流企业，其为开展运输业务发生的各项支出，便构成运输成本，主要包括的成本内容如表8-10所示。

表8-10　　物流企业的运输成本内容

成本项目	具 体 内 容
直接材料	直接材料是指运输工具在运营生产过程中实际消耗的各种燃料、轮胎、材料、润料、低值易耗品、备品备件、专用工器具等
直接人工	直接人工是指企业直接从事营运生产活动人员的工资、奖金、福利费和补贴等
其他直接费用	其他直接费用是指企业在营运生产过程中发生的固定资产折旧费、行车杂费、车辆牌照和检验费、车辆清洗费、过路费、司机途中住宿费、保险费、差旅费、取暖费等支出
营运间接费用	营运间接费用是指基层单位组织与管理运输工具运营所发生的车队经费和车站经费等支出

物流企业发生上述费用，可视情况不同，分别记入"主营业务成本"或"销售费用"账户。

(1)如果企业开展自营运输业务发生的运输费用，可根据有关凭证，记入"主营业务成本"账户。

【例8-28】　2×23年6月，运达物流公司开展自营运输业务，发生人工费9 800元，车辆折旧费9 000元，领用原材料5 000元，领用低值易耗品3 000元。作会计分录如下：

```
借：主营业务成本                    26 800
    贷：应付职工薪酬                 9 800
        累计折旧                     9 000
        原材料                       5 000
        低值易耗品                   3 000
```

(2)如果企业利用合同运输、公共运输方式发生动输费用，则根据实际支付款项，记入"销售费用"账户。

【例8-29】　2×23年6月，恒通物流公司开展自营运输业务，发生人工费13 500元。作会计分录如下：

```
借：销售费用——物流运输费            13 500
    贷：应付职工薪酬                 13 500
```

六、物流企业流通加工与配送的核算

(一)物流加工及核算

物流加工是物流中最具特殊意义的物流形式。一般来说，生产是通过改变物质的形式和性质创造产品的价值和使用价值;流通是保持商品的原有物质形式和性质,以完成所有权的转移和空间的位移;物流的包装、储存、运输、装卸等功能,虽然具备生产的性质,但往往并不去改变物流的对象。但是为了提高物流的速度和物资的利用率,在商品进入流通领域后,还需要按用户的要求进行一定的加工活动,即流通加工。

(1)流通加工。在物品从生产者向消费者流动的过程中,为了促进销售,维护产品质量,实现物流的高效率所采用的是使商品发生物理和化学变化的功能,即按用户要求,对商品进行加工、改制等活动。通过物流加工既满足了客户的需求,同时也提高了物流企业的经济效益。

流通企业对商品的加工主要通过自行加工、委托加工和作价加工三种方式来实现,如表 8-11 所示。

表 8-11　　　　　　　　　　　　物流企业对商品的加工方式

加工方式	具 体 内 容
自行加工	自行加工是指物流企业将待加工的商品、原材料交给本企业的生产部门进行加工的一种方式
委托加工	委托加工是指物流企业与其他企业签订委托合同或协议,由企业将待加工的原材料商品交给受托企业进行加工,并支付一定的加工费用等的一种方式
作价加工	作价加工是指物流企业与其他单位以购销关系签订合同或协议,先由企业将待加原材料、商品作价销售给受托加工单位,待加工完成后,再由企业按实际加工的成品数量,作价购回成品,购销均按加工协议规定价格进行结算的一种方式

(2)物流加工业务的核算。物流加工业务的程序,主要有发出、加工、收回三个环节。物流企业加工商品时,会计上应设置"委托加工商品"账户,专门核算流通加工成本增减变动情况。其加工成本如表 8-12 所示。

表 8-12　　　　　　　　　　　　物流企业加工业务成本

加工成本	具 体 内 容
直接材料费	直接材料费是指对流通加工产品加工过程中直接消耗的材料、辅助材料、包装材料以及燃料和动力等费用。与工业企业相比,在流通加工过程中的直接材料费用占流通加工成本的比例不大
直接人工费用	直接人工费用是指直接进行加工生产的生产工人的工资总额和按工资总额提取的职工福利费。生产工人工资总额包括计时工资、计件工资、奖金、津贴和补贴、加班工资、非工作时间的工资等
制造费用	制造费用是指物流中心设置的生产加工单位为组织和管理生产加工所发生的各项间接费用。其主要包括流通加工生产单位管理人员的工资及提取的福利费,生产加工单位房屋、建筑物、机器设备等的折旧和修理费、生产单位固定资产租赁费、机物料消耗、低值易耗品摊销、取暖费、水电费、办公费、差旅费、保险费、试验检验费、季节性停工和机器设备修理期间的停工损失以及其他制造费用

(二)物流企业的配送

1. 配送与配送中心

配送是与市场经济相适应的一种先进的物流方式。它是指物流企业按用户订单或配送协议进行配货,然后通过科学统筹规划,选择经济合理的运输路线与运输方式,在用户指正的时间内将符合要求的货物送达指定地点的一种商品供应方式,是物流中一种特殊的、综合的、将商流与物流紧密结合的活动形式。

从物流来讲,配送几乎包括了所有的物流功能要素,是物流的一个缩影,或在某个小范围中物流全部活动的体现。一般的配送集装卸、包装、保管、运输于一身,通过这一系列活动完成将货物送达的目的,特殊的配送则还需要以加工活动为支撑,所以包括的方面更广泛。但是,配送的主体活动与一般物流却有不同,一般物流是运输保管,而配送则是运输及分拣配货,分拣配货是配送的独特要求,也是配送中最有特点的活动,以送货为目的的运输则是最终实现配送的主要手段,从这一主要手段出发,常常将配送简单地理解为运输中的一种。

配送中心是以组织配送性销售或供应,执行实物配送为主要职能的流通型结点。在配送中心中,为了能更好地做好送货的编组准备,因此必然需要采取零星集货、批量进货等种种资源的收集工作和对货物的分整、配备等工作。为此,配送中心就具有了集货中心、分货中心的职能。为了更有效、更高水平地配送,配送中心往往还要有比较强的流通加工能力。此外,配送中心还必须执行货物配备后的送达到户的使命。由此可见,配送中心的功能是比较全面完整的。也可以说,配送中心实际上是集货中心、分货中心、加工中心功能的综合,并具有了配与送的更高水平。

综上分析,配送环节会计核算的内容主要包括:配送营业收入的核算;配送过程中运输费用、分拣费用、配装费用、加工费用的归集、分配和结转;配送环节营业利润的核算。

2. 物流中心

物流中心是处于枢纽或重要地位的、具有较完整物流环节,并能将物流集散、信息和控制等功能实现一体化运作的物流据点。物流中心是物流网络的节点,具有物流网络节点的系列功能。把握物流中心的含义、类型、功能与地位,是依托不同层次物流设施展开物流活动,指导物流运营与管理的基础。

物流中心一词是政府部门、许多行业,企业在不同层次物流系统化中应用得十分频繁,而不同部门、行业、企业的人们对其理解又不尽一致的重要概念。概括起来,对物流中心的理解可以归纳为以下几种表述:

(1) 物流中心是从国民经济系统要求出发,所建立的以城市为依托、开放型的物品储存、运输、包装、装卸等综合性的物流业务基础设施。这种物流中心通常由集团化组织经营,一般称之为社会物流中心。

(2) 物流中心是为了实现物流系统化、效率化,在社会物流中心下所设置的货物配送中心。这种物流中心从供应者手中受理大量的多种类型货物,进行分类、包装、保管、流通、加工、信息处理,并按照众多用户要求完成配货,送货等作业。

(3) 物流中心是组织、衔接、调节、管理物流活动的较大的物流据点。由于物流据点的种类很多,但大多可以看作是以仓库为基础,在各物流环节方面提供延伸服务的依托。为了与传统的静态管理的仓库概念相区别,将涉及物流动态管理的新型物流据点称之为物流中心。这种含义下的物流中心数目较多,分布也较广。

(4) 物流中心是以交通运输枢纽为依托,建立起来的经营社会物流业务的货物集散所。由于货运枢纽是一些货运站场构成的联网运作体系,实际上也是构成社会物流网络的结点,当它们具有实现订货、咨询、取货、包装、仓储、装卸、中转、配载、送货等物流服务的基础设施、移动设备、通信设备、控制设备,以及相应的组织结构和经营方式时,就具备成为物流中心的条件。这类物流中心也是构筑区域物流系统的重要组成部分。

(5)国际物流中心是指以国际货运枢纽(如国际港口)为依托,建立起来的经营开放型的物品储存、包装、装卸、运输等物流作业活动的大型集散场所。国际物流中心必须做到物流、商流、信息流的有机统一。当代电子信息技术的迅速发展,能够对国际物流中心的"三流"有机统一提供重要的技术支持,这样可以大大减少文件数量及文件处理成本,提高"三流"效率。

综上所述,在一般的意义上,可以将物流中心理解为处于枢纽或重要地位的、具有较完整物流环节,并能将物流集散、信息和控制等功能实现一体化运作的物流据点。

七、物流企业税额的核算

(一)会计核算的账户

(1)一般纳税人应设会计账户:应在"应交增值税"明细账户下,分别设置"进项税额""已交税金""转出未交增值税""销项税额""进项税额转出""转出多交增值税"等专栏,并采用多栏式明细账进行会计核算;同时设置"未交增值税"明细账户,核算一般纳税人月度终了转入的应交而未交的增值税或多交的增值税。

(2)小规模纳税人应设会计账户:应在"应交税费"账户下设置"应交增值税"明细账户,账户中不必设置专栏,采用三栏式明细账即可。

(二)物流企业税额会计核算

【例8-30】 2×23年4月,华夏物流公司取得东泰公司开具的货物运输业增值税专用发票,价款100 000元。注明的增值税税额为9 000元。款未付。作会计分录如下:

借:主营业务成本　　　　　　　　　　　　　　　　　　　　100 000
　　应交税费——应交增值税(进项税额)　　　　　　　　　　9 000
　　贷:应付账款——东泰公司　　　　　　　　　　　　　　　　109 000

【例8-31】 2×23年4月,华夏物流公司取得交通运输收入20 000元,增值税1 800元,款项已以银行存款方式收讫。作会计分录如下:

借:银行存款　　　　　　　　　　　　　　　　　　　　　　21 800
　　贷:主营业务收入　　　　　　　　　　　　　　　　　　　　20 000
　　　　应交税费——应交增值税(销项税额)　　　　　　　　　1 800

【例8-32】 2×23年4月,华夏物流公司取得物流辅助收入5 000元,增值税450元,款项已以银行方式收讫。作会计分录如下:

借:银行存款　　　　　　　　　　　　　　　　　　　　　　5 450
　　贷:其他业务收入　　　　　　　　　　　　　　　　　　　　5 000
　　　　应交税费——应交增值税(销项税额)　　　　　　　　　450

本 章 小 结

本章主要学习了运输企业及物流企业的会计核算方法。通过本章的学习,我们掌握了运输企业的主要经济业务、业务特点及会计核算特点,交通运输企业存货、营业收入、成本的会计核算,物流企业经营活动各环节的会计核算方法;了解了铁路交通运输企业的主要经营业务和会计核算,以及娱乐业会计的核算。

本 章 重 要 概 念

交通运输企业　运输企业业务　运输企业会计核算　燃料　材料　运输企业存货运输企业营业收入　运输企业营业成本　铁路运输企业　铁路运输收入进款会计核算铁路运输营业收入的核算　铁路运输成本费用的核算　物流企业

本 章 练 习

1. 运输企业的主要经营活动是什么?
2. 运输企业会计核算的特点是什么?
3. 运输企业的存货包括哪些主要内容?
4. 运输企业的营业成本包括哪些内容?
5. 铁路运输企业会计核算的有哪些特点?
6. 物流企业的包装分类有哪些?

8-5 扫一扫
看课件

8-6 扫一扫
练一练

8-7 扫一扫
练一练答案

第九章　农业企业会计

内容提要

本章主要讲解农业企业的主要经营业务及其核算特点,生物资产的分类,消耗性生物资产、生产性生物资产和公益性生物资产的初始取得核算、后续核算及处置核算。

重点难点

本章重点为取得各类生物资产的核算、持有各类生物资产的后续核算、收获和处置各类生物资产的核算;难点为生物资产之间相互转化的核算、持有消耗性生物资产和生产性生物资产的后续核算、收获和处置消耗性生物资产和生产性生物资产的核算。

学习目标

通过本章学习,学生应掌握消耗性生物资产、生产性生物资产和公益性生物资产的初始取得核算、后续核算及处置核算;了解农业企业的主要经营业务及其核算特点、生物资产的分类。

知识框架

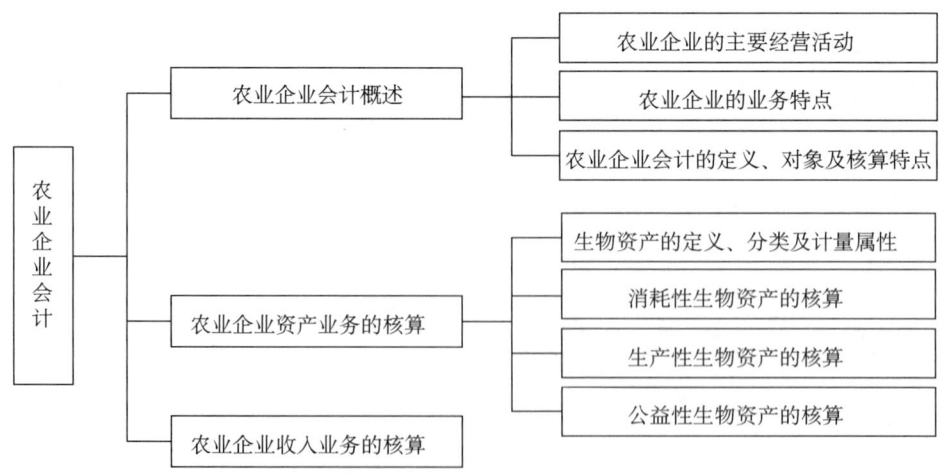

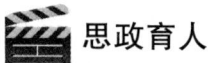 **思政育人**　　　**杂交水稻之父——袁隆平院士**

"杂交水稻之父"、中国工程院院士、"共和国勋章"获得者袁隆平(1930 年 9 月 7 日—2021 年 5 月

22 日),1953 年毕业于西南农学院农学系,毕业后,一直从事农业教育及杂交水稻研究。1980—1981 年赴美任国际水稻研究所技术指导。1982 年任全国杂交水稻专家顾问组副组长。1991 年受聘联合国粮农组织任国际首席顾问。1995 年被选为中国工程院院士。1971 年至 2021 年 5 月任湖南农业科学院研究院研究员,并任湖南省政协副主席、全国政协常委、国家杂交水稻工程技术研究中心主任。

袁隆平致力于杂交水稻技术的研究、应用与推广,发明"三系法"籼型杂交水稻,成功研究出"两系法"杂交水稻,创建了超级杂交稻技术体系。并提出并实施"种三产四丰产工程",运用超级杂交稻的技术成果,出版中、英文专著 6 部,发表论文 60 余篇。

早在 1999 年,"袁隆平"这个品牌市值就达 1 008.9 亿元。但他的衣柜里,多数是大众品牌的普通衣服,他登上人民大会堂领奖时的领奖服,以及历次在领取各大国际荣誉和勋章时的衣着,都是比较便宜的。但是,他个人获得的各类奖金设立的科技奖励基金,颁给优秀人才从不吝啬,多则十几人,少则近十人,每人获颁奖金数万元,"等资金更充足时,我想把单人奖金额度提高到不少于 30 万元,这样就可以鼓励世界上更多有能力的人,投身到解决人类温饱的事业中来。"袁隆平说:"人的身上,最值钱的,是装在脑袋里的知识和一颗责任心。我一个老头子,要那么多钱干什么? 花不了,也没多少时间花。"、"我毕生追求就是让所有人远离饥饿。"这样有责任与担当的伟大科学家,才是值得我们用一生去尊敬的人!

资料来源:二楼讲故事.袁隆平:用一颗种子改变世界,身家十亿,却甘愿做个平凡的种田人[EB/OL].(2022-06-16)[2022-11-25].https://www.163.com/dy/article/HA04V6A505527HDX.html.

第一节 | 农业企业会计概述

现代农业企业是指从事种植业、养殖业或以其为依托进行农工商综合经营,实行独立核算和具有法人地位的农业社会经济组织单位。

农业企业除了可依法设立有限责任公司和股份有限公司等法人企业,还可设立农民专业合作社。农民专业合作社是在农村家庭承包经营基础上,同类农产品的生产经营者或者同类农业生产经营服务的提供者、利用者,自愿联合、民主管理的互助性经济组织。农民专业合作社以其成员为主要服务对象,提供农业生产资料的购买,农产品的销售、加工、运输、贮藏以及与农业生产经营有关的技术、信息等服务。农民专业合作社依法设立、登记,具有法人资格。

一、农业企业的主要经营活动

因地制宜地进行农业生产是农业企业的主要经营活动,主要涉及种植业、林业、畜牧养殖业、渔业等多种生产活动。

(一)种植业

种植业生产主要是指各种农产品的生产。农产品主要包括粮食、经济作物、蔬菜、饲料作物等。

粮食又称谷物,是指烹饪食品中各种植物种子的总称,主要包括小麦、玉米、水稻等;经济作物又称技术作物、工业原料作物,如烟叶、棉花、麻类作物等;蔬菜是指可以烹饪成为菜品的植物或菌类,如青菜、番茄、香菇等。

种植业的特点是:以土地为基本生产资料,受自然条件影响较大,生产周期较长。从播种开始,经过除草、中耕、施肥等田间管理,到农产品的产出直到销售,一般需要几个月时间。

(二)林业

林业生产包括林产品的生产和经济林木的生产。其中:

（1）林产品是指利用经济林木生产出来的产品，如果品、食用油料、工业原料和药材等。

（2）经济林木是指可以利用自身的某个部位进行某种产品的生产或自身的某个部位本身就是一件产品的林木。例如，茶树的树叶可以用作茶叶的生产，果树上的果实本身就是林产品。经济林木从树苗种植开始，一般要经过多年才能有产出，属于多年生植物，能长期提供产品。

（三）畜牧养殖业

畜牧养殖业生产是利用动物的生理机能，通过人工饲养管理而获得畜禽产品的生产。

畜牧养殖业生产覆盖范围较广，包括猪、牛、羊、鸡、鸭、蜂、蚕、蛇等，可分为牲畜饲牧、家禽饲养、经济兽类驯养等类别。各种畜禽的自然生长特性不同，提供的产品也各不相同。一部分畜禽提供的是自身，如猪肉等；另一部分畜禽提供的是自身生产的各种产品，如蜂蜜；还有一些畜禽既提供自身，又提供自身以外的产品，如鸡肉和鸡蛋等。

（四）渔业

渔业生产包括水生动物、植物的养殖和天然捕捞等生产业务。其中：

（1）水生动物、植物养殖包括淡水养殖和海水养殖。淡水养殖包括鱼、虾、蟹、珍珠等的养殖；海水养殖包括贝类、藻类的养殖，如牡蛎、海带等。

（2）天然捕捞是指在天然湖泊、江河、海洋等场所捕捞自然生产的水产品。

市场经济的发展带动了农业企业在组织形式和经营方式上的变革，很多现代农业企业在经营传统农业的基础上，还通过对农产品的深度加工提高其附加值，将农产品生产、加工、运输和贸易紧密结合，形成了规模化的综合经营，这成为当前农业企业发展的趋势。

二、农业企业的业务特点

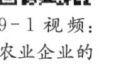

9-1视频：
农业企业的
特点

作为一个基础行业，农业企业的业务具有许多与其他行业业务不同的特点，其表现如表9-1所示。

表9-1 农业企业的业务特点

序号	特点	具体内容
1	生产对象具有生命性	农业企业的生产对象是各类生物，生物不但是农业企业的生产对象，同时也是生产资料，如种子、种苗等。生物有的属于存货，有的属于固定资产。生物繁殖、生长周期和规律受自然条件的影响
2	生产周期具有季节性	农业企业是利用植物和动物的生长和生理机能进行生产的，生物的繁殖、生产周期和规律受自然条件影响，有明显的季节性
3	经营组织具有复杂性	从所有制角度看，农业企业呈现出多种经济成分并存的局面，有国营农场、建设兵团、集体企业、个体企业、合伙企业、有限责任公司和股份制公司等不同形式
4	劳动资料、劳动对象和劳动产品具有相互转化性	农业企业的劳动对象是具有生命的动物和植物，劳动对象和产品有较强的转化性，如成熟的农作物的种子可转化为劳动资料投入到下一轮农业生产、育肥畜可以转化为产畜等

三、农业企业会计的定义、对象及核算特点

（一）农业企业会计的定义

农业企业会计是经济管理的重要组成部分，它是以货币为主要计量单位，运用一系列专

门方法,对农业企业的经济活动进行连续、系统、综合、全面地反映和监督的一项经济管理活动。农业企业会计是用来管理农业企业经济活动的一种专业会计,其运用会计学的基本理论和基本方法来研究该行业的具体理论和具体方法。

(二)农业企业会计的对象

(1)农作物种植业生产经营中的资金运动。

(2)林业生产经营中的资运动。

(3)畜牧养殖业、渔业生产经营中的资金运动。

(4)农业企业及农业集体经济组织中的非生产经营资金运动。比如,我国国有农场的社会性收支的核算、村集体经济组织的一事一议资金的核算等。

(5)农业企业、农业合作经济组织、其他农业经营载体中的非农业生产经营资金运动,主要是指农业经营载体进行综合经营而兼营其他行业的经营资金运动。比如,农业企业兼营农副产品加工、销售、服务农业生产资料供应、农业技术开发与推广业务的资金运动。

(三)农业企业会计的核算特点

(1)核算内容多样性、复杂性。随着现代农业的发展,农业企业还广泛涉足工业、商业、运输业、旅游业等多种行业,因此农业企业多种经营、综合经营的特点决定了其核算内容的多样性、复杂性。

(2)生产费用发生不均衡。农业生产周期长,生产费用在整个经营期间内并非均匀发生,因此在计算经营成本时,需要以年为会计期间分配具体费用。例如,畜牧业虽然平时可以取得蛋、奶、肉等产品,但由于畜类和禽类的生长周期较长,在计算产品成本时不应按月确认。在农业企业经营过程中,各种业务的性质、耗费成本的内容等都有所不同,这就决定了农业企业需要根据农业生产的具体内容和特点,采用不同的成本计算方法,一般以年为周期进行成本核算。

(3)资金用途的相互转换性。在种植业、林业、牧业和渔业等生产经营过程中,劳动对象和劳动手段可以相互转化,因此在农业会计核算中,部分产成品占用的货币资金会以某种形式转换成生产占用资金或储备占用资金。例如,饲养的幼畜是劳动对象,应在存货类账户中核算;当幼畜育成之后转为产畜、役畜,应视同非流动资产项目,并每期末计提折旧;当产畜、役畜失去生产能力而被淘汰转为育肥畜,应作为消耗性生物资产核算。此时,会计核算需要严格划分各种资产的界限,通过设定的会计账户对各种资产形式的转换作出相应的会计处理。

第二节 | 农业企业资产业务的核算

一、生物资产的定义、分类及计量属性

(一)生物资产的定义

《企业会计准则第 5 号——生物资产》规定,生物资产是指农业生产相关的有生命的动物和植物。

(二)生物资产的分类

生物资产具体分为消耗性生物资产、生产性生物资产和公益性生物资产。

(1)消耗性生物资产。消耗性生物资产是指为出售而持有的,或在将来收获为农产品的生物资产。消耗性生物资产是劳动对象,包括生产中的大田作物、蔬菜、用材林、存栏待售

的牲畜以及养殖待售的水产品等。消耗性生物资产通常被一次性消耗，在一定程度上具有存货的特征，在资产负债表中按"存货"项目列报。

（2）生产性生物资产。生产性生物资产是指为产出农产品、提供劳务或出租等目的而持有的生物资产，如产奶的牲畜、产蛋的禽类、果树、种畜和役畜等。生产性生物资产具有自我成长性，能够在一段时间内保持其服务能力或产出经济利益。

与消耗性生物资产相比，生产性生物资产的最大不同之处在于，生产性生物资产具有能够在生产经营中长期、反复使用，从而不断产出农产品或者是长期役用的特征。消耗性生物资产在收获农产品后，该资产就不复存在；而生产性生物资产产出农产品之后，该资产仍然保留，并可以在未来一段时间内继续产出农产品，如奶牛每年产奶、果树每年结果等。因此，通常认为，生产性生物资产在一定程度上具有固定资产的特征。

（3）公益性生物资产。公益性生物资产是指以保护环境为主要目的的生物资产，如防风固沙林、水土保持林、水源涵养林等。公益性生物资产不能直接给企业带来经济利益，但其具有保护环境的功能，具有潜在的服务作用，有助于企业从相关资产中获得经济利益，如防风固沙林和水土保持林能有效改善企业的经营环境，还能延伸出美化环境的效能，为企业开拓新的经营收入创造条件，所以符合生物资产的确认条件。

（三）生物资产的计量属性

我国《企业会计准则第 5 号——生物资产》规定，生物资产应当按照成本进行初始计量。生物资产的后续计量通常也应按照成本计量，但有确凿证据表明其公允价值能够持续可靠取得的，也可以采用公允价值计量。

采用成本模式计量生物资产时，生产性生物资产需计提折旧；如果生物资产发生减值，则还需计提相应的减值准备。具体如表 9-2 所示。

表 9-2　　　　　　　农业企业生物资产成本模式下的账户设置和计量方法

生物资产类别	取得时的实际成本	持有期间价值变动		账面净值（根据账户余额计算）
		计提折旧	计提减值准备	
消耗性生物资产	消耗性生物资产	—	"存货跌价准备——消耗性生物资产"	"消耗性生物资产"－"存货跌价准备——消耗性生物资产"
生产性生物资产	生产性生物资产	"生产性生物资产累计折旧"	"生产性生物资产减值准备"	"生产性生物资产"－"生产性生物资产累计折旧"－"生产性生物资产减值准备"
公益性生物资产	公益性生物资产	—	—	

9-2 视频：
消耗性生物
资产核算的
特点

二、消耗性生物资产的核算

消耗性生物资产中大部分属于流动资产，但也有消耗性生物资产不属于流动资产，如生长期很长的用材林，其生长期可以达到多年甚至几十年，将其作为流动资产来对待显然不适合。当然，符合存货特征的消耗性生物资产，应当作为存货在资产负债表中列报。

（一）消耗性生物资产会计核算的账户设置

为了对消耗性生物资产进行核算，需要设置如表9-3所示的账户。

表9-3　　　　　　　　　　消耗性生物资产的账户设置

账户名称	账户性质	核算内容	账户结构		明细账户设置
消耗性生物资产	存货	核算农业企业持有的消耗性生物资产的实际成本	借方：登记增加		按消耗性生物资产的种类、群别等进行明细核算
			贷方：登记减少		
			借方余额：反映企业消耗性生物资产的实际成本		
存货跌价准备——消耗性生物资产	资产抵减账户	核算消耗性生物资产价格下跌时计提的准备	贷方：登记计提的跌价准备		根据存货品种、规格、产地、品牌等进行明细核算
			借方：登记转销或因升值转回的跌价准备		
			贷方余额：反映已计提但尚未转销的消耗性生物资产跌价准备		
农产品	存货	核算农业企业收获的各种库存农产品的实际成本或计划成本	借方：登记库存农产品的增加		按农产品的种类、品种和规格等进行明细核算
			贷方：登记库存农产品的减少		
			借方余额：反映企业库存农产品的实际成本或计划成本		

（二）消耗性生物资产取得的核算

生物资产取得业务的核算首先要确定资产的初始入账价值。生物资产的初始入账价值，是指生物资产的取得成本。生物资产的取得方式包括购买、自行营造、盘盈、接受捐赠、接受投资、非货币性交易、债务重组等。由于生物资产取得方式的不同，其初始入账价值的确定也不相同。

（1）外购的消耗性生物资产。外购的用材林、育肥畜等消耗性生物资产的实际成本，应当按其购买价款、相关税费、运输费、保险费以及可以直接归属于该资产的其他支出确定，包括场地整理费、装卸费、栽植费、专业人员服务费等。

借：消耗性生物资产　　　　　　　　　　　　　　[实际成本]
　　应交税费——应交增值税（进项税额）　　　　　[可抵扣的增值税额]
　　贷：银行存款等　　　　　　　　　　　　　　[按结算方式]

【例9-1】　华夏公司于2×23年3月从农业生产者采购其自产的仔猪100头，价格为400元/头，运杂费2 000元。款项以银行存款支付。作会计分录如下：

借：消耗性生物资产　　　　　　　　　　　　　　　　　　　42 000
　　贷：银行存款　　　　　　　　　　　　　　　　　　　　　42 000

 延伸阅读9-1 ......

农业产品缴纳增值税的相关规定

（1）根据《中华人民共和国增值税暂行条例》第十五条，农业生产者销售的自产农业产品，免征增值税。

（2）根据《中华人民共和国增值税暂行条例实施细则》第三十五条,农业,是指种植业、养殖业、林业、牧业、水产业。

（3）农业生产者,包括从事农业生产的单位和个人。农业产品,是指初级农业产品。

（2）自行栽培大田作物和蔬菜。自行栽培的大田作物和蔬菜的成本,按照其在收获前耗用的种子、肥料、农药等材料费、人工费等必要的支出进行确定。按收获前发生的必要支出,借记"消耗性生物资产"账户,贷记"银行存款""应付账款""应付票据""应付职工薪酬"等账户。

【例 9-2】 华夏农业公司 2×23 年种植的农作物为大豆,耗用种子费 5 000 元,肥料 2 000 元,农药 2 600 元,均由银行存款支付,另发生人工费 12 000 元。作会计分录如下:

借：消耗性生物资产	21 600
贷：银行存款	9 600
应付职工薪酬	12 000

（3）自行营造的林木类消耗性生物资产。自行营造的林木类消耗性生物资产的成本,按其郁闭前发生的造林费、抚育费、森林保护费、营林设施费、良种试验费、调查设计费及分摊的间接费用等必要支出确定。按林木郁闭前发生的必要支出,借记"消耗性生物资产"账户,贷记"银行存款""应付账款""应付票据""应付职工薪酬"等账户。

延伸阅读 9-2 ....

林木郁闭度

林木郁闭度是指森林中乔木树冠遮蔽地面的程度,它反映林分密度的指标,以林地树冠垂直投影面积与林地面积之比表示,以十分数表示,完全覆盖地面为 1。联合国粮农组织规定郁闭度达到 0.20 以上即为郁闭林。（其中一般以 0.20～0.69 为中度郁闭,0.70 以上为密郁闭）；0.20 以下（不含 0.20）的为疏林（即未郁闭林）。

【例 9-3】 华夏农业公司自行营造用材林,2×23 年林木郁闭前发生如下费用:育林费 130 000 元,抚育费 20 000 元,森林保护费 7 000 元,调查设计费 8 000 元,均由银行存款支付。作会计分录如下:

借：消耗性生物资产	165 000
贷：银行存款	165 000

（4）自行繁殖的育肥畜。自行繁殖的育肥畜的实际成本,按其在出售前发生的饲料费、人工费及其他直接费用和间接费用确定。按育肥畜出售前发生的必要支出,借记"消耗性生物资产"账户,贷记"银行存款""应付账款""应付票据""应付职工薪酬"等账户。

【例 9-4】 2×23 年华夏农业公司自繁殖仔猪一批,出售前发生如下费用:饲料费 90 000 元,其他直接费用 12 000 元,间接费用 5 000 元,均由银行存款支付,另发生人工费 80 000 元。作会计分录如下:

借：消耗性生物资产	187 000
贷：银行存款	107 000
应付职工薪酬	80 000

（5）水产养殖的动物和植物。水产养殖的动物和植物的实际成本,按其在出售或入库前耗用的苗种、饲料、肥料等材料费、人工费、其他直接费用和应分摊的间接费等必要支出确

定。按水产养殖动物、植物出售前发生的必要支出,借记"消耗性生物资产"账户,贷记"银行存款""应付账款""应付票据""应付职工薪酬"等账户。

【例 9-5】 2×23 年华夏农业公司养殖鲤鱼一批,出售前发生如下费用:苗种费20 000 元,饲料费60 000 元,均由银行存款支付,另发生人工费30 000 元。作会计分录如下:

借:消耗性生物资产 110 000
　　贷:银行存款 80 000
　　　　应付职工薪酬 30 000

(6)天然起源的消耗性生物资产。天然林等天然起源的消耗性生物资产,当有确凿证据表明企业能够拥有、控制该生物资产时,才能予以确认。天然起源的消耗性生物资产的公允价值无法可靠地取得,应按名义金额确定生物资产的成本,同时计入当期损益,名义金额为 1 人民币元,借记"消耗性生物资产"账户,贷记"营业外收入"账户。

【例 9-6】 2×23 年华夏农业公司取得天然起源林 1 000 亩,该批林木属于工业原料林,会计分录如下:

借:消耗性生物资产 1
　　贷:营业外收入 1

(三)消耗性生物资产的后续计量

消耗性生物资产的后续计量包括两种方式,历史成本计量和公允价值计量。

1. 历史成本计量

采用历史成本对消耗性生物资产进行计量,生物资产成本按成本减掉累计折旧和跌价准备计量。

林木类消耗性生物资产在生长过程中,经营者会对林木进行择伐、间伐或者因抚育更新而采伐,经过采伐后的林木需要补植,对于补植所发生的林木类资产后续经营支出,借记"消耗性生物资产"账户,贷记"银行存款""应付账款""应付票据"等账户。

【例 9-7】 2×23 年,华夏农业公司对工业原料林实行更新采伐,更新采伐后按作业计划对采伐迹地进行更新造林,用银行存款支付森林保护费 9 000 元,材料费 7 000 元。如会计分录如下:

借:消耗性生物资产 16 000
　　贷:银行存款 16 000

2. 公允价值计量

采用公允价值对消耗性生物资产进行计量需要同时满足两个条件:
(1)生物资产有活跃的交易市场,即该生物资产能够在交易市场中直接交易。
(2)能够从交易市场上取得同类或类似生物资产的市场价格及其他相关信息。

延伸阅读9-3

活跃的交易市场及同类或类似的生物资产

1. 活跃的交易市场

活跃的交易市场是指同时具有下列三个特征的市场:

（1）市场内交易的对象具有同质性。

（2）可随时找到自愿交易的买方和卖方。

（3）市场价格信息是公开的。

2. 同类或类似的生物资产

同类或类似的生物资产是指品种相同、质量等级相同或类似、生长时间相同或类似、所处气候和地理环境相同或类似的有生命的动物和植物。这一规定表明，企业能够客观而非主观随意地使用公允价值。

在公允价值模式下，企业不再对生物资产计提折旧和计提跌价准备或减值准备，而应当以资产负债表日生物资产的公允价值减去估计销售时所发生费用后的净额计量，各期变动记入当期损益。在一般情况下，企业对生物资产的计量模式一经确定，不得随意变更。

（四）消耗性生物资产减值的核算

1. 消耗性生物资产发生减值的确认

鉴于消耗性生物资产具有未来经济利益的不确定性，我国生物资产会计准则规定：企业至少应当于每年年度终了对消耗性和生产性生物资产进行检查，有确凿证据表明上述生物资产发生减值的，应当计提资产减值准备。

生物资产存在下列情形之一的，通常表明该生物资产可变现净值或可收回金额低于其账面价值，发生了减值：

（1）遭受旱灾、水灾、冻灾、台风、冰雹等自然灾害等原因，造成消耗性或生产性生物资产发生实体损坏，影响该资产的进一步生长或生产，从而降低其产生未来经济利益的能力。

（2）遭受病虫害或者疯牛病（即牛海绵状脑病）、禽流感、口蹄疫等动物疫病侵袭等原因，造成消耗性或生产性生物资产的市场价格大幅度持续下跌，并且在可预见的将来无回升的希望。

（3）因消费者偏好改变而使企业的消耗性或生产性生物资产收获的农产品的市场需求发生变化，导致市场价格逐渐下跌。

（4）因企业所处经营环境，如动植物检验检疫标准等发生重大变化，从而对企业产生不利影响，导致消耗性生物资产或生产性生物资产的市场价格逐渐下跌。

（5）其他足以证明消耗性或生产性生物资产实质上已经发生减值的情形。

2. 消耗性生物资产减值的核算

会计期末，农业企业需要按消耗性生物资产账面价值与可变现净值之间的差额计提减值准备。农业企业应设置"资产减值损失——消耗性生物资产"账户核算资产价格波动所产生的损失，设置"存货跌价准备——消耗性生物资产"账户核算当期计提的跌价准备。作会计分录如下：

（1）若消耗性生物资产的可变现净值低于账面价值，则根据差额：

借：资产减值损失——消耗性生物资产
　　贷：存货跌价准备——消耗性生物资产

（2）在发生减值损失之后，若引起资产减值的因素已经消失，则应将已计提的资产减值损失冲销：

借：存货跌价准备——消耗性生物资产
　　贷：资产减值损失——消耗性生物资产

【例 9-8】 2×23 年上半年,华夏农业公司种植的大豆,账面价值 360 000 元,由于市场需求的因素,造成其可变现净值约为 300 000 元。作会计分录如下:

借:资产减值损失——消耗性生物资产　　　　　　　　　　　　　　　　　60 000
　　贷:存货跌价准备——消耗性生物资产　　　　　　　　　　　　　　　　　60 000

【例 9-9】 承[例 9-8],2×23 年下半年,大豆的市场需求企稳回升,大豆的可变现净值恢复至账面价值。作会计分录如下:

借:存货跌价准备——消耗性生物资产　　　　　　　　　　　　　　　　　60 000
　　贷:资产减值损失——消耗性生物资产　　　　　　　　　　　　　　　　　60 000

(五)消耗性生物资产的收获

从收获农产品成本核算的截止时点来看,不同的时点对农产品进行收获会得到不同的农产品价值。例如,种植业产品和林产品一般具有季节性强、生产周期长、经济再生产与自然再生产相交织的特点,而种植业产品和林产品成本计算期因不同产品的特点而异。因此,企业在确定收获农产品的成本时,应特别注意成本计算的截止时点,而在收获时点之后的农产品应当适用《企业会计准则第 1 号——存货》。

消耗性生物资产收获后转为企业拥有的农产品时,应当按消耗性生物资产账面价值结转成本,作会计分录如下:

借:农产品
　　贷:消耗性生物资产

消耗性生物资产成本结转的具体方法包括个别计价法、加权平均法、蓄积量比例法、轮伐期年限法、折耗率法等。其中,蓄积量比例法、轮伐期年限法、折耗率法等都是林业中通常使用的方法,核算方法体现了林业经济业务的特殊性。

(1)个别计价法适用于单位价值较高的农产品,或者信息化管理水平较为成熟的农业企业。

(2)加权平均法是畜牧养殖企业常用的方法。

【例 9-10】 2×23 年 3 月末,华夏农业公司养殖的肉猪,账面价值 64 000 元,共计 80 头;4 月 15 日,以 15 000 元购入 30 头肉猪养殖;4 月末,屠宰并出售肉猪 40 头,取得价款 38 000 元,并支付屠宰费 1 000 元;4 月,共发生饲养费 3 500 元(其中,应付专职饲养员工资 2 000 元,饲料 1 500 元)。华夏公司采用移动加权平均法结转成本。作会计分录如下:

平均单位成本=(64 000+15 000+3 500)÷(80+30)=750(元)
出售肉猪的成本=750×40=30 000(元)

(1)购入肉猪养殖时:

借:消耗性生物资产——肉猪　　　　　　　　　　　　　　　　　　　　15 000
　　贷:银行存款　　　　　　　　　　　　　　　　　　　　　　　　　　15 000

(2)4 月共发生饲养费 3 500 元:

借:消耗性生物资产——肉猪　　　　　　　　　　　　　　　　　　　　3 500
　　贷:应付职工薪酬　　　　　　　　　　　　　　　　　　　　　　　　2 000
　　　　原材料　　　　　　　　　　　　　　　　　　　　　　　　　　1 500

（3）屠宰并销售肉猪时：

借：农产品   31 000

    贷：消耗性生物资产——肉猪   30 000

        银行存款   1 000

借：银行存款   38 000

    贷：主营业务收入   38 000

（4）结转成本时：

借：主营业务成本   31 000

    贷：农产品——肉猪   31 000

（3）蓄积量比例法先以达到经济成熟可供采伐的林木为"完工"标志，将包括已成熟和未成熟的所有林木按照完工程度（林龄、林木培育程度、费用发生程度等）折算为达到经济成熟可供采伐的林木总体蓄积量；然后按照当期采伐林木的蓄积量占折算的林木总体蓄积量的比例，确定应该结转的林木资产成本。该方法主要适用于择伐方式和林木资产由于择伐更新使其价值处于不断变动的情况。其计算公式如下：

$$\text{本期应结转的林木资产成本} = \left(\frac{\text{当期采伐林木的蓄积量}}{\text{林木总体蓄积量}} \right) \times \text{期初林木资产账面净值}$$

（4）轮伐期年限法将林木原始价值按照可持续经营的要求，在其轮伐期的年份内平均摊销，并结转林木资产成本。其中，轮伐期是指将一块林地上的林木均衡分批、轮流采伐一次所需要的时间（通常以年为单位计算）。其计算公式如下：

$$\text{本期应结转的林木资产成本} = \text{林木资产原值} \div \text{轮伐期}$$

（5）折耗率法也是林业上常用的方法之一。该方法按照采伐林木所消耗林木蓄积量占到采伐止预计该地区、该树种可能达到的总蓄积量，摊销、结转所采伐林木资产成本。其计算公式如下：

$$\text{采伐的林木应摊销的林木资产价值} = \text{折耗率} \times \text{所采伐林木的蓄积量}$$

$$\text{折耗率} = \text{林木资产总价值} \div \text{到采伐为止预计的总蓄积量}$$

其中，折耗率应按树种、地区分别测算；林木资产总价值是指该地区、该树种的营造林历史成本总和；预计总蓄积量是指到采伐为止预计该地区、该树种可能达到的总蓄积量。

三、生产性生物资产的核算

（一）生产性生物资产的定义、特征与确认条件

1. 生产性生物资产的定义

生产性生物资产是指（农、林、牧、渔业）为生产农产品、提供劳务或出租等目的而持有的生物资产。它包括经济林、薪炭林、产畜和役畜等。

生产性生物资产具备自我生长性，能够在持续的基础上予以消耗并在未来的一段时间内保持其服务能力或未来经济利益，属于劳动手段。

2. 生产性生物资产的特征

生产性生物资产具有以下两个特征：

（1）为生产农产品、提供劳务或出租等目的而持有。

（2）持有生产性生物资产是企业劳动工具或手段，而不是直接用于出售的产品。

9-3 视频：
生产性生物
资产概述

延伸阅读9-4 ....

生产性生物资产与消耗性生物资产在持有目的等方面有何不同

与消耗性生物资产相比较,生产性生物资产的最大不同在于,生产性生物资产具有能够在生产经营中长期、反复使用,从而不断产出农产品或是长期役用的特征。消耗性生物资产收获农产品之后,该资产就不复存在;而生产性生物资产产出农产品之后,该资产仍然保留,并可以在未来期间继续产出农产品。

因此,通常认为生产性生物资产在一定程度上具有固定资产的特征,例如,果树每年产出水果、奶牛每年产奶等。

3. 生产性生物资产具有生物资产的特殊性

生物资产最大的特征是具有生物转化性和自然增值性。生物转化是指导致生物资产质量或数量发生变化的生长、蜕化、生产和繁殖的过程。在生物转化过程中,生物自身的价值往往又会增加。此外,生物资产具有阶段性、周期性、多样性、双重资产特性、未来经济利益不确定性以及在存续期间需要连续不断地投入的特点。

4. 生产性生物资产的确认条件

生产性生物资产在符合定义的前提下,应当同时满足以下两个条件,才能加以确认:

(1)与该生产性生物资产有关的经济利益很可能流入企业。在实务中,判断与生产性生物资产有关的经济利益是否很可能流入企业,主要判断与该生产性生物资产相关的风险和报酬是否转移到了企业。

(2)该生产性生物资产的成本能够可靠地计量。在确定生产性生物资产成本时必须取得确凿的证据,但是,有时需要根据所获得的最新资料,对生产性生物资产的成本进行合理的估计。

为了对生产性生物资产进行核算,需要设置如表9-4所示账户。

表9-4 生产性生物资产的账户设置

账户名称	账户性质	核算内容	账户结构		明细账户设置
生产性生物资产	非流动资产	核算农业企业持有的生产性生物资产的原价	借方:登记增加		按"未成熟生产性生物资产"和"成熟生产性生物资产"设置二级账户,再分别对生物资产的种类、群别、所属部门等进行明细核算
			贷方:登记减少		
			借方余额:反映企业生产性生物资产的原价		
生产性生物资产累计折旧	资产抵减账户	核算农业企业成熟生产性生物资产因使用寿命按规定方法计提的折旧	贷方:登记计提的累计折旧		按生产性生物资产的种类、群别、所属部门等进行明细核算
			借方:登记处置资产时转销的累计折旧		
			贷方余额:反映已提取的成熟生产性生物资产的累计折旧		
生产性生物资产减值准备	资产抵减账户	核算农业企业成熟生产性生物资产因灾害和市场需求变化导致减值而计提的准备金	贷方:登记计提的减值准备		根据成熟生产性生物资产的种类、群别、所属部门等进行明细核算
			借方:登记处置资产时转销的减值准备		
			贷方余额:反映已提取的减值准备		

（续表）

账户名称	账户性质	核算内容	账户结构		明细账户设置
农业生产成本	成本类账户	核算农业企业在生产各种农产品过程中发生的各项生产费用	借方：登记成本费用的增加		分别按种植业、林业、畜牧养殖业、渔业等确定成本核算对象和成本项目
			贷方：登记成本费用的减少、期末分配结转的生产成本		
			借方余额：反映企业尚未收获的农产品的累计生产成本		

（二）生产性生物资产的初始计量

生产性生物资产的初始计量指确定生产性生物资产的取得成本。生产性生物资产应当按照成本进行初始计量。

在实务中，企业取得生产性生物资产的方式多种多样，包括外购、自行营造或繁殖、育肥畜转为产畜或役畜等，取得的方式不同，其成本的具体构成内容及确定方法也不同。

1. 外购生产性生物资产

（1）成本内容。外购生产性生物资产的成本包括购买价款、相关税费、运输费、保险费，以及可以直接归属于购买该资产的其他支出。

（2）会计处理。作会计分录如下：

借：生产性生物资产　　　　　　　　［按照应计入生产性生物资产的成本金额］
　　贷：银行存款/应付账款等　［结算方式］

在实务中，企业可能以一笔款项购入多项没有单独标价的生产性生物资产，购买过程中发生的相关税费、运输费、保险费，以及不能直接归属于购买某资产的其他支出，应当按各项生产性生物资产的价款比例对总成本进行分配，分别确定生产性生物资产的成本。

【例 9-11】　2×23 年 3 月，牧欣公司从市场上一次性购买了 30 头种猪和 20 头种牛，单价分别是 1 500 元和 4 500 元，支付价款共计 135 000 元。此外，该公司还发生运输费 7 000 元，保险费 4 000 元，装卸费 3 000 元，款项全部以银行存款支付。

（1）确定应分摊的运输费、保险费、装卸费。

$$分摊比例＝（7\,000＋4\,000＋3\,000）÷135\,000＝10.37\%$$

因此：

$$种猪分摊的运输费、保险费、装卸费＝30×1\,500×10.37\%＝4\,666.67（元）$$
$$种牛分摊的运输费、保险费、装卸费＝20×4\,500×10.37\%＝9\,333.33（元）$$

（2）确定种猪、种牛的入账价值：

$$种猪的入账价值＝30×1\,500＋4\,666.67＝49\,666.67（元）$$
$$种牛的入账价值＝20×4\,500＋9\,333.33＝99\,333.33（元）$$

作会计分录如下：

借：生产性生物资产——种猪　　　　　　　　　　　　　　　　49 666.67
　　　　　　　　　　——种牛　　　　　　　　　　　　　　　　99 333.33
　　贷：银行存款　　　　　　　　　　　　　　　　　　　　　149 000.00

2. 自行营造或繁殖的生产性生物资产

（1）成本确定的原则。对自行营造、繁殖的生产性生物资产，如企业自己繁育的奶牛、种猪,自行营造的橡胶树、果树、茶树等,其成本确定的一般原则是按照其达到预定生产经营目的前发生的必要支出进行确定,包括直接材料、直接人工、其他直接费用和应分摊的间接费用。

（2）成本确定的相关规定。

① 自行营造的林木类生产性生物资产的成本包括:达到预定生产经营目的前发生的造林费、抚育费、营林设施费、良种试验费、调查设计费和应分摊的间接费用等必要支出。

② 自行繁殖的产畜和役畜的成本包括:达到预定生产经营目的前发生的饲料费、人工费和应分摊的间接费用等必要支出。在达到预定生产经营目的后发生的管护、饲养费用等后续支出,应当计入当期损益,不能计入成本。

达到预定生产经营目的,是指生产性生物资产进入正常生产期,可以多年连续稳定产出农产品、提供劳务或出租。达到预定生产经营目的是区分生产性生物资产成熟和未成熟的分界点,同时也是判断其相关费用停止资本化的时点,是区分其是否具备生产能力,从而是否计提折旧的分界点,企业应当根据具体情况结合正常生产期的确定,对生产性生物资产是否达到预定生产经营目的进行判断。

（3）会计处理。

① 自行繁殖的产畜和役畜,按照产畜和役畜的成本,借记"生产性生物资产（未成熟生产性生物资产）"账户,贷记"原材料""银行存款"等账户。作会计分录如下:

借:生产性生物资产——未成熟生产性生物资产
　　贷:银行存款/原材料等

② 当未成熟生产性生物资产达到预定生产经营目的时,按其账面余额,借记"生产性生物资产——成熟生产性生物资产"账户,贷记"生产性生物资产——未成熟生产性生物资产"账户。作会计分录如下:

借:生产性生物资产——成熟生产性生物资产
　　贷:生产性生物资产——未成熟生产性生物资产

【例 9-12】　2×19 年年初,木阳公司自行营造 100 亩苹果树(苹果树 3 年后挂果)。当年发生以下费用:种苗费 200 000 元、肥料费 100 000 元、农药费 10 000 元、人工费 70 000 元、平整土地所需机械作业费 30 000 元、管护费 20 000 元,其中管护费由银行存款支付。

2×20 年及 2×21 年,每年抚育发生如下费用:肥料费 80 000 元、农药费 16 000 元、人工费 30 000 元、管护费 15 000 元,其中管护费由银行存款支付。

2×22 年,该苹果树开始挂果,即达到预期经营目的。

作会计分录如下:

（1）2×19 年:

借:生产性生物资产——未成熟生产性生物资产	430 000
贷:原材料——种苗	200 000
——化肥	100 000
——农药	10 000
应付职工薪酬	70 000
累计折旧	30 000
银行存款	20 000

（2）2×20 年及 2×21 年：

借：生产性生物资产——未成熟生产性生物资产　　　　　　　　　　141 000
　　贷：原材料——化肥　　　　　　　　　　　　　　　　　　　　　　80 000
　　　　　　　——农药　　　　　　　　　　　　　　　　　　　　　　16 000
　　　　应付职工薪酬　　　　　　　　　　　　　　　　　　　　　　　30 000
　　　　银行存款　　　　　　　　　　　　　　　　　　　　　　　　　15 000

（3）2×22 年：

2×22 年达到预期经营目的，"未成熟生产性生物资产成本"＝430 000＋141 000×2＝712 000（元）。

借：生产性生物资产——成熟生产性生物资产　　　　　　　　　　　712 000
　　贷：生产性生物资产——未成熟生产性生物资产　　　　　　　　　712 000

3. 育肥畜转为产畜或役畜

育肥畜转为产畜或役畜，应当按其账面价值，借记"生产性生物资产"账户，贷记"消耗性生物资产"账户。作会计分录如下：

借：生产性生物资产　　　[账面价值]
　　贷：消耗性生物资产[账面价值]

【例 9-13】　2×23 年 2 月，牧鑫公司购入 500 只黑山羊羊苗，单价为 200 元，共支付价款 100 000 元，因种羊市场供不应求，且这批黑山羊羊苗属于优良品种，与此同时企业分析这批黑山羊羊苗长成成年肉羊后，市场价格存在风险，所以企业决定将其中的 400 只羊苗变成种羊。在变成种羊之前，这 500 只黑山羊羊苗的账面价值是 120 000 万元。作会计分录如下：

变成种羊的 400 只黑山羊的账面价值＝120 000÷500×400＝96 000（元）

借：生产性生物资产——产畜——黑山羊种羊　　　　　　　　　　　96 000
　　贷：消耗性生物资产——育肥畜——黑山羊　　　　　　　　　　　96 000

（三）生产性生物资产的后续计量

生产性生物资产的后续计量主要包括生产性生物资产折旧的计提以及后续支出的计量。

1. 生产性生物资产的折旧

（1）生产性生物资产折旧的含义。成熟的生产性生物资产进入正常生产期，可以多年连续稳定产出农产品、提供劳务或出租。因此，其应当按期计提折旧，以与其给企业带来的经济利益流入相配比。

生产性生物资产的折旧是指在生产性生物资产的折旧年限内，按照确定的方法对应计折旧额进行系统分摊。其中，应计折旧额是指应当计提折旧的生产性生物资产的原价扣除预计净残值后的余额。预计净残值是指预计生产性生物资产使用寿命结束时，在处置过程中取得的处置收入扣除发生的处置费用后的余额。

企业应当按照对达到预定生产经营目的的生产性生物资产计提折旧，并根据受益对象分别记入收获的农产品成本、劳务成本、出租费用等。对成熟生产性生物资产按期计提折旧时，借记"生产成本""管理费用"等账户，贷记"生产性生物资产累计折旧"账户。

（2）影响生产性生物资产折旧的因素：

① 生产性生物资产原值，是指生产性生物资产的成本。

② 预计净残值。

（3）生产性生物资产的折旧范围、折旧方法。

① 折旧范围。企业应当结合本企业的具体情况，根据生产性生物资产的类型，制定适合本企业的生产性生物资产目录和分类方法。对于达到预定经营目的的生产性生物资产，还应根据生产性生物资产的性质、使用情况和有关经济利益的预期实现方式，合理确定生产性生物资产的使用寿命、预计净残值和折旧方法，作为进行生产性生物资产核算的依据。

② 折旧方法。企业（农、林、牧、渔业）应当自生产性生物资产投入使用月份的下月起按月计提折旧；停止使用的生产性生物资产，应当自停止使用月份的下月起停止计提折旧。当期增加的成熟生产性生物资产应当于下月起计提折旧，一旦提足折旧，不论能否继续使用，均不再计提折旧。

特别提示 9-1

计提折旧时需注意的问题

需要注意的是，以融资租入的生产性生物资产和以经营租赁方式租出的生产性生物资产，应当计提折旧；以融资租赁租出的生产性生物资产和以经营租赁方式租入的生产性生物资产，不应计提折旧。

生产性生物资产的使用寿命和折旧方法一经确定，不得随意变更。

（4）生产性生物资产的使用寿命。生产性生物资产应当按照年限平均法计提折旧，生产性生物资产折旧的最低年限如下：

① 林木类生产性生物资产为 10 年。

② 畜产类生产性生物资产为 3 年。

【例 9-14】 2×23 年年末，木欣公司对生产性生物资产计提折旧，已知已到成熟期的苹果树 80 株，每株苹果树到成熟、挂果大约需要 1 700 元。公司果木林按 10 年计提折旧。假设木欣公司按年计提折旧。作会计分录如下：

$$当年应计提折旧额＝80×1\,700÷10＝13\,600（元）$$

借：生产成本——农业生产成本　　　　　　　　　　　　　　　　　　13 600

　　贷：生产性生物资产累计折旧——苹果树　　　　　　　　　　　　　　　13 600

2. 生产性生物资产的后续支出

生产性生物资产的后续支出一般包括以下方面：

（1）林木类生物资产补植：择伐、间伐或抚育更新等生产性采伐而补植林木类生产性生物资产发生的后续支出。作会计分录如下：

借：生产性生物资产

　　贷：银行存款等

（2）生产性生物资产发生的管护、饲养费用：生产性生物资产发生的管护、饲养费用等后续支出。作会计分录如下：

借：管理费用

　　贷：银行存款等

（四）生产性生物资产的收获与处置

1. 生产性生物资产的收获

生产性生物资产的收获，是指农产品从生产性生物资产上分离，如从苹果树上采摘下苹果、奶牛产出牛奶、绵羊产出羊毛等。

（1）收获农产品核算的一般要求。农产品按照所处行业，一般可以分为种植业产品（如小麦、水稻、玉米、棉花、糖料、烟叶等）、畜牧养殖业产品（如牛奶、羊毛、肉类、禽蛋类）、林产品（如苗木、原木、水果等）和水产品（如鱼、虾、贝类等）。从收获农产品成本核算的截至时点来看，由于种植业产品和林业产品一般具有季节性强、生产周期长、经济再生产与自然再生产相交织的特点，种植业产品和林业产品成本计算期因不同产品的特点而异。因此，企业在确定收获农产品的成本时，应特别注意成本计算的截至时点。例如，不入库的鲜活产品算至销售；育苗的成本计算截至出圃；采割阶段，林木采伐算至原木产品；橡胶算至加工成干胶或浓缩胶乳；茶的成本计算截至各种毛茶；水果等其他收获活动计算至产品能够销售等。

（2）生产性生物资产收获农产品。生产性生物资产具备自我生长性，能够在生产经营中长期、反复使用、从而不断地产出农产品。从生产性生物资产上收获农产品后，生产性生物资产这一母体仍然存在，如奶牛产出牛奶、从果树上采摘下水果等。农业生产过程中发生的各项生产费用，按照经济用途可以分为直接材料、直接人工等直接费用以及间接费用，企业应当区别处理。

① 农产品收获过程中发生的直接材料、直接人工等直接费用，直接记入相关成本核算对象，借记"农业生产成本——农产品"账户，贷记"库存现金""银行存款""原材料""应付职工薪酬""生产性生物资产累计折旧"等账户。

【例 9-15】 2×23 年 1 月末，牧鑫奶牛养殖企业发生奶牛"已进入产奶期"的饲养费用如下：饲料 8 000 千克，计 10 000 元，应付饲养人员工资 6 000 元，以银行存款支付防疫费800 元。作会计分录如下：

借：农业生产成本——牛奶 16 800
　　贷：原材料 10 000
　　　　应付职工薪酬 6 000
　　　　银行存款 800

② 农产品收获过程中发生的间接费用，如材料费、人工费、生产性生物资产的折旧费等应分摊的共同费用，应当在生产成本归集，作会计分录如下：

借：农业生产成本——共同费用
　　贷：银行存款/材料/应付职工薪酬等

在会计期末按一定的分配标准，分配计入有关的成本核算对象，作会计分录如下：

借：农业生产成本——农产品
　　贷：农业生产成本——共同费用

核算方法同消耗性生物资产。

2. 生产性生物资产的出售

生产性生物资产出售时，应当按照其账面价值结转成本。售价与账面价值的差额记入"资产处置损益"账户。作会计分录如下：

借：银行存款　　　　　　　　　[实收金额]
　　生产性生物资产累计折旧　　[已计提的累计折旧]
　　贷：生产性生物资产　　　　　[账面余额]
　　　　资产外置损益　　　　　　[差额,也会出现在借方]

延伸阅读9-5

利润表中"资产外置收益"项目的填列

"资产处置收益"项目反映企业出售划分为持有待售的非流动资产(金融工具、长期股权投资和投资性房地产除外)或处置组(子公司和业务除外)时确认的处置利得或损失,以及处置未划分为持有待售的固定资产、在建工程、生产性生物资产及无形资产而产生的处置利得或损失。债务重组中因处置非流动资产(金融工具、长期股权投资和投资性房地产除外)产生的利得或损失和非货币性资产交换中换出非流动资产(金融工具、长期股权投资和投资性房地产除外)产生的利得或损失也包括在本项目内。该项目应根据"资产处置损益"账户的发生额分析填列;如为处置损失,以"一"号填列。

3. 生产性生物资产的盘亏、死亡或毁损

生产性生物资产盘亏、死亡或毁损时,应当将处置收入扣除其账面价值和相关税费后的余额记入"待处理财产损溢"账户,待查明原因后,根据企业的管理权限,经批准后,在期末结账前处理完毕。生产性生物资产因盘亏、死亡或毁损造成的损失,在减去过失人或者保险公司等的赔款和残余价值后,记入"营业外支出"账户。

【例9-16】 2×23年2月3日,牧鑫公司发现死亡2头3个月左右的种猪,其账面余额为800元;2月10日,经查明,是因为体弱而被其他种猪踩踏而死。作会计分录如下:

(1)2月3日:

借：待处理财产损溢　　　　　　　　　　　　　　　　　　　　800
　　贷：生产性生物资产　　　　　　　　　　　　　　　　　　　　　800

(2)2月10日:

借：营业外支出　　　　　　　　　　　　　　　　　　　　　　800
　　贷：待处理财产损溢　　　　　　　　　　　　　　　　　　　　　800

4. 生产性生物资产之间的相互转化

生产性生物资产改变用途后的成本应当按照改变用途时的账面价值确定,也就是说,将转出生物资产的账面价值作为转入资产的实际成本。

产畜或役畜淘汰转为育肥畜,或者林木类生产性生物资产转为林木类消耗性生物资产时,按照转群或转变用途时的账面价值,借记"消耗性生物资产"账户,按已计提的累计折旧,借记"生产性生物资产累计折旧"账户,按其账面余额,贷记"生产性生物资产"账户。

【例9-17】 2×23年2月8日,牧鑫公司将自行繁殖的100头种猪转为育肥猪,此批种猪的账面原值为200 000元,已计提的累计折旧余额为8 000元,作会计分录如下:

借：消耗性生物资产——育肥猪　　　　　　　　　　　　　　19 2000
　　生产性生物资产累计折旧　　　　　　　　　　　　　　　　8 000
　　贷：生产性生物资产——种猪　　　　　　　　　　　　　　200 000

育肥转为产畜或役畜,或者林木类消耗性生物资产转为林木类生产性生物资产时,按其账面余额,借记"生产性生物资产"账户,贷记"消耗性生物资产"账户。作会计分录如下:

借:生产性生物资产

　　贷:消耗性生物资产

四、公益性生物资产的核算

9-4 视频:
公益性生物
资产的核算

为了对公益性生物资产进行核算,需要设置如表9-5所示账户。

表9-5   公益性生物资产的账户设置

账户名称	账户性质	核算内容	账户结构	明细账户设置
公益性生物资产	其他非流动资产	核算农业企业持有的公益性生物资产的实际成本	借方:登记增加	按公益性生物资产的种类或项目等进行明细核算
			贷方:登记减少	
			借方余额:反映企业公益性生物资产的原价	

(一)自行营造公益性生物资产的核算

自行营造取得的公益性生物资产一般为林木类生物资产,其成本一般按照郁闭前发生的造林费、抚育费、森林保护费、营林设施费、良种试验费、调查设计费和应分摊的间接费用等必要支出确定。天然取得的公益性生物资产按名义金额入账。其账务处理方法与前述消耗性生物资产和生产性生物资产类似,不再重复。

(二)生物资产之间的相互转化核算

消耗性生物资产转为公益性生物资产,应按其账面净值转出,记入"公益性生物资产"账户。

【例9-18】 2×23年2月8日,星光农业合作社将20公顷工业用材松树林转为防风林,该批林木的账面价值为200 000元,已计提存货跌价准备20 000元。作会计分录如下:

借:公益性生物资产——防风林(松树)　　　　　　　　　　　　　　　180 000

　　存货跌价准备——消耗性生物资产　　　　　　　　　　　　　　　　20 000

　　贷:消耗性生物资产——用材林(松树)　　　　　　　　　　　　　　200 000

生产性生物资产转为公益性生物资产,应按其账面净值转出,记入"公益性生物资产"账户。

【例9-19】 2×23年2月22日,东盛农业合作社将一片产量不高的枣树林转为防风林,该批枣树林的账面原值为90 000元。已提折旧60 000元,已提减值准备10 000元。作会计分录如下:

借:公益性生物资产——防风林——枣树　　　　　　　　　　　　　　　20 000

　　生产性生物资产累计折旧　　　　　　　　　　　　　　　　　　　　60 000

　　生产性生物资产减值准备——枣树　　　　　　　　　　　　　　　　10 000

　　贷:生产性生物资产(成熟生产性生物资产)——枣树　　　　　　　　90 000

(三)持有公益性生物资产的后续核算

公益性生物资产是指企业以保护环境为主要目的而持有的生物资产,包括防风固沙林、水土保持林和水源涵养林等。因此,公益性生物资产主要是林木类资产。

林木类公益性生物资产在郁闭之前所发生的管护费用应予以资本化,记入该林木的"公益生物资产"账户,反映该生物资产所发生的实际成本;郁闭后的管护费用等后续支出应予以费用化,记入当期损益"管理费用"账户;但林木类公益性生物资产因择伐、间伐或抚育更新性质采伐,以及采伐之后进行相应补植而发生的后续支出,应当予以资本化,记入该林木的"公益性生物资产"账户。

【例9-20】 2×23年3月,东盛农业合作社对防沙林进行除虫管护,其中郁闭林占80%,未郁闭林占20%,领用除虫农药3 000元,发生应付人员工资15 000元,另对部分郁闭林进行择伐和补植,发生应付人员工资12 000元。作会计分录如下:

应记入"公益性生物资产"账户的金额＝(3 000＋15 000)×20％＋12 000＝15 600(元)
应记入"管理费用"账户的金额＝(3 000＋15 000)×80％＝14 400(元)

借:公益性生物资产——防风林　　　　　　　　　　　　　　　　　15 600
　　管理费用　　　　　　　　　　　　　　　　　　　　　　　　　14 400
　　贷:应付职工薪酬　　　　　　　　　　　　　　　　　　　　　　　27 000
　　　　原材料——农药　　　　　　　　　　　　　　　　　　　　　　3 000

(四)处置公益性生物资产的核算

公益性生物资产转为消耗性生物资产或生产性生物资产时,应按其账面余额,借记"消耗性生物资产"或"生产性生物资产"账户,贷记"公益性生物资产"账户。

【例9-21】 东盛农业合作社根据所属区域的林业发展规划和相关政策调整,将以松树为主的800公顷防风固沙林,全部转为以采脂为目的的商品林。该松树林的账面价值为2 200 000元。其中,已经具备采脂条件的有600公顷,账面价值为1 800 000元,其余的尚不具备采脂条件。另根据国家政策规定,将100公顷作为防风固沙林的杨树林转为作为造纸原料的商品林,该杨树林的账面余额为190 000元。作会计分录如下:

(1)将以松树为主的防风固沙林转为以采脂为目的的商品林:

借:生产性生物资产——成熟生产性生物资产——松树　　　　　　　1 800 000
　　　　　　　　　　——未成熟生产性生物资产——松树　　　　　　400 000
　　贷:公益性生物资产——防风固沙林——松树　　　　　　　　　　2 200 000

(2)将作为防风固沙林的杨树林转为作为造纸原料的商品林:

借:消耗性生物资产——用材林——杨树　　　　　　　　　　　　　190 000
　　贷:公益性生物资产——防风固沙林——杨树　　　　　　　　　　190 000

第三节　农业企业收入业务的核算

消耗性生物资产处置的会计核算,这里所指的消耗性生物资产处置是指未经收获直接销售的生物资产,如鲜活商品鱼或者猪等。作会计分录如下:

消耗性生物资产出售时:

(1)确认收入时:

借：银行存款等

　　贷：主营业务收入

（2）结转成本时：

借：主营业务成本

　　存货跌价准备　　［如已计提］

　　累计折旧　　　　［如已计提］

　　贷：消耗性生物资产

若资产已计提跌价准备或折旧的，则需一并结转。

【例9-22】 2×23年5月17日，华夏农业公司赊销鲜活鲢鱼15 000千克，每千克售价为6.5元，每千克成本为3.5元，未计提跌价准备。作会计分录如下：

（1）确认收入时：

借：应收账款　　　　　　　　　　　　　　　　　　　　　　97 500

　　贷：主营业务收入　　　　　　　　　　　　　　　　　　　　　　97 500

（2）结转成本时：

借：主营业务成本　　　　　　　　　　　　　　　　　　　　52 500

　　贷：消耗性生物资产　　　　　　　　　　　　　　　　　　　　52 500

本 章 小 结

本章主要学习了农业企业的主要经营业务及其核算。通过本章的学习，我们掌握了消耗性生物资产、生产性生物资产，以及公益性生物资产的初始取得核算、后续核算及处置核算；了解了农业企业的主要经营业务及其核算特点、生物资产的分类。

本 章 重 要 概 念

现代农业企业　生物资产　消耗性生物资产　生产性生物资产　公益性生物资产
农业企业的会计科目　生物资产之间的相互转化核算　取得生物资产的核算
持有生物资产的后续核算　收获和处置生物资产的核算

9-5 扫一扫
看课件

本 章 练 习

1. 农业企业的主要经营活动是什么？

2. 生物资产一般分为哪几类？

3. 农业企业业务核算的特点是什么？

4. 农业企业生产性生物资产的后续核算包括哪些内容？

5. 生物资产的主要核算科目有哪些？

9-6 扫一扫
练一练

9-7 扫一扫
练一练答案

第十章　涉外企业会计

内容提要

本章主要讲解了涉外企业的含义及会计核算特点；记账本位币及外币的相关概念、外币业务以及外币业务记账方法、相关汇率的选择；涉外企业外币业务的核算；涉外企业进出口贸易的核算。

重点难点

本章重点为记账本位币及外币的相关概念、外币业务以及外币业务记账方法、相关汇率的选择；涉外企业外币业务的核算；难点为涉外企业进出口贸易的核算。

学习目标

通过本章学习，学生应掌握记账本位币及外币的相关概念、外币业务以及外币业务记账方法、相关汇率的选择，涉外企业外币业务的核算；熟悉涉外企业进出口贸易的核算。

知识框架

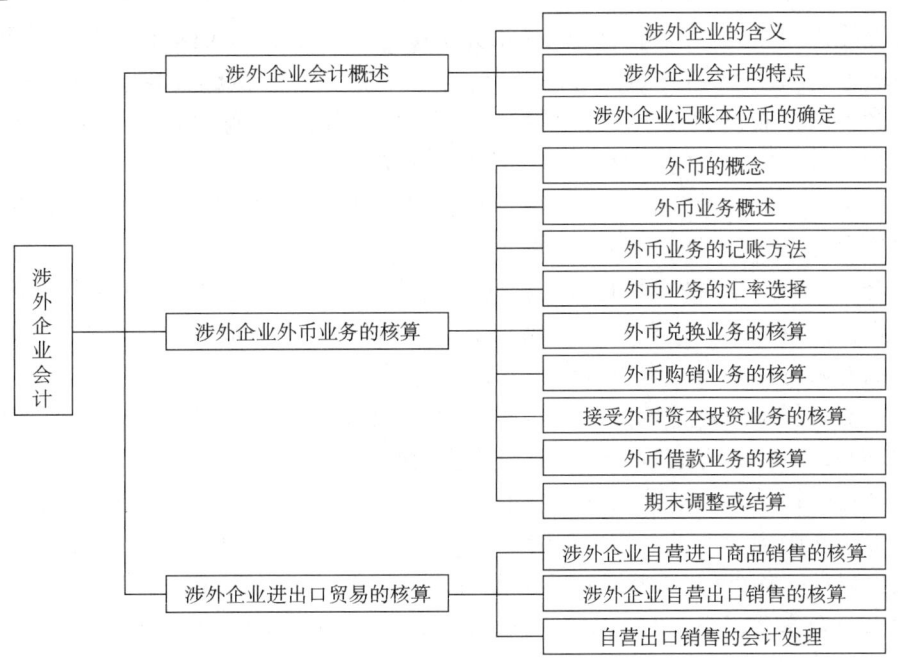

思政育人　　出口退税为外贸企业减负，企业应合法利用

近年来，国家一直在支持跨境电商等外贸新业态发展。2022年1月26日上午，在国新办举行减税降费促发展强信心的新闻发布会上，国家税务总局办公厅主任、新闻发言人黄运表示，2022年，有关部门将研究推出进一步提高退税便利度等支持举措，继续加快出口退税进度，继续支持跨境电商等外贸新业态新模式发展。

一直以来，出口退税是国家为外贸企业减负的举措，其使出口货物的整体税负归零，有效避免了国际双重课税。2021年，累计出口退税额为1.67万亿元，有效缓解了企业资金压力。

当然，在国家支持外贸企业发展的政策之下，我国对外贸易也存在一些不和谐因素。例如，某些国际贸易从业人员为争抢订单争相压价，有些报价甚至低于成本；通过国家为促进出口而设立的"出口退税"政策获利，使得国家蒙受损失。

2022年伊始，税务部门充分运用税收大数据，推动实现对虚开骗税等违法犯罪行为的惩处，从事后打击向事前、事中精准防范转变。同时，依托税务、公安、检察、海关、人民银行、外汇管理六部门联合打击涉税违法犯罪行为的工作机制，继续保持打击虚开骗税等涉税违法犯罪行为的高压态势，精准有效打击"假企业""假出口""假申报"等违法犯罪行为，进一步规范税收秩序，营造法治公平的税收环境。

结合以上资料分析，涉外企业会计人员在具体工作中如何培养职业道德修养，提升从业人员"大局观"和"共赢"意识？面对复杂多变的国际贸易环境，如何提高风险防范意识？

资料来源：跨境知道.涉案金额高达51.41亿元！多起骗税案曝光，这些出口企业栽了……[EB/OL].(2022-08-06)[2022-10-09].https://www.ikjzd.com/articles/154152.

第一节　涉外企业会计概述

一、涉外企业的含义

随着我国对外开放和经济体制改革的深入，以及适应经济全球一体化的发展趋势，我国企业的对外经济交流、经济合作，以及对外贸易正在不断增加。我国涉外业务的形式，也从最初的引进外资和技术转让，设立外商合资经营、合作经营、独资经营企业，发展到国内企业跨出国门对外国企业投资，到国外市场发行股票、发行债券进行融资，以及跨国经营业务的开展。这些具有涉外业务的企业，本书统称为涉外企业。

根据我国有关外商投资的法律和《中华人民共和国公司法》的有关规定，涉外企业包括设立的中外合资公司、中外合作公司、外资公司。

中外合资公司是指由外国的公司、企业或其他经济组织或个人，按照平等互利的原则，经我国政府批准，在我国境内，同一个或几个中国的公司、企业或其他经济组织，共同举办，依法设立的有限责任公司。中外合资公司的法律特点集中表现为它的股权式，合营公司各方的所有投资以货币形式进行估价，然后以此折合成股份，并计算出其在整个注册资本中所占的比例，即股权比例，再按股权比例分担企业的盈亏。

中外合作公司是指由中外双方依法用书面合同规定合作条件，确定双方权利义务，经我国政府批准的在中国境内设立的有限责任公司。中外合作公司的法律特点表现为合作各方的投资或提供的合作条件、收益或产品分配方式及比例、风险的承担、债务的分担、企业经营管理方式以及合作公司终止时的财产归属等，都要在合同中明确加以规定。中外合作公司的特点表现为契约式,即双方按协议规定行使权利和承担义务。

外资公司是指在中国境内登记设立的,全部资本由外国投资者投资组建的有限责任公司,不包括外国公司及其在中国境内设立的分支机构。其特征为:全部资本由外国投资者投入,公司的所有权与经营管理权全部归外商掌握,公司的盈利、亏损全部由外商承担。

二、涉外企业会计的特点

10-1视频:
涉外企业的
特点

涉外企业的经济业务涉及进口、出口贸易,涉外的投资、融资,以及其他涉外的经营业务等,这些涉外经济业务的收支、债权与债务的结算、投资与融资的核算都涉及一定的外国货币。因此,涉外企业的会计核算除了应遵循一般企业的核算原则和核算方法,还具有其特殊性。涉外企业会计的特点主要有以下几个方面:

(1)企业的经济业务至少涉及两种货币结算,因此,在进行会计处理时,要选择其中的一种货币作为企业的记账本位币。

(2)涉及外币收支、债权与债务结算的业务,要采用一定的外币记账方法进行核算。

(3)涉及进口、出口贸易的业务,要遵循国际贸易结算的程序和处理方法。

(4)涉及国际投资、融资方面的业务,要按照所在国有关规定办理。

(5)跨国经营的企业,其外币财务报表要进行折算,还要编制合并财务报表。

(6)所有涉外业务都要经受汇率变动的风险,涉及汇兑损益的核算及外币财务报表折算差额的处理问题。

三、涉外企业记账本位币的确定

(一)记账本位币的定义

会计以货币作为统一的计量尺度,但由于企业的经济活动往往涉及多种货币,这就要求会计核算选择某一种具体的货币来统一反映企业的财务状况与经营成果,综合披露企业的各项信息。记账本位币是指企业经营所处的主要经济环境中的货币。主要经济环境通常是指企业主要产生和支出现金的环境,使用该环境中的货币最能反映企业主要交易的经济结果。例如,我国大多数企业主要产生和支出现金的环境在国内,因此,一般以人民币作为记账本位币。

(二)记账本位币的确定

《中华人民共和国会计法》规定,会计核算以人民币为记账本位币。业务收支以人民币以外的货币为主的单位,可以选定其中一种货币作为记账本位币,但是编报的财务会计报告应当折算为人民币。

企业选定记账本位币,应当考虑下列因素:

(1)从日常活动收入的角度看,所选择的货币能够对企业商品和劳务销售价格起主要作用,通常以该货币进行商品和劳务销售价格的计价和结算。

(2)从日常活动支出的角度看,所选择的货币能够对商品和劳务所需人工、材料和其他费用产生主要影响,通常以该货币进行这些费用的计价和结算。

(3)融资活动获得的资金以及保存从经营活动中收取款项时所使用的货币,即视融资活动获得的资金在其生产经营活动中的重要性,或者企业通常留存销售收入的货币而定。

（三）境外经营记账本位币的确定

1. 境外经营的含义

境外经营通常是指企业在境外的子公司、合营企业、联营企业、分支机构。当企业在境内的子公司、联营企业、合营企业、分支机构，采用不同于企业记账本位币的，也视同境外经营。

区分某实体是否为该企业的境外经营的关键有两项：一是该实体与企业的关系，是否为企业的子公司、合营企业、联营企业、分支机构；二是该实体的记账本位币是否与企业记账本位币相同，而不是以该实体是否在企业所在地的境外作为标准。

2. 境外经营记账本位币的确定

由于境外经营是企业的子公司、联营企业、合营企业或者分支机构，境外经营记账本位币的选择还应当考虑该境外经营与企业的关系：

（1）境外经营对其所从事的活动是否拥有很强的自主性。如果境外经营所从事的是视同企业经营活动的延伸，该境外经营应当选择与企业记账本位币相同的货币作为记账本位币；如果境外经营所从事的活动拥有极大的自主性，应根据所处的主要经济环境选择记账本位币。

（2）境外经营活动中与企业的交易是否在境外经营活动中占有较大比重。如果境外经营与企业的交易在境外经营活动中所占的比例较高，境外经营应当选择与企业记账本位币相同的货币作为记账本位币；反之，应根据所处的主要经济环境选择记账本位币。

（3）境外经营活动产生的现金流量是否直接影响企业的现金流量、是否可以随时汇回。如果境外经营活动产生的现金流量直接影响企业的现金流量，并可随时汇回，境外经营应当选择与企业记账本位币相同的货币作为记账本位币。反之，应根据所处的主要经济环境选择记账本位币。

（4）境外经营活动产生的现金流量是否足以偿还其现有债务和可预期的债务。如果境外经营活动产生的现金流量在企业不提供资金的情况下，难以偿还其现有债务和正常情况下可预期的债务，境外经营应当选择与企业记账本位币相同的货币作为记账本位币；反之，应根据所处的主要经济环境选择记账本位币。

第二节 │ 涉外企业外币业务的核算

一、外币的概念

外币是指除了本国或本地区发行的货币的其他国家或地区的货币，其形态是纸币和铸币。如在我国，人民币以外的美元、日元、欧元、英镑、瑞士法郎等均称作外币。然而，从企业会计角度来说，外币是指记账本位币以外的其他货币。在我国，企业在一般情况下以人民币为记账本位币，但也允许经济业务中使用某种外币较多的企业选用该种外币为记账本位币。我国境内以外币（如美元）为记账本位币的企业，会计业务中将人民币视为外币。

 延伸阅读 10-1

外汇与外币

外汇的原意是指外国货币，现在通常是指用于国际结算的支付凭证。外汇有动态和静态之分，动态外汇是指把一个国家的货币兑换成另一个国家的货币,借以清偿国际债务的一种经营活动;静态外汇是指国际结算中使用的信用工具和有价证券,其中包括可自由兑换的外国钞票、国外银行存款、银行汇票、外国政府债券及其他可在国外兑换的凭证等。

《中华人民共和国外汇管理条例》第三条规定,外汇是指下列以外币表示的可以用作国际清偿的支付手段和资产:

(1) 外币现钞,包括纸币、铸币。

(2) 外币支付凭证或者支付工具,包括票据、银行存款凭证、银行卡等。

(3) 外币有价证券,包括债券、股票等。

(4) 特别提款权。

(5) 其他外汇资产。

从外汇的概念及范围可以看出,外币与外汇是两个不同的概念。外币是外国货币的简称,外汇包括外币。一般来说,只要具备以下三个条件之一就构成外汇:以外币表示的国外资产;在国外能得到偿付的货币债权;可以兑换成其他支付手段的外币资产。

二、外币业务概述

会计核算中的外币业务并不等同于一般意义上的外币业务,而有着特殊的含义。它是指企业以记账本位币以外的其他货币进行款项收付、往来结算的经济业务,主要包括企业购买和销售以外币计价的商品或劳务、企业借入或借出外币资金、企业承担或清偿以外币计价的债务等。企业对发生的外币业务进行会计处理,一是要将外币业务发生时的外币金额进行折算并作相关的账务处理;二是要对外币业务引起的外币债权债务等,因市场汇率变动所产生的外币折算差额进行处理。当企业发生非记账本位币计量核算的外币业务时,在会计处理上,除了要按一定的折算汇率将其外币发生额折算为记账本位币金额入账,还要对实际发生的外币金额数进行记录,这称为双重记账或称为复币记账。

涉外企业的外币业务可以概括为以下几种:

(1) 外币现金及银行存款的收付业务。

(2) 以外币结算的各种应收应付等往来业务。

(3) 不同货币之间的兑换业务。

(4) 接受外币资本投资业务。

(5) 企业对发生的外币账户期末余额的调整业务等。

三、外币业务的记账方法

外币业务的记账方法有外币统账制和外币分账制两种。

(一)外币统账制

外币统账制是指以某种货币为记账本位币的记账方法,即以记账本位币分别记录企业发生的外币交易业务、外币债权债务业务、外币兑换业务,以及外币投资和外币资本折算业务等。对外币业务涉及的非记账本位币货币,按照某种记账汇率统统折算成记账本位币加以反映,非记账本位币在账上只作一个辅助记录,并且只对那些货币性项目才保持复币记录(即在账面记录中和会计分录中既标明原币也就是非记账本位币金额,又标明其记账本位币金额),这种方法对于涉及外币种类较少且外币业务不多的企业比较适用。在我国,除了经办外币业务的金融企业,其他企业一般都采用外币统账制。

（二）外币分账制

外币分账制又叫原币记账法或分币记账法，它是指在外币业务发生时直接用原币记账，平时不进行汇率折算，也不反映相应的记账本位币的记账方法。在这种方法下，企业的记账本位币业务和外币业务均应分别设立账户反映，即有几种币种入账，就应设立几套账户。在经济业务发生时可直接记入该种货币账户，不需要反映记账本位币金额；到月末，再根据各原币账户编制汇总表，将各账户的借、贷方发生额，按选定的折合汇率（如即期汇率的近似汇率）一次折合为记账本位币金额，作汇总会计分录并登记各外币账户；然后再按期末汇率对各外币账户的记账本位币金额进行调整，确认汇兑损益。如果外币业务涉及两种货币的，在业务发生时应分记两个原币账户，并通过登记"货币兑换"这个辅助账户进行转账，使两个原币账户分别取得平衡；月末，再将"货币兑换"账户的原币金额按一定的市场汇率折合成记账本位币金额，并将借贷方记账本位币的差额予以结转，作为汇兑损益处理。结转后，"货币兑换"账户应无余额。在我国，经办外币业务的金融企业一般采用这种方法。

采用外币分账制，外币业务的日常核算以原币记账，可以减少很多折算工作量，简化核算手续，并能准确、及时、真实地反映外币业务情况。

四、外币业务的汇率选择

在外币统账制下，当企业发生外币业务时，需要将有关外币金额折合为记账本位币，由此必然涉及折算汇率的选择问题。按照国际惯例，企业通常采用业务发生日的汇率或临近业务发生日的汇率作为折算汇率。在我国，按企业会计准则规定，企业发生的外币业务通常以业务发生当日的即期汇率作为折算汇率。为简化核算，在汇率变动不大的情况下，也可以采用即期汇率的近似汇率作为折算汇率，这样便产生了即期汇率法和即期汇率的近似汇率法两种处理方法。

（一）即期汇率法

即期汇率法要求对每一笔外币业务均按业务发生当日的即期汇率折算为记账本位币。除外币兑换业务外，平时不确认汇兑损益。每月终了，再将所有外币存款和债权债务账户的外币余额按月末即期汇率折合为记账本位币金额，折合的记账本位币金额与账面记账本位币金额的差额，确认为汇兑损益。采用即期汇率法，企业需要了解掌握每日的即期汇率信息，会增加一定的会计工作量，所以，外币种类较少、外币业务量不大的企业，一般可以采用此方法进行会计处理。

（二）即期汇率的近似汇率法

即期汇率的近似汇率法是对即期汇率法的一种简化，它要求对每一笔外币业务均按即期汇率的近似汇率入账，平时除了外币兑换业务，不确认汇兑损益。等到月末，再按月末汇率将所有外币存款和债权债务账户的外币余额折合为记账本位币金额，并将其与账面记账本位币金额的差额，确认为汇兑损益。由于即期汇率近似汇率法只需掌握即期汇率的近似汇率，核算工作量大大减少，该方法适用于外币业务较多的企业。

采用即期汇率的近似汇率法的账务处理程序，与采用即期汇率法的账务处理程序基本相同。两者主要的区别在于，即期汇率的近似汇率法登记外币业务的发生用的是即期汇率的近似汇率。因此，除了外币兑换业务，一般的外币业务所采用的记账汇率是相同的。

10-2 视频：外币兑换业务的核算

特别提示 10-1 ....

外币业务采用两笔交易观

对企业发生的外币交易业务所涉及的债权债务结算方面的汇兑损益处理方法,存在两种截然不同的确认观点,即一笔交易观和两笔交易观。

(1) 一笔交易观认为外币业务交易发生与日后货款结算是一项业务交易的两个不可分割的组成部分,汇率发生变化应对原交易记录进行相应的调整。

(2) 两笔交易观将外币业务交易发生与日后货款结算视为两个独立的事项,汇率发生变化不对原交易记录进行相应的调整。这种观点认为,外币交易日确定的是购销业务,结算日产生的是一笔外币买卖业务,两者相互独立。交易结算日由于汇率变动而产生的外币折算损益,记入"汇兑损益",不调整购货成本和销售收入账户金额。我国颁布的《企业会计准则》要求企业在处理外币业务时,采用两笔交易观。

五、外币兑换业务的核算

外币兑换业务是指企业从银行等金融机构购入外币(对银行来说,是卖出外币),或向银行等金融机构售出外币(对银行来说,则是买入外币),以及用一种外币兑换另一种外币的业务。

企业卖出外币时,一方面将实际收取的记账本位币金额(即按照外币买入价折算的记账本位币金额)登记入账,将付出的外币金额按当日即期汇率(或即期汇率的近似汇率)折算为记账本位币金额;另一方面将两者之间的差额,确认为汇兑损益,计入财务费用。

【例 10-1】 华夏公司以人民币作为记账本位币,外币业务采用业务发生时的即期汇率折算。本期将 50 000 美元到银行兑换为人民币,当日即期汇率为 1 美元=6.65 人民币元,银行当日的美元买入汇率为 1 美元=6.60 人民币元。

[例 10-1]中,企业应当在银行存款美元账户记录美元的减少,同时按照当日的即期汇率将售出的美元折算为人民币;按实际收到的人民币金额,在银行存款人民币账户记录人民币的增加;两者之间的差额作为当期的财务费用。作会计分录如下:

借:银行存款——人民币户(US$ 50 000×6.60)　　　　　　　　　　330 000
　　财务费用　　　　　　　　　　　　　　　　　　　　　　　　　　2 500
　　贷:银行存款——美元户(US$ 50 000×6.65)　　　　　　　　　　　332 500

企业买入外币时,按照当日的即期汇率将买入的外币折算为记账本位币,并登记入账;同时按照买入的外币金额登记相应的外币账户。实际付出的记账本位币金额与收取的外币按照当日即期汇率折算为记账本位币金额之间的差额,作为当期汇兑损益。

【例 10-2】 华夏公司以人民币为记账本位币,外币业务采用业务发生时的即期汇率折算。本期因外币支付需要,从银行购入 10 000 美元,银行当日的美元卖价为 1 美元=6.65 人民币元,当日即期汇率为 1 美元=6.46 人民币元。

[例 10-2]中,应对银行存款美元账户作增加记录,按照当日的即期汇率将购入的美元折算为人民币,对该银行存款相对应的人民币账户作增加记录;按照实际付出的人民币金额对银行存款人民币账户作减少的记录;两者之间的差额作为当期财务费用。作会计分录如下:

借：银行存款——美元户（US$ 10 000×6.46）	64 600
财务费用	1 000
贷：银行存款——人民币户（US$ 10 000×6.65）	66 500

📁 知识拓展 10-1 ....

外汇管理的相关规定

我国现行制度规定，除了经外汇管理部门批准，对不允许建立现汇账户的企业，一切外汇收入必须及时向外汇指定银行办理结汇，一切外汇支出必须持国家认可的有效凭证，用人民币到外汇指定银行办理兑付，不能用外汇收入直接抵作外汇支出。

六、外币购销业务的核算

企业从国外或境外购进原材料、商品或引进设备，按照当日的即期汇率或即期汇率的近似汇率将支付的外币或应支付的外币折算为记账本位币记账，以确定购入原材料等货物及债务的入账价值，同时按照外币的金额登记有关外币账户，如外币银行存款和外币应付账款账户等。

【例 10-3】 华夏公司外币业务采用业务发生时的即期汇率折算。本期从境外购入不需要安装的设备一台，设备价款为 245 000 美元，购入该设备时即期汇率为 1 美元＝6.35 人民币元，款项尚未支付。另以人民币支付进口关税 210 000 元，支付增值税 229 547.5 元。作会计分录如下：

借：固定资产——机器设备（US$ 245 000×6.35＋210000）	1 765 750.0
应交税费——应交增值税(进项税额)	229 547.5
贷：应付账款——美元户（US$ 245 000×6.35）	1 555 750.0
银行存款——人民币户	439 547.5

企业出口商品或产品时，按照当日的即期汇率或即期汇率的近似汇率将外币销售收入和销售取得的款项或发生的债权折算为记账本位币入账；同时按照外币金额登记有关外币账户，如外币银行存款账户和外币应收账款账户等。

【例 10-4】 华夏公司外币业务采用业务发生时的即期汇率折算。本期出口销售商品 12 000 件，销售合同规定的销售价格为每件 250 美元，当日的即期汇率为 1 美元＝6.25 人民币元。假设不考虑相关税费，货款尚未收到。作会计分录如下：

借：应收账款——美元户（US$ 12 000×250×6.25）	18 750 000
贷：主营业务收入	18 750 000

七、接受外币资本投资业务的核算

外商投资企业接受外币投资时，根据企业会计准则的规定，相应的资产账户和实收资本账户都应当按收到出资额当日的即期汇率进行折算。

【例 10-5】 某外商投资企业收到外商投资 500 000 美元，收到外币款项时的即期汇率为 1 美元＝6.35 人民币元。作会计分录如下：

借：银行存款——美元户(US$500 000×6.35)　　　　　　　　　　　　3 175 000
　　贷：实收资本　　　　　　　　　　　　　　　　　　　　　　　　　　　　3 175 000

八、外币借款业务的核算

企业借入外币时,按照借入外币时的即期汇率或即期汇率的近似汇率折算为记账本位币入账,同时按照借入外币的金额登记相关的外币账户。

【例10-6】 华夏公司外币业务采用业务发生时的即期汇率折算。本期从中国银行借入1 500 000港元,期限为3个月,年利率为6%,到期还本付息,借入的外币暂存银行。借入时的市场汇率为1港元=0.85人民币元。作会计分录如下:

借：银行存款——港元户(HK$1 500 000×0.85)　　　　　　　　　　　1 275 000
　　贷：短期借款——港元户　　　　　　　　　　　　　　　　　　　　　　　1 275 000

3个月后,华夏公司按期向中国银行归还借入的1 500 000港元。归还借款时的即期汇率为1港元=0.86人民币。作会计分录如下:

借：短期借款——港元户(HK$1 500 000×0.85)　　　　　　　　　　　1 275 000
　　财务费用　　　　　　　　　　　　　　　　　　　　　　　　　　　　　　　34 350
　　贷：银行存款——港元户　　　　　　　　　　　　　　　　　　　　　　　1 309 350

九、期末调整或结算

【例10-7】 华夏公司以人民币为记账本位币,外币业务采用发生日的即期汇率为折算汇率。2×23年12月2日,华夏公司以5 000美元从境外购入A商品,当日的即期汇率为1美元=6.9人民币元。12月31日,A商品仍在库存,其在国际市场的价格已跌到4 800美元。假定不考虑其他税费,当日的即期汇率为1美元=6.6人民币元。

根据上述资料,12月31日该公司应计提存货跌价准备为2 820元(US$5 000×6.9－US$4 800×6.6)。作会计分录如下:

借：资产减值损失　　　　　　　　　　　　　　　　　　　　　　　　　　　　2 820
　　贷：存货跌价准备　　　　　　　　　　　　　　　　　　　　　　　　　　　2 820

【例10-8】 华夏公司记账本位币为人民币。2×23年12月10日,华夏公司以每股1.5美元的价格购入乙公司B股10 000股作为交易性金融资产,当日汇率为1美元=7.6人民币元,款项已付。2×23年12月31日,由于市价变动,当月购入的乙公司B股的市价变为每股1美元,当日汇率为1美元=7.65人民币元。假定不考虑相关税费的影响。

2×23年12月10日,作会计分录如下:

借：交易性金融资产(US$1.5×10 000×7.6)　　　　　　　　　　　　114 000
　　贷：银行存款——美元户　　　　　　　　　　　　　　　　　　　　　　　114 000

根据《企业会计准则第22号——金融工具确认和计量》,交易性金融资产以公允价值计量。由于该项交易性金融资产是以外币计价,在资产负债表日,不仅应考虑股票市价的变动,还应一并考虑美元与人民币之间汇率变动的影响,上述交易性金融资产在资产负债表日的人民币金额为76 500元(1×10 000×7.65),与原账面价值114 000元的差额为37 500人

民币元,计入公允价值变动损益。作会计分录如下:

借:公允价值变动损益 37 500

  贷:交易性金融资产 37 500

其中,37 500 人民币元既包含甲公司所购乙公司 B 股股票公允价值变动的影响,又包含人民币与美元之间汇率变动的影响。

【例 10-9】 华夏公司以人民币为记账本位币,采用外币统账制核算外币业务,其外币业务采用中国人民银行公布的当日即期汇率(中间价)作为记账汇率。2×22 年 7 月 31 日,即期汇率为 1 美元=7.04 人民币元。8 月 31 日,即期汇率为 1 美元=7.06 人民币元。该公司 7 月末有关外币账户的余额如表 10-1 所示。

表 10-1 外币账户余额表

账户名称	外币金额(美元)	汇率	人民币金额(元)
银行存款——美元户	5 000	7.04	35 200
应收账款——美元户(甲企业)	3 000	7.04	21 120
应付账款——美元户(乙企业)	2 000	7.04	14 080
短期借款——美元户	8 000	7.04	56 320
长期应收款——美元户	40 000	7.04	281 600

该公司 8 月份发生如下外币业务(假设不考虑有关税费):

(1) 2 日,向甲企业出口产品一批,货款为 10 000 美元,货款尚未收到,当日即期汇率为 1 美元=7.03 人民币元。

(2) 5 日,收到上月甲企业所欠 2 000 美元,当日即期汇率为 1 美元=7.04 人民币元。

(3) 8 日,收到外商汇来投入资本 10 000 美元,存入银行,当日即期汇率为 1 美元=7.05 人民币元。

(4) 11 日,归还上月所欠乙企业 2 000 美元货款,当日即期汇率为 1 美元=7.05 人民币元。

(5) 13 日,向乙企业购入原材料一批,价款为 9 000 美元,货款尚未支付。当日即期汇率为 1 美元=7.02 人民币元。

(6) 17 日,以银行存款归还短期借款 4 000 美元,当日即期汇率为 1 美元=7.04 人民币元。

(7) 20 日,从美元存款户中支出 6 000 美元兑换人民币,当日即期汇率为 1 美元=7.06 人民币元,银行买入汇率为 1 美元=7.05 人民币元,银行卖出汇率为 1 美元=7.07 人民币元。

(8) 24 日,收到本月 2 日向甲企业出口产品的货款共 10 000 美元,存入银行,当日即期汇率为 1 美元=7.06 人民币元。

(9) 27 日,用 500 美元支付短期美元借款利息,当日即期汇率为 1 美元=7.05 人民币元。

根据上述外币业务,作会计分录如下:

（1）借：应收账款——美元户（甲企业）（US＄10 000×7.03）　　　703 00

　　　　贷：主营业务收入　　　703 00

（2）借：银行存款——美元户（US＄2 000×7.04）　　　14 080

　　　　贷：应收账款——美元户（甲企业）　　　14 080

（3）借：银行存款——美元户（US＄10 000×7.05）　　　70 500

　　　　贷：实收资本　　　70 500

（4）借：应付账款——美元户（乙企业）（US＄2 000×7.05）　　　14 100

　　　　贷：银行存款——美元户　　　14 100

（5）借：原材料　　　63 180

　　　　贷：应付账款——美元户（乙企业）（US＄9 000×7.02）　　　63 180

（6）借：短期借款——美元户（US＄4 000×7.04）　　　28 160

　　　　贷：银行存款——美元户　　　28 160

（7）借：银行存款——人民币户（US＄6 000×7.05）　　　42 300

　　　　财务费用——汇兑损益　　　60

　　　　贷：银行存款——美元户（US＄6 000×7.06）　　　42 360

（8）借：银行存款——美元户（US＄10 000×7.06）　　　70 600

　　　　贷：应收账款——美元户（甲企业）　　　70 600

（9）借：财务费用——利息支出　　　3 525

　　　　贷：银行存款——美元户（US＄500×7.05）　　　3 525

根据上述会计分录登记各外币账户，并按月末汇率调整账面人民币金额。具体如表 10-2 至 10-6 所示。

表 10-2　　　　　　　　　　　**银行存款——美元户**

日期		摘要	借方			贷方			余额		
月	日		美元	汇率	人民币元	美元	汇率	人民币元	美元	汇率	人民币元
8	1	月初余额							5 000	7.04	35 200
	5	收到上月欠款	2 000	7.04	14 080				7 000	—	49 280
	8	收到外商投入资本	10 000	7.05	70 500				17 000	—	119 780
	11	支付乙企业欠款				2 000	7.05	14 100	15 000	—	105 680
	17	归还短期借款				4 000	7.04	28 160	11 000	—	77 520
	20	美元兑换人民币				6 000	7.06	42 360	5 000	—	35 160
	27	收到销货款	10 000	7.06	70 600				15 000	—	105 760
	27	支付利息费				500	7.05	3 525	14 500	—	102 235
	31	月末调整			135				14 500	7.06	102 370

表 10-3 应收账款——美元户（甲公司）

日期		摘要	借方			贷方			余额		
月	日		美元	汇率	人民币元	美元	汇率	人民币元	美元	汇率	人民币元
8	1	月初余额							3 000	7.04	21 120
	2	出口产品一批	10 000	7.03	70 300				13 000	—	91 420
	5	收到上月欠款				2 000	7.04	14 080	11 000	—	77 340
	24	收到2日销货款				10 000	7.06	70 600	1 000	—	6 740
	31	月末调整			320				1 000	7.06	7 060

表 10-4 应付账款——美元户（乙企业）

日期		摘要	借方			贷方			余额		
月	日		美元	汇率	人民币元	美元	汇率	人民币元	美元	汇率	人民币元
8	1	月初余额							2 000	7.04	14 080
	11	支付乙企业欠款	2 000	7.05	14 100				0	—	—20
	13	购入原材料				9 000	7.02	63 180	9 000	—	63 160
	31	月末调整						380	9 000	7.06	63 540

表 10-5 短期借款——美元户

日期		摘要	借方			贷方			余额		
月	日		美元	汇率	人民币元	美元	汇率	人民币元	美元	汇率	人民币元
8	1	月初余额							8 000	7.04	56 320
	17	归还短期借款	4 000	7.04	28 160				4 000	7.04	28 160
	31	月末调整						80	4 000	7.06	28 240

表 10-6 长期应收款——美元户

日期		摘要	借方			贷方			余额		
月	日		美元	汇率	人民币元	美元	汇率	人民币元	美元	汇率	人民币元
8	1	月初余额							40 000	7.04	281 600
	31	月末调整			800				40 000	7.06	282 400

（10）根据上述外币账户，可汇总编制一笔月末调整分录，借贷方轧抵后的差额确认为汇兑损益。作会计分录如下：

借：银行存款——美元户   135
    应收账款——美元户（甲企业）   320
    长期应收款——美元户   800

贷：短期借款——美元户	80
应付账款——美元户（乙企业）	380
财务费用——汇兑损益	795

第三节 | 涉外企业进出口贸易的核算

一、涉外企业自营进口商品销售的核算

自营进口商品销售是指外贸企业用外汇资金在国际市场上采购各种设备、材料及消费品，然后再销售给国内企业的经营活动。

10-3 视频：
自营进口商
品的购进

（一）自营进口商品购进的会计处理

（1）收到银行转来国外全套结算单据时，将其与信用证或合同条款核对相符，并通过银行向国外出口商承付款项，以及支付国外运费和保险费时应将承付的外币金额按一定的汇率折算成记账本位币入账，作会计分录如下：

借：材料采购——进口
　　贷：银行存款

（2）进口商品运抵我国口岸，向海关申报并支付进口关税、消费税和增值税时，应将进口关税和消费税计入采购成本，将增值税计入进项税额予以抵扣，作会计分录如下：

借：材料采购——进口
　　应交税费——应交增值税（进项税额）
　　贷：银行存款

（3）收到出口商付来佣金时，应冲减采购成本，作会计分录如下：

借：银行存款
　　贷：材料采购——进口

（4）支付进口商品国内运杂费时，作会计分录如下：

借：材料采购——进口
　　贷：银行存款

（5）进口商品验收入库，结转其成本时，作会计分录如下：

借：库存商品——进口
　　贷：材料采购——进口

（二）自营进口商品销售的会计处理

外贸企业自营进口商品销售的入账，在实际工作中一般以开出进口结算单向国内客户办理货款结算的时间为准。自营进口商品销售结算有单到结算、货到结算和出库结算三种方式，其账务处理方法也有所不同。

1. 单到结算方式

在单到结算方式下，外贸企业不论进口商品是否到达我国港口，只要收到银行转来国外付款结算单据，经审核符合合同规定，即向国内客户办理货款结算，开出增值税专用发票，并

确认销售入账,作会计分录如下:

 借:应收账款——××单位
  贷:主营业务收入——自营进口销售
   应交税费——应交增值税(销项税额)

待进口商品采购成本全部收集完毕,再予结转销售成本,作会计分录如下:

 借:主营业务成本——自营进口销售
  贷:材料采购——进口

2. 货到结算方式

在货到结算方式下,外贸企业在货船到达我国港口取得外运公司的船舶到港通知单,即向国内客户办理货款结算,开出增值税专用发票,并确认销售入账,作会计分录如下:

 借:应收账款——××单位
  贷:主营业务收入——自营进口销售
   应交税费——应交增值税(销项税额)

同时,结转销售成本:

 借:主营业务成本——自营进口销售
  贷:材料采购——进口

3. 出库结算方式

在出库结算方式下,外贸企业进口商品到货后先入库,待销售出库时向国内客户办理货款结算,开出增值税专用发票,并确认销售入账,作会计分录如下:

 借:应收账款——××单位
  贷:主营业务收入——自营进口销售
   应交税费——应交增值税(销项税额)

同时,结转销售成本:

 借:主营业务成本——自营进口销售
  贷:库存商品——进口

【例 10-10】 华夏公司自营进口商品销售业务如下:

(1)根据贸易合同从美国 B 公司进口甲商品 100 件,FOB 价格每件 100 美元,总价 10 000 美元,存入信用证存款,当日即期汇率 1 美元＝6.67 人民币元;银行卖出汇率 1 美元＝6.72 人民币元,作会计分录如下:

 借:其他货币资金——信用证存款(US$10 000×6.67)   66 700
  财务费用   500
  贷:银行存款(US$10 000×6.72)   67 200

(2)为甲商品支付国外运费 1 000 美元,保险费为 200 美元,当日银行卖出汇率 1 美元＝6.67 人民币元,作会计分录如下:

 借:材料采购——进口   8 004
  贷:银行存款(US$1 200×6.67)   8 004

（3）为甲商品支付进口关税及增值税，进口关税税额为 24 563.20 元，增值税税额为 11 864 元，作会计分录如下：

借：材料采购——进口 24 563.20
　　应交税费——应交增值税(进项税额) 11 864.00
　　贷：银行存款 36 427.20

（4）收到银行转来国外全套单证，审核无误后，银行付款，即期汇率 1 美元＝6.67 人民币元，作会计分录如下：

借：材料采购——进口(US\$10 000×6.67) 66 700
　　贷：其他货币资金——信用证存款 66 700

（5）美国 B 公司付来佣金 500 美元，当日银行买入汇率 1 美元＝6.67 人民币元，作会计分录如下：

借：银行存款 3 335
　　贷：材料采购——进口(US\$500×6.67) 3 335

（6）支付甲商品国内运杂费 2 500 元，作会计分录如下：

借：材料采购——进口 2 500
　　贷：银行存款 2 500

（7）甲商品验收入库，结转其采购成本，作会计分录如下：

借：库存商品——进口商品 98 432.20
　　贷：材料采购——进口 98 432.20

（8）按合同约定将进口甲商品出售给国内某 C 公司 20 件，每件售价为人民币 2 000 元，增值税税率为 13%，货款尚未收到，作会计分录如下：

借：应收账款——C 公司 45 200
　　贷：主营业务收入——自营进口销售 40 000
　　　　应交税费——应交增值税(销项税额) 5 200

同时，结转销售成本：

借：主营业务成本——自营进口销售 19 686.44
　　贷：库存商品——进口商品 19 686.44

相关思考 10-1

增值税与消费税是否要计入采购成本

凡在我国境内销售货物或者提供加工、修理修配劳务，以及进口货物的单位和个人为增值税的纳税义务人，应当交纳增值税。凡在我国境内生产、委托加工和进口《中华人民共和国消费税暂行条例》中列举的消费品的单位和个人，为消费税的纳税义务人，应当交纳消费税。那么，增值税与消费税是否要计入采购成本？

增值税为价外税，一般纳税企业不应将其包含在进口商品的采购成本中；消费税则为价内税，应计入进口消费品的采购成本。

二、涉外企业自营出口销售的核算

自营出口销售是指外贸企业自己经营的出口销售业务。在自营出口销售业务中,销售收入归外贸企业所有,出口商品的购货成本及与出口业务有关的一切国内外费用以及佣金、索赔、罚款、理赔等均由外贸企业自己负担,出口销售的盈亏由外贸企业承担。

(一) 出口销售收入的计价

自营出口贸易有离岸价(FOB),成本加运费、保险费价格(CIF),以及成本加运费价格(CFR)等多种价格条件。现行会计制度规定,在出口业务中,为了使销售收入的记账口径一致,不论出口成交的是哪一种价格条款,都以 FOB 为准。实质上,这是以出口销售的净收入为基础的计价。如以 CIF 成交的,应扣除运费和保险费;以 CFR 成交的,则应扣除运费进行计价。

1. 船上交货(指定装运港)条款

船上交货(指定装运港)条款(FOB)是指当货物在指定的装运港越过船舷,卖方即完成交货的条款。该条款意味着买方从该点起,应负担一切费用和货物灭失或损坏的风险。船上交货条款要求卖方办理货物出口清关手续。

卖方的交货责任是:在规定的日期或期限内按该港口习惯方式,于指定装运港将货物交到买方指定的船上(对运输及保险合同均无义务)。卖方负担货物在指定装运港越过船舷前灭失或损坏的一切风险。卖方支付货物在指定装运港越过船舷前与该货物有关的一切费用,并支付为出口所必需的报关手续费用及一切出口时所需支付的关税、税收及其他法定收费。

2. 成本加运费(指定目的港)条款

成本加运费(指定目的港)条款(CFR)是指在装运港货物越过船舷卖方即完成交货,并必须支付将货物运至指定的目的港所需的运费和费用的条款。但交货后货物灭失或损坏的风险,以及由于各种事件造成的任何额外费用,自货物在装运港越过船舷时起,即由卖方承担转移到买方承担。

卖方必须支付费用,按照通常条件订立运输合同,经由惯常航线,将货物用通常运输合同所指货物类型的海轮(或依情况适合内河运输的船只)运输至指定的目的港。上述费用包括货物装船费用,以及当使用定期班轮运输时,定期班轮公司可能收取的在卸货港卸货的所有费用。成本加运费条款要求卖方办理货物出口清关手续。

3. 成本、保险费加运费(指定目的港)条款

成本、保险费加运费(指定目的港)条款(CIF)是指在装运港当货物越过船舷时卖方即完成交货,但必须支付将货物运至指定的目的港所需的运费和保险费用的条款。至于交货后货物灭失或损坏的风险及由于各种事件造成的任何额外费用,交货后即由卖方转移到买方。在 CIF 条件下,卖方还必须办理买方货物在运输途中灭失或损坏风险的海运保险。

因此,在成本、保险费加运费条款下,应由卖方订立保险合同并支付保险费。但买方应注意到,CIF 条件只要求卖方投保最低限度的保险险别。如果买方需要更高的保险险别,则需要与卖方明确地达成协议,或者自行作出额外的保险安排。

成本、保险费加运费条款也要求卖方办理货物出口清关手续。

(二) 佣金

佣金是指价格条件或合同规定应支付给中间商的推销报酬。

1. 佣金的类型

（1）明佣。明佣又称发票内佣金，是指在出口发票上明确注明价格条件中规定的佣金由买方支付的形式。采用明佣支付方式，出口商在销售发票上不但列明销售金额，而且还列明佣金率、佣金，以及扣除佣金后的销售净额。

（2）暗佣。暗佣又称发票外佣金，是指价格条件中没有规定佣金，但在贸易合同中规定佣金并由卖方支付的形式。采用暗佣支付方式，出口商在销售发票上只列明销售金额。

（3）累计佣金。累计佣金是指外贸企业同境外包销、代销客户订立协议，规定在一定时期内按累计销售金额及相应的佣金率定期付给佣金的形式。佣金率通常是累进计算的，在到期汇付时入账。

2. 佣金的支付方式

（1）票扣。票扣是指直接在出口销售发票上列明佣金及销售净额，按扣除佣金后的净额收汇的方式。

（2）议付。议付是指在出口货物结汇时，由银行从货款总额中扣留佣金并付给国外中间商的佣金支付方式。在该方式下，出口企业收到的结汇款为扣除佣金后的货款净额。

（3）汇付。汇付是指出口结汇时，按货款总额收汇，结汇后另行到银行购买外汇，再汇付给国外中间商的佣金支付方式。

三、自营出口销售的会计处理

（一）运费的会计处理

1. 国内运费

国内运费是指外贸企业在商品出口贸易过程中，发生的商品自所在地发运至边境、口岸的各项装船费、运杂费等费用。该项费用均记入"销售费用"账户。

2. 国外运费

国外运费是指国际贸易价格条件所规定的、应由出口商支付的、从装运港到目的港的运输费用。该项费用应据国内承运机构的费用原始凭证，经审核无误后，办理国内外汇转账结算予以支付，财会部门根据银行国内外汇转账结算凭证、银行付款通知及费用原始凭证进行账务处理。作会计分录如下：

借：主营业务收入——自营出口
　　贷：银行存款

10-4 视频：
自营出口销售

（二）保险费的会计处理

凡按包括保险费在内的价格条款成交的，根据合同规定应投保的险别向保险公司投保，财会部门根据银行支付凭证及费用原始凭证进行账务处理。作会计分录如下：

借：主营业务收入——自营出口
　　贷：银行存款

（三）佣金的会计处理

（1）明佣。外贸企业在向银行办理交单收汇时，应根据发票中列明的扣除佣金后的销售净额收取货款，不再另付佣金。在账务上，以红字冲销销售收入，作会计分录如下：

借：应收账款——外币户

  主营业务收入——出口佣金

  贷：主营业务收入——自营出口（货款总额）

（2）暗佣。外贸企业根据销售收入总额收取货款后再另行申请汇付佣金。在账务处理上应同时作两笔会计分录如下：

借：应收账款——外币户

  贷：主营业务收入——自营出口

借：主营业务收入——出口佣金

  贷：应付账款——外币户

然后，可采用汇付或议付方式支付佣金。

汇付佣金是指外贸企业根据销货总额收取货款后，再另行申请汇付佣金的方式。先收货款时，作会计分录如下：

借：银行存款

  贷：应收账款——外币户

再付佣金时，作会计分录如下：

借：应付账款——外币户

  贷：银行存款

议付佣金是指外贸企业在收取的货款总额中将应付佣金直接扣除，无须另外支付的方式。因此，外贸企业在收取货款时，将先收后付，简化为坐支轧抵，作会计分录如下：

借：银行存款

  应付账款——外币户

  贷：应收账款——外币户

（3）累计佣金。如果能够直接认定到具体出口商品的，其核算方法和其他佣金一样，即用红字冲减"主营业务收入——自营出口"账户；如果不能认定到具体出口商品的，列入"销售费用"账户。

（四）销售业务的会计处理

外贸企业自营出口销售业务的核算，主要设置以下几个账户：

（1）"主营业务收入——自营出口"账户。该账户是损益类账户，贷方登记外贸企业实现的销售收入及以外汇支付的红字冲减收入的金额；借方登记发生销售退回冲减收入的金额。

（2）"主营业务成本——自营出口"账户。该账户是损益类账户，借方登记结转出口商品的成本；贷方登记因销售退回而转回的成本。

（3）"库存商品"账户。该账户是资产类账户，借方登记仓库中结存商品的成本；贷方登记运往码头、车站，准备装船、装车的发出商品成本。

（4）"发出商品"账户。该账户是资产类账户，借方登记企业发出商品运往码头、车站，准备装船、装车的成本；贷方登记结转自营出口销售成本及商品出仓后退关甩货时的成本；该账户余额在借方，表示尚未确认销售的发出商品的结存成本。

（5）"应收账款——外币户"账户。该账户是资产类账户，借方登记企业因出口销售商品、向国外提供劳务等应向外商收取的外汇账款；贷方登记收回外汇账款时的数额；该账户余额在借方，表示尚未收回外汇账款的数额。

（6）"应付账款——外币户"账户。该账户是负债类账户，贷方登记企业因出口而购买材料、物资，接受劳务供应的应付未付外汇款项；借方登记偿还的应付账款；其余额在贷方，表示尚未支付的外汇账款数额。

（7）"销售费用"账户。该账户借方登记商品自所在地发运至边境、口岸的各项装船费、运杂费等费用；贷方登记期末转出数额。

外贸企业出口销售通常采用信用证结算。业务部门等到出口商品装船，取得全套货运单据，持出口发票正本向银行交单办理收汇手续，取得银行回单；财务部门取得业务部门转来的发票副本及银行回单时，作会计分录如下：

借：应收账款——外币户
　　贷：主营业务收入——自营出口

然后将储运部门转来的出库单所列商品的各项与发票副本核对相符后，结转商品销售成本，作会计分录如下：

借：主营业务成本——自营出口
　　贷：发出商品

等收到货款时，作会计分录如下：

借：银行存款
　　贷：应收账款——外币户

【例10-11】　华夏公司与美国某企业签订出口贸易合同，向其销售洗衣机200台，每台成本为1 500人民币元。发票金额为CIF50 000美元，出口佣金1 500美元。作会计分录如下：

（1）收到业务部门开出的商品出库凭证时：

借：发出商品　　　　　　　　　　　　　　　　　　　　　　　　　300 000
　　贷：库存商品　　　　　　　　　　　　　　　　　　　　　　　300 000

（2）收到业务部门送来已向银行交单的出口发票副本时（当日即期汇率1美元＝6.67人民币元）：

借：应收账款——美元户（US＄48 500×6.67）　　　　　　　　　323 495
　　主营业务收入——出口佣金（US＄1 500×6.67）　　　　　　　10 005
　　贷：主营业务收入——自营出口（US＄50 000×6.67）　　　　333 500

同时结转成本：

借：主营业务成本——自营出口　　　　　　　　　　　　　　　　300 000
　　贷：发出商品　　　　　　　　　　　　　　　　　　　　　　300 000

（3）收到银行转来外运公司定额费用结算单，支付人民币运杂费1 000元，确认无误，通知银行转账支付时：

借：销售费用——国内运杂费 1 000
  贷：银行存款 1 000

（4）收到外运公司托收海运运费单据 1 000 美元,经业务部门确认承付时(当日银行卖出汇率 1 美元＝6.67 人民币元)：

借：主营业务收入——国外运杂费 6 670
  贷：银行存款(US＄1 000×6.67) 6 670

（5）收到保险公司结算单据,支付保险费 300 美元时(当日银行卖出汇率 1 美元＝6.67 人民币元)：

借：主营业务收入——国外保险费 2 001
  贷：银行存款(US＄300×6.67) 2 001

（6）收到银行通知,上述应收账款收妥结汇时(当日即期汇率 1 美元＝6.67 人民币元,银行买入汇率 1 美元＝6.64 人民币元)：

借：银行存款(US＄48 500×6.64) 322 040
  财务费用——汇兑损益 1 455
  贷：应收账款——美元户(US＄48 500×6.67) 323 495

假定将上述出口佣金改为暗佣,则在收到已向银行交单的出口发票副本时：

借：应收账款——美元户(US＄50 000×6.67) 333 500
  贷：主营业务收入——自营出口 333 500
借：主营业务收入——出口佣金 10 005
  贷：应付账款——美元户(US＄1 500×6.67) 10 005

结算货款若采用汇付方式支付佣金的,应在收到出口货款后汇付佣金时(当日即期汇率 1 美元＝6.67 人民币元,银行买入汇率 1 美元＝6.64 人民币元,卖出汇率 1 美元＝6.70 人民币元)：

借：银行存款(US＄50 000×6.64) 332 000
  财务费用——汇兑损益 1500
  贷：应收账款——美元户(US＄50 000×6.67) 333 500
借：应付账款——美元户(US＄1 500×6.67) 10 005
  财务费用——汇兑损益 45
  贷：银行存款(US＄1 500×6.70) 10 050

若采用议付方式支付佣金的,在收到货款时(应按扣佣后的净额入账)：

借：银行存款(US＄48 500×6.64) 322 040
  应付账款——美元户(US＄1 500×6.67) 10 005
  财务费用——汇兑损益 1455
  贷：应收账款——美元户(US＄50 000×6.67) 333 500

本 章 小 结

本章主要学习了涉外企业的会计核算。通过本章的学习,我们了解了涉外企业的含义、特点,区分了记账本位币及外币;熟悉了外币及外币业务,掌握了外币业务的记账方法、汇率选择,涉外企业进出口贸易的核算。通过本章的学习,希望大家能对涉外企业的业务核算有一定的认识,为后期深入学习打下基础。

本章重要概念

涉外企业　记账本位币　境外经营　境外经营记账本位币　外币　外币业务外币统账制　外币分账制　即期汇率法　即期汇率的近似汇率法　自营进口商品销售自营出口商品销售　佣金　明佣　暗佣

本章练习

1. 涉外企业会计的特点有哪些?
2. 记账本位币的确定需考虑哪些因素?
3. 境外经营记账本位币如何确定?
4. 外币业务的记账方法有哪些?
5. 涉外企业自营进口商品销售如何进行核算?

10-5 扫一扫 看课件

10-6 扫一扫 练一练

10-7 扫一扫 练一练答案

第十一章　银行会计

内容提要

本章主要讲解商业银行业务的核算和中央银行业务的核算。其中,商业银行主要业务的核算介绍商业银行存款业务、贷款业务和支付结算业务的核算;中央银行主要业务的核算介绍中央银行会计的特点、货币发行业务、经理国库业务的核算。

重点难点

本章重点为商业银行存款业务、贷款业务和结算业务的核算;难点为商业银行结算业务中银行汇票、商业汇票的核算、中央银行业务中与商业银行有关业务的核算。

学习目标

通过本章学习,学生应掌握商业银行存款业务、贷款业务和结算业务的核算,中央银行货币发行业务、经理国库业务的核算,了解银行会计的分类。

知识框架

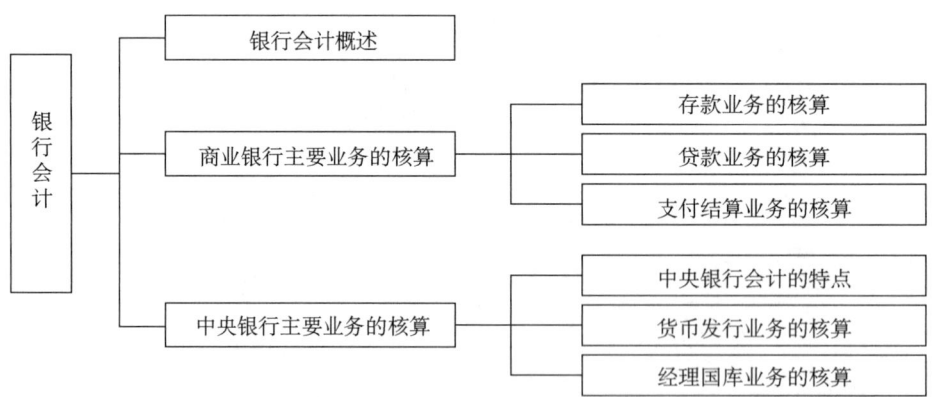

思政育人　　郓城农商行:把好会计核算质量关　促进内控制度规范化

为进一步强化内控管理措施及内控环节,防范操作风险,健全内部控制和监督机制,强化会计管理,提高会计核算质量,山东郓城农村商业银行事后监督人员认真落实各项规章制度,严把会计核算质量关,不断降低差错率。

228

扎扎实实做好本职工作,默默无闻坚守岗位职责,有这样一组数据可以反映他们付出的辛苦。2022 年,4 月事后监督人员共扫描传票 14.04 万笔,累计 62.27 万笔;人工补录 1.56 万笔,累计 8.35 万笔。

他们坚持差错无大小,发现就整改的原则。所谓"千里之堤,毁于蚁穴",对于一些比较常见的问题,如客户签字不规范、柜员盖章不齐全、凭证编码错误等问题,不能因为差错问题不大就放任不管,对于这些屡查屡犯的小差错,恰恰需要严抓狠管。

坚持全面监督与重点监督相结合的方式,避免盲区。在日常监督过程中,他们对一些重点业务,如挂失业务、存款人死亡继承支取业务、大额业务等重点监督,发现新的问题、新的情况,及时查,共商讨,及时向支行答疑解惑,同时定期排查相关工作中风险点,以防出现监督盲区。2022 年 4 月,山东郓城农村商业银行重点监督业务量为 1.02 万笔,累计 4.61 万笔;再监督业务量为 0.24 万笔,累计 0.91 万笔;抽样监督业务量为 0.6 万笔,累计 2.14 万笔。

商业银行是我国银行业的重要组成部分,影响着经济生活诸多方面,把好商业银行会计核算质量关,规范银行内部控制,对于整个经济社会至关重要。我们在工作学习过程中,应遵守职业道德,认真完成本职工作,遵守单位规章制度,从小事做起,行为规范。

资料来源:张真玉,范丰雪.山东郓城农村商业银行:把好会计核算质量关,促进内控制度规范化[EB/OL].(2022-05-24)[2022-11-28].https://www.sohu.com/a/550246687_114775?_trans_=000019_wzwza.

第一节 | 银行会计概述

银行是国家经营管理金融工作的机构。我国现行的银行体系包括执行中央银行职能的中国人民银行、国有控股商业银行、综合性银行、地方商业银行、城市合作银行、外资银行和中外合资银行等。尽管这些银行在业务上存在诸多差异,但从银行的性质和经营范围划分,主要可以分为两类:一类是中央银行;另一类是商业银行。

中国人民银行是我国的中央银行,简称央行。中央银行是国家的银行,是监督和管理金融业的国家行政机构,负责制定和实施货币政策,保持货币稳定,对金融机构实行严格的监督。商业银行是以经营工商业以及其他经济组织存款、放款为主要业务,并以获取利润为目的的货币经营单位,是一个信用授受的中介机构。商业银行从事各项业务经营,按照国家的法律、政策性法规独立行使职权,开展各种货币信用业务,履行信用中介、支付中介、金融服务和经济调节的职能。

银行经营的是货币资金的商业性买卖,因此银行会计与其他行业会计相比,具有以下几个方面的特点。

(一)会计核算对象的社会性

银行是国民经济的一个综合部门,银行的资金运动主要是银行在处理与国民经济各部门、各企业、各单位等发生的经济业务时引起的,因而具有广泛的社会性,由此决定了银行会计核算对象的社会性特征。

(二)会计核算方法的独特性

会计核算方法是指对会计对象进行连续、系统、全面、综合的反映和日常监督所运用的方法。银行经济业务的特殊性,决定了金融企业会计核算方法在凭证的填制、账户的设置与登记、表单的设置与编制、账务处理程序与账务核对程序等方面都与其他部门会计存在明显的差异。

（三）会计反映的同步性

会计反映的同步性是指银行的会计核算与业务处理同步进行。由于银行的业务活动主要表现为货币流,很少涉及物质流,而一切货币资金的收付都需要通过会计具体办理核算,这就使得其经济业务处理与会计核算具有不可分离的特点,即引起银行货币资金收付行为的交易或事项发生后,其进行业务处理的过程也就是银行会计进行反映与监督的过程。

（四）内部控制的严密性

银行是连接国民经济的枢纽,为确保其会计核算的质量及资金运行的安全与效率,银行必须建立健全科学、有效、严密的内部控制制度,如统一授信制度、审查审批制度、不相容职务分离制度、交易动态实时监控制度、"印、押、证"三分管制度、计算机信息系统风险防范制度,以及账务处理方面的复核与盘点制度、定期对账制度、双线核算与双线核对制度、当日记账与当日结账制度等。

第二节 | 商业银行主要业务的核算

11-1 视频:
金融企业会计的概念和特征

商业银行会计是一种特殊行业的专业会计。它利用会计学的基本原理和基本方法,以货币为基本计量单位,对商业银行的会计要素进行确认、计量、记录和报告,向商业银行利益相关者提供有用的信息。商业银行会计与其他行业会计相比有很大不同,商业银行业务核算内容较多,因篇幅关系,这里只介绍商业银行的存、贷款业务与支付结算业务的核算。

一、存款业务的核算

存款是商业银行以信用方式吸收的社会闲置资金。存款是商业银行信贷资金的主要来源,也是商业银行的负债业务。大力吸收存款,加强存款管理,对扩大银行信贷资金来源、平衡社会需求、稳定货币和调节货币流通具有重要意义。存款业务核算的基本内容主要有单位活期存款的核算、单位定期存款的核算、个人活期储蓄存款的核算、个人定期储蓄存款的核算四个部分。

11-2 视频:
存款的分类

（一）单位存款业务的核算

单位存款也称对公存款,包括单位活期存款、单位定期存款、单位通知存款和单位协定存款等。

商业银行应在"吸收存款"账户下按存款类别分别设置"单位活期存款""单位定期存款"等明细账户进行核算。该账户贷方登记收到单位存入的各种款项及结计的利息;借方登记单位支取的或按规定扣款和销户的金额;余额在贷方,便是单位存款的结存数。

1. 单位活期存款业务的核算

单位活期存款是指企业、事业、行政机关、社会团体、学校、部队等单位在银行开立的存款账户。它用来存放周转资金,办理收付结算和领取现金,是单位存款的主要形式。

【例 11-1】 华夏公司为支票户,向开户行中国工商银行城阳支行存入现金 800 000 元。城阳支行作会计分录如下:

借：库存现金   800 000

    贷：吸收存款——单位活期存款——华夏公司   800 000

【例11-2】 承[例11-1],同年,华夏公司以现金支票从开户行中国工商银行城阳支行提取现金4 000元。城阳支行作会计分录如下:

借:吸收存款——单位活期存款——华夏公司 4 000
　　贷:库存现金 4 000

活期存款是银行流动性最强的流动负债。存款利息的计算应采用如下方法:

计息时间按季度计算。每季末月20日为结息日,计算时间从上季末月21开始,至本季末月20日为止。计息天数"算头不算尾"。计息利率一般分为年利率(%)、月利率(‰)和日利率(‱)三种。其计算公式如下:

$$月利率＝年利率÷12$$

$$日利率＝月利率÷30$$

利息的计算公式如下:

$$利息＝本金×存期×利率$$

由于单位存款存取次数频繁,其存款余额经常发生变动,计算利息多采用积数计息法。

积数计息法又称余额表计息法。在积数计息法下,存期按每次存取款后余额的实存天数计算。将每次存取款后的余额乘以按实存天数计算的存期,其乘积便为日积数。错账冲正时,应调整积数,以调增或调减的余额乘以错账日数,计算出应调增或应调减的积数填入余额表中"应加积数"或"应减积数"栏内。将一个计息期的日积数累加起来,将累计计息日积数乘以适用的日利率,即为本计息期计算的利息。计算公式如下:

$$利息＝累计计息日积数×日利率$$

累计计息日积数元位起息,元位以下不计息,计算的利息保留到分位。

【例11-3】 某公司6月21日至9月20日活期存款账户累计积数为4 296 000元,由于错账冲正应减积数6 000元,累计应计息积数为4 290 000元,年利率为0.36%。

$$利息＝4 290 000×(0.36％÷360)＝42.9(元)$$

计息后,一般于次日入账。作会计分录如下:

借:利息支出
　　贷:吸收存款——单位活期存款——××单位

2. 单位定期存款业务的核算

单位定期存款是单位存入款项时一次存入,约定存期,到期支取本息的一种存款业务。

【例11-4】 承[例11-1],同年,华夏公司向中国工商银行城阳支行申请转存定期存款160 000元,存期为1年,利率为8%。城阳支行同意后,作会计分录如下:

借:吸收存款——单位活期存款——华夏公司 160 000
　　贷:吸收存款——单位定期存款——华夏公司 160 000

【例11-5】 承[例11-4],1年后,华夏公司1年期定期存款到期,转为活期存款。城阳支行作会计分录如下：

借：吸收存款——单位定期存款——华夏公司　　　　　　　　　　160 000
　　利息支出　　　　　　　　　　　　　　　　　　　　　　　　12 800
　　贷：吸收存款——单位活期存款——华夏公司　　　　　　　　　172 800

（二）个人储蓄存款业务的核算

个人存款也称居民储蓄存款，主要由居民货币收入的节余和待用部分组成，存取款项多为现金，并呈小额、零星的特点。为了正确贯彻执行国家保护和鼓励公民储蓄的政策，银行对个人的储蓄存款，实行"存款自愿，取款自由，存款有息和为储户保密"的原则。

1. 个人活期储蓄存款的核算

个人活期储蓄1元起存，多存不限，存取灵活方便。储户凭卡或折办理，凭密码支取。

【例11-6】 开户行中国工商银行城阳支行接收居民李璐存入的活期储蓄存款1 000元。城阳支行作会计分录如下：

借：库存现金　　　　　　　　　　　　　　　　　　　　　　　　1 000
　　贷：吸收存款——个人活期存款——李璐　　　　　　　　　　　1 000

【例11-7】 承[例11-6]，几个月后，李璐到银行取出所有存款。城阳支行结出利息合计230元。城阳支行作会计分录如下：

借：吸收存款——个人活期存款——李璐　　　　　　　　　　　　1 000
　　利息支出　　　　　　　　　　　　　　　　　　　　　　　　　230
　　贷：库存现金　　　　　　　　　　　　　　　　　　　　　　　1 230

2. 个人定期储蓄存款的核算

定期储蓄存款是储户在存款时约定存期，到期一次或分次支取本金和利息的一种储蓄存款。根据存取本息方式的不同，定期储蓄可分为整存整取、零存整取、存本取息、整存零取四种。

【例11-8】 储户方明在开户行中国工商银行城阳支行开立零存整取储蓄存款账户，第一个月存入3 000元。城阳支行作会计分录如下：

借：库存现金　　　　　　　　　　　　　　　　　　　　　　　　3 000
　　贷：吸收存款——个人定期存款——零存整取（方明）　　　　　3 000

【例11-9】 承[例11-8]，储户方明的零存整取储蓄存款1年后到期支取，银行计算的利息为1 800元。城阳支行作会计分录如下：

借：吸收存款——个人定期存款——零存整取（方明）　　　　　　36 000
　　利息支出　　　　　　　　　　　　　　　　　　　　　　　　1 800
　　贷：库存现金　　　　　　　　　　　　　　　　　　　　　　　37 800

【例11-10】 马方在开户行中国工商银行城阳支行存入整存整取定期储蓄存款4 900元，存期为3年。城阳支行作会计分录如下：

借：库存现金　　　　　　　　　　　　　　　　　　　　　　　　4 900
　　贷：吸收存款——个人定期存款——整存整取（马方）　　　　　4 900

【例 11-11】 承[例 11-10],3 年后,马方持到期存单来银行提款,银行计算利息为 450 元。城阳支行作会计分录如下:

借:吸收存款——个人定期存款——整存整取(马方) 　　　　　　　　　　4 900
　　利息支出 　　　　　　　　　　450
　　贷:库存现金 　　　　　　　　　　5 350

3. 利息税的核算

按国家税务总局规定,储户 1999 年 11 月 1 日以后在银行的储蓄存款产生的利息,要缴纳 20% 的个人利息税(我国从 2008 年 10 月 9 日起,暂免征收利息税)。作会计分录如下:

(1)各营业网点代扣时:

借:应付利息——储蓄存款利息
　　贷:其他应收款——代收利息所得税

(2)上交管辖行时:

借:其他应收款——代收利息所得税
　　贷:清算资金往来——××分行往来

二、贷款业务的核算

贷款也称放款,是指商业银行将其所吸收的资金,按一定的利率贷给客户,并约定一定期限归还贷款本息的经济行为。

贷款是银行的主要资产业务之一,是银行资金运用的主要途径,也是银行收入的主要来源。

贷款可按不同的标准分类:按偿还期限不同,贷款可分为短期贷款、中期贷款和长期贷款;按银行承担责任不同,贷款可分为自营贷款、委托贷款和特定贷款;按贷款的保障程度不同,贷款可分为信用贷款、担保贷款和票据贴现;按贷款对象的不同,贷款可分为企业贷款和个人贷款;按还款方式的不同,贷款可分为到期一次偿还的贷款和分期偿还的贷款;按贷款风险程度不同,贷款可分为正常类贷款、关注类贷款、次级类贷款、可疑类贷款和损失类贷款。

11-3 视频:
贷款的分类

(一)贷款业务会计核算的账户设置

(1)"贷款"账户:用于核算银行按规定发放的各种客户贷款,包括质押贷款、抵押贷款、保证贷款、信用贷款等。该账户期末借方余额反映银行按规定发放尚未收回贷款的摊余成本。

(2)"应收利息"账户:用于核算银行交易性金融资产、债权投资、发放贷款、存放中央银行款项、拆出资金、买入返售金融资产等应收取的利息。该账户可按借款人或被投资单位进行明细核算。"应收利息"账户期末借方余额反映商业银行尚未收回的利息。

(3)"利息收入"账户:用于核算银行确认的利息收入,包括发放的各类贷款、与其他金融机构(中央银行、同业等)之间发生资金往来业务、买入返售金融资产等实现的利息收入等。"利息收入"账户可按业务类别进行明细核算。资产负债表日,企业应按合同利率计算确定的应收未收利息,借记"应收利息"等账户,按摊余成本和实际利率计算确定的利息收入,贷记该账户,按其差额,借记或贷记"贷款——利息调整"等账户。实际利率与合同利率差异较小的,也可以采用合同利率计算确定利息收入。期末,应将"利息收入"账户余额转入"本年利润"账户,结转后该账户无余额。

（4）"抵债资产"账户:用于核算银行依法取得并准备按有关规定进行处置的实物抵债资产的价值,抵债资产不计提折旧或摊销。抵债资产发生减值的,在"抵债资产"账户设置"跌价准备"明细账户进行核算,也可以单独设置"抵债资产跌价准备"账户进行核算。"抵债资产"账户期末借方余额反映企业取得的尚未处置的实物抵债资产的价值。

（二）信用贷款的核算

11-4 视频:
信用贷款的
核算

目前,信用贷款、担保贷款多采用"逐笔核贷"的贷款核算方式。即由借款人向银行提出申请,银行根据批准的贷款计划,逐笔立据,逐笔审查,逐笔发放,约定期限,一次放贷,一次或分次归还贷款,按照规定利率计收利息的贷款核算方式。

【例11-12】 华夏公司向中国工商银行城阳支行申请信用贷款,金额为 200 000 元。城阳支行作会计分录如下:

借:贷款——信用贷款——华夏公司	200 000
贷:吸收存款——单位活期存款——华夏公司	200 000

【例11-13】 承[例11-12],中国工商银行城阳支行向个体户王康发放 4 000 元期限为 9 个月的短期贷款。城阳支行作会计分录如下:

借:贷款——信用贷款——王康	4 000
贷:吸收存款——个人活期存款——王康	4 000

【例11-14】 承[例11-12],华夏公司贷款到期,中国工商银行城阳支行收回贷款,利息收入 8 000 元。城阳支行作会计分录如下:

借:吸收存款——单位活期存款——华夏公司	208 000
贷:贷款——信用贷款——华夏公司	200 000
利息收入	8 000

【例11-15】 承[例11-13],个体户王康逾期未能归还贷款。城阳支行作会计分录如下:

借:贷款——逾期贷款——王康	4 000
贷:贷款——信用贷款——王康	4 000

（三）抵押贷款的核算

抵押是指债务人或第三人不转移财产的占有,将该财产作为债权的担保,债务人不履行债务时,债权人有权以该财产折价或者以拍卖、变卖该财产的价款优先受偿。当无法获得银行信用贷款,或者银行所提供的信用贷款难以满足需要时,企业可以向银行提供抵押物以获得贷款。

借款人使用贷款时,应填写一式五联借款凭证,加盖预留印鉴后送银行信贷部门审批。信贷部门审批后,将借款凭证连同抵押物清单一并送交会计部门。

会计部门收到信贷部门转来的借款凭证及有关单证,经审查无误后,办理转账。作会计分录如下：

借：贷款——抵押贷款——××户
　　贷：吸收存款——单位或个人活期存款——××户

同时，对抵押物进行表外登记：

收入：代保管有价值品

抵押贷款到期收回的处理手续与信用贷款基本相同。

在贷款本息收回后，销记表外账户登记簿：

付出：代保管有价值品

同时，将抵押物及有关单据退回借款人。

（四）票据贴现的核算

票据贴现是指票据持有人在票据到期前，为获得资金而向银行贴付一定的利息所做的票据转让。目前，商业银行办理贴现业务的票据主要是商业汇票。商业汇票按承兑人的不同可以分为商业承兑汇票和银行承兑汇票。商业汇票一律记名，允许背书转让，期限最长不超过 6 个月。

商业银行办理票据贴现的核算需要设置"贴现资产"账户，用于核算银行办理商业票据的贴现、转贴现等业务所融出的资金。

贴现利息和贴现金额的计算公式如下：

$$贴现息＝票面金额×贴现期限×（月利率÷30）$$
$$实付贴现金额＝票面金额－贴现息$$

【例 11-16】 2×22 年 7 月 10 日，华夏公司持北京银行承兑的汇票去开户银行申请贴现，票据面额为 320 000 元，票据到期日为 11 月 4 日，经银行信贷部门审核同意贴现（假定贴现率为 3‰）。作会计分录如下：

$$贴现息＝320\,000×（117＋3）×3‰÷30＝3\,840（元）$$
$$实付贴现金额＝320\,000－3\,840＝316\,160（元）$$

借：贴现资产——票据贴现——华夏公司　　　　　　　　　　　　　320 000
　　贷：吸收存款——单位活期存款——华夏公司　　　　　　　　　　316 160
　　　　贴现资产——利息调整　　　　　　　　　　　　　　　　　　3 840

【例 11-17】 承［例 11-16］，假设票据到期，银行没有及时收回票款，转而向华夏公司账户扣款，但发现其账户中只有 200 000 元，其余票款银行于 11 月 10 日收回，罚款比例 5‰/日。作会计分录如下：

（1）转逾期。

借：吸收存款——单位活期存款——华夏公司　　　　　　　　　　　200 000
　　贷款——逾期贷款——华夏公司　　　　　　　　　　　　　　　120 000
　　贷：贴现资产——票据贴现——华夏公司　　　　　　　　　　　　320 000

（2）逾期款收回。

$$逾期利息＝120\,000×6×5‰＝360（元）$$

借：吸收存款——单位活期存款——华宇公司　　　　　　　　　　　120 360

　　贷：贷款——逾期贷款——华宇公司　　　　　　　　　　　　　120 000

　　　　利息收入　　　　　　　　　　　　　　　　　　　　　　　360

三、支付结算业务的核算

支付结算是指单位、个人在社会经济活动中使用现金、票据、信用卡和结算凭证进行货币给付及其资金清算的行为。支付结算参与的主体有银行、城市信用合作社、农村信用合作社（以下简称"银行"）以及单位（含个体工商户）和个人，银行是支付结算和资金清算的中介机构。我国现行通用的结算方式包括汇兑、委托收款、托收承付、银行汇票、商业汇票等。

支付结算的原则是银行和客户在办理结算的过程中必须共同遵守的行为准则。根据《支付结算办法》的规定，结算过程中各方需要遵守如下原则：恪守信用，履约付款；谁的钱进谁的账，由谁支配；银行不垫款。

（一）支付结算业务会计核算的账户设置

（1）"应解汇款"账户：用于核算银行为非开户客户收到汇款及解付的汇票款、由非开户客户缴存待汇出的款项、由承兑申请人已交存尚未解付的银行承兑汇票款等应解付及临时存款。收到汇入待结付和客户临时存入的款项时，借记有关账户，贷记该账户；实际支付和汇出汇款时，借记该账户，贷记有关账户。

（2）"清算资金往来"账户：用于核算银行机构间应收应付款项的往来资金。该账户借方登记应收金额；贷方登记应付金额。该账户日末余额反映参加银行机构往来产生的应收应付差额，其中，日末借方余额反映本行应收款差额，日末贷方余额反映本行应付款差额。资金清算后无余额。在具体及支付结算中，如涉及同城票据交换的，统一使用"清算资金往来——同城票据清算"明细账户进行挂账处理。

（3）"存放中央银行款项"账户：用于核算银行存放在中国人民银行的各种款项，包括业务资金的调拨、办理同城票据交换和异地跨系统资金汇划、提取或缴存现金等。当在中央银行的存款增加时记在该账户的借方；存款减少时记在该账户的贷方；余额在借方，表明商业银行在中央银行存款的结余数。在支付结算中，如涉及异地划款的，按情况选择使用。

（二）汇兑结算的核算

汇兑结算是汇款人委托银行汇给异地收款人的结算方式。作为一种传统的结算方式，汇兑结算便于汇款人向异地的收款人主动汇款。汇兑结算广泛应用于单位和个人的各种款项结算。

【例11-18】　华夏公司向其开户银行A银行提交电汇凭证，要求汇款20 000元差旅费给在异地出差的职工周华。开户行审核无误受理，通过行内支付系统将款项划转异地B银行。周华所在酒店接到B银行便条，通知周华携带身份证件到B银行领取现金。

各银行作会计分录如下：

（1）A银行汇出汇款：

借：吸收存款——单位活期存款——华夏公司　　　　　　　　　　　20 000

　　贷：清算资金往来　　　　　　　　　　　　　　　　　　　　　20 000

（2）B银行收到，先办理转账：

借：清算资金往来 20 000
　　贷：应解汇款——周华 20 000

然后以便条通知周华来行取款。

（3）周华持便条来行取款，B银行核验身份证件无误并给付现金：

借：应解汇款——周华 20 000
　　贷：库存现金 20 000

（三）委托收款结算的核算

委托收款是收款人向银行提供收款依据，委托银行向付款人收取款项的结算方式。该结算方式不受金额起点限制，同城和异地都可使用。

【例11-19】 某建设银行受理其开户单位A公司委托收款金额为2 000元，代收行为本市某工商银行，付款单位为B公司，款项如数全额结清。有关银行作会计分录如下：

（1）委托行——建设银行：

借：清算资金往来（或存放中央银行款项） 2 000
　　贷：吸收存款——单位活期存款——A公司 2 000

（2）代收行——工商银行：

借：吸收存款——单位活期存款——B公司 2 000
　　贷：清算资金往来（或存放中央银行款项） 2 000

（四）托收承付结算的核算

托收承付又称异地托收承付，是指收款人根据购销合同发货后，委托银行向异地付款人收取款项，并由付款人向银行承认付款的结算方式。托收承付结算方式只适用于异地订有经济合同的商品交易及相关劳务款项的结算。代销、寄销、赊销商品的款项，不得办理托收承付结算。

【例11-20】 华夏公司付款的托收承付款项一笔，金额为350 000元，8月23日（周五）承付期满，8月26日（下周一）开户行划拨时，由于付款人存款账户余额不足，只能支付200 000元，出现逾期，其余货款于9月16日上午银行营业时一次付清。各银行作会计分录如下：

（1）8月26日上午营业时，银行划款：

借：吸收存款——单位活期存款——华夏公司 200 000
　　贷：清算资金往来 200 000

（2）8月底，单独计算赔偿金：

$$赔偿金＝150 000×（9－2）×0.5‰＝525（元）$$

注：逾期天数到8月31日共有9天，但是承付期满日的次日遇到周末减去2天。赔偿金于次月3天内单独划付：

借：吸收存款——单位活期存款——华夏公司 525
　　贷：清算资金往来 525

（3）9月16日，上午划款：

$$赔偿金＝150 000×14×0.5‰＝1 050（元）$$

注：实际逾期天数从 9 月 1 日至 9 月 15 日，算头不算尾，只有 14 天。

借：吸收存款——单位活期存款——华夏公司   1 050

  贷：清算资金往来   1 050

（五）银行汇票的核算

银行汇票是出票银行签发的，由其在见票时按照实际结算金额无条件支付给收款人或者持票人的票据。银行汇票适用范围广，票随人走，比较灵活，单位和个人的各种经济活动款项的结算均可使用。银行出票后，持票人可以直接到兑付地的银行取款，也可以持票到指定单位购物结算，还可以在兑付地办理转汇。在汇票金额内，持票人可以根据实际需要使用，多余款项银行代为收回。

【例 11-21】 中国工商银行上海市分行徐汇支行接受客户长江公司申请，开出银行汇票金额 300 000 元，由长江公司持往异地办理采购业务。长江公司业务员将汇票转交异地销货方华丰商厦，实际结算金额 260 000 元，华丰商厦将汇票在当地中国工商银行青岛支行兑付，款项转入华丰商厦存款账户。中国工商银行青岛支行向中国工商银行上海市分行徐汇支行清算资金，并划回多余票款。各银行作会计分录如下：

（1）徐汇支行开出汇票：

借：吸收存款——单位活期存款——长江公司   300 000

  贷：汇出汇款   300 000

（2）青岛支行代理兑付：

借：清算资金往来   260 000

  贷：吸收存款——单位活期存款——华丰商厦   260 000

（3）徐汇支行结清汇票：

借：汇出汇款   300 000

  贷：清算资金往来   260 000

    吸收存款——单位活期存款——长江公司   40 000

（六）商业汇票的核算

商业汇票是出票人签发的，委托付款人在指定日期无条件支付确定的金额给收款人或持票人的票据。在银行开立存款账户的法人以及其他组织之间，必须具有真实的交易关系或债权债务关系，才能使用商业汇票。商业汇票为远期票据，收妥抵用，适用于同城或异地结算，只能转账，不能支取现金。

商业汇票签发后，必须经过承兑。承兑就是承兑人同意按汇票载明事项到期付款而在票据上作文字记载或签章的票据行为。按承兑人的不同，商业汇票分为商业承兑汇票和银行承兑汇票。商业承兑汇票由银行以外的付款人承兑，以商业信用为基础；银行承兑汇票由银行承兑，以银行信用为基础。商业汇票的付款人为承兑人。

【例 11-22】 中国建设银行上海分行静安支行受理客户长江公司提交的商业承兑汇票及委托收款凭证，向同城的建设银行上海分行闵行支行收取即将到期的商业汇票款 60 000 元。闵行支行收到提交的票据后，向汇票付款人华联商厦提示付款。汇票到期后，闵行支行将汇票金额划转静安支行付款。各银行作会计分录如下：

(1) 闵行支行划款：

借：吸收存款——单位活期存款——华联商厦　　　　　　　　　　　60 000
　　贷：存放中央银行款项　　　　　　　　　　　　　　　　　　　　　　60 000

(2) 静安支行收到款项后为长江公司入账：

借：存放中央银行款项　　　　　　　　　　　　　　　　　　　　　　60 000
　　贷：吸收存款——单位活期存款——长江公司　　　　　　　　　　　　60 000

【例 11-23】　中国工商银行河西支行接到开户单位商贸公司的承兑申请,承兑其开出的银行承兑汇票,金额 70 000 元,经审核签署承兑协议,并按票面额的 0.5‰收取手续费。数月后,异地的中国工商银行保定支行收到开户单位针织厂提交的银行承兑汇票和托收凭证,为其收取即将到期的银行承兑汇票款。各银行作会计分录如下：

(1) 中国工商银行河西支行与商贸公司签署承兑协议,并收取承兑手续费：

借：吸收存款——单位活期存款——商贸公司　　　　　　　　　　　　35
　　贷：手续费及佣金收入　　　　　　　　　　　　　　　　　　　　　35

同时,进行表补登记

收入：银行承兑汇票——商贸公司　　　　　　　　　　　　　　　　70 000

(2) 银行承兑汇票到期,河西支行办理转账：

借：吸收存款——单位活期存款——商贸公司　　　　　　　　　　　70 000
　　贷：应解汇款　　　　　　　　　　　　　　　　　　　　　　　　70 000

(3) 河西支行收到保定支行发来的委托收款凭证及汇票,按期划出汇票款：

借：应解汇款　　　　　　　　　　　　　　　　　　　　　　　　　70 000
　　贷：清算资金往来　　　　　　　　　　　　　　　　　　　　　　70 000

(4) 异地保定支行收到划回的款项,为收款人收账：

借：清算资金往来　　　　　　　　　　　　　　　　　　　　　　　70 000
　　贷：吸收存款——单位活期存款——针织厂　　　　　　　　　　　　70 000

第三节　中央银行主要业务的核算

中央银行是管理全国金融企业的国家机关,是全国金融活动的中心。中央银行掌管货币发行,集中管理信贷资金,管理外汇、金银,经理国库,代理发行国家债券等,与各专业银行和其他金融机构以及财政部门等有密切的资金联系。

一、中央银行会计的特点

(一) 中央银行的业务范围

(1) 集中资金。中央银行的资金来源主要由四部分组成：自有资金,是指中央信贷基金、固定资产基金、专项基金等；各项存款,包括财政性存款、专业银行及其他金融机构缴存款、专业银行及其他金融机构存款、邮政储蓄转存款等；其他资金来源,包括结算资金暂收款项及各项收入；货币发行,是指流通中的货币。

（2）分配资金。中央银行的资金运用有四个方面：各项贷款，包括对专业银行及其他金融机构的贷款，各种专项贷款和再贴现等；各项借款占款，包括拨付中央信贷基金金银占款、固定资产账款，有价证券投资兑付国家债券本息款项等；其他资金占用，如暂付款项，各项支出及费用等；库存现金。

（3）宏观调控。中央银行对专业银行及其他金融机构等的业务活动实行金融宏观控制与调节。

延伸阅读 11-1

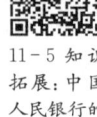

11-5 知识拓展：中国人民银行的历史沿革

中国人民银行

中国人民银行（The People's Bank Of China，PBOC）是中华人民共和国的中央银行、中华人民共和国国务院组成部门。在国务院领导下，中国人民银行制定和执行货币政策，防范和化解金融风险，维护金融稳定。

1948 年 12 月 1 日，中国人民银行在华北银行、北海银行、西北农民银行的基础上在河北省石家庄市合并组成。1983 年 9 月，国务院决定中国人民银行专门行使中国国家中央银行职能。1995 年 3 月 18 日，第八届全国人民代表大会第三次会议通过了《中华人民共和国中国人民银行法》，至此，中国人民银行作为中央银行以法律形式被确定下来。

中国人民银行根据《中华人民共和国中国人民银行法》的规定，在国务院的领导下依法独立执行货币政策，履行职责，开展业务，不受地方政府、社会团体和个人的干涉。

2018 年 3 月 19 日，十三届全国人大一次会议第七次全体会议经过表决，决定易纲为中国人民银行行长。

（二）中央银行会计的特点

中央银行是管理全国金融事业的国家机关，与专业银行、其他部门单位相比，有以下几个特点：

（1）中央银行会计具有金融宏观管理特征，是实现中央银行职能的工具。中央银行根据国家经济和金融政策，采取宏观调控手段，进行货币发行、回笼、存款和贷款等资金活动，这些活动都是通过会计体现出国家宏观金融管理的性质。

（2）中央银行的会计核算既反映了专业银行和其他金融机构本身的经营活动情况，又综合反映了一个地区和全国的金融活动状况。专业银行及其他金融机构必须在中国人民银行开立账户，其营运资金的收付要在中国人民银行开设的账户中进行，根据《全国银行统一会计基本制度》的规定，中央银行总行管理全国银行会计工作，中央银行各地分支机构管理本地区银行和其他金融机构的会计工作。各专业银行要根据《全国银行统一会计基本制度》的规定，使用全国银行统一会计科目，并向中央银行编报统一会计报表。

从会计核算的角度来看。中央银行的会计核算内容主要包括货币发行业务的核算，经理国库业务的核算、商业银行缴存存款和贷款的核算等。

二、货币发行业务的核算

中国人民银行是我国唯一的货币发行机构。货币发行是指对货币的印制、保管、调拨，货币的发行与回笼，以及损伤票币的销毁等。

（一）货币发行业务概述

1. 发行基金和发行库

发行基金是指中国人民银行替国家保管的尚未发行的票币，是为调剂市场货币流通准备的基金。由印制厂印制完成但尚未投入流通的票币以及从流通领域回笼的票币均为发行基金。

发行库是发行基金的保管库。中国人民银行设立人民币发行库,并在其分支机构设立分支库。为灵活调拨发行基金,总库在若干分库设立总行的重点库和后备库,代总库接收新票币入库并保管和运送发行基金。发行库的主要职责是:根据国务院核定的货币发行额度,统一调度发行基金;具体办理货币发行工作和损伤票币的收回和销毁;保管和调运发行基金,调剂市场各种票币的流通比例;办理全国发行业务的会计核算,正确、及时地反映市场货币投放和回笼情况。

2. 货币发行业务会计核算的账户设置

(1)"发行基金"账户:用于记载各发行库本身及其所辖发行基金的变动情况(表9-1)。

表9-1　　　　　　　　　　　　　**"发行基金"账户**

收方	发行基金	付方
印钞厂交来票币 其他发行库调入发行基金 商业银行交存回笼货币	销毁损伤票币 其他发行库调出发行基金 商业银行支取发行货币	
余额:本身和所辖的库存发行基金		

(2)"总行重点库发行基金"账户:用于记载重点库发行基金的变动情况(表9-2)。

表9-2　　　　　　　　　　　　**"总行重点库发行基金"账户**

收方	总行重点库发行基金	付方
调入发行基金	调出发行基金	
余额:重点库发行基金的库存数		

(3)"印制及销毁票币"账户:用于记载有关票币的印制和销毁情况(表9-3)。

表9-3　　　　　　　　　　　　　**"印制及销毁票币"账户**

收方	印刷及销毁票币	付方
印刷厂交来票币	销毁损伤票币	
余额:发行库的发行基金和流通货币之和		

(4)"发行基金往来"账户:用于记载货币的发行和回笼情况,中国人民银行各级行通用,但记账方向相反(表9-4)。

表9-4　　　　　　　　　　　　　**"发行基金往来"账户**

收方	发行基金往来(基层来)	付方
商业银行送存现金数	商业银行提取现金数	
余额:货币回笼数	货币投放数	
商业银行提取现金数	商业银行送存现金数	
余额:货币投放数	货币回笼数	

（5）"流通中货币"账户：用于记载流通中货币的变动情况（表9-5）。

表9-5 　　　　　　　　　　　　　　**"流通中货币"账户**

收方	流通中货币	付方
回笼货币	发行货币	
余额：发行库的发行基金和流通货币之和	余额：流通中的货币量	

（二）发行基金印制入库的核算

印制货币必须遵守印制计划，印制完成的所有合格货币，必须全数解缴总库指定的发行库保管。

（1）发行货币解缴入库时，总行重点库应作会计处理如下：

收入：总行重点库发行基金

（2）总库收到经重点库验收盖章入库的凭证时，应作会计处理如下：

收入：发行基金——××重点库

收入：印制及销毁票币——××券（币）

（3）对直接交给总库的新印票币，总库应作会计处理如下：

收入：发行基金——总库

收入：印制及销毁票币——××券（币）

（三）发行基金调拨的核算

发行基金的调拨是发行库与发行库之间发行基金的转移，是组织货币投放的准备工作，有上下级库之间以及同级库之间调拨两种。

1. 上下级库之间发行基金的调拨

（1）上级库调出发行基金给下级库时，上级调出库应作会计处理如下：

付出：发行基金——本库

收入：发行基金——××调入库

下级调入库验收发行基金无误后，应作会计处理如下：

收入：发行基金——本库

（2）下级库调拨发行基金给上级库时，下级调出库应作会计处理如下：

付出：发行基金——本库

上级调入库应作会计处理如下：

收入：发行基金——本库

付出：发行基金——××调出库

2. 同级库之间发行基金的调拨

先由上级库签发命令，并分别通知调入库和调出库。

（1）上级库应作会计处理如下：

收入：发行基金——××调入库

付出：发行基金——××调出库

（2）调出库应作会计处理如下：

付出：发行基金——本库

（3）调入库应作会计处理如下：

收入：发行基金——本库

（四）货币投放的核算

货币投放是指发行库将发行基金支付给商业银行的过程。货币投放后,发行基金减少。商业银行与中国人民银行的现金收付活动,是实现中国人民银行货币发行与回笼的主要手段。

【例11-24】 某商业银行上海市××支行向同级人民银行提取现金2 000 000元。发行库在办理投放业务时,应作会计处理如下：

付出：发行基金——本库   2 000 000

同级人民银行应作会计分录如下：

借：库存现金   2 000 000
  贷：发行基金往来   2 000 000

借：商业银行存款   2 000 000
  贷：库存现金   2 000 000

上海市发行分库在接到通知后,应作会计处理如下：

付出：发行基金——××分库   2 000 000

总库在接到通知后,作会计处理如下：

付出：发行基金——上海分库   2 000 000

总行应作会计分录如下：

借：发行基金往来   2 000 000
  贷：流通中货币   2 000 000

（五）货币回笼的核算

各商业银行将超过库存限额的货币交存中国人民银行发行库,称为货币回笼。货币回笼表现为各商业银行送存现金给中国人民银行,其实质是流通中的货币退出流通领域,返回到发行基金状态。

（1）发行库收到商业银行送存的现金时,应作会计处理如下：

收入：发行基金——本库

（2）中国人民银行应作会计分录如下：

借：发行基金往来
  贷：××商业银行存款

（3）总行应作会计分录如下：

借：流通中货币
  贷：发行基金往来

（4）总库在接到通知时,应作会计处理如下:

收入:发行基金——××分库

（5）商业银行向中央银行送存现金时,应作会计分录如下:

借:存放中央银行款项
　　贷:库存现金

三、经理国库业务的核算

国库的全称为国家金库。按照国家规定,一切财政收入必须按期缴入国库,任何单位不得截留、坐支或保管。一切财政支出,必须凭各级财政机关的拨款凭证通过国库拨付。我国国库设在中央银行,经理国库业务是中国人民银行的重要工作。

目前,我国的国库分为中央国库和地方国库两部分。中央国库设总库、分库、中心支库、支库四级机构。中国人民银行总行经理总库,各省、自治区、直辖市分行经理分库,市、地(州)分行、支行经理中心支库,县(市)支行及城区办事处经理支库,支库以下设经收处,由有关商业银行的分支机构办理经收处业务。

 延伸阅读 11-2 ....

中国人民银行国库局职能

经理国家金库业务,组织拟定国库资金银行支付清算制度并组织实施,参与拟定国库管理制度、国库集中收付制度;为财政部门开设国库单一账户,办理预算资金的收纳、划分、留解和支拨业务;对国库资金收支进行统计分析;定期向同级财政部门提供国库单一账户的收支和现金情况,核对库存余额;按规定承担国库现金管理有关工作;按规定履行监督管理职责,维护国库资金的安全与完整;代理国务院财政部门向金融机构发行、兑付国债和其他政府债券。

（一）经理业务会计核算的账户设置

国库会计核算应分中央金库和地方金库来设置会计账户。中央金库应设置的会计账户包括"中央预算收入""待报解中央预算收入""中央预算支出(总库专用)""财政预拨经费限额款(总库专用)"等账户。地方金库应设置的会计账户包括"地方财政库款""待报解地方预算收入""财政预算外存款"等账户。

（1）"待结算财政款项"账户:用于核算中国人民银行国库部门因预算收入级次不清等原因而待处理的款项。该账户贷方登记收入数;划分处理后,借记本账户;余额轧差反映。

（2）"待报解地方预算收入"账户:用于核算国库各分支库当日收纳的,未报解及未结转的地方预算收入款项。该账户属于负债类,是过渡性账户,当日收纳款项时登记在贷方;划分报解、退付、结转时登记在借方;余额为零。

（3）"待报解中央预算收入"账户:用于核算国库各分支库当日收纳的、未报解的中央预算收入。该账户也是负债类,过渡性账户,当日收纳款项时登记在贷方;划分报解、退付时登记在借方;余额为零。

（4）"地方财政库款"账户:用于核算地方各级财政预算的固定收入、共享收入、补助收入、专项收入、基金预算收入和地方预算收入的退付以及地方预算支出拨款、拨款的缴回、补助支出、专项支出和基金预算支出等款项。收入增加时登记在贷方;拨款时登记在借方。该账户属于负债类,应按照与预算级次相对应的财政部门和收入、支出等分设明细账,进行明细核算。

国库业务核算主要有:预算收入收纳的核算、库款报解和支拨的核算、发行国家债券和还本付息的核算等。这里只介绍前两种。

(二)预算收入收纳的核算

预算收入是国库收入的主要内容。预算收入由于来源不同,分别由税务、海关和财政等部门负责征收。各类预算收入根据规定的预算收入级次和收入分成留解比例,办理划分、留解,分别进入中央金库和各级地方金库。

1. 经收处代收预算收入的核算

经收处在收到缴款单位或缴款人交来的缴款书并审核无误后,应作会计分录如下:

借:××存款
　　贷:待结算财政款项——待报解预算收入户

如果缴款单位缴纳的是现金,应作会计分录如下:

借:库存现金
　　贷:待结算财政款项——待报解预算收入户

每日终了,应将当日的预算收入全数划转商业银行,应作会计分录如下:

借:待结算财政款项——待报解预算收入户
　　贷:联行存放款项

2. 支库收纳预算收入的核算

支库收纳的预算收入主要由支库本身直接收纳和经收处代收后上划两部分组成,应作会计分录如下:

借:存放联行款项(或相关账户)
　　贷:待报解地方预算收入(或待报解中央预算收入)

3. 分库收纳预算收入的核算

分库收纳的预算收入包括直接收纳和下级库上划两种。

(1)直接收纳:会计处理与支库相同。

(2)下级库上划的会计处理为:

分库收到县支库上报的预算收入凭证办理转账时:

借:存放联行款项
　　贷:待报解中央预算收入(或待报解地方预算收入)

(三)库款报解和支拨的核算

国库对已入库的预算收入,应按照国家财政管理体制和分成留解比例划分各级预算收入和计算分成留解数,并及时向上级国库和各级财政机关报告预算收入和划解情况。

预算收入可划分为:中央预算固定收入、地方预算固定收入以及中央与地方共享收入三部分。

1. 支库报解的核算

支库在报解库款时,对中央与地方共享收入,作会计分录如下:

借：待报解中央预算收入

　　贷：中央预算收入

　　　　待报解地方预算收入——省级收入户

　　　　　　　　　　　　——地(市)级收入户

　　　　　　　　　　　　——县级收入户

对中央预算固定收入,作会计分录如下：

借：中央预算收入

　　待报解地方预算收入——省级收入户

　　　　　　　　　　　　——地(市)级收入户

　　贷：联行存放款项

对县级预算固定收入,作会计分录如下：

借：待报解地方预算收入——县级收入户

　　贷：地方财政库款

2. 中心支库报解的核算

中心支库在收到支库上报的各种报解凭证时,对地(市)级固定预算收入,作会计分录如下：

借：联行来账

　　贷：待报解地方预算收入——省级收入户

　　　　　　　　　　　　　　——地(市)级收入户

中心支库对上报来的中央与地方共享收入,作会计分录如下：

借：待报解中央预算收入

　　贷：中央预算收入

　　　　待报解地方预算收入——省级收入户

　　　　　　　　　　　　　　——地(市)级收入户

3. 分库报解的核算

分库收纳预算收入和库款报解的核算方法与中心支库基本相同。

4. 总库报解的核算

总库是库款报解的终结单位。总库收到分库划来的各种报解凭证时,应编制汇总的中央预算收入日报表。作会计分录如下：

借：联行来账

　　贷：中央预算收入

库款支拨也称预算拨款,它是指财政部门根据规定的预算计划将国库收纳的预算款项拨付给各预算单位。库款支拨的方式有实拨资金和限额拨款两种,我们只介绍前一种。

因为用款单位多在各类商业银行开户,而国库设在中央银行。因此,国库在支拨库款时,一方面减少国库存款,另一方面增加商业银行在中央银行的存款余额。国库支拨库款时,作会计分录如下：

借：中央预算支出

　　地方财政库款

　　贷：××商业银行存款户

（四）商业银行缴存存款和贷款的核算

为充分发挥中央银行控制货币供应量的职能，我国实行存款准备金制度，采取缴存存款的办法，即各金融机构应按规定比例缴存存款准备金。

根据国家规定，各商业银行吸收财政性存款全部划归中国人民银行所有，其吸收的一般性存款，如企业存款、城乡储蓄存款、其他存款，必须按规定的比例缴存中国人民银行，由中国人民银行统一使用。中国人民银行为控制货币供应量，放松或紧缩贷款规模，支持商业银行的业务发展，可向商业银行提供贷款。

1. 商业银行缴存存款（存款准备金）的核算

为了核算各商业银行缴存的财政性存款和一般性存款，应分别设置"××银行缴来财政性存款"账户和"××银行缴来一般性存款"账户，两个账户均为负债类，余额反映在贷方。

【例 11-25】 中国工商银行济南分行 9 月末各项存款余额调整后，已缴财政性存款 40 000 000 元，已缴一般性存款 5 000 000 元，10 月 10 日该分行各存款账户余额为：

财政性存款 45 000 000 元

企业存款 100 000 000 元

储蓄存款 70 000 000 元

各种存款缴存比例为：财政性存款 100%，一般性存款 13%。

$$应补缴财政性存款＝(45\,000\,000－40\,000\,000)×100\%＝5\,000\,000(元)$$
$$应补缴一般性存款＝170\,000\,000×13\%－5\,000\,000＝17\,100\,000(元)$$

中国人民银行在办理转账时，作会计分录如下：

借：中国工商银行存款户——济南分行	22 100 000
贷：中国工商银行缴来财政性存款	5 000 000
中国工商银行缴来一般性存款	17 100 000

中国工商银行济南分行在办理转账时，作会计分录如下：

借：存放中央银行款项——财政性存款	5 000 000
——一般性存款	17 100 000
贷：存放中央银行款项——备付金存款	22 100 000

2. 对商业银行再贷款的核算

中央银行向商业银行贷款分为以下几种：

（1）年度性贷款：中国人民银行为解决专业银行因经济合理增长引起的年度性贷款资金不足而发放的贷款；一般期限为 1 年，最长不超过 2 年。

（2）季节性贷款：中国人民银行为解决专业银行因信贷资金先支后收或存、贷款季节性下降或上升等原因造成的暂时资金不足而发放的贷款；一般期限为 2 个月，最长不超过 4 个月。

（3）日拆性贷款：中国人民银行为解决商业银行因汇划款项未达而发生的临时性资金短缺而发放的贷款；一般期限为 10 天，最长不超过 20 天。

（4）再贴现：用于解决商业银行因办理票据贴现引起的暂时资金不足而融通的资金；期限从再贴现之日起到贴现票据到期日止，一般在 6 个月内。

【例 11-26】 中国农业银行青岛分行向中国人民银行青岛分行申请借得 1 年期贷款

10 000 000元。中国人民银行青岛分行作会计分录如下：

  借：中国农业银行贷款   10 000 000
    贷：中国农业银行存款   10 000 000

中国农业银行青岛分行作会计分录如下：

  借：存放中央银行款项   10 000 000
    贷：向中央银行借款   10 000 000

  还款时作相反的会计分录，对发生的利息，中国人民银行青岛分行应贷记"利息收入——金融机构利息收入"账户；中国农业银行青岛分行应借记"金融企业往来支出——中央银行利息支出"账户。

  【例11-27】 中国工商银行大连分行于2×22年8月1日将一未到期的商业承兑汇票（到期日为10月1日，票面金额为200 000元）向中国人民银行大连分行办理再贴现，月再贴现率为0.48%。

$$再贴现息=200\ 000\times0.48\%\times2=1\ 920（元）$$
$$再贴现金额=20\ 000-1\ 920=198\ 080（元）$$

中国人民银行大连分行作分录如下会计：

  借：再贴现——中国工商银行再贴现户   200 000
    贷：中国工商银行存款   198 080
      利息收入——金融机构利息收入   1 920

中国工商银行大连分行作会计分录如下：

  借：存放中央银行款项   198 080
    金融企业往来支出——中央银行利息支出   1 920
    贷：向中央银行借款——再贴现借款   200 000

本 章 小 结

  本章主要学习了银行会计的核算。通过本章的学习，我们了解了商业银行存款业务、贷款业务和结算业务的核算；掌握了货币发行业务、经理国库业务以及与商业银行有关业务的核算。经过本章学习，希望大家能对银行的会计核算有一定的认识。

本 章 重 要 概 念

  商业银行 存款 贷款 支付结算 委托收款 托收承付 银行汇票 商业汇票 中央银行 货币发行业务 经理国库业务 再贷款 再贴现

本 章 练 习

1. 商业银行的主要经营活动是什么？

11-6 扫一扫 看课件

11-7 扫一扫 练一练

11-8 扫一扫 练一练 答案

2.商业银行的支付结算业务主要包括哪些?

3.中央银行会计核算的特点是什么?

4.货币发行业务核算包括哪些内容?

5.中央银行经理国库业务主要有哪些?

第十二章 保险公司会计

内容提要

本章主要讲解了保险的概念和种类,保险业务的核算特点,财产保险业务、人身保险业务、再保险业务的账户设置与主要会计核算等。

重点难点

本章重点为财产保险保费收入与保险赔款支出的核算、财产保险准备金的核算、人身保险保费收入与保险金给付的核算、人身保险准备金的核算、再保险业务的核算;难点为财产保险保费收入与保险赔款支出的核算、财产保险准备金的核算、人身保险保险金给付的核算、人身保险准备金的核算、再保险业务的核算。

学习目标

通过本章学习,学生应了解保险的概念和种类,熟悉保险业务的特点;掌握财产保险业务、人身保险业务、再保险业务的核算方法。

知识框架

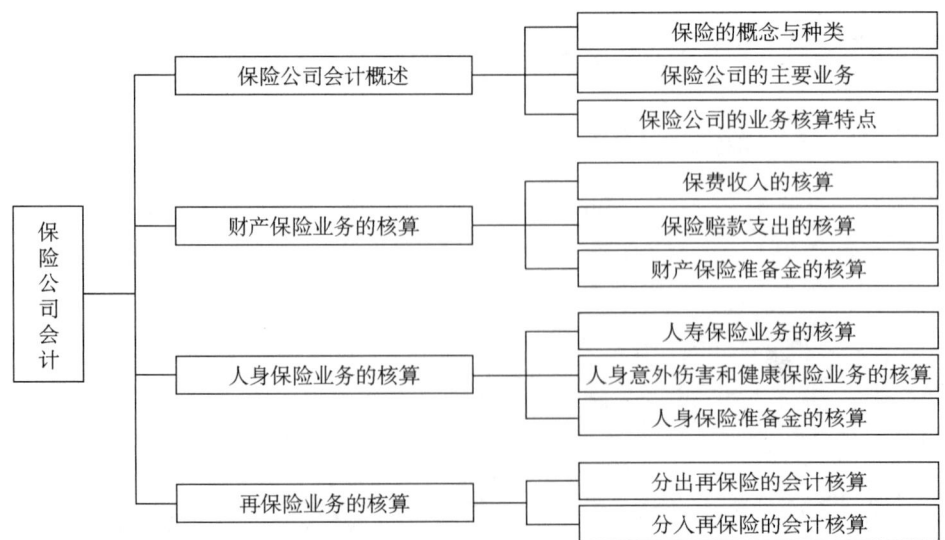

"公益＋保险"助力改善民生

近年来,随着我国公益事业的快速发展,"人人公益"日渐成为人们普遍接受的价值观念,转化为人们自愿自觉的行动。开放、共享、透明、可持续的公益生态,为保险公益形态的创新演化提供了新的土壤和空间。

社会公益资源融入公益保险产品的形式主要包括送保险、保险补贴、建立风险补偿资金池、提高赔付率、特殊情况下的例外条款免除、加大救助力度等。

2019年11月14日,中邮保险向结对帮扶的贫困村"中邮保险村"——喜德县光明镇莫洛村捐赠了130套蜂桶及配套养蜂工具。在当地发展养蜂业,不但可以使村民获得蜂产品,形成自立自强的意识,还可以通过养蜂促进农作物授粉增产,改善生态环境,可谓一举多得。

腾讯微保上线5年,服务用户1亿＋人次,月活量达4 000万＋人次。在社会价值的传递方面,腾讯微保探索"保险＋公益"帮扶模式,为医护工作者、中小商户、志愿者等群体设计并捐赠"同心抗疫·战疫保"和"好人好保志愿者无忧险";为留守老人和儿童定制"长者意外险"和"儿童关爱综合保险",覆盖致贫返贫风险,提升弱势群体保障水平;联合微信支付推出"务工卡＋灵工日结保险"为灵活就业群体提供诸多保障方案,积极响应银保监会鼓励保险机构积极发挥商业保险补充作用的号召,为社会治理提供多元化定制服务,帮助中国家庭降低并对冲风险,助力改善民生。

请分析"公益＋保险"相结合的模式可以用于对冲哪些风险?"公益＋保险"作为公益保险的创新演化形态,与传统公益有何区别?

资料来源:

(1) 佚名."保险＋公益"双轮驱动——中邮保险四川分公司凉山扶贫记[EB/OL].(2020-10-13)[2022-09-20].http://www.cptu.org.cn/html1/report/2010/6613-1.htm.

(2) 杨孟.从"公益保险"到"公益＋保险"[EB/OL].(2019-03-07)[2022-09-20].http://shh.cbimc.cn/2019-03/07/content_285362.htm.

(3) 董添.腾讯微保推出专项公益活动[EB/OL].(2022-09-15)[2022-09-20].http://invest.10jqka.com.cn/20220915/c641829636.shtml.

第一节　保险公司会计概述

保险公司是指依保险法和公司法设立的公司法人。保险公司收取保费,将保费所得资本投资于债券、股票、贷款等资产,运用这些资产所得收入支付保单所确定的保险赔偿。

一、保险的概念与种类

(一)保险的含义

保险是指投保人根据合同约定,向保险人支付保险费,保险人对于合同约定的可能发生的事故因其发生所造成的财产损失承担赔偿保险金责任,或者当被保险人死亡、伤残疾病或者达到合同约定的年龄、期限等条件时承担给付保险金责任的商业保险行为。

(二)保险的种类

保险可按不同的标准分类。

1. 财产保险与人身保险

根据保险分业经营的原则,《中华人民共和国保险法》按照保险保障范围的不同将保险分为财产保险、人身保险两大类。

(1)财产保险。财产保险是指以财产及其有关利益为保险标的保险。它是与人身保险

相对应的概念。这里指的保险标的,包括以物质形态存在的和以非物质形态存在的财产及其有关利益。财产保险主要包括以下三种:

① 财产损失保险是指以物质及有关利益为保险标的的保险,是一种狭义的财产保险。具体包括火灾险、货物运输险、工程保险等。

② 责任保险是指以被保险人对第三者依法应负的赔偿责任为保险标的保险。根据法律规定,被保险人因疏忽或过失,造成他人的人身伤害或财产损失应负的经济赔偿责任,由保险人代为赔偿。

③ 信用保险是保险人为被保险人向权利人提供的一种信用担保业务的保险。例如,分期付款买卖合同中的销货方担心买方不付款或不能按期付款而要求保险人保险,保证其在遇到上述情况而受到损失时,由保险人给予赔偿。

(2)人身保险。人身保险是指以人的身体或寿命作为保险标的,当被保险人在保险期间内因保险事故导致伤、残、死亡或者生存至保险期满时,保险人给付保险金的保险人身保险。按保险内容、保险期限、交费方式、给付方式等标准,人身保险大体分为以下三种:

① 人寿保险是指以被保险人的生命为保障对象的保险,如死亡保险、生存保险、两全保险、年金保险等。

② 意外伤害保险是指保险人对被保险人在保险有效期内遭受严重的意外伤害导致伤残或死亡而给付约定的保险金的保险。

③ 健康保险是指保险人对被保险人因疾病、分娩等所支出的诊断费、医药费及住院费等,以及对被保险人在治疗、休养期间因不能工作而丧失的收入负责赔偿的保险。

2. 原保险、再保险与共同保险

按照业务承保方式进行分类,保险可分为原保险、再保险、共同保险。

(1)原保险是指保险人直接承保并与投保人签订保险合同,构成保险人权利和义务的保险。它是由投保人与保险人之间直接签订保险合同而形成的保险关系,即投保人将风险转嫁给保险人。

(2)再保险也称分保,是指保险公司在直接承保合同的基础上,通过签订分保合同,将其所承保的部分风险和责任向其他保险公司进行保险的行为,即对保险人的保险。

(3)共同保险也称共保,是由两个或两个以上的保险人同时联合直接承保同一保险标的、同一保险利益、同一保险事故而保险金额之和不超过保险价值的保险。除了上述主要分类以外,保险还有自愿保险和强制保险、商业保险和社会保险、团体保险和个人保险等分类。

🔊 **特别提示 12-1**

保险人与投保人的区分

(1)保险人也称承保人,是与投保人签订保险合同,并承担赔偿或给付保险金责任的保险公司。

(2)投保人是与保险公司签订保险合同,并负有支付保险费义务的公司、单位或个人。

(3)保险合同就是保险人和投保人用于约定保险权利义务关系的协议。

二、保险公司的主要业务

12-1 视频:
保险公司业
务概述

保险公司的业务很多,也很复杂,但能直接创造利润的业务主要有以下两项:一是保险的经营业务;二是保险资金的运用业务。

(一)保险的经营业务

保险的经营业务指保险公司开展的各种各样的保险业务。根据《中华人民共和国保险法》(以下简称《保险法》)的规定,保险公司可直接承保的业务范围有财产保险和人身保险。另外,为分散风险、稳步发展,许多保险公司都将其原保险业务,即财产保险或人身保险进行再保险,这样财产保险、人身保险和再保险便构成了我国保险公司的主要经营业务。

财产保险和人身保险是具有不同性质的保险。按照国际保险业的惯例,这两种业务不能由同一家保险公司同时经营。我国《保险法》也规定,同一保险公司不得同时兼营财产保险和人身保险,这就是所谓的"保险的分业经营"。保险分业经营是国际保险业长期实践的结果,从理论上讲其理由也是很充分的,归纳起来最重要的原因在于:财产保险的期限一般较短,风险具有不确定性,财产保险基金只适合于短期投资,以便应付随时可能发生的巨额财产损失;而人身保险的期限一般较长,其风险具有相对的稳定性,人身保险基金比较适合于长期投资,如果将两种业务兼营,保险公司很容易忽视两种基金的性质,进行交叉投资、交叉使用,从而造成保险公司财务上的混乱,严重时会影响保险公司的理赔质量,给保险公司的信誉和发展带来不良影响。

保险的经营业务一般包括保险的展业、承保和理赔几大业务环节。简单地讲,保险的展业就是指宣传保险,争取让人们参加保险的过程;保险的承保就是指保险人和投保人对保险合同进行协商,进而签订保险合同的过程;保险的理赔就是指保险人受理出险合同的过程。

(二)保险资金的运用业务

保险资金的运用业务是指保险公司在经营过程中,将不断聚集的资金部分地用于投资,使保险公司的资金不断增值的过程。保险公司的经营业务决定了保险公司在展业过程中将不断地累积保险基金。与金融业一样,保险基金的保值、增值是保险公司健康发展的重要保证。保险资金的运用业务主要包括保险资金的投资业务、贷款业务、拆借业务、证券回购业务等。

三、保险公司的业务核算特点

保险公司的业务有别于一般的工商企业及其他金融企业,因此,其业务的会计核算有以下几个显著的特点。

(一)按险种分别建账、分别核算损益

各险种类别之间在业务经营期限、币种、赔付方式、收费方式上都存在很大的差别,因此,保险公司把财产保险业务和人身保险业务分开经营、分别进行会计核算。

(二)资产构成的特殊性

保险公司的流动资产中,实物形态的资产所占比例很小,其收取的保费所形成的保险金主要以银行存款、债券等形式进行投资。根据《保险法》规定,保险公司应当按照其注册资本总额的20%提取保证金,存入国务院保险监督管理机构指定的银行,除保险公司清算时用于清偿债务外,不得动用。

(三)保险公司年度决算的重点是估算负债

由于保险公司的经营风险很大,为了防范风险和保障投保人的权益,必须按《企业会计准则》的要求,计提各种准备金。因此,保险公司的负债除了一般的结算性、金融性负债,还包括其为履行未来赔付责任而从所收到的保费中提取的各种准备金所形成的负债。例如,为尚未终止的非寿险保险责任提取的未到期责任准备金;为非寿险保险事故已发生尚未结案的未决赔款准备金;为尚未终止的人寿保险责任提取的寿险责任准备金等,这些均形成保险公司独有的负债。

(四)实行按会计年度和按业务年度两种损益结算方法

除了长期工程险、再保险等业务按业务年度结算损益,其他各类保险业务应按会计年度结算损益。按会计年度结算损益的保险业务,其收支差额计入当期损益;按业务年度结算损益的保险业务,收支差额在非结算损益年度,全额作为长期责任准备金提存,不计入当期损益,并于次年转回,滚存到结算损益年度终了时结算损益。

(五)保险责任准备金充足性测试

基于会计信息质量特征中的谨慎性,并考虑成本效益原则,保险公司应当至少于每年年度终了,以掌握的有关资料为依据,选择恰当的方法对保险责任准备金进行充足性测试。如果保险公司按照保险精算重新计算确定的相关保险责任准备金金额超过充足性测试日已确认的相关保险责任准备金余额,应当按照其差额补提相关保险责任准备金;如果保险公司按照保险精算重新计算确定的相关保险责任准备金金额小于充足性测试日已确认的相关保险责任准备金余额的,不调整相关保险责任准备金。

12-2视频:保险公司业务核算的特点

延伸阅读 12-1 ....

2018 年保险统计数据报告

一、原保险保费收入 38 016.62 亿元,同比增长 3.92%

产险公司原保险保费收入 117 55.69 亿元,同比增长 11.52%;人身险公司原保险保费收入 26 260.87 亿元,同比增长 0.85%。

产险业务原保险保费收入 10 770.08 亿元,同比增长 9.51%;寿险业务原保险保费收入 20 722.86 亿元,同比下降 3.41%;健康险业务原保险保费收入 5 448.13 亿元,同比增长 24.12%;意外险业务原保险保费收入 1 075.55 亿元,同比增长 19.33%。

产险业务中,交强险原保险保费收入 2 034.38 亿元,同比增长 8.85%;农业保险原保险保费收入为 572.65 亿元,同比增长 19.54%。另外,人身险公司未记入保险合同核算的保户投资款和独立账户本年新增交费 8 286.58 亿元,同比增长 30.24%。

二、保险金额及保单情况

保险业提供保险金额 6 897.04 万亿元,同比增长 66.23%。其中,产险公司保险金额 5 777.37 万亿元,增长 90.65%;人身险公司本年累计新增保险金额 1 119.67 万亿元,增长 0.10%。

从险种看,车险保额 211.26 万亿元,同比增长 24.92%;责任险保额 866.14 万亿元,增长 244.04%;农险保额 3.46 万亿元,增长 24.23%;寿险本年累计新增保额 30.00 万亿元,下降 5.46%;健康险保额 797.80 万亿元,增长 50.02%;意外险保额 3 808.86 万亿元,增长 32.80%。

保险业新增保单件数 290.72 亿件,同比增长 66.13%。其中,产险公司签单数量 282.63 亿件,增长 70.10%;人身险公司本年累计新增保单 8.09 亿件,下降 8.46%。

从险种看,货运险签单数量 48.90 亿件,同比增长 31.91%;责任险 72.70 亿件,增长 81.70%;保证险 22.86 亿件,增长 35.62%;车险 4.48 亿件,增长 12.09%;寿险本年新增累计保单 0.89 亿件,下降 19.86%;其中,普通寿险 5 549.10 万件,下降 20.35%;健康险 32.01 亿件,增长 417.28%;意外险 64.99 亿件,增长 168.51%。

三、赔款和给付支出 12 297.87 亿元,同比增长 9.99%

产险业务赔款 5 897.32 亿元,同比增长 15.92%;寿险业务给付 4 388.52 亿元,同比下降 4.07%;健康险业务赔款和给付 1 744.34 亿元,同比增长 34.72%;意外险业务赔款 267.70 亿元,同比增长 19.68%。

四、资金运用余额为 164 088.38 亿元,较年初增长 9.97%

银行存款 24 363.50 亿元,占比 14.85%;债券 56 382.97 亿元,占比 34.36%;股票和证券投资基金 19 219.87 亿元,占比 11.71%;其他投资 64 122.04 亿元,占比 39.08%。

五、总资产 183 308.92 亿元,较年初增长 9.45%

产险公司总资产 23 484.85 亿元,较年初下降 5.92%;人身险公司总资产 146 087.48 亿元,较年初增长 10.55%;再保险公司总资产 3 649.79 亿元,较年初增长 15.87%;资产管理公司总资产 557.34 亿元,较年初增长 13.41%。

六、净资产 20 154.41 亿元,较年初增长 6.95%。

资料来源:中国银行保险监督管理委员会.2018 年保险统计数据报告[EB/OL].(2019-01-29)[2019-08-20].http://www.cbirc.gov.cn/cn/view/pages/ItemDetail.html?docId=358921&itemId=954&generaltype=0.

第二节 | 财产保险业务的核算

保险公司会计是指把会计的基本原理和方法用于保险公司,核算和监督保险公司的各项经济活动。其意义在于满足投资者和债权人了解保险公司财务状况、经营成果和现金流量的需要;提供符合国家宏观经济管理和保险行业监管要求的会计信息;满足保险公司内部经营管理的需要。

一、保费收入的核算

(一)相关会计账户设置

1.“保费收入”账户

“保费收入”账户属于损益类账户,用于核算保险公司确认的保费收入。该账户可按保险合同和险种进行明细核算。期末,应将“保费收入”账户余额转入“本年利润”账户,结转后“保费收入”账户无余额。

2.“应收保费”账户

“应收保费”账户属于资产类账户,用于核算保险公司按照原保险合同约定应向投保人收取的保费。该账户按照投保人进行明细核算。“应收保费”账户期末借方余额反映保险公司尚未收回的应收保费;期末如为贷方余额,反映保险公司预收的保费。

3.“预收保费”账户

“预收保费”账户属于负债类账户,用于核算保险公司收到未满足保费收入确认条件的保险费。该账户按投保人进行明细核算。“预收保费”账户期末贷方余额反映保险公司预收的保费;期末如为借方余额,反映保险公司尚未转销的保费。

4.“保户储金”账户

“保户储金”账户属于负债类账户,用于核算保险公司收到投保人以储金本金增值作为保费收入的储金。保险公司应向投保人支付的储金或投资款增值,也在“保户储金”账户核算。该账户可按投保人进行明细核算保险公司收到投保人缴纳的储金,借记“银行存款”“库

12-3 视频:财产保险业务保费收入的核算

存现金"等账户,贷记"保户储金"账户。向投保人支付储金则作相反的会计分录。"保户储金"账户期末贷方余额反映企业应付未付投保人储金。

(二)保费收入的账务处理

保险公司签发保单时,直接缴纳保费的,会计部门根据业务部门交来的保费日报表、保费收据存根和银行收账通知进行账务处理。按收到的保费,借记"库存现金(银行存款)"账户,贷记"保费收入——××险种"账户。

【例 12-1】 甲保险公司于 2×22 年 9 月 20 日收到保户交纳的保费 500 000 元并存入银行,公司于 10 月 5 日起承担保险责任。甲保险公司作会计分录如下:

借:银行存款   500 000

  贷:保费收入   500 000

如果发生投保人提前缴费或交纳保费在前,承担保险责任在后的业务,则应作为预收保费处理,到期再转入保费收入。会计部门根据业务部门交来的保费日报表和保费收据存根,以及银行收账通知进行账务处理。按收到的保费,借记"银行存款"账户,贷记"预收保费——××投保人"账户;保费用收入实现时,借记"预收保费——××投保人"账户,贷记"保费收入——××险种"账户。

【例 12-2】 2×22 年 6 月 1 日,甲保险公司与李某签订一份家庭财产保险合同,保险金额为 1 000 000 元,保险期间为 1 年,保费为 1 000 元。合同规定,甲公司自 7 月 1 日零时起开始承担保险责任,合同签订当日,甲公司收到李某交纳的全部保费并存入银行。作会计分录如下:

(1)6 月 1 日,收到保费 1 000 元时:

借:银行存款   1 000

  贷:预收保费——李某   1 000

(2)7 月 1 日,确认原保费收入 1 000 元时:

借:预收保费   1 000

  贷:保费收入——家庭财产保险   1 000

有些保费按保险合同约定可以分期缴纳。一经签单,全部保费就作为保费收入,未收款的部分则作为应收保费处理,等待下期收款后再冲销。首期收款并发生保费时,按实际收到的保费借记"银行存款"账户,按未收款的部分,借记"应收保费"账户,贷记"保费收入——××险种"账户。

【例 12-3】 2×23 年 1 月 1 日,甲保险公司与乙公司签订一份 2 年期工程保险合同,保险金额为 4 000 000 元,保险期间为 2×23 年 1 月 1 日 0 时至 2×24 年 12 月 31 日 24 时;保费总额为 4 000 元,分 2 年于每年年初等额收取。合同生效当日,甲公司收到第一期保费并存入银行。甲保险公司作会计分录如下:

(1)2×23 年 1 月 1 日,收到保费 2 000 元,确认原保费收入 4 000 元时:

借:银行存款   2 000

  应收保费——乙公司   2 000

  贷:保费收入——建筑工程保险   4 000

(2) 2×24 年 1 月 1 日,收取保费 2 000 元时:

借:银行存款　　　　　　　　　　　　　　　　　　　　　　　　　　2 000
　　贷:应收保费——乙公司　　　　　　　　　　　　　　　　　　　　　　　　2 000

财产保险业务中的家庭财产两全保险是通过储金保险的形式,投保人在投保时按保险金额与保险公司规定的储金比例一次缴纳保险储金,保险公司将该保险储金存入银行或者进行债券投资,将利息收入或投资收益作为保险收入,保险期满,投保人到保险公司足额领回原来交付的保险储金。

【例 12-4】 甲保险公司会计部门收到业务部门交来的 3 年期家庭财产两全保险保户储金日报、储金收据和银行储金专户收款凭证 200 000 元,预定年利率 4%,3 年后一次还本。甲保险公司作会计分录如下:

(1) 收到保户储金时:

借:银行存款储金专户　　　　　　　　　　　　　　　　　　　　　　200 000
　　贷:保户储金——家财两全险　　　　　　　　　　　　　　　　　　　　200 000

(2) 每年计算利息时:

借:应收利息　　　　　　　　　　　　　　　　　　　　　　　　　　　8 000
　　贷:保费收入——家财两全险　　　　　　　　　　　　　　　　　　　　　8 000

(3) 第三年还本时:

借:保户储金——家财两全险　　　　　　　　　　　　　　　　　　　200 000
　　贷:银行存款——储金专户　　　　　　　　　　　　　　　　　　　　　200 000

二、保险赔款支出的核算

(一) 相关会计账户设置

1. "赔付支出"账户

"赔付支出"账户属于损益类账户,用于核算保险公司支付的原保险合同赔付款项和再保险合同赔付款项。保险公司可以单独设置"赔款支出""满期给付""年金给付""死伤医疗给付""分保赔付支出"等账户。该账户可按保险合同和险种进行明细核算。期末,应将"赔付支出"账户余额转入"本年利润"账户,结转后,"赔付支出"账户无余额。

2. "预付赔付款"账户

"预付赔付款"账户属于资产类账户,用于核算保险公司从事保险业务预先支付的赔付款。该账户按照保险人或受益人进行明细核算。该账户期末借方余额反映保险公司预付的赔付款;期末如为贷方余额,反映保险公司尚未补付的赔付款。

3. "损余物资"账户

"损余物资"账户属于资产类账户,用于核算保险公司按照原保险合同约定承担赔偿保险金责任后取得的损余物资成本。该账户可按损余物资种类进行明细核算。损余物资发生减值的,可以单独设置"损余物资跌价准备"账户,比照"存货跌价准备"账户进行处理。"损余物资"账户期末借方余额反映保险公司承担赔偿保险金责任后取得的损余物资成本。

4.“应收代位追偿款”账户

“应收代位追偿款”账户属于资产类账户,用于核算保险公司按照原保险合同约定承担赔付保险金责任后确认的代位追偿款。该账户可按被追偿单位(或个人)进行明细核算。“应收代位追偿款”账户期末借方余额反映保险公司已确认尚未收回的代位追偿款。

(二)赔款支出的账务处理

赔付支出的主要账务处理:会计部门在接到业务部门的理赔计算书后,应认真审查有关内容,审查无误后,根据不同情况分别处理。

对于保险赔案清楚,能及时结案的,应通过“赔付支出”账户核算。作会计分录如下:

借:赔付支出
　　贷:银行存款

【例 12-5】 2×22 年 9 月,甲公司投保的一台机器设备出险,承保的平安保险司的会计部门收到赔款计算书和投保人签章的赔款收据,签发 200 000 元的转账支票给投保人。保险公司作会计分录如下:

借:赔付支出　　　　　　　　　　　　　　　　　　　　　　　　　　200 000
　　贷:银行存款　　　　　　　　　　　　　　　　　　　　　　　　　　200 000

由于赔款的计算和审核工作复杂,往往需要很长时间,保险公司为了使被保险人能及时恢复生产经营活动,经常采取按估计损失的一定比例预付部分赔款的办法,等损失核定后,再补足差额。作会计分录如下:

(1)出险后,保险公司预付部分赔款时:

借:预付赔付款
　　贷:银行存款

(2)损失核定后,保险公司支付剩余赔款:

借:赔付支出
　　贷:预付赔付款
　　　　银行存款

【例 12-6】 2×22 年 10 月 5 日,甲公司投保的财产综合险出险,由于投保人与保险公司就其实际损失存在争议,尚未及时结算,保险公司预先支付赔款 200 000 元,后经双方协商,确认理赔支出总额为 400 000 元。保险公司在结案后以转账支票 200 000 元补足赔款。保险公司作会计分录如下:

(1)预付赔款时:

借:预付赔付款　　　　　　　　　　　　　　　　　　　　　　　　　　200 000
　　贷:银行存款　　　　　　　　　　　　　　　　　　　　　　　　　　200 000

(2)结案后补足赔款时:

借:赔付支出　　　　　　　　　　　　　　　　　　　　　　　　　　　400 000
　　贷:预付赔付款　　　　　　　　　　　　　　　　　　　　　　　　　200 000
　　　　银行存款　　　　　　　　　　　　　　　　　　　　　　　　　　200 000

保险财产遭受保险事故后，在多种情况下，不是完全灭失，而是部分受损，物资还具有一定程度的利用价值，称为损余物资。损余物资一般应合理作价归被保险人所有，并在赔款中予以扣除。如果被保险人不愿意接受，保险公司应按全损赔付，损余物资归保险公司处理。

保险公司承担赔偿保险金责任后取得的损余物资，应当按照同类或类似资产的市场价格计算确定的金额确认为资产，并冲减当期赔付支出，作会计分录如下：

借：损余物资
　　贷：赔付支出

日后处置损余物资时，保险公司应当按照实际收到的金额与损余物资账面价值的差额，调整当期赔付支出，作会计分录如下：

借：银行存款
借或贷：赔付支出
　　贷：损余物资

若损余物资已计提跌价准备的，还应同时予以结转。

【例 12-7】 ××商场仓库发生火灾，经计算，保险公司应赔付 300 000 元，其中损余物资折价 100 000 元归商场所有。作会计分录如下：

借：赔付支出　　　　　　　　　　　　　　　　　　　　　　　200 000
　　贷：银行存款　　　　　　　　　　　　　　　　　　　　　　200 000

【例 12-8】 承[例 12-7]，若保险公司取得损余物资，经估价，同类资产的市场价值为 115 000 元，后保险公司将损余物资作价 100 000 元出售。假设损余物资没有发生减值。作会计分录如下：

(1) 赔付款项时：

借：赔付支出　　　　　　　　　　　　　　　　　　　　　　　300 000
　　贷：银行存款　　　　　　　　　　　　　　　　　　　　　　300 000

(2) 取得损余物资时：

借：损余物资　　　　　　　　　　　　　　　　　　　　　　　115000
　　贷：赔付支出——财产综合险　　　　　　　　　　　　　　　115000

(3) 出售损余物资时：

借：银行存款　　　　　　　　　　　　　　　　　　　　　　　100 000
　　赔付支出　　　　　　　　　　　　　　　　　　　　　　　 15 000
　　　贷：损余物资　　　　　　　　　　　　　　　　　　　　　115 000

应收代位追偿款，是指保险人承担赔付保险金责任后，依法向第三者责任人索赔不属于其免责范围所造成的损失而应当取得的赔款。

【例 12-9】 2×22 年 10 月 3 日，平安财产保险公司保险标的荣达有限公司的大型运输车发生保险事故，保险公司根据合同约定赔付保险金 120 000 元，并确认为代位追偿款。2 个月后该保险公司从责任方实际收回追偿款 100 000 元。作会计分录如下：

(1) 10 月 3 日确认代位追偿款时：

借：应收代位追偿款　　　　　　　　　　　　　　　　　　　　120 000
　　贷：赔付支出　　　　　　　　　　　　　　　　　　　　　　120 000

（2）收回代位追偿款时：

借：银行存款　　　　　　　　　　　　　　　　　　　　　　　　　　　100 000
　　赔付支出　　　　　　　　　　　　　　　　　　　　　　　　　　　　20 000
　　贷：应收代位追偿款　　　　　　　　　　　　　　　　　　　　　　　　　120 000

三、财产保险准备金的核算

财产保险准备金是指保险公司为履行其承担的保险责任或者备付未来赔款，从收取的保险费中按规定提存的资金准备。它是保险公司的一种资金积累，包括未到期责任准备金和未决赔款准备金。

（一）相关会计账户设置

1．"未到期责任准备金"账户

"未到期责任准备金"账户属于负债类账户，用于核算保险公司提取的非寿险原保险合同未到期责任准备金。再保险接受人提取的再保险合同分保未到期责任准备金，也在"未到期责任准备金"账户核算。该账户可按保险合同进行明细核算。"未到期责任准备金"账户期末贷方余额反映保险公司的未到期责任准备金。

2．"提取未到期责任准备金"账户

"提取未到期责任准备金"账户属于损益类账户，用于核算保险公司提取的非寿险原保险合同未到期责任准备金和再保险合同分保未到期责任准备金。该账户可按保险合同和险种进行明细核算。期末，应将"提取未到期责任准备金"账户余额转入"本年利润"账户，结转后，"提取未到期责任准备金"账户无余额。

3．"保险责任准备金"账户

"保险责任准备金"账户属于负债类账户，用于核算保险公司提取的原保险合同保险责任准备金，包括未决赔款准备金、寿险责任准备金、长期健康险责任准备金。再保险接受人提取的再保险合同保险责任准备金，也在"保险责任准备金"账户核算。保险公司也可以单独设置"未决赔款准备金""寿险责任准备金""长期健康险责任准备金"等账户。该账户可按保险责任准备金类别、保险合同进行明细核算。"保险责任准备金"账户期末贷方余额反映保险公司的保险责任准备金。

4．"提取保险责任准备金"账户

"提取保险责任准备金"账户属于损益类账户，用于核算保险公司提取的原保险合同保险责任准备金，包括提取的未决赔款准备金、提取的寿险责任准备金、提取的长期健康险责任准备金。再保险接受人提取的再保险合同保险责任准备金，也在"提取保险责任准备金"账户核算。保险公司也可以单独设置"提取未决赔款准备金""提取寿险责任准备金""提取长期健康险责任准备金"等账户。该账户可按保险责任准备金类别、险种和保险合同进行明细核算。期末，应将"提取保险责任准备金"账户余额转入"本年利润"账户，结转后，"提取保险责任准备金"账户无余额。

（二）未到期责任准备金的核算

1．未到期责任准备金的主要账务处理

（1）确认原保费收入、分保费收入的当期，应按保险精算确定的未到期责任准备金。作会计分录如下：

借：提取未到期责任准备金

　　贷：未到期责任准备金

（2）资产负债表日，按保险精算重新计算确定的未到期责任准备金与已确认的未到期责任准备金的差额。作会计分录如下：

借：未到期责任准备金

　　贷：提取未到期责任准备金

（3）原保险合同提前解除的，按相关未到期责任准备金余额。作会计分录如下：

借：未到期责任准备金

　　贷：提取未到期责任准备金

2. 提取未到期责任准备金的主要账务处理

（1）确认原保费收入、分保费收入的当期，应按保险精算确定的未到期责任准备金。作会计分录如下：

借：提取未到期责任准备金

　　贷：未到期责任准备金

（2）资产负债表日，应按保险精算重新计算确定的未到期责任准备金与已确认的未到期责任准备金的差额。作会计分录如下：

借：未到期责任准备金

　　贷：提取未到期责任准备金

（3）原保险合同提前解除的，应按相关未到期责任准备金余额。作会计分录如下：

借：未到期责任准备金

　　贷：提取未到期责任准备金

【例12-10】 2×22年11月1日，甲保险公司确认乙公司投保的丁财产保险合同保费收入48 000元；11月31日，甲保险公司的保险精算部门计算确定丁财产保险合同未到期责任准备金金额为44 000元；12月31日，甲保险公司保险精算部门计算确定丁财产保险合同未到期责任准备金金额为40 000元。甲保险公司作会计分录如下：

（1）11月1日，确认原保费收入48 000元时：

借：银行存款　　　　　　　　　　　　　　　　　　　　　　　　　　48 000

　　贷：保费收入　　　　　　　　　　　　　　　　　　　　　　　　　48 000

（2）11月30日，确认未到期责任准备金44 000元时：

借：提取未到期责任准备金　　　　　　　　　　　　　　　　　　　　44 000

　　贷：未到期责任准备金　　　　　　　　　　　　　　　　　　　　　44 000

（3）12月31日，调减未到期责任准备金4 000元（44 000－40 000）时：

借：未到期责任准备金　　　　　　　　　　　　　　　　　　　　　　4 000

　　贷：提取未到期责任准备金　　　　　　　　　　　　　　　　　　　4 000

（三）未决赔款准备金的核算

1. "未决赔款准备金"的主要账务处理

（1）投保人发生非寿险保险合同约定的保险事故当期，企业应按保险精算确定的未决赔款准备金。作会计分录如下：

　　借：提取未决赔款准备金
　　　　贷：未决赔款准备金

　　对保险责任准备金进行充足性测试，应按补提的保险责任准备金。作会计分录如下：

　　借：提取未决赔款准备金
　　　　贷：未决赔款准备金

　　（2）原保险合同保险人确定支付赔付款项金额或实际发生理赔费用的当期，应按冲减的相应未决赔款准备金余额。作会计分录如下：

　　借：未决赔款准备金
　　　　贷：提取未决赔款准备金

　　2."提取未决赔款准备金"的主要账务处理

　　（1）投保人发生非寿险保险合同约定的保险事故当期，企业应按保险精算确定的未决赔款准备金。作会计分录如下：

　　借：提取未决赔款准备金
　　　　贷：未决赔款准备金

　　对保险责任准备金进行充足性测试，应按补提的保险责任准备金。

　　借：提取未决赔款准备金
　　　　贷：未决赔款准备金

　　（2）原保险合同保险人确定支付赔付款项金额或实际发生理赔费用的当期，应按冲减的相应保险责任准备金余额。作会计分录如下：

　　借：未决赔款准备金
　　　　贷：提取未决赔款准备金

　　【例 12-11】　2×22 年 5 月 31 日，甲保险公司保险精算部门计算确定的某类财产保险合同未决赔款准备金金额为 100 000 元，其中，已发生已报案未决赔款准备金为 60 000 元，已发生未报案未决赔款准备金为 20 000 元，理赔费用准备金为 20 000 元。6 月 30 日，甲保险公司支付长江公司赔款金额 100 000 元，同时冲减相应的未决赔款准备金余额。甲保险公司作会计分录如下：

　　（1）提取未决赔款准备金时：

　　借：提取未决赔款准备金　　　　　　　　　　　　　　　　　　　　　　100 000
　　　　贷：未决赔款准备金　　　　　　　　　　　　　　　　　　　　　　　　100 000

　　（2）支付保险赔付款项时：

　　借：赔付支出　　　　　　　　　　　　　　　　　　　　　　　　　　　　100 000
　　　　贷：银行存款　　　　　　　　　　　　　　　　　　　　　　　　　　　100 000

　　（3）冲减相应未决赔款准备金余额时：

　　借：未决赔款准备金　　　　　　　　　　　　　　　　　　　　　　　　　100 000
　　　　贷：提取未决赔款准备金　　　　　　　　　　　　　　　　　　　　　　100 000

第三节 | 人身保险业务的核算

人身保险是以人的生命、身体或劳动能力为保险标的,以被保险人的生死、伤害、疾病为保险事故的保险业务。人身保险具有储蓄性、保险金额定额给付的确定性、保险期限长期性等特点,这些特点决定了人身保险业务核算与财产保险业务核算存在差异,具有自己的特殊性根据我国《保险法》的规定,人身保险可以分为人寿保险、人身意外伤害保险和健康保险三大类。

一、人寿保险业务的核算

人寿保险是一种以人的生死为保险对象的保险。它是被保险人在保险责任期内生存或死亡,由保险人根据契约规定给付保险金的一种保险。它主要包括定期人寿保险、终身人寿保险、生存保险、生死两全保险。人寿保险业务主要包括保费收入的核算、保险金给付的核算、寿险责任准备金的核算等内容。

(一)人寿保险业务保费收入的核算

人寿保险业务保费收入的确认,也应同时满足《企业会计准则》中所规定的三个收入确认条件。同时,《企业会计准则第 25 号——保险合同》还规定,保险人应当按照下列规定计算确定保费收入金额:对于寿险原保险合同,分期收取保费的,应当根据当期应收取的保费确定;一次性收取保费的,应当根据一次性应收取的保费确定。为了反映和监督人寿保险业务保费收入的增减变动情况,保险公司主要应设置"保费收入""预收保费"和"应收保费"等账户进行核算。人寿保险业务保费收入的核算包括业务发生时收取保费和预收保费两种情况。

1. 保险业务发生时收取保费的核算

保险业务发生时,若分期收取保费的,应当根据当期应收取的保费确认保费收入;若一次性收取保费的,应当根据一次性应收取的保费确认保费收入。作会计分录如下:

借:库存现金/银行存款/应收保费等
　　贷:保费收入

【例 12-12】 某保险公司的会计部门根据业务部门送来的保费日结单及所附收据存根和现金 200 000 元,审查后办理入账。作会计分录如下:

借:库存现金　　　　　　　　　　　　　　　　　　　　　　　　　200 000
　　贷:保费收入　　　　　　　　　　　　　　　　　　　　　　　　　200 000

2. 保险业务发生时预收保费的核算

预收保费的核算在预收保费的情况下,投保人提前交纳的保险费应通过"预收保费"账户核算。作会计分录如下:

借:库存现金/银行存款
　　贷:预收保费

将预收的保费转为已实现的保费收入时,作会计分录如下:

借:预收保费
　　贷:保费收入

（二）人寿保险业务保险金给付的核算

人寿保险业务保险金给付是保险公司对投保人在保险期满或在保险期中支付保险金，以及对保险期内发生保险责任范围的意外事故按规定给付的保险金。人寿保险公司的主要义务就是当被保险人发生保险事故时，根据保险合同的约定给付保险金，因此，给付保险金是人寿保险公司经营业务的重要组成部分。根据人身保险合同的规定，给付保险金分为三种：满期给付、死伤医疗给付、年金给付。人寿保险公司在办理给付保险金时，应由投保人提供有关单证及证明。经业务部门审查核实后，填制"满期给付领取收据"或"死伤医疗给付领取收据"等，并由投保人签章后，连同保险分户卡一并送交会计部门。会计人员认真复核后，向投保人支付保险金。

1. 满期给付的核算

被保险人生存到保险期满时，保险公司给付的保险金称作满期给付。我国开办的养老保险，当被保险人达到退休年龄或约定的领取年龄，并且交费期限达到条款规定的年限时，可以办理月领养老金手续。交费期限不足规定年限者，应办理一次性领取养老金手续。满期给付是综合投保年龄、保险期限、交费时间和投保份数等因素，根据寿险数学精算出来的。满期给付一般由被保险人本人受领。目前，我国开办的人寿保险满期险种主要有简易人寿保险、团体人寿保险、普通个人生存保险，以及生死两全保险等。为了反映和监督人寿保险业务满期给付的增减变动情况，保险公司应设置"满期给付"账户进行核算。该账户属于损益类账户，核算保险公司因人寿保险业务的被保险人生存至保险期满，公司按保险合同约定支付给被保险人的满期保险金。其借方登记所发生的满期给付金额；贷方登记按规定冲减的满期给付金额；期末，将该账户余额转入"本年利润"账户后，该账户无余额。该账户可按保险合同和险种进行明细核算。作会计分录如下：

（1）被保险人生存至期满，按保险条款规定支付保险金时：

借：满期给付

　　贷：银行存款

（2）在满期给付时，如有保护质押贷款本息未还清者，应将其未还清的贷款本息从应支付的保险金中扣除。

借：满期给付［应给付金额］

　　贷：保户质押贷款——××户［未收到的保户质押贷款本金］

　　　　利息收入——保户质押贷款利息收入户［欠息金额］

　　　　银行存款［实际支付金额］

（3）在保险合同规定的交费宽限期内发生满期给付时：

借：满期给付［应给付金额］

　　贷：保费收入［投保人未缴保费金额］

　　　　利息收入——保户质押贷款利息收入户［欠息金额］

　　　　银行存款［实际支付金额］

（4）期末，将"满期给付"账户的余额转入"本年利润"账户时：

借：本年利润

　　贷：满期给付

【例 12-13】 甲投保金额为 50 000 元的两全保险期满,尚有 8 000 元的保单质押贷款未归还,该笔贷款应付利息为 406 元,会计部门将贷款及利息扣除后办理给付。作会计分录如下:

借:满期给付——两全险　　　　　　　　　　　　　　　　　　50 000
　　贷:保户质押贷款——甲户　　　　　　　　　　　　　　　　8 000
　　　　利息收入——保户质押贷款利息收入户　　　　　　　　　　406
　　　　银行存款　　　　　　　　　　　　　　　　　　　　　41 594

2. 死伤医疗给付的核算

死伤医疗给付分为死亡给付、伤残给付和医疗给付三种。为了反映和监督人寿保险业务死伤医疗给付的增减变动情况,保险公司应设置"死伤医疗给付"账户进行核算。该账户属于损益类账户,核算保险公司因人寿保险及长期健康保险业务的被保险人,在保险期内发生保险责任范围内的保险事故,公司按保险合同的约定支付给被保险人(或受益人)的保险金。其借方登记所发生的死伤医疗给付金额;贷方登记按规定冲减的死伤医疗给付金额;期末,将该账户余额转入"本年利润"账户后,该账户无余额。该账户可按保险合同和险种进行明细核算。死伤医疗给付的账务处理包括发生和期末结转死伤医疗给付两项内容;同时,应考虑是否存在投保人贷款本息未还清和未交保费的情况。作会计分录如下:

(1) 被保险人在保险期内发生保险责任范围内的死亡、意外伤残、医疗事故而按保险责任支付保险金时:

借:死伤医疗给付
　　贷:银行存款

(2) 在保险合同规定的交费宽限期内发生死伤医疗给付时:

借:死伤医疗给付[应给付金额]
　　贷:保费收入[投保人未交保费金额]
　　　　利息收入——保户质押贷款利息收入户[欠息金额]
　　　　银行存款[实际支付金额]

(3) 期末,将"死伤医疗给付"账户的余额转入"本年利润"账户时:

借:本年利润
　　贷:死伤医疗给付

3. 年金给付的核算

年金给付是被保险人生存至规定的年龄,人寿保险公司按保险合同规定支付给被保险人的给付金额。为了反映和监督人寿保险业务年金给付的增减变动情况,保险公司应设置"年金给付"账户进行核算。该账户属于损益类账户,业务处理同满期给付和死伤医疗给付。

相关思考 12-1

是否承担给付保险金

2016 年,李某因患高血压休息在家。同年 9 月 15 日,李某投保保险金额为 20 万元、期限 20 年的定期寿险,投保时隐瞒了病情。2017 年 9 月 12 日,李某病情发作,不幸去世。被保险人的丈夫马某作为家属请求保险公司给付保险金。按照我国现行《保险法》的规定,问保险公司是否承担给付保险金责任? 为什么?

分析:保险公司应当拒付。因为李某未履行如实告知义务,投保时对保险公司隐瞒了自己患有高血压病这一重要事实。因此按照我国现行《保险法》的规定,由于李某故意不履行告知义务,所以,保险公司可以不承担给付保险金义务;保险公司可以不退还保险费。

二、人身意外伤害和健康保险业务的核算

人身意外伤害保险也称疾病保险,是指以被保险人的身体或劳动能力作为保险标的,以被保险人在保险有效期内因遭受意外伤害造成死亡、残疾、支出医疗费、暂时丧失劳动能力为给付保险金条件的人身保险业务健康保险。它是以被保险人的疾病、分娩及其所致残疾、死亡为保险标的,以被保险人在保险有效期内因患病造成死亡、残疾、支出医疗费、暂时丧失劳动能力为给付保险金条件的人身保险业务。

健康保险,按保险期限的长短,可分为短期健康保险和长期健康保险;按保险标的所产生的结果,可分为医疗保险和残疾收入补偿保险等。其中,短期健康保险是指保险期限为1年及1年以下的健康保险;长期健康保险是指保险期限在1年以上的健康保险;医疗保险是指保险人对投保人由于疾病等所用的医疗费用承保的保险;残疾收入补偿保险是指保险人对投保人由于疾病等所致的收入损失承保的保险。

(一)相关账户设置

账户设置为了反映和监督意外伤害保险业务和健康保险业务保费收入和保险金给付情况,主要应设置"保费收入""应收保费""赔款支出""死伤医疗给付"等账户进行核算。其中,"赔款支出"账户的设置在"财产保险业务赔款支出的核算"中已述,"死伤医疗给付"账户用于核算长期健康险业务。

(二)意外伤害保险业务和健康保险业务的核算

1. 意外伤害保险业务和健康保险业务保费收入的确认

意外伤害保险业务和健康保险业务保费收入的确认,应同时满足《企业会计准则第25号——保险合同》中所规定的三个确认条件,并且应当根据原保险合同约定的保费总额确认。投保人向保险公司申办意外伤害保险和健康保险时,应办理投保手续和缴纳保费。每日对外营业结束后,由业务部门汇编"××险保费日结单",连同保费收据存根送交会计部门。会计部门审查后办理入账。作会计分录如下:

借:库存现金(或银行存款、应收保费)

　　贷:保费收入——××险种

2. 保险金给付的核算

保险公司应当在确定支付赔付款项或实际发生理赔费用的当期,按照确定支付的赔付款项金额或实际发生的理赔费用金额,计入当期损益;同时,冲减相应的未决赔款准备金、长期健康险责任准备金余额。关于冲减相应的未决赔款准备金余额的核算前已述;保险公司在办理意外伤害保险和健康保险保险金给付时,应由投保人提供有关单证及证明。经业务部门审查核实后,填制"××险给付领取收据",并由被保人签章,连同分户卡送交会计部门。会计部门经审核无误后据以给付投保人保险金。作会计分录如下:

借:赔款支出(或死伤医疗给付)

　　贷:库存现金(或银行存款等账户)

【例 12-14】 某长期健康险保单的被保险人发生重大疾病,向保险人提出给付申请,保险人审查后同意给付保险金 100 000 元,但须扣除宽限期内尚未缴付的保费 5 000 元和保单质押贷款 10 600 元(其中利息为 600 元)。作编制会计分录如下:

借:死伤医疗给付——长期健康险	100 000
贷:保费收入——长期健康险	5 000
保户质押贷款——某客户	10 000
利息收入——保户质押贷款利息收入户	600
银行存款(或库存现金)	84 400

三、人身保险准备金的核算

在人身保险业务准备金核算中,保险公司对尚未终止的人寿保险责任应提取寿险责任准备金;对尚未终止的长期健康保险责任应提取长期健康险责任准备金;对尚未终止的意外伤害险和健康险保险责任应提取未到期责任准备金;对非寿险保险事故已发生尚未结案的赔案应提取未决赔款准备金。其中,未到期责任准备金和未决赔款准备金的核算,与财产保险业务中未到期责任准备金和未决赔款准备金的核算基本相同,这里主要介绍寿险责任准备金和长期健康险责任准备金的核算。

(一)寿险责任准备金和长期健康险责任准备金相关会计账户设置

1. "寿险责任准备金"账户

"寿险责任准备金"账户属于负债类账户,核算保险公司为尚未终止的人寿保险责任提取的准备金。其贷方登记按规定提取、补提的寿险责任准备金;借方登记按规定冲减的寿险责任准备金;期末余额在贷方,反映保险公司的寿险责任准备金。该账户可按保险合同进行明细核算。

2. "提取寿险责任准备金"账户

"提取寿险责任准备金"账户属于损益类账户,核算保险公司为尚未终止的人寿保险责任提取的准备金。其借方登记按规定提取、补提的寿险责任准备金;贷方登记按规定冲减的寿险责任准备金;期末,将该账户余额转入"本年利润"账户后,该账户无余额。该账户可按险种和保险合同进行明细核算。

3. "长期健康险责任准备金"账户

"长期健康险责任准备金"账户属于负债类账户,核算保险公司为尚未终止的长期健康保险责任提取的准备金。其贷方登记按规定提取、补提的长期健康险责任准备金;借方登记按规定冲减的长期健康险责任准备金;期末余额在贷方,反映保险公司的长期健康险责任准备金。该账户可按保险合同进行明细核算。

4. "提取长期健康险责任准备金"账户

"长期健康险责任准备金"账户属于损益类账户,核算保险公司为尚未终止的长期健康保险责任提取的准备金。其借方登记按规定提取、补提的长期健康险责任准备金;贷方登记按规定冲减的长期健康险责任准备金;期末,将该账户余额转入"本年利润"账户后,该账户无余额。该账户可按险种和保险合同进行明细核算。

(二)寿险责任准备金核算

1. 寿险责任准备金的计提

保险人在确认寿险保费收入的当期,应按保险精算确寿险责任准备金。作会计分录如下:

借：提取寿险责任准备金
　　贷：寿险责任准备金

2．寿险责任准备金充足性测试

保险人至少应当于每年年度终了，对寿险责任准备金进行充足性测试。保险人按照保险精算重新计算确定的寿险责任准备金金额超过充足性测试日已提取的寿险责任准备金余额的，应当按照其差额补提寿险责任准备金；保险人按照保险精算重新计算确定的寿险责任准备金金额小于充足性测试日已提取的寿险责任准备金余额的，不调整寿险责任准备金。

3．寿险责任准备金的冲减

原保险合同保险人确定支付赔付款项金额或实际发生理赔费用的当期，应冲减相应寿险责任准备金余额。作会计分录如下：

借：寿险责任准备金
　　贷：提取寿险责任准备金

4．寿险责任准备金的转销

寿险原保险合同提前解除的，保险人应将相关寿险责任准备金余额予以转销。作会计分录如下：

借：寿险责任准备金
　　贷：提取寿险责任准备金

5．提取寿险责任准备金的期末结转

期末，应将"提取寿险责任准备金"账户的余额结转"本年利润"账户。作会计分录如下：

借：本年利润
　　贷：提取寿险责任准备金

（三）长期健康责任准备金核算

1．长期健康险责任准备金的计提

保险人在确认寿险保费收入的当期，应按保险精算确定长期健康险责任准备金。作会计分录如下：

借：提取长期健康险责任准备金
　　贷：长期健康险责任准备金

2．长期健康险责任准备金充足性测试

保险人至少应当于每年年度终了，对长期健康险责任准备金进行充足性测试。保险人按照保险精算重新计算确定的长期健康险责任准备金金额超过充足性测试日已提取的长期健康险责任准备金余额的，应当按照其差额补提长期健康险责任准备金；保险人按照保险精算重新计算确定的长期健康险责任准备金金额小于充足性测试日已提取的长期健康险责任准备金余额的，不调整长期健康险责任准备金。

3．长期健康险责任准备金的冲减

原保险合同保险人确定支付赔付款项或实际发生理赔费用的当期，应冲减相应长期健康险责任准备金余额。作会计分录如下：

借：长期健康险责任准备金
　　贷：提取长期健康险责任准备金

4. 长期健康险责任准备金的转销

寿险原保险合同提前解除的,保险人应将相关长期健康险责任准备金余额予以转销。作会计分录如下：

借：长期健康险责任准备金
　　贷：提取长期健康险责任准备金

5. 提取长期健康险责任准备金的期末结转。 期末,应将"提取长期健康险责任准备金"账户的余额结转"本年利润"账户。作会计分录如下：

借：本年利润
　　贷：提取长期健康险责任准备金

【例 12-15】　2×22 年年末,某保险公司提取和转回有关准备金资料如下：本期应提取未决赔款准备金 35 0 000 元,计提之前的余额是 300 000 元;本期应提取长期健康险责任准备金 550 000 元,计提之前的余额是 450 000 元;本期应提取寿险责任准备金 600 000 元,计提之前的余额是 520 000 元。

作会计分录如下：

(1) 借：提取未决赔款准备金　　　　　　　　　　　　　　　50 000
　　　　贷：未决赔款准备金　　　　　　　　　　　　　　　　　　50 000

(2) 借：提取长期健康险责任准备金　　　　　　　　　　　　100 000
　　　　贷：长期健康险责任准备　　　　　　　　　　　　　　　100 000

(3) 借：提取寿险责任准备金　　　　　　　　　　　　　　　80 000
　　　　贷：寿险责任准备金　　　　　　　　　　　　　　　　　80 000

(4) 期末,结转"本年利润"账户时：

借：本年利润　　　　　　　　　　　　　　　　　　　　230 000
　　贷：提取未决赔款准备金　　　　　　　　　　　　　　　　50 000
　　　　提取长期健康险责任准备　　　　　　　　　　　　　100 000
　　　　提取寿险责任准备金　　　　　　　　　　　　　　　80 000

第四节　再保险业务的核算

再保险又称分保,是指一个保险人(再保险分出人)分出一定的保费给另一个保险人(再保险接受人),再保险接受人对再保险分出人由原保险合同所引起的赔付成本及其他相关费用进行补偿的保险业务。在再保险业务中,分出保险业务的保险人称为原保险人或再保险分出人,亦即为再保险合同的投保人;接受分保业务的保险人称为再保险人或再保险接受人(分入人)。

在再保险业务中,再保险分出人为了转移风险和责任,将原保险合同中一定比例的保费收入分给再保险接受人,这对再保险分出人而言为分出保费,对再保险接受人而言则为分保费收入。原保险人承保业务和进行经营管理要花费一定的开支,要向再保险人收取一定的分保手续费,称为分保佣金;原保险合同确认的赔付款项及理赔费用,按再保险合同约定应由再保险接受人承担的部分,对再保险接受人而言为分保赔付支出,对再保险分出人而言则为摊回赔付支出。

一、分出再保险的会计核算

(一) 相关账户设置

1.“应收分保账款”账户

12-4 视频:
再保险业务
概述

“应收分保账款”账户属于资产类账户,用于核算保险公司从事再保险业务应收取的款项。该账户可按再保险分出人或再保险接受人和再保险合同进行明细核算。再保险分出人、再保险接受人结算分保账款时,按应付分保账款金额,借记“应付分保账款”账户,按应收分保账款金额,贷记该账户,按其差额,借记或贷记“银行存款”账户。“应收分保账款”账户期末借方余额反映企业从事再保险业务应收取的款项。

2.“应付分保账款”账户

“应付分保账款”账户属于负债类账户,用于核算保险公司从事再保险业务应付未付的款项。该账户可按再保险分出人或再保险接受人和再保险合同进行明细核算。再保险分出人、再保险接受人结算分保账款时,按应付分保账款金额,借记“应付分保账款”账户,按应收分保账款金额,贷记“应收分保账款”账户,按其差额,借记或贷记“银行存款”账户。“应付分保账款”账户期末贷方余额反映企业从事再保险业务应付未付的款项。

3.“存入保证金”账户

“存入保证金”账户属于负债类账户,用于核算金融企业收到客户存入的各种保证金,如信用证保证金、承兑汇票保证金、保函保证金、担保保证金等。该账户可按客户进行明细核算。金融企业收到客户存入的保证金,借记“银行存款”“存放中央银行款项”“应付分保账款”等账户,贷记“存入保证金”账户;向客户归还保证金作相反的会计分录。资产负债表日应按计算确定的存入保证金利息费用,借记“财务费用”“利息支出”等账户,贷记“银行存款”“存放中央银行款项”等账户。“存入保证金”账户期末贷方余额反映企业接受存入但尚未返还的保证金。

4.“分出保费”账户

“分出保费”账户属于损益类账户,用于核算保险公司再保险分出人向再保险接受人分出的保费。该账户可按险种进行明细核算。期末,应将“分出保费”账户余额转入“本年利润”账户,结转后,“分出保费”账户无余额。

5.“应收分保合同准备金”账户

“应收分保合同准备金”账户属于资产类账户,用于核算保险公司再保险分出人从事再保险业务确认的应收分保未到期责任准备金,以及应向再保险接受人摊回的保险责任准备金。保险公司再保险分出人可以单独设置“应收分保未到期责任准备金”“应收分保未决赔款准备金”“应收分保寿险责任准备金”“应收分保长期健康险责任准备金”等账户。该账户可按再保险接受人和再保险合同进行明细核算。“应收分保合同准备金”账户期末借方余额反映企业从事再保险业务确认的应收分保合同准备金余额。

6."摊回保险责任准备金"账户

"摊回保险责任准备金"账户属于损益类账户,用于核算公司再保险分出人从事再保险业务应向再保险接受人摊回的保险责任准备金,包括未决赔款准备金、寿险责任准备金、长期健康险责任准备金。保险公司再保险分出人也可以单独设置"摊回未决赔款准备金""摊回寿险责任准备金""摊回长期健康险责任准备金"等账户。该账户可按保险责任准备金类别和险种进行明细核算。期末,将"摊回保险责任准备金"账户余额转入"本年利润"账户,结转后,"摊回保险责任准备金"账户无余额。

7."摊回赔付支出"账户

"摊回赔付支出"账户属于损益类账户,用于核算保险公司再保险分出人向再保险接受人摊回的赔付成本。保险公司再保险分出人也可以单独设置"摊回赔款支出""摊回年金给付""摊回满期给付""摊回死伤医疗给付"等账户。该账户可按险种进行明细核算。期末,将"摊回赔付支出"账户余额转入"本年利润"账户后,"摊回赔付支出"账户无余额。

8."摊回分保费用"账户

"摊回分保费用"账户属于损益类账户,用于核算保险公司再保险分出人向再保险接受人摊回的分保费用。该账户可按险种进行明细核算。期末,将"摊回分保费用"账户余额转入"本年利润"账户后,"摊回分保费用账户无余额。

(二)账务处理

分出业务的会计处理主要包括应收分保准备金、分出保费及摊回成本费用、预收赔款和存入分保保证金等。

再保险分出人应当在确认非寿险原保险合同保费收入的当期,按照相关再保险合同的约定,计算确认相关的应收分保未到期责任准备金资产,并冲减提取未到期责任准备金。再保险分出人应当在提取原保险合同未决赔款准备金、寿险责任准备金、长期健康险责任准备金的当期,按照相关再保险合同的约定,计算确定应向再保险接受人摊回的相应准备金,确认为相应的应收分保准备金资产。

【例 12-16】 2×22 年 12 月 2 日,甲保险股份有限公司(以下简称"甲公司")与 A 保险股份有限公司(以下简称"A公司")签订一份成数分保财险再保险合同,将合同规定范围内的原保险业务向 A 公司办理分保。合同约定,分保比例为 10%;分保手续费以分出保费作为计算基础,分保手续费率为 25%;合同起期日为 2×23 年 1 月 1 日,保险责任期间为 1 年。2×23 年 1 月 1 日,甲公司就该再保险合同规定业务范围内的×企业财产保险合同确认保费收入 12 万元;1 月 31 日,甲公司就×企业财产保险合同提取未到期责任准备金 11 万元;3 月 18 日,×企业财产保险合同约定的保险事故发生,至 3 月 31 日尚未结案定损,甲公司就该合同提取未决赔款准备金 7 500 万元。甲公司确认应收分保准备金的会计分录如下:

(1) 2×23 年 1 月 31 日,确认应收分保未到期责任准备金时:

甲公司应确认的对 A 公司应收分保未到期责任准备金=$11×10\%=1.1$(万元)

借:应收分保未到期责任准备金   11 000

  贷:提取未到期责任准备金   11 000

（2）2×23 年 3 月 31 日，确认应收分保未决赔款准备金时：

甲公司应确认的对 A 公司应收分保未决赔款准备金＝7500×10％＝750（万元）

借：应收分保未决赔款准备金   7 500 000
 贷：摊回未决赔款准备金   7 500 000

（1）分出保费、摊回分保手续费、摊回赔付成本的确认。再保险分出人应当在确认原保险合同保费收入的当期，按照相关再保险合同的约定，计算确定分出保费和应向再保险接受人摊回的分保费用，计入当期损益。再保险分出人应当在确定支付赔付款项金额或实际发生理赔费用而冲减原保险合同相应准备金余额的当期，冲减相应的应收分保准备金余额；同时，按照相关再保险合同的约定，计算确定应向再保险接受人摊回的赔付成本，记入当期损益。摊回准备金和摊回赔付成本的区别：摊回准备金是预计由再保险接受人补偿的金额；摊回赔付成本是由再保险接受人实际补偿的金额。因此，在确认摊回赔付成本的同时应冲减相应的摊回准备金。分出保费、摊回分保费用、摊回赔付成本的计算方法因再保险合同种类的不同而不同，具体计量金额一般由保险人业务部门根据再保险合同约定计算确定。

（2）分出保费、摊回分保手续费、摊回赔付成本的调整。再保险分出人对分出保费摊回分保手续费、摊回赔付成本进行调整时，应将调整金额计入调整当期的损益，主要有以下几种情况：再保险分出人应当在原保险合同提前解除的当期，按照相关再保险合同的约定，计算确定分出保费、摊回分保费用的调整金额，计入当期损益；再保险分出人应当在因取得和处置损余物资、确认和收到应收代位追偿款等而调整原保险合同赔付成本的当期，按照相关再保险合同的约定，计算确定摊回赔付成本的调整金额，计入当期损益；再保险分出人与再保险接受人约定采用浮动（或累进）分保手续费方式下，再保险分出人依据合同规定在能够计算确定实际分保手续费率而调整分保手续费时，应将调整金额计入当期损益。再保险分出人确认入账的分保手续费调整金额应为经再保险接受人确认一致后的金额。

【例 12-17】 甲公司与平安保险股份有限公司签订一份成数分保财产再保险合同，将约定的原保险业务向平安公司办理分保。合同约定分保手续费采用浮动分保手续费率制，预付分保手续费率为 30％。假定甲公司对该再保险合同业务年度的业务进行结算时实际计算确定的分保手续费率为 35％，据此计算的分保手续费调整金额为 80 万元并经平安公司确认一致。此时，甲公司调整分保手续费的会计分录如下：

借：应收分保账款——平安公司   800 000
 贷：摊回分保费用   800 000

再保险分出人应当根据相关再保险合同的约定，在能够计算确定应向再保险接受人收取的纯益手续费时，将该项纯益手续费作为摊回分保费用计入当期损益。纯益手续费只有再保险接受人实际上有"纯益"时才给付。实务中，保险人通常按照业务年度计算纯益，而一个业务年度的再保险业务往往要跨越若干个会计年度才能结算出损益。再保险分出人确认纯益手续费收入主要应考虑其可靠计量问题，只有能够依据相关数据计算确定应向再保险接受人收取的纯益手续费时，即纯益手续费能够可靠计量时，纯益手续费收入才予以确认。

对于超额赔款再保险等非比例再保险合同，再保险分出人应当根据再保险合同的约定，计算确定分出保费，计入当期损益。再保险分出人调整分出保费时，应当将调整金额计入当期损益。再保险分出人应当在能够计算确定应向再保险接受人摊回的赔付成本时，将该项应摊回的赔付成本计入当期损益。对于非比例再保险合同,再保险分出人应在能够计算确定应向再保险接受人摊回的赔付成本时,将该项应摊回的赔付成本计入当期损益。

【例12-18】 2×22年12月20日,甲保险公司与平安保险股份有限公司签订一份事故超赔再保险合同,将由台风引发的保险赔款向平安公司办理分保。合同起期日为2×23年1月1日,保险责任期间为1年。2×23年1月3日,甲保险公司向平安公司发出的分保业务账单中标明的一次性预付保费金额为2 280万元。2×23年12月31日,由台风引起的索赔案件基本结案定损,甲保险公司计算出应向平安公司摊回的赔款金额为4 560万元,同时按照实际年度毛净保费计算出应向平安公司支付的实际保费金额为2 500万元。甲保险公司作会计分录如下:

(1) 2×23年1月3日,确认分出保费时:

借:分出保费 22 800 000
　　贷:应付分保账款——平安公司 22 800 000

(2) 2×23年12月31日,调整预付保费时:

借:分出保费 2 200 000
　　贷:应付分保账款——平安公司 2 200 000

(3) 确认摊回赔款时:

借:应收分保账款——平安公司 45 600 000
　　贷:摊回赔付支出 45 600 000

(三) 预收赔款和存入分保保证金的核算

1. 预收赔款的处理

再保险分出人在发生大额索赔的情况下有可能会垫付很大金额的再保险份额的赔款。为了避免这种情况,有些再保险合同约定再保险分出人承保的每一张保险单项下或每一次事故的估计损失达到或超过合同约定的限额时,再保险分出人可根据已决赔款或预付赔款的结付金额向再保险接受人发出现金赔款通知书及相关理赔资料,要求再保险接受人预先支付分保份额相对应的现金赔款;再保险分出人收到该现金赔款后视为已决赔款,在当季度账单中进行冲销。在这种情况下,分保业务账单的贷方栏中会增加"现金赔款(冲销)"等类似项目。再保险分出人收到再保险接受人预付的现金赔款时,借记"银行存款"账户,贷记"预收赔付款"账户,发出分保业务账单时,按照账单中转销的现金赔款金额,借记"预收赔付款"账户,贷记"应收分保账款"账户。

2. 存入分保保证金的处理

分保保证金是再保险分出人从应付给再保险接受人的分保费中以一定比例扣存,作为再保险接受人履行分保未了责任的保证金。该保证金留存期一般为12个月,至次年同期归还,归还时要支付利息。分保保证金从性质上属于再保险接受人的预付款。当再保险接受人无力履行分保赔付责任时,扣存的分保保证金给再保险分出人提供了一定安全保障。在再保险合同约定再保险分出人扣存分保保证金的情况下,相关分保业务账单借方栏中会增加"扣存分保保证金"项目,贷方栏中会增加"转回上年度扣存的分保保证金""分保保证金利息"等项目。因再保险分出人扣存分保保证金的交易具体体现在分保业务账单中,再保险分出人应当在发出分保业务账单时,依据账单标明的相关金额进行会计处理。再保险分出人对于存入分保保证金,应当按期计提利息。

二、分入再保险的会计核算

(一) 相关账户设置

1.“分保费用”账户

“分保费用”账户属于损益类账户,用于核算保险公司再保险接受人向再保险分出人支付的分保费用。该账户可按险种进行明细核算。期末,将“分保费用”账户余额转“本年利润”账户后,“分保费用”账户无余额。

2.“存出保证金”账户

“存出保证金”账户属于资产类账户,用于核算金融企业因办理业务需要存出或交纳的各种保证金款项。该账户可按保证金的类别以及存放单位或交易场所进行明细核算。金融企业存出保证金,借记“存出保证金”账户,贷记“银行存款”“存放中央银行款项”“结算备付金”“应收分保账款”等账户;减少或收回保证金时作相反的会计分录。“存出保证金”账户期末借方余额反映企业存出或缴纳的各种保证金余额。

(二) 账务处理

1. 分保费收入及分保费用的核算

保险公司在确认分保费收入的当期,应按再保险合同约定计算确定的分保费用金额,借记“分保费用”账户,贷记“应付分保账款”账户。收到分保业务账单,按账单标明的金额对分保费用进行调整,借记或贷记“分保费用”账户,贷记或借记“应付分保账款”账户。计算确定应向再保险分出人支付的纯益手续费的,应按再保险合同约定计算确定的纯益手续费借记“分保费用”账户,贷记“应付分保账款”账户。

2. 纯益手续费的处理

因纯益手续费计算的特殊性,再保险接受人应当根据相关再保险合同的约定,在能够计算确定应向再保险分出人支付的纯益手续费时,将该项纯益手续费作为分保费用,计入当期损益。再保险接受人确认入账的纯益手续费支出金额应为经双方确认一致后的金额。

3. 分保赔付成本

再保险接受人确认分保赔付成本的会计处理与保险人确认原保险合同赔付成本的会计处理相类似,即再保险接受人应当在收到分保业务账单的当期,按照账单标明的分保赔付款项金额,作为分保赔付成本,计入当期损益;同时,冲减相应的分保准备金余额。

4. 预付赔款的处理

再保险接受人向再保险分出人预付的现金赔款,应当在支付预付赔款时,借记“预付赔付款”账户,贷记“银行存款”账户;收到分保业务账单时,按照账单上转销的赔款,借记“应付分保账款”账户,贷记“预付赔付款”账户;存出分保保证金的处理,再保险接受人应当在收到分保业务账单时,依据账单标明的相关金额进行存出分保保证金的会计处理。再保险接受人对存出的分保保证金,应当按期计提利息。

【例 12-19】 2×22 年 12 月 22 日,甲保险股份有限公司(以下简称“甲公司”)与乙保险股份有限公司(以下简称“乙公司”)签订一份成数再保险合同,接受乙公司分出的原保险业务。合同约定的分保比例为 40%分保手续费率为 35%。合同起期日为 2×23 年 1 月 1 日,保险责任期间为 1 年。甲公司经验、技术等方面比较成熟,采用预估方法确认每期的分保费收入。假定甲公司预估 2×23 年第一季度各月份与乙公司再保险合同项下的分保费收入金额为:1 月份 680 万元,2 月份 730 万元,3 月份 600 万元。甲公司于 5 月 20 日收到乙公司发来的第一季度的分保业务账单,账单标明的分保费为 2 100 万元,分保手续费为 735 万元。甲公司作会计分录如下:

(1) 2×23 年 1 月:

借:应收分保账款——乙公司 6 800 000
  贷:保费收入单 6 800 000

借:分保费用 2 380 000
  贷:应付分保账款——乙公司 2 380 000

(2) 2×23 年 2 月:

借:应收分保账款——乙公司 7 300 000
  贷:保费收入 7 300 000

借:分保费用 2 555 000
  贷:应付分保账款——乙公司 2 555 000

(3) 2×23 年 3 月:

借:应收分保账款——乙公司 6 000 000
  贷:保费收入 6 000 000

借:分保费用 2 100 000
  贷:应付分保账款——乙公司 2 100 000

(4) 2×23 年 4 月预估确认分保费收入和分保费用的会计分录略。

(5) 2×23 年 5 月 20 日,收到账单时调整第一季度确认的分保费收入和分保费用时:

$$分保费收入调整金额=2100-(680+730+600)=90(万元)$$
$$分保手续费调整金额=735-(238+255.5+210)=31.5(万元)$$

借:应收分保账款——乙公司 900 000
  贷:保费收入 900 000

借:分保费用 315 000
  贷:应付分保账款——乙公司 315 000

[例 12-19]中,若甲公司不具备对分保费收入进行预估确认的条件,则甲公司应在 2×23 年 5 月 20 日收到分保业务账单时:

借:应收分保账款——乙公司 21 000 000
  贷:保费收入 21 000 000

借:分保费用 7 350 000
  贷:应付分保账款款——乙公司 7 350 000

相关案例 12-1

"9·11" 袭击使美国保险赔偿高达几百亿美元

美国遭受"9·11"袭击,保险公司也面对赔付灾难。业内粗略估计,直接损失约有3 000亿美元,而保险公司的赔付额将达到几百亿美元。

首先面临灾难的是世界许多大型的财产保险公司和再保险公司。它们必须赔偿世界贸易中心和周围建筑物的损失,以及大厦在修复或重建期间,因业务中断导致的利润损失。按目前最常用的市场评估价格保守估计,纽约世贸中心姐妹楼的赔付金额不低于40亿美元。大楼内各公司的办公设备、豪华装修、高价值的藏品等损失几乎"无法估计",地下车库成千上万辆私家车也成为保险公司赔付的主要对象,而这些曼哈顿的精英们的"坐骑"大多数是名车。

业内人士估计,美国国际集团(AIG)、安联(Allianz)、慕尼黑再保险(Munich Re)、瑞士再保险(Swiss Re)等国际性的大保险公司都面临"大出血"。尽管此次损失不至于使一些巨型公司破产,但"后遗症"将十分明显,这些公司日后的经营、资产质量、偿付能力都会受到影响。事发后,一些国际性的保险公司纷纷宣称自己公司实力雄厚,不会危及偿付能力,但日后的"影响是深远的"。欧洲的保险公司和再保公司的股价在纽约世贸中心遇袭倒塌后立即下跌,最高跌幅达到10%,而股价下跌则意味着资产缩水。

案例来源:佚名.再保险案例[EB/OL].(2014-11-11)[2019-08-20].https://news.vobao.com/article/8018427526847750 50.shtml.

本 章 小 结

本章主要学习了保险业务收入的核算。通过本章的学习,我们认识了保险的分类,熟悉了财产保险和人身保险收入如何确认、计量;掌握了保险的赔款支出核算,认识了再保险业务,掌握了分出再保险、分入再保险的业务核算等。在此基础上,结合保险公司自身实际情况,我们可以对如何科学核算保费收入,优化赔款支出流程提供相应的建议。

本章重要概念

保险 保费收入 赔付支出 财产保险 财产保险准备金 人身保险 健康保险
人身意外伤害险 再保险 未到期责任准备金 满期给付 存入保证金 存出保证金

本 章 练 习

1. 保险公司的主要业务是什么?
2. 保险公司的业务核算特点是什么?
3. 财产保险保费收入和保险赔款支出的主要会计账户有哪些?
4. 人寿保险业务核算包括哪些内容?
5. 再保险业务核算的内容有哪些?

12-5 扫一扫 看课件

12-6 扫一扫 练一练

12-7 扫一扫 练一练答案

第十三章 证券公司会计

内容提要

本章主要讲解证券公司的主要经营业务及其构成,证券经纪业务的核算,证券自营业务的核算,以及证券承销业务的核算。

重点难点

本章重点为代理买卖证券、代理兑付证券等证券经纪业务的会计核算,自营证券业务的种类和核算,全额承购包销、余额承购包销和代销方式承购证券业务的会计核算;难点为自营证券业务的核算。

学习目标

通过本章学习,学生应掌握代理买卖证券、代理兑付证券等证券经纪业务的会计核算,自营证券业务的种类和财务核算,全额承购包销、余额承购包销和代销方式承购证券业务的会计核算;了解证券公司的主要业务、证券业务的种类及证券业务核算的特点。

知识框架

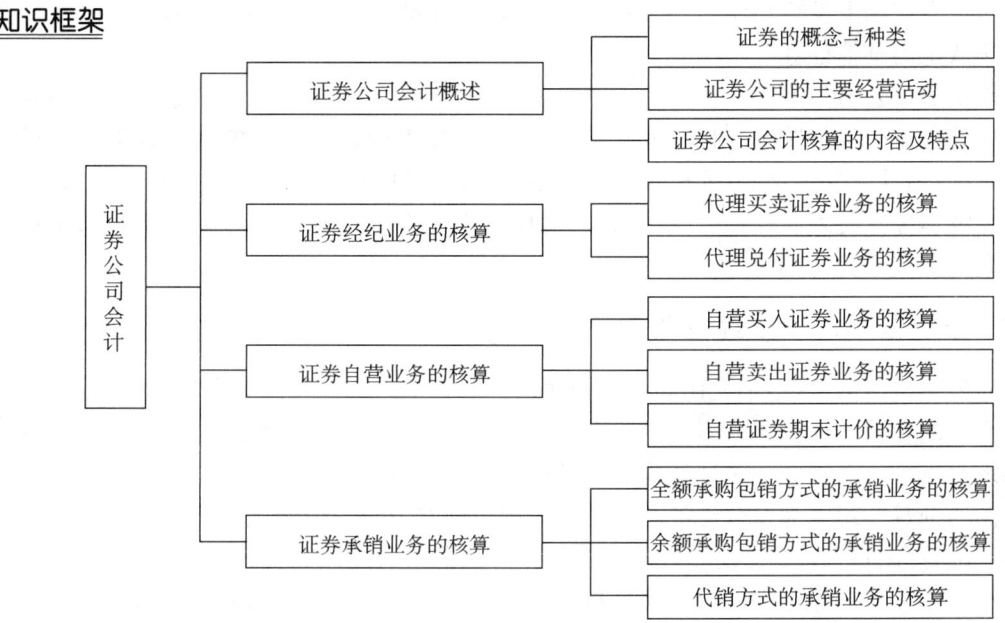

思政育人　　　东北证券被吉林证监局责令改正　会计核算两宗违规

2022年6月，上海证券交易所发布了关于对东北证券股份有限公司采取责令改正措施的决定（吉证监决〔2022〕5号）。经查，东北证券股份有限公司（简称"东北证券"，000686.SZ）存在以下行为：一是在部分证券交易单元租用协议未明确约定提供研究成果义务的情况下，将部分证券交易席位租赁收入确认为投资咨询业务收入；二是未在2021年年报中披露投资咨询业务收入变动异常的原因。

上述行为不符合《关于证券公司会计核算有关问题的通知》（会计部函〔2010〕1号）《证券公司年度报告内容与格式准则》《证券公司监督管理条例》第六十九条和《证券公司内部控制指引》第二十二条的规定。根据《证券公司监督管理条例》第七十条的规定，决定对东北证券采取责令改正的行政监管措施。东北证券应对上述问题予以整改，并于收到决定之日起1个月内向吉林证监局提交书面整改报告。

企业的财务信息是利益相关者的决策依据。因此，在进行会计核算时，我们应遵守准则要求，依法核算。会计核算要符合企业实际情况，一方面需要企业会计人员自觉遵守会计准则、公司规章制度及执行规范的内部控制措施；另一方面应该加强外部监管，及时发现错误，纠正错误，降低影响。

资料来源：中国经济网.东北证券被吉林证监局责令改正　会计核算两宗违规［EB/OL］.（2022-06-29）［2022-11-28］.https://baijiahao.baidu.com/s?id=17369597668849602138&wfr=spider&for=pc.

第一节　证券公司会计概述

一、证券的概念与种类

证券是以证明或设定权利为目的而形成的书面凭证，用于表明持有人有权依照凭证所载内容取得应有的权益，或证明其曾经发生的行为。证券分为无价证券和有价证券。

无价证券也称凭证证券，是指具有证券的某一特定功能，但不能作为财产使用的书面凭证。无价证券可分为证据证券和资格证券。有价证券是指具有一定票面金额，证明持券人有权按期取得一定收入，并可自由转让和买卖的所有权或债权凭证。

我国证券市场上发行和流通的证券为资本证券，主要包括股票、债券、基金券以及经国务院依法认定的其他证券。

股票是股份公司为筹集资金而发行给股东作为持股凭证并借以取得股息和红利的有价证券。债券是发行人依照法定程序发行的、约定在一定期限还本付息的有价证券。根据发行人的不同，债券可分为企业（公司）债券、金融债券、政府债券。基金券也称基金受益凭证，是证券投资基金发起人向社会公众发行的，表明持有人对基金享有收益分配权和其他相关权利的有价证券。

二、证券公司的主要经营活动

13-1视频：证券的概念及分类

证券公司是指依照《中华人民共和国公司法》和《中华人民共和国证券法》规定设立的经营证券业务的有限责任公司或者股份有限公司。设立证券公司，必须经国务院证券监督管理机构审查批准。未经国务院证券监督管理机构批准，任何单位和个人不得经营证券业务。

我国的证券公司分为综合类证券公司和经纪类证券公司。综合类证券公司是指可以经营证券经纪业务、自营证券业务、证券承销业务和经国务院证券监督管理机构核定的其他证券业务的证券公司。经纪类证券公司是指只能从事单一的经纪业务的证券公司。

(一) 证券经纪业务

证券经纪业务又称代理买卖证券业务,是指证券公司接受投资者(客户)委托代投资者(客户)买卖有价证券的行为,是证券公司最基本的一项业务。证券经纪业务应当按照代理买卖证券业务、代理兑付证券业务、代保管证券业务分类核算。

代理买卖证券业务是公司代理客户进行证券买卖的业务。代理兑付证券业务是公司接受证券发行人的委托对其发行的证券到期进行证券兑付的业务。代保管证券业务是公司代理其他各方保管有价证券的业务。证券公司接受客户委托,代客户保管证券并收取手续费或免费代为保管。

(二) 自营证券业务

自营证券业务是指证券公司以自己的名义,使用公司自有资金和依法筹集的资金买卖证券以达到获利目的的业务。

自营证券业务包括自营买入证券业务和自营卖出证券业务。从国际上看,证券公司的自营业务按交易场所分为场外(如柜台)自营买卖和场内(交易所)自营买卖。场外自营买卖是指证券公司通过柜台交易等方式,与客户直接洽谈成交的证券交易。场内自营买卖是证券公司自己通过集中交易场所(证券交易所)买卖证券的行为。我国的证券自营业务一般是指场内自营买卖业务。

(三) 证券承销业务

证券承销业务是指证券公司接受证券发行人的委托,代发行人发行证券的活动。证券承销业务应按照全额承购包销方式的承销业务、余额承购包销方式的承销业务和代销方式的承销业务分类核算。

全额承购包销是指证券公司与发行单位签订合同,由证券公司按合同确定的价格将证券从发行单位购进,并即向发行单位支付全部款项,然后按一定价格在证券一级市场发售给投资者的方式。

余额承购包销是指证券公司与发行单位签订合同,由证券公司代理发行证券,在发行期内未售出的证券由证券公司按合同确定的价格认购,并按约定时间向发行单位支付全部款项的方式。

三、证券公司会计核算的内容及特点

(一) 证券公司会计核算的内容

证券公司会计核算的内容是证券公司经营资金的运动,它是由证券公司经营的主要业务决定的。证券公司日常的主要业务是证券的承销业务、经纪业务和自营业务。

(二) 证券公司会计核算的特点

(1) 证券公司会计核算方法的独特性。证券公司会计核算的过程往往就是其业务处理的过程。证券公司在具体的会计账户设置、凭证编制、财务处理程序及具体业务处理上,都有别于其他行业会计。

(2) 证券公司会计账户设置不同。按与资产负债表的关系,证券公司会计账户可分为表内账户和表外账户。表内账户是反映证券公司资金实际增减变化而纳入资产负债表内的账户。表外账户是反映证券公司确已发生而尚未涉及资金实际增减变化,或不涉及资金增减变化而不列入资产负债表的账户。而一般企业会计账户通常只包括表内账户,不涉及表外账户。

（3）会计核算形式不同。证券公司是由记账凭证编制日计表，再由日计表编制会计报表。而一般企业是由记账凭证编制总账和明细账，然后由总账和明细账编制会计报表。

（4）营业收入主要来源不同。证券公司从事经纪业务收取的手续费是营业收入的主要来源。而一般企业销售库存商品的销售收入是其营业收入的主要来源。

（5）具体业务处理过程不同。证券公司以证券经纪业务为例，证券公司先接受客户的款项并为客户开设资金专户，然后代理为客户买卖证券、代理认购新股、代理配股派息、代理兑付债券并收取手续费。而一般企业，以工业企业为例，首先购买原材料，然后经过生产部门加工成产成品，再将产成品销售给顾客并取得销售收入。

第二节 | 证券经纪业务的核算

在证券经纪业务中，代理买卖证券业务和代理兑付证券业务纳入账内核算，而代理保管证券业务是证券公司为方便客户开展的一项服务性项目，因此，本节主要介绍代理买卖证券业务和代理兑付证券业务的核算。

一、代理买卖证券业务的核算

13-2视频：代理买卖证券业务的核算

代理买卖证券业务是公司代理客户进行证券买卖的业务。证券公司收到客户的代理买卖证券款，须存入指定的商业银行（存管银行）的资金专户，在"银行存款"账户下单设明细账户核算，不能与本公司的存款混淆。证券公司按规定收取的手续费及佣金，在与客户办理买卖证券款项清算时确认为手续费及佣金收入。

（一）代理买卖证券业务核算的账户设置

核算代理买卖证券业务，需要设置以下账户：

（1）"代理买卖证券款"账户，用于核算证券公司接受客户委托，代理客户买卖股票、债券和基金等有价证券而收到的款项。证券公司代理客户认购新股的款项、代理客户领取的现金股利和债券利息、代理客户向证券交易所支付的配股款等，也在该账户核算。该账户可按客户类别等进行明细核算。该账户期末贷方余额反映企业接受客户存放的代理买卖证券资金。

（2）"结算备付金"账户，用于核算证券公司为证券交易的资金清算与交收而存入指定代理机构的款项。企业向客户收取的结算手续费、向证券交易所支付的结算手续费也在该账户核算。该账户借方登记证券公司存入清算代理机构的款项；贷方登记从清算代理机构收回资金的数额；期末借方余额表示证券公司存入指定清算代理机构但尚未使用的款项余额。

（二）代理认购新股的核算

（1）企业代理客户认购新股，收到客户交来的认购款项时，作会计分录如下：

借：银行存款——客户
　　贷：代理买卖证券款——××客户

（2）将款项划付证券登记结算公司时，作会计分录如下：

借：结算备付金——××清算代理机构——客户

　　贷：银行存款——客户

（3）客户办理申购手续，证券公司与证券交易所清算时，按实际支付的金额，作会计分录如下：

借：代理买卖证券款——××客户

　　贷：结算备付金——××清算代理机构——客户

（4）证券交易所完成中签认定工作，将未中签资金退给客户时，作会计分录如下：

借：结算备付金——××清算代理机构——客户

　　贷：代理买卖证券款——××客户

（5）证券公司将未中签的款项划回时，作会计分录如下：

借：银行存款——客户

　　贷：结算备付金——××清算代理机构——客户

（6）证券公司将未中签的款项退给客户时，作会计分录如下：

借：代理买卖证券款——××客户

　　贷：银行存款——客户

（三）代理买卖证券的核算

（1）接受委托。证券公司接受客户委托买卖证券，客户存入款项，以及向证券交易所为客户开立买卖证券资金清算专户，其会计分录与认购新股相同。

（2）代理买卖。证券公司接受客户委托，通过证券交易所代理买卖证券，与客户清算时，如果买入证券成交总额大于卖出证券成交总额，按买卖证券成交价的差额，加代扣代交的印花税费和应向客户收取的佣金等费用，借记"代理买卖证券款"账户，贷记"结算备付金""银行存款"等账户；同时，按企业应负担的交易费用，借记"手续费及佣金支出"账户，按企业应向客户收取的手续费及佣金，贷记"手续费及佣金收入"账户，按企业应向客户收取的佣金与企业应负担的交易费用的差额，借记"结算备付金""银行存款"账户。作会计分录如下：

借：代理买卖证券款——××客户

　　贷：结算备付金——××清算代理机构——客户

同时，

借：手续费及佣金支出——代买卖证券手续费支出

　　结算备付金——××清算代理机构——自有

　　贷：手续费及佣金收入——代买卖证券手续费收入

【例 13-1】 2×23 年 1 月 5 日，长江证券公司接受客户华宇公司委托，通过证券交易所代理买卖证券，与客户清算时，买入证券成交金额大于卖出证券成交金额 5 000 000 元，代扣代交的交易税费 20 000 元，向客户收取的手续费 15 000 元，证券公司负担手续费及佣金支出 10 000 元。根据交易所传来的证券交易一级清算表、营业部出具的证券交易二级清算表、清算银行出具的资金清算单等凭证。作会计分录如下：

借：代理买卖证券款　　　　　　　　　　　　　　　　　　　　　　　　5 035 000

　　贷：结算备付金——华宇公司　　　　　　　　　　　　　　　　　　　　　　5 035 000

同时，

借：手续费及佣金支出　　　　　　　　　　　　　　　　　　　　　　　10 000
　　结算备付金——自有　　　　　　　　　　　　　　　　　　　　　　　 5 000
　　　贷：手续费及佣金收入　　　　　　　　　　　　　　　　　　　　　　　　15 000

　　证券公司接受客户委托，通过证券交易所代理买卖证券，与客户清算时，如果卖出证券成交总额大于买入证券成交总额，按买卖成交价的差额，减代扣代交的相关税费和应向客户收取的佣金等后的余额，借记"结算备付金客户"账户，贷记"代理买卖证券款"账户；同时，按企业应负担的交易费用，借记"手续费及佣金支出"账户，按应向客户收取的佣金及手续费，贷记"手续费及佣金收入"账户，按企业应向客户收取的佣金与企业应负担的交易费用的差额，借记"结算备付金""银行存款"等账户。作会计分录如下：

借：结算备付金——××清算代理机构——客户
　　　贷：代理买卖证券款——××客户

同时，

借：手续费及佣金支出——代买卖证券手续费支出
　　结算备付金——××清算代理机构——自有
　　　贷：手续费及佣金收入——代买卖证券手续费收入

【例 13-2】　承[例 13-1]，若卖出与买入成交差价为 5 000 000 元，其他数据不变，作会计分录如下：

借：结算备付金——华宇公司　　　　　　　　　　　　　　　　　　　4 965 000
　　　贷：代理买卖证券款　　　　　　　　　　　　　　　　　　　　　　　4 965 000

同时，

借：手续费及佣金支出　　　　　　　　　　　　　　　　　　　　　　　10 000
　　结算备付金——自有　　　　　　　　　　　　　　　　　　　　　　　 5 000
　　　贷：手续费及佣金收入　　　　　　　　　　　　　　　　　　　　　　　 5 000

（四）代理配股派息的核算

（1）采用当日向证券交易所交纳配股款的，在客户提出配股要求时，作会计分录如下：

借：代理买卖证券款——××客户
　　　贷：结算备付金——××清算代理机构——客户

（2）采用定期向证券交易所交纳配股款的，在客户提出配股要求时，作会计分录如下：

借：代理买卖证券款——××客户
　　　贷：其他应付款——应付客户配股款

（3）与证券交易所清算配股款时，按配股金额，作会计分录如下：

借：其他应付款——应付客户配股款
　　　贷：结算备付金——××清算代理机构——客户

（4）证券公司代理客户领取现金股利和利息时，作会计分录如下：

借：结算备付金——××清算代理机构——客户
　　　贷：代理买卖证券款——××客户

（5）按规定向客户统一结息时，作计分录如下：

借：利息支出
　　应付利息
　　贷：代理买卖证券款——××客户

二、代理兑付证券业务的核算

代理兑付证券业务是公司接受证券发行人的委托对其发行的证券到期进行证券兑付的业务。证券公司接受客户（国家或企业等债券发行单位）的委托兑付到期的国债、企业债券及金融债券等，并向发行单位收取手续费。

（一）代理兑付证券业务核算的账户设置

核算代理兑付证券业务，需要设置以下账户：

（1）"代理兑付证券"账户，用于核算证券公司、银行等接受委托代理兑付到期的证券。该账户可按委托单位和证券种类进行明细核算。该账户期末借方余额反映企业已兑付但尚未收到委托单位兑付资金的证券金额。

（2）"代理兑付证券款"账户，用于核算证券公司、银行等接受委托代理兑付证券收到的兑付资金。该账户可按委托单位和证券种类进行明细核算。该账户期末贷方余额反映企业已收到但尚未兑付的代理兑付证券款项。

（二）代理兑付无记名证券的核算

（1）收到兑付资金。证券公司收到委托单位划来的兑付资金时，作会计分录如下：

借：银行存款
　　贷：代理兑付证券款——××委托单位

（2）兑付证券。兑付无记名证券，证券公司收到客户交来的实物券，按兑付金额（证券本息）予以兑付时，作会计分录如下：

借：代理兑付证券——××委托单位　　　　［本金＋利息］
　　贷：库存现金（或银行存款）

（3）清算款项。兑付期结束，将已兑付的证券集中交给委托单位，并与委托单位办理结算时，作会计分录如下：

借：代理兑付证券款——××委托单位
　　贷：代理兑付证券——××委托单位

（三）代理兑付记名证券的核算

（1）收到兑付资金。证券公司收到委托单位的兑付资金时，其会计处理与代理兑付无记名证券相同。证券公司收到委托单位划来的兑付资金时，作会计分录如下：

借：银行存款
　　贷：代理兑付证券款——××委托单位

（2）兑付证券。证券公司收到客户交来的实物券，按兑付金额（证券本息）予以兑付时，作会计分录如下：

> 借：代理兑付证券——××委托单位　　　　　　　[本金＋利息]
> 　　贷：库存现金（或银行存款）

证券公司代理兑付证券，若委托单位尚未拨付兑付资金而由公司垫付的，证券公司在收到客户交来的证券，按兑付金额予以兑付时，作会计分录如下：

> 借：代理兑付证券——××委托单位　　　　　　　[本金＋利息]
> 　　贷：库存现金（或银行存款）

向委托单位交回已兑付的证券并收回垫付的资金时，作会计分录如下：

> 借：银行存款
> 　　贷：代理兑付证券款——××委托单位

（四）手续费收入的核算

（1）向委托单位单独收取代理兑付证券手续费的，按应收或已收取的手续费金额，作会计分录如下：

> 借：应收手续费及佣金（或银行存款）
> 　　贷：手续费及佣金收入——代兑付证券手续费收入

（2）手续费与兑付款一并汇入的，在收到款项时，作会计分录如下：

> 借：银行存款（实际收到的金额）
> 　　贷：代理兑付证券款——××委托单位　　　　[应兑付的金额]
> 　　　　其他应付款——预收代兑付证券手续费　　[手续费金额]

兑付证券业务完成后，确认手续费收入，作会计分录如下：

> 借：其他应付款——预收代兑付证券手续费
> 　　贷：手续费及佣金收入——代兑付证券手续费收入

【例 13-3】　某证券公司代理华宇公司兑付其到期的记名债券，2×23 年 4 月 2 日收到华宇公司的兑付资金 10 050 000 元，其中手续费 50 000 元。截至 4 月底，代理兑付的证券共计 10 000 000 元。作会计分录如下：

（1）收到华宇公司的兑付资金时：

> 借：银行存款　　　　　　　　　　　　　　　　　　　　　　　　　　10 050 000
> 　　贷：代理兑付证券款——华宇公司　　　　　　　　　　　　　　　100 000 000
> 　　　　其他应付款——预收代兑付证券手续费　　　　　　　　　　　　　 50 000

（2）兑付债券本息时：

> 借：代理兑付证券——华宇公司　　　　　　　　　　　　　　　　　　10 000 000
> 　　贷：银行存款　　　　　　　　　　　　　　　　　　　　　　　　10 000 000

（3）兑付期结束交回兑付证券并结算手续费时：

> 借：代理兑付证券——华宇公司　　　　　　　　　　　　　　　　　　10 000 000
> 　　贷：代理兑付证券　　　　　　　　　　　　　　　　　　　　　　10 000 000

确认手续费收入时：

借：其他应付款——预收代兑付证券手续费 50 000
　　贷：手续费及佣金收入——代兑付证券手续费收入 50 000

第三节　证券自营业务的核算

证券自营业务是指证券公司以自己的名义，使用公司自有资金和依法筹集的资金买卖证券以达到获利目的的业务。证券自营业务的核算具体包括买入证券业务的核算、卖出证券业务和证券期末计价的核算。

一、自营买入证券业务的核算

根据企业会计准则的规定，在证券交易所进行自营证券交易的，应在取得时根据持有证券的意图等对其分类。证券公司在买入证券时可以按照意图划分为以摊余成本计量的金融资产、以公允价值计量且其变动计入其他综合收益的金融资产、以公允价值计量且其变动计入当期损益的金融资产等金融资产。

（一）自营买入证券业务核算的账户设置

核算自营买入证券业务，需要设置以下账户：

（1）"交易性金融资产"账户，用于核算企业为交易目的所持有的债券投资、股票投资、基金投资等交易性金融资产的公允价值。证券公司持有的直接指定为以公允价值计量且其变动计入当期损益的金融资产，也在该账户核算。该账户可按交易性金融资产的类别和品种，分别以"成本""公允价值变动"等进行明细核算。该账户期末借方余额反映企业持有的交易性金融资产的公允价值。

（2）债权投资的主要核算账户。与债权投资核算有关的会计账户如表13-1所示。

表13-1　　　　　　　　　　　与债权投资核算有关的会计账户

	核算账户	账户性质	核算内容
债权投资	债权投资——××（成本）【明细分类账户】	资产类	核算债权投资的面值
	债权投资——××（利息调整）【明细分类账户】	资产类	核算债权投资初始确认金额与其面值的差额，以及按照实际利率法分期摊销该差额后的摊余金额
	债权投资——××（应计利息）【明细分类账户】	资产类	核算到期一次还本付息债券在资产负债表日按照面值乘以票面利率计算确定的应收未收利息

（3）其他债权投资的主要核算账户。与债权投资核算有关的会计账户如表13-2所示。

表 13-2 与债权投资核算有关的会计账户

核算账户		账户性质	核算内容
其他债权投资	其他债权投资——××（成本）【明细分类账户】	资产类	核算其他债权投资的成本
	其他债权投资——××（利息调整）【明细分类账户】	资产类	核算其他债权投资初始确认金额与其面值的差额，以及按照实际利率法分期摊销该差额后的摊余金额
	其他债权投资——××（应计利息）【明细分类账户】	资产类	核算到期一次还本付息债券在资产负债表日按照面值乘以票面利率计算确定的应收未收的利息
	其他债权投资——××（公允价值变动）【明细分类账户】	资产类	核算其他债权投资持有期间公允价值变动金额
其他综合收益		所有者权益类	核算企业直接计入所有者权益的利得和损失

（4）其他权益工具投资。其他权益工具投资初始确认时，应当按照公允价值和相关交易费用之和作为初始入账金额，作为其投资成本，实际支付的价款中包含的已宣告但尚未发放的现金股利，应单独确认为应收项目。该账户期末借方余额反映企业持有的金融资产的公允价值。

（二）自营证券买入时划分为交易性金融资产的核算

根据《企业会计准则》的规定，金融资产满足下列条件之一的应当划分为交易性金融资产：取得该金融资产的目的，主要是为了近期内出售或回购；属于进行集中管理的可辨认金融工具组合的一部分，且有客观证据表明企业近期采用短期获利方式对该组合进行管理；属于衍生金融工具。但被指定且为有效套期工具的衍生工具、属于财务担保合同的衍生工具、与在活跃市场上没有报价且其公允价值不能可靠计量的权益工具挂钩，并需通过交付该权益工具结算的衍生工具除外。作会计分录如下：

（1）证券公司将资金存入清算代理机构时：

借：结算备付金——××清算代理机构——自有
　　贷：银行存款

（2）取得交易性金融资产时，按公允价值入账，发生的交易费用直接计入当期损益。支付的价款中包括已到付息期但尚未领取的利息或已宣告但尚未发放的现金股利，作为应收股利或应收利息核算，按实际支付的金额，减少结算备付金。

借：交易性金融资产——成本
　　投资收益
　　应收股利/应收利息
　　贷：结算备付金——××清算代理机构——自有

（3）持有期间收到被投资单位宣告发放的现金股利，或在资产负债表日按分期付息、一

次还本债券投资的票面利率计算的利息,计入投资收益:

借:应收股利/应收利息

  贷:投资收益

(4)资产负债表日,交易性金融资产公允价值高于其账面价值形成的利得,计入当期损益:

借:交易性金融资产——公允价值变动

  贷:公允价值变动损益

若公允价值低于其账面价值形成的损失,作相反会计处理。

【例13-4】 证券公司于2×23年3月7日购入华宇公司面值为1元的股票30 000股,购买价为1.8元/股,其中已经宣告但尚未发放的股利为6 000元,交易费为1 000元。太平洋证券公司将其划分为交易性金融资产,作会计分录如下:

借:交易性金融资产——成本   54 000

  投资收益   1 000

  应收股利   6 000

    贷:结算备付金——自有   61 000

若2×23年3月18日收到华宇公司发放的现金股利,作会计分录如下:

借:银行存款   6 000

  贷:应收股利   6 000

若6月30日股票涨到2元/股,作会计分录如下:

借:交易性金融资产——公允价值变动   6 000

  贷:公允价值变动损益   6 000

(三)自营证券买入时划分为以公允价值计量且其变动计入其他综合收益的金融资产的核算

其他债权投资和其他权益工具投资均属于以公允价值计量且其变动计入其他综合收益的金融资产。

(1)其他债权投资初始确认时,应当按照公允价值和相关交易费用之和作为初始入账金额,实际支付的价款中包含的已到付息期但尚未领取的债券利息,应单独确认为应收项目。

其他权益工具投资初始确认时,应当按照公允价值和相关交易费用之和作为初始入账金额,实际支付的价款中包含的已宣告但尚未发放的现金股利,应单独确认为应收项目。

(2)证券公司持有以公允价值计量且其变动计入其他综合收益的金融资产期间公允价值变动形成的利得或损失(除减值损失和外币汇差),应直接计入所有者权益,终止确认时转出,计入当期损益。

(3)以公允价值计量且其变动计入其他综合收益的金融资产处置核算,按实际收到的金额,借记"结算备付金——自有"账户,按其账面余额,贷记"其他债权投资"或"其他权益工具投资"账户,按应从所有者权益中转出的公允价值变动额,借记或贷记"其他综合收益"账户,按其差额,借记或贷记"投资收益"账户。

【例 13-5】 2×22 年 7 月 13 日,证券公司从二级市场购入股票 1 000 000 股,每股市价为 15 元,手续费为 30 000 元;初始确认时,该股票划分为以公允价值计量且其变动计入其他综合收益的金融资产。证券公司至 2×22 年 12 月 31 日仍持有该股票,该股票当时的市价为每股 16 元,作会计分录如下:

(1) 2×22 年 7 月 13 日,购入股票时:

借:其他权益工具投资——成本	15 030 000
贷:结算备付金——××清算代理机构——自有	15 030 000

(2) 2×22 年 12 月 31 日,确认股票价格变动时:

借:其他权益工具投资——公允价值变动	970 000
贷:其他综合收益	970 000

(四)自营证券买入时划分为以摊余成本计量的金融资产的核算

以摊余成本计量的金融资产按取得时的公允价值和相关交易费用之和作为初始确认金额。支付价款中包含的已到付息期但尚未领取的债券利息,应单独确认为应收项目。以摊余成本计量的金融资产在持有期间应当按照摊余成本和实际利率计算确认利息收入,计入投资收益。实际利率在取得时确定,并保持不变。如实际利率和票面利率差别不大,也可以用票面利率计算利息收入,计入投资收益。处置以摊余成本计量的金融资产时,应将所取得的价款与该投资账面价值之间的差额计入投资收益。

证券公司应当于每个资产负债表日对以摊余成本计量的金融资产的意图和能力进行评价,发生变化的,应当将其重分类为以公允价值计量且其变动计入其他综合收益的金融资产处理。

二、自营卖出证券业务的核算

(一)出售交易性金融资产的核算

证券公司出售交易性金融资产时,应当将该金融资产出售时的公允价值与其初始入账金额之间的差额确认为投资收益,同时调整公允价值变动损益,作会计分录如下:

借:结算备付金——××清算代理机构——自有	[实际收到的金额]
投资收益	[差额]
贷:交易性金融资产	[金融资产的账面余额]

同时,将原计入该金融资产的公允价值变动转出:

借:公允价值变动损益
贷:投资收益

(二)出售以摊余成本计量的金融资产的核算

证券公司出售以摊余成本计量的金融资产时,将取得的价款与其账面价值之间的差额,计入当期损益,作会计分录如下:

借:结算备付金——××清算代理机构——自有	[实际收到的金额]
贷:债权投资——成本	[金融资产的账面余额]
——利息调整	[或借记]
——应计利息	[差额]
借或贷:投资收益	

已计提减值准备的,还应同时结转减值准备,作会计分录如下:

借:债权投资减值准备
　　贷:信用减值损失

(三) 出售以公允价值计量且其变动计入其他综合收益的金融资产

证券公司以公允价值计量且其变动计入其他综合收益的金融资产出售时,将取得的价款与该金融资产账面价值之差计入投资收益。作会计分录如下:

借:结算备付金——××清算代理机构——自有
　　借或贷:投资收益
　　贷:其他债权投资(或其他权益工具投资)

同时,将原直接计入所有者权益的公允价值变动累积额对应处置部分的金额转出:

借:资本公积——其他资本公积
　　贷:投资收益

三、自营证券期末计价的核算

根据《企业会计准则第 22 号——金融工具确认和计量》的规定,企业应当在资产负债表日对以公允价值计量且其变动计入当期损益的金融资产以外的金融资产的账面价值进行检查,有客观证据表明该金融资产发生减值的,应当确认减值损失。

(一) 以摊余成本计量的金融资产的减值及其恢复的核算

资产负债表日,企业应对拥有的以摊余成本计量的金融资产进行检查,有客观证据表明所拥有的金融资产发生减值的,应当根据其账面价值与预计未来现金流量现值之间差额计算确认减值损失,计提减值准备。作会计分录如下:

借:信用减值损失
　　贷:债权投资减值准备

已计提减值准备的金融资产价值以后又得以恢复,应在原已计提的减值准备金额内,按恢复增加的金额予以冲回。作会计处理分录如下:

借:债权投资减值准备
　　贷:信用减值损失

(二) 以公允价值计量且其变动计入其他综合收益的金融资产减值及其恢复的核算

根据《企业会计准则第 22 号——金融工具确认和计量》确定以公允价值计量且其变动计入其他综合收益的金融资产(该金融资产为债券投资,对于指定为以公允价值计量且其变动计入其他综合收益的非交易性权益工具投资不计提减值准备)发生减值的,按应减记的金额,借记"信用减值损失"账户,按应从所有者权益中转出的累计损失,贷记"其他综合收益——信用减值准备"账户。作会计分录如下:

借:信用减值损失
　　贷:其他综合收益——信用减值准备
　　　　可供出售金融资产——公允价值变动

对已确认减值损失的可供出售债券金融资产,在随后的会计期间公允价值上升且客观上与确认原减值损失事项有关的,应在原已计提的减值准备金额内,按恢复增加的金额,借记"其他综合收益——信用减值准备"账户,贷记"信用减值损失"账户。但对于已确认减值损失的可供出售权益工具,在随后的会计期间公允价值上升的,应在原已计提的减值准备金额内,按恢复增加的金额,借记"可供出售金融资产——公允价值变动"账户,贷记"资本公积——其他资本公积"账户。

第四节 证券承销业务的核算

证券承销业务是指证券公司在一级市场接受发行单位的委托,代为办理发售各类证券的业务。证券承销业务根据与发行人确定的发售方式不同,具体又分为全额承购包销方式的承销业务、余额承购包销方式的承销业务和代销方式的承销业务。

一、全额承购包销方式的承销业务的核算

(一)全额承购包销方式的证券承销业务核算的账户设置

核算全额承购包销方式的证券承销业务,需要设置"代理承销证券"账户,用于核算证券公司采用全额承购包销方式接受委托代理发行的股票、债券等证券的承购价值。该账户借方登记代理承销证券的承购价;贷方登记发行期结束后结转的已销售代理承销证券的成本、未出售证券转为自营金融资产的成本;期末借方余额反映证券公司尚未售出的代理承销证券的价值。

(二)全额承购包销方式承销业务的核算

在全额承购报销方式下,证券公司向发行单位承购证券的价格由双方在合同中确定,发售价格由证券公司确定,与发行单位无关。证券公司主要是从中赚取证券买卖的差价。承销期结束后,如有未售出的证券,应按自营证券进行核算与管理。

以全额承购包销方式进行承销业务的证券公司,应在按承购价格购入待发行的证券时,确认为一项资产。证券公司将证券转售给投资者时,按发行价格进行价款结算,按已发行证券的承销价格结转代发行证券的成本并确认投资收益。发行期结束后,将未售出的证券余额转为自营证券或长期投资。

(1)证券公司认购全部证券。证券公司认购全部证券,按承销价向委托单位支付全部证券款项。作会计分录如下:

借:交易性金融资产/其他权益工具投资(其他债权投资)
　　贷:银行存款

(2)证券公司将证券向市场发售或转售给投资者。证券公司将证券向市场发售或转售给投资者,按发行价格办理结算;同时,按照承购价格结转售出证券的成本,差额确认为投资收益。作会计分录如下:

借:银行存款/或结算备付金——××清算代理机构——自有
　　贷:交易性金融资产/其他权益工具投资(其他债权投资)
　　　　投资收益

13-4 视频:
证券承销业
务的核算

发行期结束,将未售出的证券余额转为自营证券或长期投资,按照自营证券或长期股权投资有关规定进行会计核算。

【例 13-6】 证券公司接受华夏公司委托,采用全额承购包销的方式代发行其股票 3 000 万股,承购价为每股 2 元,发行价为每股 2.5 元。发行结束后,共售出 2 600 万股,证券公司支付上网费 80 000 元,按照合同规定,将未售出证券转为自营证券(交易性金融资产)。收到股票时,证券公司将其划分为交易性金融资产。作会计分录如下:

全额认购股票时:

借:交易性金融资产——华夏公司	60 000 000
贷:银行存款	60 000 000

发售股票时:

借:银行存款	64 920 000
贷:交易性金融资产——华夏公司	52 000 000
投资收益	12 920 000

按承购价将未售出的证券转为自营证券时:

借:交易性金融资产——证券公司	8 000 000
贷:交易性金融资产——华夏公司	8 000 000

二、余额承购报销方式的承销业务的核算

(一)余额承购包销方式的证券承销业务核算的账户设置

核算余额承购包销方式的证券承销业务,需要设置"代理承销证券款"账户。该账户用于核算证券公司接受委托,采用余额承购包销方式或代销方式承销证券所形成的、应付证券发行人的承销资金。该账户贷方登记证券公司受托代理发行证券时的认购款项;借方登记证券公司向委托方(发行人)支付代发行的证券款项;期末贷方余额反映证券公司承销证券应付未付给委托单位的款项余额。

(二)余额承购包销方式承销业务的核算

采用余额承购包销方式承销证券的证券公司,收到委托单位委托发行的证券时,应在备查簿中记录承销证券的情况。备查簿中登记代销证券的发行单位、承销价格、承销数量、承销期限等有关项目。证券承销期内,按承销价格销售证券。承销期结束后,如有未发售完的证券,按规定由证券公司认购代发行证券收取的手续费,应于发行期结束后,与发行单位结算发行价款时确认为手续费及佣金收入。

1. 承销记名证券的核算

(1)通过证券交易所上网发行的,在证券上网发行日根据承销合同确认的证券发行总额,按承销价款,在备查簿中记录承销证券的情况。

(2)与证券交易所交割清算,按实际收到的金额入账。作会计分录如下:

借:结算备付金——××清算代理机构——自有
　　贷:代理承销证券款——××委托单位

(3)承销期结束,将承销证券款项交付委托单位并收取承销手续费。按承销价款,借记

"代理承销证券款"账户,按应收取的承销手续费,贷记"手续费及佣金收入"账户,按实际支付给委托单位的金额,贷记"银行存款"等账户。作会计分录如下:

借:代理承销证券款——××委托单位　　[承销价款]
　　贷:手续费及佣金收入　　　　　　　[承销手续费]
　　　　银行存款　　　　　　　　　　　[实际支付给委托单位的金额]

（4）承销期结束,将未出售的证券,按合同规定由企业认购,应按承销价格,借记"交易性金融资产""其他权益工具投资（其他债权投资）"等账户,贷记"代理承销证券款"账户,作会计分录如下:

借:交易性金融资产/其他权益工具投资（其他债权投资）
　　贷:代理承销证券款——××委托单位

2. 承销无记名证券的核算

（1）证券公司收到委托单位委托发行的证券时,在备查簿中记录承销证券的情况。

（2）在约定的期限内售出证券时,按实际收到的金额入账,作会计分录如下:

借:银行存款
　　贷:代理承销证券款——××委托单位

（3）承销期结束,将承销证券款项交付委托单位并收取承销手续费,按承销价款,借记"代理承销证券款"账户,按应收取的承销手续费,贷记"手续费及佣金收入"账户,按实际支付给委托单位的金额,贷记"银行存款"等账户。作会计分录如下:

借:代理承销证券款——××委托单位
　　贷:手续费及佣金收入
　　　　银行存款

（4）承销期结束,将未出售的证券,按合同规定由企业认购,应按承销价格,借记"交易性金融资产""其他权益工具投资（其他债权投资）"等账户,贷记"代理承销证券款"账户。同时,冲销备查簿中登记的承销证券。作会计分录如下:

借:交易性金融资产/其他权益工具投资（其他债权投资）
　　贷:代理承销证券款——××委托单位

【例 13-7】 证券公司与华夏股份公司签订合同,约定证券公司以余额承购包销的方式承销公司发行的无记名证券,承购价共计 8 500 万元。证券公司在约定的期限内售出该证券的 90%,按发行价的 2% 收取手续费。发行结束后,依据合同规定,将未售出的债券转为交易性金融资产并将所集资金返还给华夏公司。

（1）收到华夏公司的证券时,在备查簿中登记承销证券的情况。

（2）售出证券时,作会计分录如下:

借:银行存款　　　　　　　　　　　　　　　　　　　　　76 500 000
　　贷:代理承销证券款　　　　　　　　　　　　　　　　　　76 500 000

（3）按承购价将未售出的证券转为交易性金融资产时,作会计分录如下:

借:交易性金融资产　　　　　　　　　　　　　　　　　　　8 500 000
　　贷:代理承销证券款　　　　　　　　　　　　　　　　　　　8 500 000

（4）返还所集资金和收取手续费时,作会计分录如下:

借:代理承销证券款 85 000 000
　　贷:银行存款 83 300 000
　　　　手续费及佣金收入——代发行证券手续费及佣金收入 1 700 000

三、代销方式的承销业务的核算

证券公司采用代销方式承销证券,收到代销证券、承销期内发售证券、承销期结束划转销售款项及收取手续费的账务处理与采用余额承购包销方式承销证券相同,只是在承销期结束后如有未发售完的证券,应退还给发行单位,并冲销备查簿中登记的承销证券。

【例 13-8】 证券公司接受华夏公司的委托,采用代销方式通过证券交易所上网发行其记名股票 400 万股,承销价格为 6 元/股,网上发行期内共发行 350 万股。在与交易所进行结算时,公司代垫的上网费 30 000 元,手续费率为发行额的 2%。

（1）收到华夏公司的证券时,在备查簿中登记承销证券的情况。

（2）售出证券时,作会计分录如下:

借:银行存款 21 000 000
　　贷:代理承销证券款 21 000 000

（3）返还所集资金和收取手续费时,作会计分录如下:

借:代理承销证券款 21 000 000
　　贷:银行存款 20 958 000
　　　　手续费及佣金收入——代发行证券手续费及佣金收入 42 000

（4）退还华夏公司未售出股票时,作会计处分录如下:

借:代理承销证券款 30 000 000
　　贷:交易性金融资产 30 000 000

本 章 小 结

本章主要学习了证券公司会计的核算内容。通过本章的学习,我们认识了证券公司的主要经营业务及其构成、证券经纪业务的核算、证券自营业务的核算以及证券承销业务的核算。经过本章学习,希望大家能熟悉证券公司主要业务的会计核算方法。

本章重要概念

证券公司　证券　证券经纪业务　自营证券业务　证券承销业务　余额承购包销
全额承购包销　代销

13-5 扫一扫 看课件

13-6 扫一扫 练一练

13-7 扫一扫 练一练答案

本 章 练 习

1. 证券公司的业务种类有哪些?
2. 代理买卖证券和代理兑付证券如何核算?
3. 证券承销的方式有哪些?
4. 简述全额承购包销证券承销方式的核算。
5. 简述余额承购包销证券承销方式的核算。

参 考 文 献

［1］尹桂风,马媛.行业会计比较[M].北京:清华大学出版社,2019.

［2］魏永宏.行业会计比较[M].北京:电子工业出版社,2018.

［3］狄建红,丛培华.行业会计比较[M].北京:人民邮电出版社,2018.

［4］郭芙蓉,李明慧.行业会计比较[M].重庆:重庆大学出版社,2017.

［5］平准.酒店会计核算与纳税实务[M].北京:人民邮电出版社,2018.

［6］蔡凤乔.酒店会计[M].北京:人民邮电出版社,2016.

［7］周龙腾.酒店会计[M].北京:中国宇航出版社,2018.

［8］平准.施工企业会计核算与纳税实务[M].北京:人民邮电出版社,2017.

［9］代义国.建筑施工企业会计与纳税技巧[M].北京:机械工业出版社,2016.

［10］单旭,黄雅平.建筑施工企业会计[M].北京:机械工业出版社,2016.

［11］亚春林.金融企业会计[M].上海:立信会计出版社,2017.

［12］孟艳琼.金融企业会计[M].北京:中国人民大学出版社,2016.

［13］彭珏,郭晓.金融企业会计[M].北京:科学出版社,2017.

［14］刘永泽,陈立军.中级财务会计[M].大连:东北财经大学出版社,2018.

［15］中国注册会计师协会.会计[M].北京:中国财政经济出版社,2019.